国家社科基金
后期资助项目

# 日本公司法与公司治理

Japan's Corporate Law and Corporate Governance

平力群 著

社会科学文献出版社
SOCIAL SCIENCES ACADEMIC PRESS (CHINA)

# 国家社科基金后期资助项目
# 出版说明

后期资助项目是国家社科基金设立的一类重要项目，旨在鼓励广大社科研究者潜心治学，支持基础研究多出优秀成果。它是经过严格评审，从接近完成的科研成果中遴选立项的。为扩大后期资助项目的影响，更好地推动学术发展，促进成果转化，全国哲学社会科学工作办公室按照"统一设计、统一标识、统一版式、形成系列"的总体要求，组织出版国家社科基金后期资助项目成果。

全国哲学社会科学工作办公室

# 目 录

前　言 …………………………………………………………………… 1

绪论　股份公司、公司法与公司治理 ………………………………… 12

## 第一章　日本公司、商法与公司治理的历史回溯 …………………… 38
 第一节　公司制度的引入 ……………………………………… 39
 第二节　商法的移植 …………………………………………… 52
 第三节　非财阀股份公司 ……………………………………… 60
 第四节　财阀企业 ……………………………………………… 74

## 第二章　形式化公司治理的制度源流 ………………………………… 94
 第一节　统制经济：国家对公司治理的介入 ………………… 99
 第二节　经济民主化改革：GHQ 解构与重构日本企业制度 … 109
 第三节　股权结构的适应性演变：偏离 GHQ 设计 …………… 124
 第四节　法律制度安排：摆脱 GHQ 设计 ……………………… 132

## 第三章　背离商法规范的公司治理形式化 …………………………… 141
 第一节　主银行制度：减轻权益投资依赖 …………………… 142
 第二节　法人间相互持股：遮断市场约束 …………………… 154
 第三节　公司治理实践：背离成文法规范 …………………… 166
 第四节　公司治理实践背离成文法的激励 …………………… 181

## 第四章　公司治理改革呼唤公司法变革 ……………………………… 202
 第一节　社会共识：公司治理改革 …………………………… 203
 第二节　约束变化：市场治理强化 …………………………… 212
 第三节　改革探索：平成商法修订 …………………………… 227

第四节　制度创新：公司法法典化 ················· 245

第五章　影响公司治理改革的法修订 ···················· 258
　　第一节　股份公司机关法修订：董事会结构多元化 ········· 260
　　第二节　新股预约权法修订：股权激励合法化 ··········· 273
　　第三节　股东代表诉讼法修订：平衡与激励 ············ 289
　　第四节　种类股与自己股份取得法修订：向经营者赋权 ······· 299

第六章　进攻型公司治理改革 ······················ 309
　　第一节　国际化公司治理改革的形式化 ·············· 311
　　第二节　完善进攻型公司治理改革的法制环境 ··········· 335
　　第三节　适应进攻型公司治理改革的公司法修订 ·········· 356
　　第四节　公司治理的演化趋势 ·················· 366

参考文献 ································ 377

索　引 ································· 391

后　记 ································· 396

# 前　言

　　股份公司借助在公开发行股票过程中产生的所有权[①]，解决了社会化大生产需要巨额资金的问题，同时也出现了所有权与经营权分离下所有者（股东）与获得经营权的管理者（经营者）利益不一致导致的委托－代理问题。委托－代理问题的出现影响了公司通过发行股票从社会募集资金。为解决委托－代理问题吸引投资者，代理人（拥有经营权的管理者）就需要使委托人（投资者）相信，他们会为投资者的投资收益最大化而努力工作。为使委托人（投资者）相信代理人（管理者）所做出的没有具体收益指标的为投资者收益最大化努力经营企业的承诺，公司就要设计出一套监督、制约、激励管理者为投资者（股东）利益最大化开展公司经营的制度安排——公司治理机制。公司法是规范公司治理的基本法律。尽管各国公司法不尽相同，但都将公司的所有权界定给了股东，这也为各国普遍将股东至上作为公司法规范公司治理的原则提供了依据。

　　以上是我们对公司治理与公司法对公司治理规范的基本认识。但当我们观察日本公司治理实践与公司法对公司治理的相关规定时，不仅发现日本公司治理、公司法与上述基本认识存在微妙的差异，而且日本自身在其经济发展的不同阶段，公司治理也表现出了不同的特征，甚至在1950年商法修订后的相当一段时间里，还出现了公司治理实践的权力主体对商法语境下权力主体的背离。正如罗纳德·道尔在其《企业为谁而在：献给日本型资本主义的悼词》一书中指出的，日本与盎格鲁－撒克逊国家在公司治理领域的重要区别是法律规定与公司实践的不一致。[②]本书的研究正是从探讨是什么引致上述日本公司治理实践与法律规定的

---

[①] 罗伯特·A. G. 蒙克斯、尼尔·米诺：《公司治理》，李维安、牛建波等译，中国人民大学出版社，2017，第88页。

[②] 罗纳德·道尔：《企业为谁而在：献给日本型资本主义的悼词》，宋磊译，北京大学出版社，2009，第30页。

不一致开始的。认识日本公司治理政策范式中"重视股东的表面原则"与"重视企业的真实原则"的两面性,则是理解日本公司治理特征和公司治理演化与公司法修订内在逻辑关系的关键。

1. 认识日本公司治理政策范式中"重视股东的表面原则"与"重视企业的真实原则"的两面性

日本在后发展约束下,形成了工业化进程所处的文化氛围,即它的"精神"或"意识形态"①或"信念体系"。信念体系和制度框架有着密切联系。信念体系是人类行为的内资表现的具体体现。制度是人们施加给人类行为的结构,以达到人们希望的结果。主导信念——那些在决策位置的政治和经济企业家的信念——随着时间的推移促成了决定经济和政治绩效的精致的制度结构的共生。②在许多表象的背后存在"信念体系—制度安排—社会实践"的内在逻辑。发展主义意识形态中的生产优先原则与资本主义重视股东利益原则的矛盾决定了"重视企业的真实原则"与"重视股东的表面原则"的两面性在日本公司治理领域存在的合理性,及基于两面性原则出现的"日本公司治理实践"对"商法语境下的公司治理"的背离。

日本社会表面上承认的原则与它的实际做法不一致的现象并不仅仅存在于公司治理领域,且这种现象早已引起注意。正如查默斯指出的,"天皇(战前)或国会(战后)形式上的权威与政府实际上的权力存在差异"。③和二战前相同,战后的国会、政党即使都披上华丽的服装,但结果不过是在精致的官僚机构的舞台上跳舞而已。④甚至在战后日本的宪法领域也存在"表"与"里"的不一致。战后的日本,同时存在自民党、官僚、财界"重视国家"的"真实国家方针"与依据日本国宪法"重视个人"的"表面的国家方针"。⑤日本的政治制度、法律承载着表

---

① 亚历山大·格申克龙:《经济落后的历史透视》,张凤林译,商务印书馆,2009,第10页。
② 道格拉斯·诺思:《理解经济变迁过程》,钟正生、邢华译,中国人民大学出版社,2008,第3页。
③ 查默斯·约翰逊:《通产省与日本奇迹——产业政策的成长(1925—1975)》,金毅、许鸿艳、唐吉洪译,吉林出版集团有限责任公司,2010,第37页。
④ 辻清明:《日本官僚制研究》,王仲涛译,商务印书馆,2013,第272页。
⑤ 田中信一郎「安倍政権とは何か?そして何を目指すのか?有権者に突きつけられる選択肢」、2018-5-11、https://hbol.jp/165484。

现国家进步性，保持与西方意识形态的一致性的作用。其通过发挥对外显示姿态的作用，以实现在西方侵蚀的外表下保留着日本的独立性。① 在上述国家方针的逻辑下，具体到公司治理领域，则同时存在自民党、官僚、财界"重视企业的真实原则"与"重视股东的表面原则"的政策范式。

日本的后发展性，及从明治维新开始如何在西方列强炮舰的威胁下谋求民族生存的危机感，使日本产生了必须赶上西方工业国家的压力。发展主义在日本的产生正是对19世纪由西方列强威胁所引发的民族危机的过激反应。所谓日本发展主义，就是一个后发展国家如何创造财富的一套独特的经济思想与意识形态。日本的发展主义是从制度上看待经济现象，强调的是民族国家怎样通过提高生产力来增加财富，体现的是"产业化的经济学"，这种经济学致力于解释一个后起的工业化国家如何在动态过程中创造财富。发展主义意识形态表现在政府与经济的关系上，就是官僚对经济生活的介入。发展主义的重要原则之一就是在企业管理活动中的反利润原则，与重视生产率的观念。②

另外，基于大股东控制对日本企业及经济社会发展造成的不良影响的历史教训，日本社会存在对资本贪婪性的高度警惕。因此，日本社会并不具有尊重股东权力的社会基础，甚至从内心抗拒金融资本对企业的控制。早在20世纪20年代，日本社会就对以股东利益最大化为经营目标的股份公司制度产生怀疑。高碕达之助（当时东洋制罐社长，战后担任通商产业大臣等）、高桥龟吉（《股份公司亡国论》作者）等掀起了批判股份公司的高潮。他们认为，股份公司是很麻烦的。大股东对企业的支配非常不利于公司的发展。③ 这一思想对日本产生了深远的影响。20世纪30年代的革新官僚开始将这一思想付诸实践。他们认为企业并不应只追求利润，而应承担起为国家提高生产力的责任。④

战后，为了完成追赶西方的百年目标，防止企业在"短视的资本市

---

① 马里乌斯·B. 詹森主编《剑桥日本史：19世纪》第5卷，王翔译，浙江大学出版社，2014，第453页。
② 高柏：《经济意识形态与日本产业政策——1931-1965年的发展主义》，安佳译，上海人民出版社，2008，第2~52页。
③ 宮本又郎・加護野忠男・杉原薫・猪木武徳・服部民夫・竹内洋・近藤光男『日本型資本主義』有斐閣、2004、175頁。
④ 野口悠紀雄『1940年体制（増補版）』東洋経済新報社、2010、10頁。

场"压力下陷入"短期性陷阱"①，日本官僚再一次将上述思想付诸实践，并通过推动构建非市场治理机制隔离资本市场对经营者的压力，弱化股东对企业经营的影响，汇集全部资源提高劳动生产率，努力改变比较优势，占据在国际分工中的有利地位。因为依据股东理论，公司治理机制是在公司财产权与经营权分离下，基于契约的非完全性、信息的非对称性，为确保经营者按照股东的意愿，实现股东利益最大化开展企业经营的保障机制。高水平的公司治理，就会约束经营者以实现股东利益最大化开展企业经营，并将所获利润通过分红等方式返还给股东。在资金不足的年代，这将减少企业的资本积累，从而不利于企业购买新设备、新技术及扩大生产规模，进而影响通过提升企业生产率实现贸易立国的国家发展战略。

股东所有企业是盎格鲁-撒克逊资本主义的中心特征。② 可见，生产者优先、弱化股东权力的实践与倡导个体股东利益的自由放任的资本主义原则产生了矛盾。所以，日本立法机关就需要维持符合西方价值观的商法，并将商法捧入神龛，在发挥其显示日本公司治理原则与西方价值观保持一致，掩饰形式化公司治理所反映出的"轻视股东""重视企业"的价值取向和政策目标的同时，使其不对公司实践产生实质性影响，即仅仅发挥其在神龛上的装饰作用。所以，尽管日本公司实践并不重视股东利益，但日本的法律体系却是以股东所有企业为前提制定的。③ 正如竹内昭夫指出，"日本的法律，包括公司法，仅仅是神龛的装饰物而已。并不是实战中的武器，实效性非常低"。④

"重视企业的真实原则"与"重视股东的表面原则"，直至今日依然支配着日本公司治理的制度安排。正如野口悠纪雄所指出的生产者优先原则贯穿于日本战后经济政策的始终。野口悠纪雄在《1940年体制》一

---

① 宫島英昭『産業政策と企業統治の経済史——日本経済発展のミクロ分析——』有斐閣、2004、473~474頁。
② 罗纳德·道尔：《企业为谁而在：献给日本型资本主义的悼词》，宋磊译，北京大学出版社，2009，第30页。
③ 罗纳德·道尔：《企业为谁而在：献给日本型资本主义的悼词》，宋磊译，北京大学出版社，2009，第30页。
④ 江頭憲治郎・神作裕之・藤田友静・武井一浩『改正会社セミナー』有斐閣、2006、9頁。

书中将战争期间以举国之力支援战争的国家总动员体制即"战时体制"称为"1940年体制"。战后该体制被继承了下来,构成了战后日本经济体制的基础,并强调其基本理念——"生产者优先与否定竞争"——至今依然影响着日本社会。①

日本1950年商法修订后至20世纪90年代泡沫经济崩溃期间公司治理实践对成文法的背离,日本公司治理平成改革第一阶段出现的推动"符合国际标准"的公司治理改革目标与制度安排的部分脱节、矛盾直至改革的形式化,以及第二阶段日本政府推动"进攻型"公司治理改革,及其完善支持"进攻型"公司治理改革的制度安排,既是对日本"重视股东的表面原则"与"重视企业的真实原则"的公司治理政策范式的反映,也是其作用的结果。

2. 研究思路与内容结构

在梳理自明治时期至平成时期日本公司法修订与日本公司治理实践演化的过程中,笔者观察到日本政府对公司治理的重视、介入与影响。战后这种介入并不是通过直接的行政干预,而是通过正式或非正式的制度安排将权力配置给经营者实现的。配置的方式随着日本经济发展阶段的不同而改变。

尽管日本社会对公司治理问题的广泛关注始于泡沫经济的崩溃,但早在20世纪30年代,日本政府就开始重视公司治理,并通过国家权力介入公司治理,影响公司的经营决策与利润分配。因为,作为保护投资者利益的公司治理机制发挥着制约公司受股东支配、为股东经营以及向股东分配利润的基本作用,进而影响公司的经营目标、投资决策及利润分配。因此,对于受到后发展约束、发展主义意识影响的发展导向国家的日本,公司治理不仅属于微观企业的市场行为范畴,而且成为影响国家战略的重要企业制度之一。在重视企业、重视生产者的政策原则下,日本政府在经济发展的不同阶段对公司治理采取了不同的影响方式,既有直接的也有间接的,既包括显性的也包括隐性的,并一直暗含着一条将公司控制权配置给公司经营者的逻辑主线。通过政府这只"有形之手"与资本市场这只"无形之手"的博弈,将权力配置给相比股东更有

---

① 野口悠紀雄「1940年体制(増補版)」東洋経済新報社、2010、ix~xii頁。

利于公司中长期发展的经营者，能够为与企业具有命运共同体关系的经营者创造出一种有利于其实现对公司控制的制度环境，以防止短视的资本市场引致企业陷入短期性陷阱，支持日本经济的发展。而日本相关机构通过采取不同的公司法立法、司法方式在配合日本政府将权力配置给经营者过程中发挥了不可忽视的作用。为此，本书在公司法及其变革的视角下，以公司治理机制及其演化为研究对象，依据日本企业资金来源的变化，将公司治理演化分为三个阶段，并沿着公司法修订与公司治理演化两条主线，在梳理各阶段日本公司法变革与日本公司治理演化的基础上，揭示日本政府对日本公司治理的影响方式，阐释日本公司法变革与公司治理演化关系的内在逻辑。

本书沿着时间坐标与关系坐标，揭示日本政府为将权力配置给经营者，维持内部经营者控制，避免、化解国内外投资者的非议与抵制，依据国内外经济政治局势的变化，开展的政策设计与制度安排。本书分为四部分，包括绪论共七章（见图0-1）。

第一部分即为本书绪论。该部分在一般意义上论述了西方股份公司制度、公司法、公司治理的产生和三者间的内在逻辑关系。本书通过上述梳理，明确界定了公司治理的内涵与外延，为探讨日本商法、公司法移植和修订与日本公司治理演化关系提供理论依据与参照系。

第二部分即为第一章。第一章"日本公司、商法与公司治理的历史回顾"系统地梳理了日本学习西方公司制度、移植西方公司法制度的历史背景与过程，介绍了作为欧美法"移植产物"的股份公司在日本的发展与变异及其公司治理特征。重点分析了在一个商法规范框架下日本产业革命阶段出现的非财阀股份公司市场治理下的大股东经营者控制和财阀企业康采恩治理结构下的财阀家族控制。强调了在同一个商法规范框架下由于资金来源不同所表现出的公司治理方式的差异。揭示了明治政府通过对西方公司法的适应性翻译对财阀形成与发展所起到的支持作用。指出明治、大正及昭和初期大股东对公司控制造成的高分红问题和财阀垄断导致的财富向财阀家族高度集中导致的社会极度不公，为革新势力提出"新秩序"口号，以及为战时体制期间日本公权力介入公司治理提供了社会基础。

第三部分由第二章与第三章构成。

```
┌──────┐  ┌─────────────────────────────────┐  ┌──────┐
│参照系│  │  日本公司法修订与公司治理演化逻辑│  │信念  │
│      │  │      关系及其制度安排           │  │体系  │
└──────┘  └─────────────────────────────────┘  └──────┘
```

| | | |
|---|---|---|
| 第一部分：绪论"股份公司、公司法与公司治理" | 比较 | 第二部分：明治时期，移植商法，商法框架下公司治理的自由市场阶段 → 第一章"日本公司、商法与公司治理的历史回溯" |
| | | ↓演化 |
| | | 第三部分：昭和时期，背离商法，政府对公司治理的介入与影响阶段 → 第二章"形式化公司治理的制度源流"；第三章"背离商法规范的公司治理形式化" |
| | | ↓演化 |
| | | 第四部分：平成时期，借力法变革，公司治理改革的探索与转型阶段 → 第四章"公司治理改革呼唤公司法变革"；第五章"影响公司治理改革的法修订"；第六章"进攻型公司治理改革" |

右侧：基于发展主义的日本公司治理政策范式原则的两面性："重视股东的表面原则"与"重视企业的真实原则" —— 影响、决定

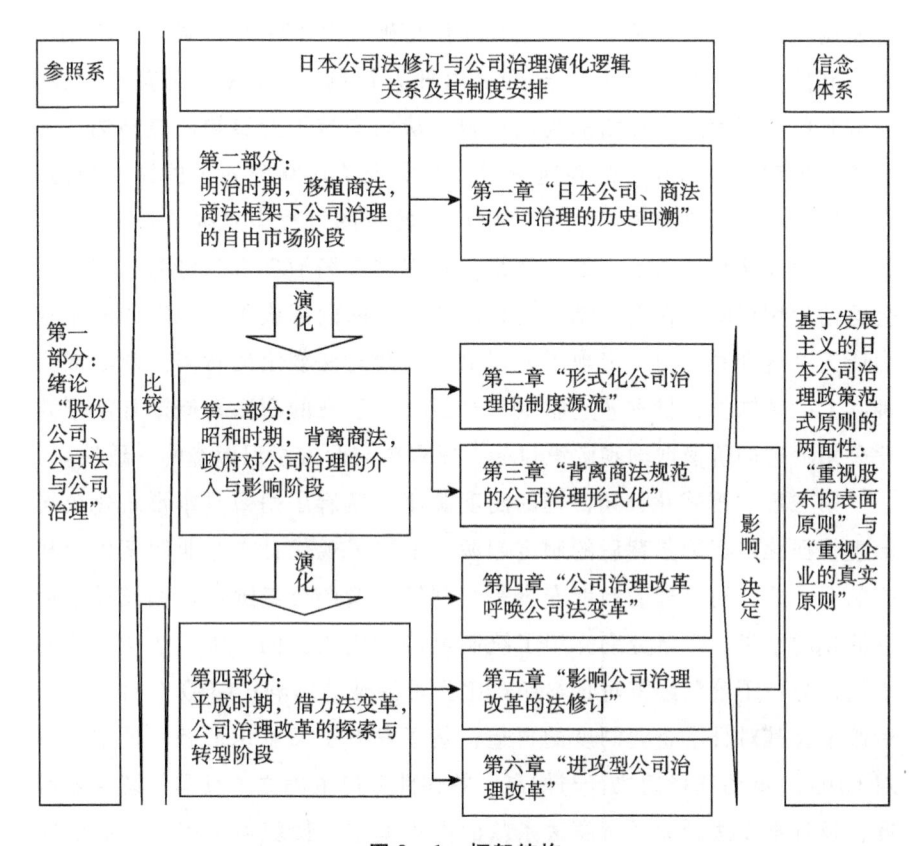

**图 0-1　框架结构**

该部分梳理与阐述了日本政府基于"重视股东的表面原则"与"重视企业的真实原则"的公司治理政策范式，通过支持构建非市场治理机制使公司治理形式化的制度源流与实现路径。从制度层面分析了日本公司治理实践的权力主体偏离商法语境下的权力主体的特征化事实。

该部分研究的阶段是从20世纪30年代开始，经历1945年日本战败后美国占领军对日本的经济民主化改革，至20世纪90年代初期泡沫经济崩溃。日本现代企业制度以及相应的公司治理特征是在多方合力下形成的。二战后由美国占领军主导的外生民主改革是起点与基础，但也不能忽视日本社会吸取的股东控制下高分红对企业造成伤害的历史教训和积累的战时统制经济经验的影响。

这一阶段，日本政府利用对内对外开放不平衡（对外开放，对内相对封闭）的经济条件，影响公司治理演化的方式主要为"构建非市场治

理机制＋形骸化部分硬法（商法）＋修订硬法（商法）"。通过非市场治理机制使公司治理形式化，支持"内部人控制"，实现了经营者利益、企业利益与国家发展战略的高度一致，从而支持了发展导向战略的成功实施，推动了日本经济的高速发展，并实现了对欧美先进国家的追赶，在战后日本由后发展经济向工业化经济转变的过程中发挥了重要作用。这一阶段商法与公司治理的关系是：利用非市场治理机制将商法规定的公司治理相对隔离在企业制度之外，使企业的内部成了法规定的股东权力所无法达到的空间，出现了公司治理实践对法规定的背离。商法成为神龛上的装饰物，日本通过制定符合西方价值观的商法来掩饰日本形式化公司治理的价值取向和政策目标，以保持与西方意识形态的一致性。

第二章"形式化公司治理的制度源流"阐释了引致日本形式化公司治理特征化事实现象背后的制度起源。论述了现代日本企业制度以及相应的形式化公司治理的制度安排是统制经济遗产与美国占领军设计适应性演化的结果。本章分别介绍了统制经济时期出台的政策、法律及统制措施，分析了统制经济对日本形式化公司治理的影响；GHQ对日本的战后改革及其对日本企业制度的再造；基于发展主义意识形态，日本官僚对GHQ政策的选择性执行与偏离，并在此基础上确立了日本传统企业制度，及日本立法者通过对商法条款的微小调整，使貌似美国化的商法成为支持日本形式化公司治理的法律依据与工具。

第三章"背离商法的公司治理形式化"承接上一章，在分析"以主银行为核心的间接金融"与"法人间相互持股"的形式化日本公司治理的特征化事实的基础上，对"治理失效"后"内部人控制"的公司行为特征进行描述，并以此为依据指出日本公司的"内部人控制"是对商法规定的权力主体的背离，进而阐释这一背离得以允许并获得持续的原因，强调日本形式化公司治理的制度安排以及其结果在战后日本由后发展经济向工业化经济的转变过程中发挥的重要作用。

第四部分包括第四章、第五章与第六章。该部分梳理了日本公司治理平成改革，以及为适应、满足及引导公司治理改革对商法、公司法进行的相应修订，阐述了"重视股东的表面原则"与"重视企业的真实原则"的公司治理政策范式对公司治理平成改革的影响。其中又可将第四章、第五章视为公司治理平成改革的探索期，第六章为公司治理平成改革的转型期。

该部分研究的阶段是从20世纪90年代初期泡沫经济破灭至平成结束。日本平成时期的公司治理改革可以分为探索期与转型期两个阶段。分界点是第二次安倍组阁后在"日本再兴战略"中提出将日本公司治理的改革目标从公司治理"重视'符合国际标准'的形式"与"'加强监督经营者'的'负面的减少'（防守型）"向"促进'企业可持续发展'与提升'中长期企业价值'的'正面的增加'（进攻型）"转变。影响公司治理演化的方式也相应地发生了从"修订硬法（商法、公司法）"向"修订硬法（公司法）+制定、修订软法（《机构投资者责任准则》《公司治理准则》）"的转变。

形式化公司治理对企业发展的正面影响，是以日本经济发展处于工业化追赶阶段，且日本金融制度的规制性、封闭性为前提。在完成向工业化经济转型之后，围绕日本企业运行和公司治理的国内外政治经济形势、制度环境发生了重大变化，在资本市场日益替代主银行、稳定股东不断趋于消散而使公司控制权转移成为现实威胁的条件下，日本内部经营者控制面临困境，在长期萧条与"标准股东中心模式"占据统治地位的背景下，开始进行公司治理改革，并对公司法变革提出了需求。为了推动日本企业公司治理适应国际化标准，保持日本企业的国际竞争优势，日本开始通过修订商法、公司法向企业提供推动日本公司治理符合国际化标准的制度供给与提升公司经营者控制权的制度供给。在"重视股东的表面原则"下的国际标准化改革和"重视企业的真实原则"下的向经营者配置权力的结果是日本公司治理演化特征表现出形式趋同的确定性与实质性趋同的不确定性。

随着环境问题与贫富差距扩大等社会问题的日渐严峻，以及ESG（环境、社会与公司治理）概念的推广与普及，占统治地位的股东利益至上原则开始动摇，股东主权主义不再占有绝对优势地位，人们价值观逐渐多元化。在新的国际环境下，日本政府开始以利益相关者理论为依据，将"重视企业"的真实原则明确反映在公司治理改革目标中。以安倍政府将公司治理改革定位为"日本再兴战略"的重要支柱为契机，为增强企业的盈利能力，发挥公司治理支持企业可持续发展与提升企业价值的功能，日本政府开始推动进攻型公司治理改革。为支持进攻型公司治理改革，2014年修订公司法，通过开展赋权型公司法改革增强成文法规定的包容性，进一步将公司权力配置给经营者，提升经营者自由裁量权，激发其企业家精神，开展勇于承担风险的积极投资，打破日本经济长期低迷的局面。但日本经营者的企业家精神是否能通过制度向经营者赋权得到激发，还是值得探讨的问题。

日本公司治理"重视企业的真实原则"与"重视股东的表面原则"的两面性，导致日本公司治理平成改革的两个阶段表现出了重视股东的"符合国际标准"的公司治理改革的形式化，和将权力进一步向经营者配置的"进攻型公司治理改革"。日本公司治理"重视企业的真实原则"与"重视股东的表面原则"的政策范式将继续影响日本政策制定者依据日本国内外形势的变化而不断调整制度设计，以满足将权力赋予经营者的政策目标。赋权型公司法结构的调整、《公司治理准则》与《机构投资者责任准则》的制定与完善，为日本公司提供了依据公司融资结构、经营战略及经营优势构建与之相匹配的公司治理体系的制度环境，有利于推动日本公司治理从"形式化"改革向"实效性"改革转变，并为日本公司治理演化的多元化提供了制度空间。

第四章"公司治理改革呼唤公司法变革"梳理了日本公司治理改革的背景，对改革方向、改革方式的探索，及为支持公司治理改革公司法修订的过程与内容。首先，分别从公司治理问题、国际压力与国内社会舆论三个维度分析了日本开展公司治理改革的激励及对推进公司治理改革形成的共识，进而分析了"重视企业的真实原则"与"重视股东的表面原则"对公司治理改革方向与方式的影响，进而揭示商法、公司法采取的符合国际标准与向公司赋权的两大方向改革正是基于公司治理政策范式的"重视股东的表面原则"与"重视企业的真实原则"。

第五章"影响公司治理的法修订"从股份公司机关法修订对董事会结构多元化的影响，新股预约权法修订对建立具有激励作用的业绩连带型报酬制度改革的影响，股东代表诉讼法修订对平衡个体股东维护权利以及震慑、保护经营者的法修订的影响，种类股、自己股份取得法修订对经营者权力的影响四大方面进行了具体分析，阐释了20世纪90年代初开始的商法修订、公司法法典化对日本公司治理改革及其演化的影响。

第六章"进攻型公司治理改革"探讨了日本公司治理改革目标、方式转变的原因。介绍了为支持日本进攻型公司治理改革所进行的法制度环境的完善，分析了《机构投资者责任准则》《公司治理准则》的制定、2014年公司法修订在进攻型公司治理改革中发挥的作用，进而指出了日本公司治理的多元化演化趋势。

本书不仅关注日本公司法与公司治理的具体制度安排，而且关注隐藏在这些具体制度安排背后的逻辑。简言之，本书不仅关注"是什么"，还关注"为什么"。通过这种公司法制度变革与公司治理实践演化背后的逻辑关系研究，我们将有可能在更大的学术空间内阐释现代日本经济体制的微观基础，从中揭示政府与法制、政府与市场、政府与企业之间更为细微、复杂的关系，对这些问题的阐明，可以在相当程度上解释现代日本经济体制不同于其他类型经济体制特征背后的制度因素，进而揭示在不同特征背后的经济规律的一致性。

# 绪论　股份公司、公司法与公司治理

只有明确了构建某种机制的目标，才能判断这一机制的运行质量及运行水平。所以，如果不明确为什么要构建公司治理机制，就无法给出评价公司治理质量的标准，并依据标准讨论公司治理方式的应然性、适当性与有效性，也就无法明确公司治理的内涵与外延。所以，在我们开始讨论"日本公司法制度变迁与公司治理机制演化关系"问题之前，有必要回顾西方公司、公司法、公司治理的起源，梳理公司、公司法、公司治理之间的内在逻辑关系，并以此为基础明确公司治理的目标，界定其边界与概念，为分析日本公司法制度变迁与公司治理演化的逻辑关系、揭示其背后的制度因素提供参照系与理论支撑。

## 一　公司与法的互动演化

法律不仅是对现实社会习惯的再制度化，还是社会变迁的杠杆，用以驱动并规范社会的动力模式，调整社会关系。尽管公司法属于私法，但由于其所包含与体现的国家强制性，公司法具有了公共秩序的属性。公共秩序不仅为私人秩序领域定义了博弈规则，还贯穿一套明确的为执行契约和支持交易而设计的机制。其结果是，它持续不断地介入私人秩序。[①] 因此，私人秩序虽然表现为一套强有力的、变化多端的实施契约和结束合作的程序，但是几乎总是嵌入在一个制度环境中，而这个制度环境通过特定设置表现出来，并且可以被确认为潜在于公共秩序之下。私人秩序几乎总是被公共秩序的形式支持或限制。虽然公司的历史要远远早于公司法的历史，但公司法一诞生，公司的发展就被嵌入了公司法规定的制度环境中，并开启了公司发展与公司法制度变迁的互动演化进程。通过对公司、公司法出现、发展、普及的回顾，我们可以观察到公

---

① 科斯、诺斯、威廉姆森等著，克劳德·梅纳尔编《制度、契约与组织——从新制度经济学的透视》，刘刚、冯健、杨其静、胡琴等译，经济科学出版社，2003，第286页。

司与公司法互动演化的关系。

科学技术进步、生产力水平提升与制度创新是相互作用、相互影响与相互促进的。科学技术进步、生产力水平的提升呼唤企业组织制度的创新，企业组织制度的创新推动法制度的改革，法制度改革不仅为企业组织创新提供了制度保障，而且推动与引领了企业组织制度演化的方向，企业组织制度的演化反过来又促进了科学技术的进步、生产力水平的提升与经济、社会的发展。现代股份公司制度就是在这种经济发展、制度创新与市场选择的互动过程中最终得以形成和普及。可以说现代股份公司制度的形成与公司法制度的创新是"经济发展、制度创新与市场选择"互动下的市场演进的结果。

1. 先有公司后有公司法

公司是一个古老的概念，也是一种非常古老的组织形式。公司法源于对公司这一古老组织的规范。股份公司在1807年世界第一部现代商法典——《法国商法典》——制定前就在欧洲出现。①

公司这一资本主义载体最初产生于英国的宗教组织。② 公司是所有权之下的一个独特的衍生概念。第一代公司更像是市政府而不是商业企业。它们是中世纪建立起来的城镇、大学和庙宇，是集团性质的组织——有时候以公司的形式，作为对付独裁者集权的保护设施，也是脱离王权控制以创造财富和力量的源泉。③ 股份公司最初并不是独立于国家而存在的，在16～17世纪的大航海时代，为了开展贸易与经营殖民地，在国家的特别许可与保护下成立了大规模的公司。股份公司是在协助国家及与国家的对抗中发展起来的。④ 最早的股份公司出现在17世纪早期的荷兰和英国，这是东、西印度群岛快速发展的市场带来的结果。⑤ 关于世界

---

① 高橋英治『日本とドイツにおける株式会社法の発展』中央経済社、2018、6頁。
② 马克斯·韦伯：《论经济与社会中的法律》，爱德华·西尔斯、马克斯·莱因斯坦英译，张乃根中译，中国大百科全书出版社，2003，第34页。
③ 罗伯特·A. G. 蒙克斯、尼尔·米诺：《公司治理》，李维安、牛建波等译，中国人民大学出版社，2017，第86页。
④ 小野伸一「企業と経済発展 ～株式会社をはじめとする事業組織の生成と普及～」、http://www.sangiin.go.jp/japanese/annai/chousa/rippou_chousa/backnumber/2010pdf/20101201095.pdf。
⑤ 罗伯特·A. G. 蒙克斯、尼尔·米诺：《公司治理》，李维安、牛建波等译，中国人民大学出版社，2017，第86页。

上最早出现的股份公司的说法，现在最有影响力的应该是卡尔·莱曼（Karl Lehmann）提出的依据1602年3月20日特许状成立的荷兰东印度公司，①尽管英国东印度公司在此前两年就获得了伊丽莎白一世女皇的经营许可。②莱曼认为，1602年由小规模船舶共有团（rhederei）合并成立的共同企业荷兰东印度公司为最早的股份公司。其依据是荷兰东印度公司所持份额被称为"aktie"（股份），持有股份的人最初被称为"aktionnist"，后来被称为"aktionar"（股东）。③被皇室授予经营许可的荷兰东印度公司的资本和股份没有任何时间方面的限制。另外，虽然不重视股东的有限责任，但承认《罗马法》的格言："个人不需承担团体（社团，universitas）的责任。"所以"投资家的有限责任"在17世纪的荷兰是一般原则。也就是说，虽然1602年荷兰东印度公司的有限责任并没有明文规定，但已成为一种内部关系的不成文的前提。由成文法明确规定股份公司的有限责任，还要等到法国大革命后作为现代股份公司法代表的1807年《法国商法典》的制定。

一个世纪以后，为了应对东印度群岛发生的投机崩盘即"南海泡沫"事件，英国议会通过了一项法案（1720年《泡沫法案》），禁止非授权公司发行股票。这意味着所有的商业性企业如果想以发行股票的形式获得资本，必须获得政府颁发的公司经营许可。这也意味着公司组织可以在规则的约束下拥有财产。它超越了皇室的特权和力量。这种集体性质实体的建立能够限制君主的干预行为，这是现代公司的基础。尽管受到时间、范围和目的的限制，但公司的力量可以用来对抗不受限制的政府集权。④

2. 法律创新支持了近代股份公司的出现与普及

现代商业交往的节奏需要法律制度，即具有强大拘束力保障的制度，以发挥可确定和可预见的作用。⑤重要的法律创新将历史上的公司和现

---

① 高橋英治『日本とドイツにおける株式会社法の発展』中央経済社、2018、13頁。
② 罗伯特·A.G.蒙克斯、尼尔·米诺：《公司治理》，李维安、牛建波等译，中国人民大学出版社，2017，第86页。
③ 高橋英治『日本とドイツにおける株式会社法の発展』中央経済社、2018、13~14頁。
④ 罗伯特·A.G.蒙克斯、尼尔·米诺：《公司治理》，李维安、牛建波等译，中国人民大学出版社，2017，第86页。
⑤ 马克斯·韦伯：《论经济与社会中的法律》，爱德华·西尔斯、马克斯·莱因斯坦英译，张乃根中译，中国大百科全书出版社，2003，第35页。

代公司区分开来。公司法的民主化，赋予了现代股份公司五大特征（参见图0-2），推动了近代股份公司制度的普及与发展。

---

\*有限责任：股东不承担超过出资额的责任
\*股份自由转让：股东可以自由转让所持股份（可以在市场自由买卖）
\*永久性：事业持续产生附加价值
\*准则主义：满足法律规定就可以自由成立公司（不需要认可）
\*法人格：可以与自然人一样成为权利义务的主体

---

**图0-2 股份公司的特征**

资料来源：小野伸一「企業と経済発展 〜株式会社をはじめとする事業組織の生成と普及 〜」、http://www.sangiin.go.jp/japanese/annai/chousa/rippou_chousa/backnumber/2010pdf/20101201095.pdf。

第一，股份公司设立规定的放松。

自17世纪英国和荷兰合股贸易公司的出现，公司制度距今已有400多年的历史。公司法随着政治、经济的变动而发生变革。公司法对公司活动领域限制的废除及对公司设立规定的放松，强化了公司间竞争，支持了股份公司的普及与发展。仅公司法对公司设立的规定就经历了"特许主义"、"许可主义"和"准则主义"的演进过程。准则主义的股份公司制度与资本主义被称为双胞胎，随着资本主义的发展而普及。①

历史上公司享有的特许权是限制其活动和地域的。在过去英国政府部门是通过出售排他性许可证给大公司的方式资助大公司发展殖民地贸易。作为一个特殊的案例，1670年成立的哈德逊海湾公司很快就控制了相当于现在加拿大1/3地域范围的皮毛贸易和其他交易。相反，现代公司几乎可以进入任何地区的任何商业。对活动地域限制的取消，大大地强化了公司间的竞争，② 促进了公司的发展。

初期采用特许主义，只有得到国王的特许状才可以设立股份公司。③ "南海泡沫"事件，大大迟滞了股份公司制度发展进程。1711年，英国

---

① 小野伸一「企業と経済発展 〜株式会社をはじめとする事業組織の生成と普及 〜」、http://www.sangiin.go.jp/japanese/annai/chousa/rippou_chousa/backnumber/2010pdf/20101201095.pdf。
② 罗伯特·考特、托马斯·尤伦：《法和经济学》，史晋川、董雪兵译，格致出版社、上海三联书店、上海人民出版社，2010，第128页。
③ 吉尔·所罗门、阿瑞斯·所罗门：《公司治理与问责制》，李维安、周建译，东北财经大学出版社，2006，第3页。

成立了以南大西洋贸易为目的的特许公司——南海股份有限公司。1720年，该公司的股票成了投机对象，股价被疯狂拉高。同时，市场上还出现了其他"泡沫公司"。为规制这些不法公司，同年英国国会批准了严格限制成立股份公司的《泡沫法案》。《泡沫法案》一直存续到1825年，这期间股份公司的成立受到了强有力的限制。英国基本上没有依赖股份公司制度而发生了产业革命（也称"工业革命"）。有学者指出，这也正是英国产业革命时期经济增长缓慢的原因。[1] 随着经济发展的需要，特许主义不再适应企业的发展。但股份公司由于能聚集巨额资金，因此有可能威胁到社会的安全，于是1807年法国在商法中采用了许可主义。虽然股份公司设立时仍然需要政府的许可，但设立许可主义依然标志着公司制度作为民主主义的机关被确定下来，是公司成长的一次突破。[2] 在早期，人们觉得大规模的资本尤其是公司拥有的资本，具有潜在的固有威胁。因此，一开始，公司许可的颁发相当审慎保守，为了实现社区的某种特殊利益，在采取其他方式无法实现时，才有可能颁发公司许可。后来制定的普通公司法并不意味着对公司支配地位的忧虑已消除。解除加在公司这种商业形式上的严格限制的决定并不是基于立法者"确信坚持这些限制并未取得期望的结果，继续坚持下去是徒劳的"，而是"因为本土的这些限制会被国外公司绕过"。换言之，股份公司形式的特征对商业人士如此重要，以至于立法者认识到他们不可能打压这种商业形式，因此不妨参与其中，至少要允许股份公司存在并对其征税。[3] 其后，以产业革命为背景，到19世纪中后期股份公司成立采用了设立准则主义，即设立自由，股份公司制度才得以普及。

美国有关公司制度的法律继承自18世纪末的英国法学。[4] 在美国建国初期，公司的特许经营权是由国家立法机关颁布的特殊法律授予的。公司特许权的申请人必须就下列条款——公司成立的目的、活动的地点、通过发行股票募集的资金数量、董事的权力——与立法者进行谈判。这

---

[1] 冈崎哲二：《经济发展中的制度与组织》，何平译，中信出版社，2010，第137页。
[2] 高程德：《现代公司理论》，北京大学出版社，2000，第6页。
[3] 罗伯特·A.G.蒙克斯、尼尔·米诺：《公司治理》，李维安、牛建波等译，中国人民大学出版社，2017，第5页。
[4] 阿道夫·A.伯利、加德纳·C.米恩斯：《现代公司与私人财产》，甘华鸣、罗锐韧、蔡如海译，商务印书馆，2005，第140~148页。

种行为背后的理论是国家应逐一详细地审批每一家新公司，防止不当行为的发生。但是该程序非但未能起到监管的作用，反而"滋生了贿赂和腐败"。因此，1811年纽约颁布了通用公司法令（虽然只适用于制造业企业），其他各州纷纷仿效，但政府仍然涉足甚深："申请必须经国务卿或其他高官批准，这些政府官员强制执行关于公司的规定，比如在公司正式运营之前必须注入最低数量的资本，失职的股东必须为公司的任何债务承担个人责任——最高可达他们股票认缴额的未付差额。公司被课以重税，同时必须接受针对公司有权发行的各种证券（如普通股、优先股和债券）的严格规定。"① 而第一部真正现代类型的法规——允许"为一切合法的商业活动"而设立公司，则是于1837年在康涅狄格州出现的。这样，经过始于1837年而大约完成于19世纪末的长期法律演进过程，不仅取得了显著的世界性的融合，而且各州都制定了公司法，并成为成立公司及制定公司章程的基本法律工具。这些导致了整个制度的变化，它在当时既不是令人怀疑的，也不是事先设计好的，而是对公司法的一大革命。②

第二，公司股东有限责任适用公司范围的扩大。

当许多技术论者强调瓦特的蒸汽机是推动资本主义发展的根本动力时，法学家们则认为是有限责任推动了资本主义的发展。有限责任这一制度性的变革，使大规模的生产组织成为可能。③

公司法的一个突出特征是有限责任。公众公司的显著特点——授权不同的代理人团队来管理公司和由资本提供方来承担风险——就依赖于有限责任这一制度。④ 虽然如果公司法不以有限责任为出发点，公司也可以通过合同来实现，但谈判与签约是需要费用的，这就增加了公司成立的成本，并为合同诉讼留下隐患。通过公司法来规定支持公共公司投资者的有限责任是降低交易成本、提升公司价值与社会福利的明智

---

① 罗伯特·A.G.蒙克斯、尼尔·米诺：《公司治理》，李维安、牛建波等译，中国人民大学出版社，2017，第90页。
② 阿道夫·A.伯利、加德纳·C.米恩斯：《现代公司与私人财产》，甘华鸣、罗锐韧、蔡如海译，商务印书馆，2005，第140~148页。
③ 张维迎：《理解公司：产权、激励与治理》，上海人民出版社，2014，第197页。
④ 弗兰克·伊斯特布鲁克、丹尼尔·费希尔：《公司法的经济结构》，罗培新、张建伟译，北京大学出版社，2014，第41页。

选择，也是公司模式最吸引人之处。有限责任制意味着投资人的偿债责任仅限于投资额（或认缴额）。①

历史上公司的所有者是要对公司的债务负全部责任的。假定公司的投资者对公司债务负有无限责任，那么投资人必须谨慎监管和控制公司的决策。② 世界上对股份公司最早的立法是 1807 年《法国商法典》中对股份公司（无名公司）的相关规定。1807 年《法国商法典》将股份公司称为无名公司，并规定了股东的有限责任（《法国商法典》第 29 条）。③ 19 世纪 40 年代，在股份公司法制定期间围绕有限责任问题英国出现了大量的争论。1844 年，英国制定了股份公司法，虽然规定了只要进行登记就可以成立股份公司，但并没有规定有限责任，从而导致 1850 年前后 20 多家英国公司在法国成立了股份公司。④ 英国政府担心股份公司会流向法国、美国，于 1855 年出台了《有限责任法案》（Limited Liability Act），以弥补 1844 年颁布的《合股公司法案》（Joint Stock Company Act）规定的股东必须对其所投资公司的债务承担无限责任而造成的对公司投资有效激励的不足，使"公司的有限责任"得到了确认。有限责任意味着股东最多损失他们对公司的投资，而不会像无限责任公司那样，必须用自己所有的财富来承担公司的亏损责任。⑤ 但在 19 世纪后半叶的英格兰，公司法的发展一直伴随着国会对这种法律应当适用于何种商业组织形式的激烈争论。即使《1856 年英国公司法》（Companies Act 1856）将公司设立发起人的数量从 25 人减到 7 人，似乎其目的也不是让公司法能够适用于私人的合伙企业或独资企业。对于将公司形式用于私人商业是否妥当的担心一直没有停息。⑥ 直到 1897 年，英国最高法院在所罗门（Salomon's）一案中确认公司形式可以广泛运用于各种商业，个人独资企业和小型商业合伙

---

① 罗伯特·A. G. 蒙克斯、尼尔·米诺：《公司治理》，李维安、牛建波等译，中国人民大学出版社，2017，第 93 页。
② 罗伯特·A. G. 蒙克斯、尼尔·米诺：《公司治理》，李维安、牛建波等译，中国人民大学出版社，2017，第 4 页。
③ 高橋英治『日本とドイツにおける株式会社法の発展』中央経済社、2018、17 頁。
④ 江川雅子『現代コーポレートガバナンス』日本経済新聞出版社、2018、9 頁。
⑤ 吉尔·所罗门、阿瑞斯·所罗门：《公司治理与问责制》，李维安、周建译，东北财经大学出版社，2006，第 3 页。
⑥ 斯蒂芬·波特姆利：《鸟、兽与蝙蝠的故事：公司宪政论之发展》，弗兰克·H. 伊斯特布鲁克等：《公司法的逻辑》，黄辉编译，法律出版社，2016，第 239 页。

采用公司形式的合法性，可以获得有限责任保护，才为公司形式的广泛运用铺平了道路。①

近代股份公司的所有者是不对公司的债务承担全部责任的，而是仅以其认缴的出资额为限承担责任。"有限责任"意味着公司可以冒很大的风险、产生巨大的负债，但不会对公司所有者的个人财产产生威胁。作为有限责任的结果，投资股权的人冒的最大风险也就是损失他们的投资而已。这样，有限责任允许人们在投资公司时不需要尽其全力监管和控制公司的决策。② 有限责任制度为不确定的产出结果吸收到必需的资金提供了可能。③ 如果没有有限责任的保护，富人可能不愿意冒着失去所有财产的危险去投资企业。在过去的200多年中，总有资本支持研究、创新和技术改进的主要原因是由于有限责任"投资者"可以通过多投资几家公司来分散仅仅投资其中任何一家公司的风险。④

正因为法律赋予了股份公司制度的两个关键特征——"股东的有限责任"和"所有权的可转让性"，股份公司才有可能从社会上筹集到大量的资金，并迸发出巨大的活力。公司法制度的创新、民主化虽然促进了公司的发展，但"历史地看，公司制度来自民间社会自生自发的演进过程，而非来自成文法的设计，公司的历史比公司法的历史要久远得多，公司法只是公司历史的一个总结——一个需要根据当下情形不断修正的总结"。⑤ 有限责任就是起源于中世纪开始的规模不断扩大的海上探险活动。

3. 公司法为降低交易成本为公司提供标准格式契约

交易成本和其他成本一样真实。肯尼斯·阿罗（Kenneth Arrow）认为交易成本是"运行经济体系的成本"，并指出交易成本影响市场的形

---

① 斯蒂芬·波特姆利：《鸟、兽与蝙蝠的故事：公司宪政论之发展》，弗兰克·H. 伊斯特布鲁克等：《公司法的逻辑》，黄辉编译，法律出版社，2016，第240页。
② 罗伯特·考特、托马斯·尤伦：《法和经济学》，史晋川、董雪兵译，格致出版社、上海三联书店、上海人民出版社，2010，第128页。
③ 罗伯特·A.G. 蒙克斯、尼尔·米诺：《公司治理》，李维安、牛建波等译，中国人民大学出版社，2017，第4页。
④ 罗伯特·A.G. 蒙克斯、尼尔·米诺：《公司治理》，李维安、牛建波等译，中国人民大学出版社，2017，第93页。
⑤ 方流芳：《试解薛福成和柯比的中国公司之谜》，梁治平编《法治在中国：制度、话语与实践》，中国政法大学出版社，2002，第316页。

成,在特殊情况中,交易成本完全阻止市场形成。① 交易成本是交易过程中的成本,一宗交易由三个阶段组成。因此,可以将与交易的三个阶段中相应的三种交易成本分别称为搜寻成本、谈判成本、执行成本。② 这些成本根据交易特性不同在零到无穷之间可以有不同取值。③ 签订合同的成本可以理解为谈判成本的一部分。

在法律经济学的语境下,公司是"一系列合约的联结",是"合同束(合同的纽结)"或一组"默示"或"明示"的合同,是一个由很多契约安排组成的网络。公司的契约本质表现为公司是由生产者、管理者、权益投资者、债权投资者、担保债权人以及侵权损害赔偿求偿权人等众多角色构成的,这些人员的角色设置通常根据的是合同和成文法。④ 从一个纯描述性的定义来看,公司是通过法律建立的一种机制,它允许不同的群体贡献资本、专业技能和劳动等,用以实现他们整体的最大收益。投资者有机会参与企业利润的分配而无须承担企业运行的责任。管理者有机会运营公司而无须提供资金。为了使上述两种情况可行,股东承担有限责任,并且参与有限的公司事务,(至少在理论上)包括选聘董事的权力、规定董事和管理层作为受托人的责任,以保护股东自身的利益。公司的一个关键特征是在从不同的群体获取资源能力的同时,却能建立并保持自身的独立性。⑤ 从经济学的视角看,以公司契约主义原则为前提,公司法的唯一目标应当是私人财富最大化(private wealth maximization)。⑥

公司法是规定公司的成立、解散、组织、运营、资金筹集、管理等

---

① 奥利弗·E. 威廉姆森:《资本主义经济制度:企业、市场和关系合同》,孙经纬译,上海财经大学出版社,2017,第 7 页。
② 罗伯特·考特、托马斯·尤伦:《法和经济学》,史晋川、董雪兵译,格致出版社、上海三联书店、上海人民出版社,2010,第 79 页。
③ 罗伯特·考特、托马斯·尤伦:《法和经济学》,史晋川、董雪兵译,格致出版社、上海三联书店、上海人民出版社,2010,第 81 页。
④ 弗兰克·伊斯特布鲁克、丹尼尔·费希尔:《公司法的经济结构》,罗培新、张建伟译,北京大学出版社,2014,第 12 页。
⑤ 罗伯特·A. G. 蒙克斯、尼尔·米诺:《公司治理》,李维安、牛建波等译,中国人民大学出版社,2017,第 4 页。
⑥ 弗兰克·H. 伊斯特布鲁克、丹尼尔·R 费希尔:《公司契约论》,弗兰克·H. 伊斯特布鲁克等:《公司法的逻辑》,黄辉编译,法律出版社,2016,第 55 页。

基本框架的法律。公司法中的相关条款对于公司的决策结构和程序进行了强制性或赋权性规定。① 依据公司契约论，针对公司结构问题国家通过制定公司法实际上提供了一套标准格式契约。公司法提供现成的原则，这些原则符合缔约各方的期待，即提供大多数公司在大多数情况下进行协商谈判所可能达成的条款。② 公司法作为一组现成的公司契约条款，③由于提供了一套现成的、普遍适用的基本性条款，使公司可以缺省或选择适用，因此不仅公司参与人能够直接援用而节省自己协商订立契约的成本，而且公司的各种参与人需要协商达成协议的事项也会大为减少，④协商成本也就相应降低。在法律提供的标准条款之外，另行议定规制，成本非常高昂。市场各方（或者他们的专家顾问）必须认清所有的问题，并且充分细致地议定解决方案。而现有的法律标准条款，蕴藏着经年累月的案件所反映的问题和提出的解决方案，通过私下协商达成如此细致的解决方案，成本极为高昂。⑤ 这样，交易成本的高低主要取决于成文法和普通法，以及设计合约者的聪明才智。⑥ 与现代公司相关的法律和各种合约都是人们尽可能最小化交易成本的产物。在此过程中，有强烈的个人最小化交易成本的激励。而且，有可选择的组织形式被利用，并且有发明新的组织形式的机会。⑦因为，降低交易成本（交易费用）不仅有利于增加企业利润，实现企业发展，还是提升市场交易活跃度、增加社会财富的一种有效方式。

公司法补充但从未取代真实的谈判。公司法所要解决并提供的是这

---

① 斯蒂芬·波特姆利：《鸟、兽与蝙蝠的故事：公司宪政论之发展》，弗兰克·H. 伊斯特布鲁克等：《公司法的逻辑》，黄辉编译，法律出版社，2016，第259页。
② 弗兰克·H. 伊斯特布鲁克、丹尼尔·R 费希尔：《公司契约论》，弗兰克·H. 伊斯特布鲁克等：《公司法的逻辑》，黄辉编译，法律出版社，2016，第20页。
③ 弗兰克·H. 伊斯特布鲁克、丹尼尔·R 费希尔：《公司契约论》，弗兰克·H. 伊斯特布鲁克等：《公司法的逻辑》，黄辉编译，法律出版社，2016，第44页。
④ 弗兰克·H. 伊斯特布鲁克、丹尼尔·R 费希尔：《公司中的投票问题》，弗兰克·H. 伊斯特布鲁克等：《公司法的逻辑》，黄辉编译，法律出版社，2016，第312~313页。
⑤ 弗兰克·伊斯特布鲁克、丹尼尔·费希尔：《公司法的经济结构》，罗培新、张建伟译，北京大学出版社，2014，第257页。
⑥ 迈克尔·詹森：《企业理论——治理、剩余索取权和组织形式》，童英译，上海财经大学出版社，2008，第132页。
⑦ 迈克尔·詹森：《企业理论——治理、剩余索取权和组织形式》，童英译，上海财经大学出版社，2008，第132页。

样一种规定，即这种规定如果得到统一适用的话，就会从整体上使公司所做努力的价值得到最大化实现，法律只不过是对各种合同进行完善而已。因此，没有理由把公司法看作施加一些强行性条款，从而使现实的谈判无效，或者使企业家的共同财富减少的法律规则。① 公司法——无论是制定法意义上的，还是司法判例上的——作为一项标准合同，规范了公司的经营行为，明确了参与主体的权利与义务，增强了交易的可预期性、确定性，降低了交易成本。

## 二 公司治理问题的提出

虽然经济发展使商业企业的活动走上了专业化道路，但公司内部组织及经营或交易方法并没有因此而有多大的改变。18世纪90年代美国商人所赖以做生意的方法和程序，依然全部是几个世纪前英国商人、荷兰商人和意大利商人所发明并改善得甚为完美的那一套。② 根据斯图亚特·布鲁奇（Stuart Bruchey）的说法，早在15世纪威尼斯的商人应该就已经懂得1790年巴尔迪摩商人用来管理人员、簿记与投资的那些组织形态和方法了。19世纪40年代以后，这些做法显然还很管用。此后有两个重大的发展，一是铁路的问世，二是与此相应的制造业通过前向一体化向分销领域进军。③

在美国，直到18世纪，股份公司这一制度还主要被用于与公众利益直接相关的领域，如兴建公路、桥梁和运河，经营银行和保险公司，组建消防队等，直到19世纪初期才进入工业领域。首家大量投资者通过持有股票成为股东的组织形态的重要制造业企业，可以追溯至1813年在马萨诸塞州的沃尔瑟姆设立的新英格兰地区的第一家大纺织企业——波士顿制造公司（The Boston Manufacturing Company）。在1860年以前的工业领域，公司形态发展的这一支流仅存在于纺织业，直到把公司这一组织形式与铁路建设相结合，公司这一制度才得到了进一步的发展。在铁路

---

① 弗兰克·伊斯特布鲁克、丹尼尔·费希尔：《公司法的经济结构》，罗培新、张建伟译，北京大学出版社，2014，第34～36页。
② 小艾尔弗里德·D.钱德勒：《看得见的手——美国企业的管理革命》，重武译，商务印书馆，1987，第16页。
③ 威廉姆森：《资本主义经济制度：论企业签约与市场签约》，段毅才、王伟译，商务印书馆，2002，第381～382页。

部门的带领下，经济生活的各个方面相继被纳入公司的统治之中。① 钱德勒写道："在铁路行业，所有权和管理权很快分开了。建造铁路所需的资本大大超过购置种植园、纺织厂甚至一个船队所需的资本。因此，单独一个企业主、家族或几个合伙人组成的小集团几乎不可能拥有一条铁路。同时如此多的股东或其代理人也不可能亲自去经营铁路。管理工作不仅繁多而且复杂，需要特别的技巧及训练才能胜任，这只能由专职的支薪经理来指挥，只有在筹集资本、分配资本、制定财务政策以及选择高层经理人员的时候，股东或其代理人才对铁路管理具有发言权。"② 铁路的问世使美国出现了现代企业组织的雏形，即由专职支薪经理参与的正式管理结构。③ 按照钱德勒的判断，正是有了这种组织创新，才踏出一条现代企业之路。④ 公司出现的时间及其支配地位，一般随着两个因素的变动而变动，即正被讨论的经济生活的公开性以及进行商业经营所必需的固定资本额。就这样，公司逐渐进入一个又一个领域，并成为居于完全或部分主导地位的组织形态。⑤ 到19世纪末，在世界范围内取得了对股份公司的以下共识：①公司的法人性；②有限责任；③资金提供者对公司的所有权根据所持股份决定；④委任董事会经营；⑤股份的自由转让。⑥ 但并没有涉及股东与其他利益相关者的利益分配，及股东间的利益调整的问题。随着"现代准公共公司"（modern quasi-public corporation）的兴起和发展，到20世纪中期，才逐渐形成了以下标准企业观：①股份公司最终的控制权属于股东；②股份公司的经营者负有为股东利益经营公司的义务；③在公司治理规制的框架之外，债权人、

---

① 阿道夫·A. 伯利、加德纳·C. 米恩斯：《现代公司与私人财产》，甘华鸣、罗锐韧、蔡如海译，商务印书馆，2005，第11~16页。
② 小艾尔弗里德·D. 钱德勒：《看得见的手——美国企业的管理革命》，重武译，商务印书馆，1987，第98页。
③ 小艾尔弗里德·D. 钱德勒：《看得见的手——美国企业的管理革命》，重武译，商务印书馆，1987，第106~121页。
④ 威廉姆森：《资本主义经济制度：论企业签约与市场签约》，段毅才、王伟译，商务印书馆，2002，第388页。
⑤ 阿道夫·A. 伯利、加德纳·C. 米恩斯：《现代公司与私人财产》，甘华鸣、罗锐韧、蔡如海译，商务印书馆，2005，第19页。
⑥ 仮屋広郷「会社法の歴史の終わり?」『一橋法学』第2巻第3号、2003年11月、一橋大学機関リポジトリ、1228~1229頁。

劳动者、顾客和其他利益相关者，应通过契约来保护自身的利益；④有必要防止拥有控制权的股东对不拥有控制权的股东的榨取行为；⑤股份的市场价值是股东利益的主要指标。标准企业观的形成，对公司法的结构产生了很大的影响。①

关于"现代准公共公司"，伯利和米恩斯在写于20世纪30年代的《现代公司与私人财产》一书中这样区别"19世纪的企业单位"与"大集合体"："19世纪企业单位的典型情况，是由个人或小团体所拥有；由他们自己或者他们任命的人来经营；其规模的大小主要局限于有控制权的个人所拥有的私人财富的多寡。这些企业单位已经更广泛地被大集合体所取代，在这些大集合体中，工人达数万甚至数十万之众，财产价值达数亿美元，属于数万甚至数十万人所有，通过公司的机制，这些工人、财产、所有者结合成一个在统一控制、统一管理之下的单一的生产组合。"②在这里被伯利和米恩斯称为"大集合体"的就是"现代准公共公司"，并指出："只有在这种私人的或'封闭的'公司类型让位于一种本质上根本不同类型——准公共公司时，公司制度才出现。在准公共公司中，由于所有者人数的增加，出现了'所有权'与'控制权'的实质性分离。"③伯利和米恩斯观察到了股权分散化现象，并指出掌握公司主要权力并且不受监督的职业经理可能会以损害股东权益的方式追求他们自己的利益。④这为经营者利用对公司的经营权控制公司，牟取经营者个人利益，损害股东利益敲响了警钟。准公共公司出现了私人公司中不会出现的两个新问题。⑤第一，拥有公司的股份太少而且为数众多，无法实施日常控制。鉴于此，他们把日常的（剩余）控制权授予董事会，董事会又授权给经理人，用伯利和米恩斯的名言来说，就是所有权和控制权的分离。第二，分散的股东缺乏激励监督经理人。这是因为监督是一种公共物品，如果一位股东的监督引起公司绩效改善，那么所有的股东就

---

① 仮屋広郷「会社法の歴史の終わり？」『一橋法学』第2卷第3号、1229~1230页。
② 阿道夫·A. 伯利、加德纳·C. 米恩斯：《现代公司与私人财产》，甘华鸣、罗锐韧、蔡如海译，商务印书馆，2005，第4页。
③ 阿道夫·A. 伯利、加德纳·C. 米恩斯：《现代公司与私人财产》，甘华鸣、罗锐韧、蔡如海译，商务印书馆，2005，第6页。
④ 宁向东：《公司治理理论》，中国发展出版社，2008，第34页。
⑤ O. 哈特：《企业、合同与财务结构》，费方域译，上海人民出版社，1998，第160页。

都能受益。由于监督是有成本的，所以每个股东都会"搭便车"，希望其他股东做出监督。遗憾的是，所有的股东想法相同，净结果是没有——或者几乎没有——监督发生。另外，股东与经营者之间存在信息不对称问题及能力问题，更使分散股东无法有效监督经理人的问题日益严重。"委托－代理理论"是制度经济学为现代股份公司的"所有权"和"经营权"分离后产生的问题提供的一个分析框架。所有者经常将他们的资产置于别人的控制下。在这种情况下，经济学家将所有者称为"委托人"，将控制者称为"代理人"。公司的所有者与管理层之间就形成了一种委托－代理关系。"委托－代理理论"所要解决的核心问题就是在利益冲突和信息不对称情况下委托人对代理人的约束与激励问题。

股东通常被称为公司的"所有者"。股东的权利被经典地界定为：①出售股票的权利；②选举代理人的权利；③如果公司的董事和管理层没能尽到义务，股东提出损害赔偿诉讼的权利；④从公司获取一定信息的权利；⑤公司破产时在债权人和其他提出要求者获得偿付后对某些财产的剩余索取权。[1] 股东对股票有着至高无上的控制权，但由于自身的有限责任，他们放弃了控制使用公司资产的权利——该权利被授予公司的管理层。事实上，这也是公司组织给予投资者的好处之一。虽然股东没有专业技能和时间，但他可以将财产委托给具有专业技能和时间的人。然而，这也产生了一个弊端。因此，所有权和控制权的分离就成了公司治理问题的根源。[2] 为了解决股东与管理层之间的委托－代理问题，公司治理就产生了。

### 三 公司治理要解决的问题

经理人市场的存在，使怠惰和不忠实的经理面临薪酬锐减的惩罚，而那些谨慎的经理则因公司业绩向好而获得褒奖。另外，公司控制权市场的存在，也使公司管理层必须妥善运营以保全自己的职位。最后，产品市场的竞争也有助于控制公司管理层的行为，因为在其他条件一样的

---

[1] 罗伯特·A.G.蒙克斯、尼尔·米诺:《公司治理》，李维安、牛建波等译，中国人民大学出版社，2017，第96页。
[2] 罗伯特·A.G.蒙克斯、尼尔·米诺:《公司治理》，李维安、牛建波等译，中国人民大学出版社，2017，第96页。

情况下,治理效率低下的公司,很难在与内控健全公司的竞争中存活下来。① 当然,上述这些机制只是缓解但并没有从根本上消除公司所有权与经营权分离后产生的委托-代理问题。要解决这一问题,就必须构建有效的公司治理机制。

早期的有关公司治理的文献,包括伯利和米恩斯以及詹森和梅克林的论述,主要致力于协调所有者与经营者之间的关系,认为公司治理的焦点在于使所有者与经营者的利益相一致。② 从20世纪70年代开始,"契约主义"(contractarianism)或"法经济学"(law and economics)的方法在有关公司理论的研究中逐渐占据主导地位。这种方法总体上采用了公司的"总设计的代理关系模式"中的一些观点,最终认为公司应当按照股东至上原则(shareholder primacy principle)进行管理。因此,大多数当代公司法学者倾向于认为董事应当使公司股东的经济利益最大化。现实中的美国公司法遵循了股东至上的模式。③ 根据法马和詹森的论述,公司治理研究的是所有权与经营权分离情况下的"代理人问题",如何降低代理成本是公司治理要解决的中心问题。

对利益相关者问题的实践认识要早于理论。早在20世纪60年代,美国通用电气的首席执行官拉尔夫·科迪纳(Ralph Cordiner)就指出:"高层管理者是受托人,其管理责任是在股东、客户、员工、供应商、社区的利益之间求得最好的平衡。"④ 1984年,弗里曼(Freeman)出版了《战略管理:利益相关者视角》一书,明确提出了利益相关者管理理论。利益相关者管理理论是指与传统的股东至上主义相区别的一种治理模式或者理念,该理论认为任何一个公司的发展都离不开各利益相关者的投入或参与,企业追求的是利益相关者的整体利益,而不仅仅是某些主体的利益,因此企业发展中要注意平衡各个利益相关者的利益要求,而不

---

① 弗兰克·伊斯特布鲁克、丹尼尔·费希尔:《公司法的经济结构》,罗培新、张建伟译,北京大学出版社,2014,第92页。
② 费方域:《企业的产权分析》,上海三联书店、上海人民出版社,1998,第164~170页。
③ 玛格丽特·M. 布莱尔、林恩·A. 斯托特:《公司法的团体生产理论》,弗兰克·H. 伊斯特布鲁克等:《公司法的逻辑》,黄辉编译,法律出版社,2016,第195页。
④ 张维迎:《理解公司:产权、激励与治理》,上海人民出版社,2014,第206页。

是简单地把股东利益放在至高无上的地位。① 使利益相关者理论真正发扬光大的是布鲁金斯研究所的经济学家玛格丽特·布莱尔（Margaret Blair），她在《所有权与控制：21世纪公司理论的再思考》（1995年）一书中提出了系统的公司治理理论，理论的核心是利益相关者价值观，即公司不仅要对股东而且要对经理、雇员、债权人、客户、政府和社区等更多的利益相关者的预期做出反应，并协调他们之间的利益关系。② 布莱尔宣称财富创造经济过程的一个重要方面是个人对其人力资本（human capital）的投资。在某种程度上，由这种投资形成的资产是企业专用（firm-specific）的，因而进行这种投资的人也承担着公司经营好坏的风险。布莱尔争辩说，公司治理应当承认这种人力资本投资对企业成功和经济繁荣的极端重要性。③

股东理论的倡导者认为股东是"委托人"（principal），因此公司的经营必须符合他们的利益，尽管他们实际上是依靠他人管理公司的。如果按股东价值最大化的原则对公司加以管理，不仅股东的利益，整个经济体系的绩效都会得到提升。这种观点的主张者将剩余收益看作对股东所起的关键经济作用的奖赏。具体说来，就是将对股东的回报看成对其风险承担和等待行为的激励。公司发行股票以换取资金，公司员工不必持有公司的股票，而由投资者承担风险责任（有时我们称之为"风险承担者"）并获取经营成果的边际收益。股权投资者享有剩余索取权。④ 在股份公司制企业中，由于股东是剩余风险的承担者，因此他们有权索取剩余收益。作为权益投资者的股东是公司投资者中唯一没有契约保证固定回报的经济参与者中的弱势群体。作为剩余索取者，股东承担了公司盈亏的风险，因此与公司是否将资源配置到可使剩余收益最大化的"最佳替代用途"利益攸关。因为公司的其他利益相关者都会得到约定的回

---

① 罗伯特·伊恩·特里克尔：《一般公司治理》，李维安、郝臣编著《公司治理手册》，清华大学出版社，2015，第32～33页。
② 罗伯特·伊恩·特里克尔：《一般公司治理》，李维安、郝臣编著《公司治理手册》，清华大学出版社，2015，第33页。
③ 玛丽·奥沙利文：《公司治理百年——美国和德国公司治理演变》，黄一义等译，人民邮电出版社，2007，第44页。
④ 弗兰克·伊斯特布鲁克、丹尼尔·费希尔：《公司法的经济结构》，罗培新、张建伟译，北京大学出版社，2014，第11页。

报,因此"股东价值(shareholder value)最大化"不仅能使某一公司业绩出众,而且会使整个经济表现不俗。[1]

公司是持续性的(关系)契约。公司合同不确定性带来的风险一般由公司的剩余索取权人的股票投资者——股东承担,但股东几乎得不到明确的承诺。为此,公司法除了赋予股东有限责任及投票权外,还规定了公司管理层的忠实义务(duty of loyalty)和注意义务(duty of care)构成的信义原则来保护股东的利益。换言之,公司治理与委托他人经营的这种不稳定系统的股份公司制度是密不可分的,因为开放式关系的公司合同使公司管理层成为股东的代理人,但并没有详细规定代理人的职责。要使这一安排对承担公司边际风险(marginal risks)的投资者产生吸引力,必须为投资者提供一套可以保障管理者履行努力并细致而诚实地工作的承诺的可信性保障的制度安排,[2]即公司治理是为使公司法规定的信义原则得以落实的一套制度安排。

威廉姆森也是股东理论的倡导者,他论述道:"向企业提供资金的人总是和企业有着某种与众不同的关系:他们对企业的全部投资随时都会遇到风险。……尽管在发达的股票市场中,个人股东很容易卖掉股票,终止自己对公司的所有权;但不能由此推论说,全体股东在企业中的风险也是有限的。个人股东能办到的事情,全体股东并不一定也能办到。尽管有些研究治理问题的学者只看到了股东与公司的关系被稀释,即股权被分散,但那种观点其实是根据对公司产权结构的荒谬看法得出的。因为股东作为一种整体,与企业有着非同一般的关系。他们是唯一自愿的利益集团,与公司的关系不会定期进行更新(而公众则可以看作非自愿的利益集团,他们与公司的关系是不确定的)。当合同到期时,劳动者、中间产品市场的供应者、债权人以及客户都得到了与公司重新谈判合同条款的机会。而股东则相反,他们投资是为了使企业能存续下去;也只有当企业寿终正寝、资产清盘时,其权利才告结束。股东与众不同之处还在于,他们投入的是资金,而不是任何特定的资产。正是由于这

---

[1] 玛丽·奥沙利文:《公司治理百年——美国和德国公司治理演变》,黄一义等译,人民邮电出版社,2007,第45页。
[2] 弗兰克·伊斯特布鲁克、丹尼尔·费希尔:《公司法的经济结构》,罗培新、张建伟译,北京大学出版社,2014,第91页。

种笼统的投资,在设计双向保护措施时,股东处于极其不利的地位。因为一旦发生巨大的变动,这种事前签订笼统合同的做法就会受到最猛烈的冲击。进一步说,正是由于这些问题事先难以预见,无法在续签合同时把它们写进合同;但权益性的合同却要与企业共始终,因此这类股东在签约时就走进了死胡同。拿不出什么保护措施来。……所签合同使他们面临被剥削的危险。因此他们会要求得到风险补偿。这种补偿金可以看成对企业的罚金。……企业当然不愿受到这种惩罚。……一种办法是企业家为了得到这种权益而直接融资——包括自己的积蓄,或他们所认识的、信任自己的朋友以及家人的积蓄,经他们同意后直接投入企业;对非亲非故的外人则不能这样做。但这种做法所能筹集的资金数量可能极其有限;而且,也不要指望能靠借债来弥补不足。再一种可能是发明一种治理机制,使股权持有者能把它看做抵制侵蚀、防止极其拙劣的管理的一种手段。"① 这样,公司治理就产生了。

保护股权投资者利益机制与支持公司有效融资制度是公司治理"一枚硬币的两面",是一个统一的整体。从股份公司制度源流来探寻为何要进行公司治理及公司治理所要解决的问题等基础性问题来思考公司治理,可以得出公司治理应该为股东利益服务的答案。从股份公司形态作为一种融资工具所具有的连接人力资本与金钱资本的这一基本特征来考虑,也要求存在某一种机制来解决"所有权"与"经营权"分离情况下股东与经营者利益不一致的问题。试想,如果制约经营者依照股东意志为股东利益服务的治理机制不存在,股东还会不会向公司投入资金?如果投资者不向公司投入资金,股份公司制度也许根本就不会出现,即使出现了股份公司制度,如果投资者不能持续地向公司投入资金,那么股份公司制度也很难持续下去。组织理论面临的难题是,虽然效率要求在决策和权威方面有自由裁量权,但授权行为本身会带来控制和监管的问题。② 公司治理正是要解决股东委托经营者代表股东经营公司时所产生的股东与经营者之间利益不一致的问题。所以,公司治理的目标也就是所要解决的问题是保证股东利益最大化,防止经营者对所有者——股东利益的

---

① 威廉姆森:《资本主义经济制度:论企业签约与市场签约》,段毅才、王伟译,商务印书馆,2002,第421~423页。
② 弗朗西斯·福山:《国家构建》,郭华译,上海学林出版社,2017,第56页。

背离与侵害。可见，公司治理特指如何在较低的代理成本下解决股东与经营者利益不一致问题，控制、监督公司的经营者依据股东意愿，以股东利益最大化为目标开展经营，保障股东投入资金的安全，实现股东投资收益最大化的手段与机制。公司治理就是通过建立某种机制来约束与激励代理人，使代理人以最有利于委托人的方式来管理资产。[1] 可以说，股份公司制度是通过建立保护股权投资者的公司治理机制，发挥股份公司制度连接金钱资本与人力资本的优势，并发展为居于主导地位的组织形态的。所以，如果从公司的起源出发，分析公司治理问题产生的原因及建立公司治理的目的，就不会出现"为谁的利益来开展公司治理？"的问题。尽管利益相关者理论强调了企业发展离不开企业利益相关者的参与，而不应仅仅考虑股东的利益。但公司治理是解决股东与管理层之间的委托－代理问题，与利益相关者理论要讨论的协调利益相关者利益的问题并不在一个层次与范围。即投资者如果没有获得管理层为投资者的利益最大化开展经营的并由公司法与公司治理机制保障的可置信性承诺，投资者是不会将资金投入公司的，也就不会有公司的存在，当然也就不存在其他利益相关者了。而正是对讨论问题层次与范围不同的忽视，出现了本来不是问题的问题："为谁的利益开展公司治理？"利益相关者理论属于企业管理范畴而不应属于公司治理范畴。

至于银行等债权人的利益、员工利益、供应商利益、企业所在社区的利益，虽然它们都会影响企业的价值，进而影响到股东利益，但从公司治理的本源出发，公司治理所要解决的问题应仅限于股东与经营者之间的利益不一致，其他利益相关者的利益保障可以依赖合同的约定，只有公司剩余索取权人才有权要求管理层履行信义义务，即股东与其他公司参与主体及利益相关者的权利保护分属于合同与信义义务作用的不同领域。[2] 因此，对银行等债权人的利益、员工利益、供应商利益、企业所在社区的利益以及其他利益相关者的权利保障不在公司治理所要解决问题的范畴内。换言之，不是保障利益相关者的利益不重要，但如何保

---

[1] 罗伯特·考特、托马斯·尤伦：《法和经济学》，史晋川、董雪兵译，格致出版社、上海三联书店、上海人民出版社，2010，第129页。

[2] 弗兰克·伊斯特布鲁克、丹尼尔·费希尔：《公司法的经济结构》，罗培新、张建伟译，北京大学出版社，2014，第212页。

障利益相关者的利益不是公司治理所要解决的核心问题。利益相关者利益的保障是管理者依据公司利益最大化原则，通过与利益相关者各方的博弈，以合同方式实现的。另外，在价值多元化的当今，投资收益最大化不再是投资者唯一的利益最大化标准。绿色投资、可持续发展投资等已被纳入投资者实现其投资价值最大化的一揽子标准中。但是，不论如何，作为投资者（股东）代理人的经营者都应履行信义义务，依据股东的意愿开展公司运营，并以股东利益最大化作为公司经营的目标，而不是用股东的资金实现经营者自身或其他利益相关者的利益最大化。

总之，由于股东是公司价值的"剩余索取者"，股东价值最大化也是公司价值最大化；在利益相关者中，只有股东是承担风险而没有得到明确收益承诺的弱势群体，而其他利益相关者可以通过合同来保护自己利益；如果公司治理不以保障股东的权利为目标，而以保护所有利益相关者的利益为目标，而利益相关者的边界难以确定，再加上利益相关者之间存在利益不一致、方向不一致的多重目标，不仅会造成经营者无所适从，而且也无法客观评价经营者的业绩，并会为经营者侵占、剥夺甚至损害公司利益提供理由。更为重要的是，投资者是不会将资金投入不具有保护投资者享有自身经济利益的公司治理机制的公司的。所以，看似利益相关者理论占据了道德制高点，利益相关者模式在形式上是对所有利益相关者负责，但其实际效果却是经营者可以不对任何人负责。[①]综上所述，本书将公司治理界定为："为解决所有权与经营权分离后产生的代理问题，股东依赖法律与组织所建立的一系列控制机制，监督、制约与激励获得经营权的管理者为实现股东利益最大化而开展经营的一系列行动。"将公司治理的目标界定为："通过构建一套监督与激励机制，防止经营者违背股东意愿，利用经营权侵占、剥夺甚至损毁股东利益，实现股东利益最大化。"

## 四 公司治理中公司法的作用

虽然对公司治理具有重要影响的法律不仅包括公司法，还包括证券法、破产法、反垄断法等，但公司法处于核心的地位。股份公司是企业

---

① 张维迎：《理解公司：产权、激励与治理》，上海人民出版社，2014，第235页。

的一种形式,是以股东出资为基础、以营利为目的成立的私人团体,重要功能之一就是筹集资金。正如蒙克斯与米诺在《公司治理》一书中指出:"任何一家公司的优势——事实上也可以说是其生存,都要基于两股不同力量之间的均衡,即分别来自公司所有者和经营者的力量。因为公司需要股东提供资本,但同时需要把公司日常运作的管理权交给经理层。这为公司实现高效运营创造了机会,并且这种效率是任何单个所有者或者经理人,甚至任何一个所有者或经理人的群体都无法企及的。当然,一些弊端也会随之产生。……其弊端之一就是由于公司'所有权'与'控制权'分离后所产生的公司治理问题。公司治理所面临的一个主要挑战就是,如何在赋予管理人员对业务活动极大自由决策权的同时又能确保他们负责任地行使权力。"[1]换言之,公司如果要实现对资金的顺利筹集,就必须为资金持有者提供一个可置信承诺(credible commitment),即当资金持有者将资金投入公司后,公司要保证公司运营是为了投资者利益。提高承诺可信性的方法之一就是建立可以有效保障股东利益的公司治理机制。同时,重要的是还要使投资者相信这一机制是真实可靠的。即在这一机制作用下管理人员对公司赋予其的业务活动极大自由决策权的行使,是为了实现股东利益的最大化而不是其他。公司法迎接了这一挑战,为公司与投资者提供了一种标准合同文本,为股东提供了控制经营者的法律依据与力量,为建立公司治理机制提供了法律结构与保障,以较低的代理成本为投资人提供了一个"赋予管理人员对业务活动极大自由决策权的同时又能确保他们负责任地行使权力"的可置信承诺。

1. 公司法赋予股东控制经营者行为的法律力量

公司契约论、委托-代理论为公司法奉行股东至上原则提供了理论依据,股东至上原则也是公司法的传统理念。当公司法把公司所有权界定给股东时,意味着股东获得了合同中没有规定的剩余控制权。[2] 公司法股东至上原则与依据该原则规定的强制性规则增强了公司经营者向投资者做出的为股东利益最大化开展公司经营承诺的可信性。

狭义上,制度代表的是一个已建立的安排、一种关系或组织,它们

---

[1] 罗伯特·A.G. 蒙克斯、尼尔·米诺:《公司治理》,李维安、牛建波等译,中国人民大学出版社,2017,第208页。

[2] 张维迎:《理解公司:产权、激励与治理》,上海人民出版社,2014,第293页。

的存在或边界由外生的权威来界定或操纵。在这种制度中，成员或参与者通常商定特殊权利或责任，并建立控制交易行为的规则和程序……公司受公司设立的章程和法律的约束。在广义上，这些主体成员间的关系全部是合约性的，但在狭义上，组织本身依靠特殊规则和程序来体现独特的制度，这些特殊规则和程序在组织成员内部调节可接受的行为。[1] 法律掌握着经营者应当遵从的某些行为标准，而这是所有权与经营权之间的法律联系。在法律上，经营者可被定义为正式承担对公司业务和资产行使支配责任的一批人。因此，从某种法律资格中可以引申出经营者自己的地位。一般来说，在美国的法律制度下，经营者由董事会成员与公司高级职员（管理层）组成。[2] 作为对20世纪20年代后期股票市场繁荣局面背后的管理不善、欺骗和舞弊等的回应，美国立法者试图建立一套关于公司责任的程序，即一套公平的规则，以保证股东在可能的条件下享有最广泛的、保护自身经济利益的自由。[3] 这套公平的规则可以理解为法对公司治理机制的相关规定。随着所有权与经营权日趋分离，或者说随着各种法律手段使这一分离更加彻底，这一点越来越成为股票持有者认为公司证券值得持有的唯一原因。如果经营者实际上不是由证券持有者选出，并且不对证券持有者负有法律认可并可通过法律手段加以实施的责任，则证券持有者所持有的只不过是一张代表资本投入的纸片，只有实际负责公司业务者所具有温厚、真诚以及经济优势使得他们努力使这张纸片具有价值的情况下，它才会具有价值。因此，我们可以得出这样的结论：控制经营者行为的法律力量，是证券持有者真正拥有的、唯一可执行的保护措施。[4]

强制性规则增强了承诺的可信性。在现代公司法中，主要存在程序

---

[1] 斯考特·E. 马斯特恩：《企业的法律基础》，奥利弗·E. 威廉姆森、西德尼·温特主编《企业的性质——起源、演变和发展》，姚海鑫、邢源源译，商务印书馆，2007，第262页。

[2] 阿道夫·A. 伯利、加德纳·C. 米恩斯：《现代公司与私人财产》，甘华鸣、罗锐韧、蔡如海译，商务印书馆，2005，第229页。

[3] 罗伯特·A.G. 蒙克斯、尼尔·米诺：《公司治理》，李维安、牛建波等译，中国人民大学出版社，2017，第113页。

[4] 阿道夫·A. 伯利、加德纳·C. 米恩斯：《现代公司与私人财产》，甘华鸣、罗锐韧、蔡如海译，商务印书馆，2005，第230页。

性规则（procedural）、权力分配性规则（power allocating）、经济结构变更性规则（economic transformative）和诚信义务规则（fiduciary standards-setting）四种强制性规则。① 强制性规则是保护股东免受内部人投机性行为的侵害，同时又允许通过立法程序修改这些规则。② 强制性规则具有不可或缺的重要作用，可以防止公司财富从股东手里转移至内部人手里，是股东投资条件的一部分。③

2. 公司法为构建公司治理机制提供法律框架

上市公司的经理层与所有者的利益并不一致，所以在任何非管理者拥有权益的公司组织中都会存在委托－代理问题。针对委托－代理问题，作为调整被抽象为一个个理性的经济人在公司运作中发生的经济关系的公司法，④ 规定了包括降低投资者风险的股东有限责任、保护股东利益的股东投票权及管理层的信义原则。订立信义原则的原因在于订立详尽而明确的合约成本高昂。信义原则包含反盗窃指令、限制利益冲突的交易以及对管理层中饱私囊、损害投资者利益的行为予以限制的种种规则。⑤ 公司法的作用就是建立适当的公司各参与人之间的权利义务关系。⑥

为保证信义原则的落实，就要建立保障该原则实施的公司治理机制。公司治理面临的挑战是要确保冲突的解决对各主体是一个公平、公正的过程，各主体能够获取需要的信息、具有足够的动力、被授予相应的权力。这一挑战最初由法律来保障，最重要的是在法律体系下发展起来的强加于程序和实际业绩的最高标准：受托人标准。受托人的职责不仅基

---

① 杰弗里·N. 戈登：《公司法的强制性结构》，弗兰克·H. 伊斯特布鲁克等：《公司法的逻辑》，黄辉编译，法律出版社，2016，第112页。
② 杰弗里·N. 戈登：《公司法的强制性结构》，弗兰克·H. 伊斯特布鲁克等：《公司法的逻辑》，黄辉编译，法律出版社，2016，第104页。
③ 杰弗里·N. 戈登：《公司法的强制性结构》，弗兰克·H. 伊斯特布鲁克等：《公司法的逻辑》，黄辉编译，法律出版社，2016，第113页。
④ 弗兰克·伊斯特布鲁克、丹尼尔·费希尔：《公司法的经济结构》，罗培新、张建伟译，北京大学出版社，2014，第3页。
⑤ 弗兰克·伊斯特布鲁克、丹尼尔·费希尔：《公司法的经济结构》，罗培新、张建伟译，北京大学出版社，2014，第92页。
⑥ 弗兰克·H. 伊斯特布鲁克、丹尼尔·R 费希尔：《公司契约论》，弗兰克·H. 伊斯特布鲁克等：《公司法的逻辑》，黄辉编译，法律出版社，2016，第20页。

于合同，还有尊重、诚实、信任和道德。①

公司法对公司治理机制做了具体规定。对公司内部治理结构的规定包括股东大会、董事会等公司机关及其相应的权利与义务，从而使公司内部治理结构不仅成为一种法定的组织结构，而且成为保护公司所有者的基础与依据。影响外部治理的公司法规定包括股份、信息披露、股东代表诉讼、组织形态变更等。因此，公司治理历来是公司法领域的核心问题。② 例如，法律赋予的股东可以通过股东大会行使决议权的规定，解决了由于认知的有限理性与不确定性产生的未被契约规定的问题。依据不完全契约论（incomplete contract theory），基于人们的有限理性及交易的不确定性，事前拟定完备契约是不可能的。公司法的规定弥补了契约的不完全性。以人的有限理性为前提，不可能在事前将所有可能发生的事情写入合同。同样，在很多情况下，法律规则都不够详细。即使法律规则和信义原则加在一起，也还是只能覆盖公司各参与人之间的一些大致关系。细节问题还是需要通过其他方式解决。公司法规定的股东投票制度就是解决方式之一。进行投票的权利是为了做出所有那些未被契约规定的决策，无论这些契约是明示的还是由法律规则提供的。③

### 3. 公司法降低了公司治理成本

作为"代理人"的经营者利用与"委托人"股东之间的信息不对称性，通过损害"委托人"利益牟取"代理人"的私利，从而减少企业的价值。这一成本称为代理成本（agency cost）。上述经营者行为称为道德风险或机会主义行为。

法律法规可以降低私人谈判的成本。科斯定理指出，法律可以通过降低交易成本促进谈判。④ 如果公司不为股东利益服务，也不受股东控制，也许公司制度根本就不会产生。为解决所有权与控制权分离带来的委托－代理问题，就要建立公司治理机制。而公司治理是有成本的，成

---

① 罗伯特·A. G. 蒙克斯、尼尔·米诺：《公司治理》，李维安、牛建波等译，中国人民大学出版社，2017，第82页。
② 甘培忠、楼建波编《公司治理专论》，北京大学出版社，2009，第1页。
③ 弗兰克·伊斯特布鲁克、丹尼尔·费希尔：《公司中的投票问题》，弗兰克·H. 伊斯特布鲁克等：《公司法的逻辑》，黄辉编译，法律出版社，2016，第313页。
④ 罗伯特·考特、托马斯·尤伦：《法和经济学》，史晋川、董雪兵译，格致出版社、上海三联书店、上海人民出版社，2010，第83页。

本会直接减少股东的收益。公司法的相关规定降低了公司治理成本。

如果没有公司法，为了保障所投资金的安全，资金持有者每每向公司投资就要与公司签订一份保障投资者利益的合约。那么可以想象，这一谈判及签约成本将是无比巨大的。高昂的交易成本将降低公司的筹资功能，进而影响商业活动的开展。与合同关注意思自治和所有公司的适应性本质相类似，我们将公司法看作一种标准合同文本，它提供了会被大多数企业成员选择的条款，但有些时候在明示条款上也会做出一些让步。① 公司法中相关公司治理的规定在某种程度上也可以被理解为标准合同文本。由于有公司法的保障，公司筹集资本与投资者保护投资安全的成本大大降低，从而有利于股份公司发挥连接资本与人力的优势。

另外，公司管理层和股东之间的委托-代理关系之所以存在，是由于细致的合约规定的成本过于高昂，以至于无法接受。而且随着公司发展变化，公司剩余风险承担者——股东和公司管理层的关系也不断演进。所以，即便在总体上有可能针对所有的情事做出事先约定，这些约定也必须不时做出调整。公司法规定的信义原则与解聘现任管理层机制的共同作用，使广泛的自由裁量权得以填补大量的合约空白。这样股东就获得了信义原则带来的利益。② 公司法中规定的董事对股东的诚信责任是基于合同的不完备性对股东利益的保护。它用事后制裁形式威慑替代事前监督，可以大大节约监督成本。③

综上所述，现代股份公司是融资工具，是契约的集合，是连接金钱资本与人力资本的组制形态。公司治理是在一定的法律和管制措施约束下发展的。公司治理从最根本的意义上，是伴随融资活动的权利保护问题。维系投资者正当利益的最终力量是有效的法律体系。公司治理机制可以理解为公司所有权与经营权分离后，握有公司实际控制权的高管层与公司所有者——股东签订的一份保障公司经营是为实现股东利益最大化的合约。公司法中相关公司治理机制的规定，是对上述可以被广泛接

---

① 弗兰克·伊斯特布鲁克、丹尼尔·费希尔：《公司法的经济结构》，罗培新、张建伟译，北京大学出版社，2014，第15页。
② 弗兰克·伊斯特布鲁克、丹尼尔·费希尔：《公司法的经济结构》，罗培新、张建伟译，北京大学出版社，2014，第168页。
③ 张维迎：《理解公司：产权、激励与治理》，上海人民出版社，2014，第30页。

受的合约内容的法条化，以降低谈判与签约成本、提升可信性。而为了适应经济发展水平、金融制度及交易范围的变化，公司治理合约需要做出相应的调整；同时，在市场的选择下也会出现更优的公司治理机制。公司法具有最小化交易成本的动力，所以必然要做出相应的修改。公司治理与公司法的互动演化关系具有自洽性。

# 第一章　日本公司、商法与公司治理的历史回溯

明治绝对主义政权，为增强国家实力，利用各种方法疏通金融渠道将各种资金转化为企业资本，其中就包括推广、普及公司制度，制定相关法律。① 明治精英认为，"公司"可以成为实现"殖产兴业"的牵引力，② 因为日本最初对公司的理解是银行。依赖公司制度，可以广泛汇集社会资金，支持"殖产兴业"政策的实现。③

同时，在与欧美列强交涉修改不平等条约的过程中，欧美列强以日本不具备近代化的法典为由拒绝了日本修改不平等条约的要求，使明治政府认识到由于没有宪法、国会，资本主义发展不充分，"日本的国家体制受到轻视，欧美诸国不承认日本具有近代化的独立的国家地位"。④ 所以，明治政府认为，解决这一问题的唯一方法是努力推进法律和政治改革，从而使欧美诸国没有借口把日本当成半文明的国家对待。⑤ 承载着上述为证明日本是近代法治国家，以实现不平等条约修改的政治外交目标与规范日本企业的私人秩序，实现"殖产兴业"的经济目标，明治政府开始移植西方法制度编纂日本商法典。公司概念的引入，商法对公司组织形态、行为的规范和对公司责任主体及范围的明确，不仅为由家族经营的少数富商、大地主与众多中小工商业者突破旧体制演变为近代公司提供了制度框架，而且打破了封建家族的垄断，为国民

---

① 福島正夫「明治二六年の旧商法中会社法の施行——その経過と意義——」早稲田法学/早稲田大学法学会編『大野実雄教授古稀祝賀論集』、1975、7 頁、https://ci.nii.ac.jp/naid/120000788955；https://iss.ndl.go.jp/books/R000000004 - I1650947 - 00。
② 野田信夫『日本の経営100年』ダイヤモンド社、1978、149 頁。
③ 福島正夫「明治二六年の旧商法中会社法の施行——その経過と意義——」早稲田法学/早稲田大学法学会編『大野実雄教授古稀祝賀論集』、1975、7 頁、https://ci.nii.ac.jp/naid/120000788955；https://iss.ndl.go.jp/books/R000000004 - I1650947 - 00。
④ http://www2.wbs.ne.jp/~jrjr/nihonsi-4-3-1.htm，2010 年 2 月 18 日。
⑤ 入江昭：《驱动强国地位的日本》，马里乌斯·B.詹森主编《剑桥日本史：19 世纪》第 5 卷，浙江大学出版社，2014，第 675 页。

提供了创立公司、投资公司的平等机会，满足了机器大工厂对巨额资金的需求，支持了日本工业化进程。在明治政府的推动下，西方经历几百年完成的公司制度和公司法制度的演进在日本被浓缩为几十年。这虽然大大地提高了日本资本主义发展的速度，但也引致各种新旧思想、制度的交织与博弈。明治时期的日本，家族依然是日本政治统治末端的最小单位，是经济主体。① 家族观念、家族制度渗透到了日本政治经济社会生活的方方面面。所以，以天赋人权为基础、强调个人权利与义务的民主主义法律思想的股份公司制度作为欧美"法移植的产物"（legal transplants）② 来到日本后，与日本传统的家思想、家族制度结合，呈现出独特性。在一个商法规范框架下日本产业革命阶段出现了两大类型的大公司：一类是利用家族内部资本市场，将股份公司制度作为一种技术工具，控制下属公司，分散风险，维持家族总有的所有权封闭性的财阀企业；另一类是利用股份公司制度广泛募集社会资本成立的由大股东控制的非财阀的独立股份公司。③ 虽然两类公司都呈现出大股东控制的公司治理特征，但由于两类公司的资金来源不同，所以采用股份公司制度的目的并不相同，进而衍生出不同的公司治理模式。通过对两类公司治理模式的比较，可以观察到公司的融资渠道与财务结构是影响公司治理模式的重要因素之一。

## 第一节 公司制度的引入

法律是一种秩序，即一套由一定人们主观认可的"应该"观念。法律、习惯和惯例属于同一个连续统一体，即它们之间的演变难以察觉。当某种行为持续存在，在特定规范的保障者头脑里就会浮现一个观念，即他们所面临的不再是习惯或惯例，而是要求实施的法律义务。赋予这种实际效力的规范被称为习惯法。最后，利益驱动会产生合理考虑的愿望，保障习惯和习惯法不再被推翻，于是就明确地将它置于实施机制的

---

① 橋本寿郎・大杉由香『近代日本経済史』岩波書店、2000、96頁。
② 髙橋英治『日本とドイツにおける株式会社法の発展』中央経済社、2018、198頁。
③ 阿部武司・中村尚史『産業革命と企業経営——1882～1914——』ミネルヴァ書房、2010、154頁。

保障之下，这样习惯就演变为制定法。① 尽管日本经济的后发展性，以及依据欧美诸国的工业化模式，构建日本"资本主义"经济体制的治理理念，决定了日本的商法并不完全是遵从日本商业习惯演变而成的制定法，而是通过移植欧美商法，将欧美的制定法结合日本的商业习惯改造为日本的制定法，但对欧美商法的移植依然无法摆脱日本商业习惯的影响。所以，在分析明治政府移植欧美商法前有必要先回溯一下明治政府编纂商法的经济社会背景及日本股份公司的起源。

  19世纪后期，日本进入稳定持续的经济发展与工业化的轨道。而支持日本经济发展的主要基础制度之一就是公司制度。②"文明开化"、"富国强兵"与"殖产兴业"是明治政府的三大基本政策。为了实现上述目标，明治政府开启了学习引进欧美的工业技术，依照欧美诸国的工业化模式，构建日本资本主义经济体制的进程。为此，明治政府高度重视发展近代工业，采取各种手段促进工业化发展，包括促进、支持公司、银行的成立。明治政府的指导者期待能够承担殖产兴业重任的私人企业家早日登场。但在维新后经济、社会不稳定的背景下，很难等待私人企业家自发参与工业化政策。于是，明治政府一方面积极投资基础产业，兴办模范官办工厂；另一方面为促进优秀的私人企业家投资实业，支持民间企业活动，努力建设有形的与无形的基础设施，完善经济制度。③ 有形基础设施的建设包括完善国内市场形成所不可缺少的金融、铁路、海运、电信、邮政等。无形基础设施包括从西方积极引入股票交易所、商法等市场经济规则，从而使市场机制、股份公司制度在日本得以确立。④ 所以，日本的公司企业与西欧不同，是在政府的指导下抱着超越追求私利，追求国家利益、公共利益的理念开始的。这也是研究日本近代企业史、经营史必须注意的事实。⑤

---

① 马克斯·韦伯：《论经济与社会中的法律》，爱德华·西尔斯、马克斯·莱因斯坦英译，张乃根中译，中国大百科全书出版社，2003，第23~38页。
② 岡崎哲二『経済史から考える発展と停滞の論理』日本経済新聞出版社、2018、155頁。
③ 野田信夫『日本の経営100年』ダイヤモンド社、1978、150頁。
④ 加藤健太・大石直樹『ケースに学ぶ日本の企業——ビジネスヒストリーへの招待』有斐閣、2013、12頁。
⑤ 野田信夫『日本の経営100年』ダイヤモンド社、1978、150頁。

## 一 西方公司概念在日本的传播

明治维新后，明治政府最大的外交课题是修改旧幕府时代签订的不平等条约。为此，1871年岩仓具视率领包括明治政府政治精英在内的使节团，肩负修改不平等条约和了解欧美国情的重任，出访了欧美。虽然在修改不平等条约上没有取得进展，但通过对欧美的考察，明治政府深深感到与欧美诸国在经济实力上的差距，并意识到西方的财富与繁荣不过是依赖技术与工业化在不到40年间创造与实现的，① 从而开始按照欧美模式实施内政改革。明治政府依靠分别建立于1870年和1873年的工商省及内务省从国外引进技术，组织国内的制造业。很快，"殖产兴业"便成为明治时期的又一个流行词。②

"殖产兴业"是为实现"富国强兵"的目标实施的重要政策，是为追赶先进工业国实施的劝业政策，③ 是移植、构筑世界水平的生产方式的总体政策，其中包括移植西方的制度与技术，④ 建立能够抵御外压的近代化的企业制度与企业经营体制。

西欧诸国公司的起点是获得国王许可通过发行股票广泛募集资金而成立的殖民公司或贸易公司。在大航海时代为追求经济利益上述公司竞相进入各大陆。于是这些国家的公司法逐渐完善，并在推动产业革命的过程中普及至国内所有产业。而在明治维新前，从中小商人到富商，一般是从自家（同族团体）筹集资金，并不存在通过发行有限责任的股票从广泛的投资家处募集资本的习惯，再加上长期锁国，导致日本社会并不存在孕育公司制度的条件。明治维新后，日本了解到国外可以利用公司制度，汇集民间的闲散资金来成立公司。这正是日本实施殖产兴业政策的有力手段。于是日本政府大力普及作为"殖产兴业"政策实现手段

---

① 詹姆斯·L. 麦克莱恩：《日本史（1600～2000）》，王翔、朱慧颖译，海南出版社，2009，第145页。
② 詹姆斯·L. 麦克莱恩：《日本史（1600～2000）》，王翔、朱慧颖译，海南出版社，2009，第171页。
③ 宫本又郎・阿部武司・宇田川勝・沢井実・橘川武郎『日本経営史［新版］』有斐閣、2017、136頁。
④ 舶谷誠「近代企業の移植と定着」石井寛治・原朗・武田晴人編『日本経済史1 幕末維新期』東京大学出版社、2000、104頁。

的公司制度。① 股份公司在日本的诞生，是以股份公司制度的相关知识在民间得到广泛传播为前提的。② 发挥这一作用的是幕府末期的知识分子。日本社会对西方公司概念、公司制度的了解是从日本学者、政府官员等撰写、翻译西方公司制度相关书籍开始的。福泽谕吉撰写于1867年（庆应三年）的《西洋情事》被认为是最早介绍西方公司制度的书籍。该书不仅介绍了西方的公司组织结构，还对通过发行股份等集资本的方法进行了说明，使日本社会了解了公司制度。1869年，神田孝平翻译了荷兰商法923条中的42条，并以《泰西商会法则》为名对翻译部分进行了出版。1870年，福地源一郎对英美经济类书中的公司编进行了翻译、编辑，出版了《公司弁》（内容主要是介绍银行制度）。1871年，涩泽荣一编著了《立会略则》。③ 虽然这些书籍的问世，对日本社会了解、认识公司制度，普及公司相关知识发挥了重要作用，但主要是分析共同出资即"合本"企业对近代产业发展的必要性，并没有介绍有限责任制。④

明治政府意识到了公司制度对形成新的经济秩序的重要作用，因此努力为公司的成立创造条件。⑤ 为了迅速普及公司知识与推进公司制度，大藏省出版了由福泽谕吉撰写的《西洋情事》，并于1871年刊行了福地源一郎翻译的《公司弁》与涩泽荣一撰写的《立会略则》等介绍股份公司制度的书籍，并由各府县发放到民间。⑥ 这两部著作发挥着准公司法令的作用。《立会略则》与其说是个人著作，不如说是关于公司的行政指导书籍。其主要内容大致为：第一，成立公司是自由的，以不触犯国家法律为前提，任何人都可以成立公司。第二，公司成立手续。地方官员应该认真审查公司的人与财产情况，政府许可后发放执照。但没有涉及公司的

---

① 福島正夫「明治二六年の旧商法中会社法の施行——その経過と意義——」早稲田法学/早稲田大学法学会編『大野実雄教授古稀祝賀論集』、1975、6-7頁，https：//ci. nii. ac. jp/naid/120000788955．https：//iss. ndl. go. jp/books/R000000004-I1650947-00。
② 高橋英治『日本とドイツにおける株式会社法の発展』中央経済社、2018、210頁。
③ 吉田準三『日本の会社制度発達史の研究』流通経済大学出版会、1998、2頁。
④ 浅古弘・伊藤孝夫・植中信廣・神保文夫『日本法制』青林書院、2017、321頁。
⑤ 利谷信義「近代日本の企業秩序」東京大学社会科学研究所編『現代日本社会 第4巻 歴史的前提』東京大学出版社、1994、151頁。
⑥ 橘本寿郎・大杉由香『近代日本経済史』岩波書店、2000、64頁。

责任。第三，对公司业务的监督。如果公司违反了国家法律、约定或规则，政府可以对其进行纠正、处罚。[①] 再如，大阪府在1872年的公告中写道："成立公司、商社，应该熟读《公司弁》与《立会略则》。"[②] 但该阶段日本社会依然对于公司的性质、法人性和基本制度等重要问题不甚明了。[③] 特别是福泽谕吉的《西洋情事》、福地源一郎的《公司弁》与涩泽荣一的《立会略则》都没有涉及公司出资者——股东的责任。这也为几年后股东应承担有限责任还是无限责任纠纷的频发埋下了隐患。[④]

随着《公司弁》等介绍公司书籍的传播及成立国立银行的热潮，日本社会开始了解公司的存在。[⑤]

## 二 特别公司与一般公司

明治政府虽然为实施国家政策不可缺少的特别公司设立了特别立法，但对于一般公司并没有给出有必要制定规则的态度。[⑥] 在没有统一公司法与公司不能自由成立的条件下，公司成立与运营是依据日本政府制定的一系列关于公司的特别法的规定。以这些条例为依据，成立了国立银行、交易所、日本银行、横滨正金银行等股份公司。其中，最重要的就是1872年制定的《国立银行条例》。

维新后，新政府模仿欧洲银行组织直辖城市的商人出资成立了兑换公司、通商公司，开展融资业务。但这仅仅是应急措施。1869年，明治政府为了培育股份公司，命令大城市的大商人成立以对外贸易为目的的贸易公司及为贸易公司提供资金的兑换公司。但由于对资本金及有限责任制度缺乏理解，所以两家公司的运营以失败告终。[⑦] 1870年，开始正

---

[①] 利谷信義「近代日本の企業秩序」東京大学社会科学研究所編『現代日本社会 第4巻 歴史的前提』東京大学出版社、1994、150頁。
[②] 吉田準三『日本の会社制度発達史の研究』流通経済大学出版会、1998、3頁。
[③] 橋本寿郎・大杉由香『近代日本経済史』岩波書店、2000、64頁。
[④] 吉田準三『日本の会社制度発達史の研究』流通経済大学出版会、1998、3頁。
[⑤] 加護野忠男・砂川伸幸・吉村典久『コーポレート ガバナンスの経営学——会社統治の新しいパラダイム』有斐閣、2012、118頁。
[⑥] 利谷信義「近代日本の企業秩序」東京大学社会科学研究所編『現代日本社会 第4巻 歴史的前提』東京大学出版社、1994、151頁。
[⑦] 宮本又・阿部武司・宇田川勝・沢井実・橘川武郎『日本経営史［新版］』有斐閣、2017、102頁。

式讨论银行制度。1871年、1872年，分别向明治政府提交了以英格兰银行为蓝本的"吉田清成方案"与以美国国法银行体系（national banking system）为蓝本的"伊藤博文方案"。1872年11月15日，参照美国《国法银行条例》制定了《国立银行条例》（由于翻译的错误，把"国法"翻译为"国立"）。该条例第18条明确规定了股东的有限责任，另外还允许发行可以转让的股票，并设计了董事会与股东大会的规定与程序，因此对公司制度的引入发挥了非常重要的作用，[1] 所以被认为是最早引入股份公司制度的法律。依据该条例成立的第一国立银行被认为是日本第一家具有股份制公司性质的银行。第一国立银行成立后，依据《国立银行条例》又在横滨成立了第二国立银行，在新潟成立了第四国立银行，在大阪成立了第五国立银行。[2] 所以，一般认为股份公司在日本的出现应该是始于1872~1879年在全国各地依据《国立银行条例》得到大藏省的许可成立的国立银行群（153家）。因为如上所述，《国立银行条例》被认为是日本第一次全面地对股份公司进行了规定，所以国立银行满足股份公司条件。[3] 虽然该条例规定了有限责任制，确定了资本金制度，规定了董事会与股东大会等公司机关，承认了对股份的买卖，从而满足了作为股份公司的要件，但有限责任是通过个别条例规定的。[4] 此后，依据股票交易所条例于1878年成立了东京股票交易所与大阪股票交易所。随着股份公司制度概念在日本的传播、《国立银行条例》的制定、股票交易所的创立这些制度条件的形成，近代股份公司这一企业形态开始在日本社会生根散枝。

明治政府对被认为对实行国家政策非常重要的特别银行、特别公司与一般公司采取了不同的态度。为保持特别银行、特别公司经营的稳定性，对这些公司实施了强监管与保护，其中就包括为有利于这些公司筹集资金规定股东的有限责任。然而，对于一般的银行、公司，为了保护公众的利

---

[1] 橋本寿郎・大杉由香『近代日本経済史』岩波書店、2000、61頁。
[2] 加護野忠男・砂川伸幸・吉村典久『コーポレートガバナンスの経営学——会社統治の新しいパラダイム』有斐閣、2012、118頁。
[3] 中村尚史「日本における近代企業の生成」阿部武司・中村尚史編『産業革命と企業経営——1882~1914——』ミネルヴァ書房、2010、118頁。
[4] 舶谷誠「近代企業の移植と定着」石井寛治・原朗・武田晴人編『日本経済史1 幕末維新期』東京大学出版社、2000、106頁。

益,即使在强监管下也并不承认股东的有限责任。如对于需要募集社会资金的公司,大阪府要求在公司名称中加入"有限责任"或"无限责任"的字样,以实现对交易对象的事前警告。① 所以,除了日本铁路公司、共同运输公司、日本邮船公司、大阪商船公司、东京海上保险公司等具有公共性质的公司,得到了政府颁布的特许定约书、命令书,成为政府的特许公司,股东被视为只需承担有限责任外,一般公司股东所需承担的责任并没有明确规定。如1881年成立日本铁路公司的情况是:由于是政府经营的产业,而且是依据特别立法组建的公司,所以在特别法中明确了股东的有限责任等法律层面的关系。② 对于一般公司,采用的是地方官许可主义。③ 日本政府1871年(明治4年)公布县治条例后,规定成立公司需要经过地方官同意并获得大藏省的批准。1878年(明治11年),明治政府又把批准成立公司的权力下放给最高地方官,缓和了公司设立规则。④

### 三 从模范工厂到保护民营

1641年把荷兰商馆迁往长崎的出岛,标志着日本完成锁国。直到19世纪中期,日本在欧美各国的压力下才打开国门,开始与世界资本主义接触。⑤ 国门的打开使外国商品大量流入日本。由于日本奉行闭关锁国政策长达200多年,资本主义萌芽发展极不充分,商品经济很不发达,使得日本的产品无法与欧美商品竞争,再加上金银兑换比价不同,日本的黄金大量流向海外,造成物价飞涨,导致下级武士和平民的生活更加贫困。⑥ 幕府开港引发的最大政治事件就是"尊王攘夷"运动,导致了德川幕府的倒台与日本封建制度的结束。从对日本经济面的影响看幕府

---

① 利谷信義「近代日本の企業秩序」東京大学社会科学研究所編『現代日本社会 第4巻 歴史的前提』東京大学出版社、1994、158頁。
② 宮本又郎・杉原薫・服部民夫・近藤光男・加護野忠男・猪木武徳・竹内洋『日本型資本主義』有斐閣、2004、126頁。
③ 浅古弘・伊藤孝夫・植田信廣・神保文夫『日本法制』青林書院、2017、321頁。
④ 吉田準三「我が国明治前半の会社制度の展開過程」『流通経済大學論集』、1990、https://rku.repo.nii.ac.jp/?action=pages_view_main&active_action=repository_view_main_item_detail&item_id=5413&item_no=1&page_id=13&block_id=21。
⑤ 橘川武郎『財団と企業グループ』日本経営史研究所、2016、7頁。
⑥ 利谷信義「近代日本の企業秩序」東京大学社会科学研究所編『現代日本社会 第4巻 歴史的前提』東京大学出版社、1994、145頁。

开港加速了社会分化与资本原始积累,从而使资本主义形成所必要的两大要素——资本与自由劳动者——在日本社会开始出现,① 为明治政府发展近代工业提供了资本与劳动力。而要开启近代工业化进程,还需要先进的技术与制度。

由于明治政府把经济增长视为解决德川后期积累的财政问题和在具有潜在危险性的西方列强面前维护自治的途径,所以一直认为必须把发展近代经济作为国家的目标。② 为此,明治政府高度重视发展近代工业。为了推动民间近代工业发展,明治政府开始大力建设模范工厂。明治维新后所有工业都由政府接管,主要由伊藤博文创建的工部省发起。明治政府扩大发展德川幕府时期的军事工业和造船厂,铺设电报线,兴修铁路,开发煤矿和铜矿,建立棉纺厂以及水泥、玻璃、车床等产品加工厂。不过,早期工业的产量微不足道,工厂本质上是试验工厂,同时也是培训技师和工人的"学校",③ 使日本人熟悉了工厂化生产。建立模范工厂的热潮,一直持续到1881年。另外,在维新政府经营官营模范工厂的同时,还出现了许多政府替私人纺织厂垫付购买纺织机械资金等的广义上的"官营纺织"。④ 但拉动日本纺织业发展的还是民间的自主努力,⑤ 其中就包括涩泽荣一于1882年建立的大阪纺织公司。大阪纺织公司也被认为是日本第一家联合股份公司。⑥ 此后,在日本政府的支持和监督下又成立了"官许公司"。政府除了直接经营官营企业,还向民间企业提供大量的补贴及资金。补贴最多的是海运业,主要支持对象是三菱,包括向三菱无偿提供船只、为上海航线提供补贴等。⑦ 在当时财政困难的情况下,从

---

① 橘川武郎『財団と企業グループ』日本経営史研究所、2016、19頁。
② 詹姆斯·L. 麦克莱恩:《日本史(1600~2000)》,王翔、朱慧颖译,海南出版社,2009,第199页。
③ 阿尔伯特·克雷格:《哈佛日本文明简史》,李虎等译,世界图书出版公司,2014,第120页。
④ 加藤健太·大石直樹『ケースに学ぶ日本の企業——ビジネスヒストリーへの招待』有斐閣、2013、15~16頁。
⑤ 加藤健太·大石直樹『ケースに学ぶ日本の企業——ビジネスヒストリーへの招待』有斐閣、2013、16頁。
⑥ 阿尔伯特·克雷格:《哈佛日本文明简史》,李虎等译,世界图书出版公司,2014,第121页。
⑦ 舶谷誠「近代企業の移植と定着」石井寛治·原朗·武田晴人編『日本経済史1 幕末維新期』東京大学出版社、2000、107頁。

1868年至1881年，政府投入企业的资金超过3640万日元，可见明治政府对建立近代工业的重视程度。①

虽然有许多官营事业，但自19世纪70年代末期以来它们一直处于亏损状态，而政府财政也到了濒于破产的边缘，改变政策已不可避免。②1878年5月，大久保利通遭到暗杀。1881年10月，北海道开拓使出售官产事件引发了"明治十四年政变"，大隈重信被罢免参议，殖产兴业进入第二阶段。内务省中心时代结束，开始了以伊藤博文与松方正义为中心的农商务省阶段，也改变了日本政府对经济近代化的政策方针，即调整了政府产业政策的方向，把重点从国家对企业拥有直接所有权转向认同盛行于西欧工业发达国家的那种自由主义正统学说，③开始鼓励自由资本主义，停止建设模范工厂，并从模范官营转变为保护民营，把官办企业出售给民间，即将在殖产兴业政策下通过投入国家资金建立的近代产业民营化。除了军需、铁路与电信产业外，所有矿山、工厂都出售给了民间。在此后的数十年中，政府对经济近代化所采取的政策是尽可能为私营部门创造有利的制度环境，培育支持私人企业成长的氛围，并依靠私营部门来推进工业化。④

另外，明治政府向民间出售官营企业并不是随意的，而是需要考察购买企业的能力，只有取得政府信任的企业才能最终获得对这些企业的经营权，即以"是否可以实现持续经营"为标准。⑤这样与明治政府具有密切关系的三井、三菱、安田等政商获得了比一般企业购买这些官营企业更多的机会。三井、三菱、安田等政商以旧官营工厂为基础开展了多元化经营，并借此获得了扩大经营范围与规模的机会，成为向财阀蜕变

---

① 西德妮·E.克劳科尔：《19世纪的经济变化》，马里乌斯·B.詹森主编《剑桥日本史：19世纪》第5卷，浙江大学出版社，2014，第563页。
② 宫本又郎・阿部武司・宇田川勝・沢井実・橘川武郎『日本経営史［新版］』有斐閣、2017、139頁。
③ 詹姆斯·L.麦克莱恩：《日本史（1600~2000）》，王翔、朱慧颖译，海南出版社，2009，第179页。
④ 詹姆斯·L.麦克莱恩：《日本史（1600~2000）》，王翔、朱慧颖译，海南出版社，2009，第179页。
⑤ 浅田毅衛「明治期殖産興業政策の終局と日本資本主義の確立」『明治商学論叢』第79巻第1・2号、https://m-repo.lib.meiji.ac.jp/dspace/bitstream/10291/1936/1/shogakuronso_79_1-2_187.pdf。

的重要一步。如岩崎弥太郎以1873年成立的三菱商会为基础，在明治政府的保护下获得了在海运业的垄断地位。1884年，明治政府决定把长崎造船厂出售给民间企业。1887年，弥之助向大藏大臣松方正义提出购买申请并从政府手中买到长崎造船厂。① 另外，三菱还从明治政府手中获得了高岛、佐渡、生野的矿山。② 这为三菱开展多元化经营，进而发展为财阀提供了基础。1888年，明治政府决定向民间出售三池煤矿。作为负责销售三池煤矿煤炭的三井出资455.05万日元从政府手中买到三池煤矿。三井从三池煤矿获得了巨额利益，煤矿业成为支持三井发展的重要产业。③ 另外，三井还从明治政府手中得到了新町纺织所与富山制丝所。④ 获得官营产业的岩崎、浅野、古河、三井等以旧官营工厂为基础开展多元化经营，这成为它们发展为财阀的起点。⑤ 这样，在国家的支持下，通过把官办企业以极其优惠的价格出售给民间，实现了国家资本向产业资本的转变，不仅为这些富商特别是政商向财阀转化提供了契机，而且也使三井、三菱、住友、安田等大财阀及川崎、古河、大仓、浅野等中小财阀聚集到明治政府（天皇制绝对主义）周围。⑥ 这些非军事企业19世纪80年代被廉价抛售，转入私人之手，成为"明治资本主义"的一个重要因素。⑦ 19世纪八九十年代财阀的诞生标志着日本近代工业的进一步发展。

---

① 『日本の財閥』洋泉社、2014、23頁。
② 浅田毅衛「明治期殖産興業政策の終局と日本資本主義の確立」『明治商学論論叢』第79巻第1・2号、https://m-repo.lib.meiji.ac.jp/dspace/bitstream/10291/1936/1/shogakuronso_79_1-2_187.pdf。
③ 『日本の財閥』洋泉社、2014、33頁。
④ 浅田毅衛「明治期殖産興業政策の終局と日本資本主義の確立」『明治商学論論叢』第79巻第1・2号、https://m-repo.lib.meiji.ac.jp/dspace/bitstream/10291/1936/1/shogakuronso_79_1-2_187.pdf。
⑤ 田島博実「日本社会の近代化・産業化と人の資源に関する基礎的研究——初期産業化の背景・要因と経済主体に関する試論——」『紀要社会学・社会情報学』第25号、2015年3月、http://ir.c.chuo-u.ac.jp/repository/search/binary/p/8235/s/6359/。
⑥ 浅田毅衛「明治期殖産興業政策の終局と日本資本主義の確立」『明治商学論論叢』第79巻第1・2号、https://m-repo.lib.meiji.ac.jp/dspace/bitstream/10291/1936/1/shogakuronso_79_1-2_187.pdf。
⑦ 西德妮·E.克劳科尔：《19世纪的经济变化》，詹森主编《剑桥日本史：19世纪》第5卷，浙江大学出版社，2014，第563页。

## 四 日本近代企业群的形成

政府鼓励民间成立公司，但并没有明确规定股东在什么情况下承担有限责任或无限责任。从1872年开始，在没有明确股东应该承担有限责任还是无限责任的情况下，各地通过发行股票筹集资金成立了许多合本公司或私盟公司，而且大部分是中小公司。

1877年为筹集西南战争的战争费用引发的通货膨胀推动了日本设立公司。日本最初的公司统计完成于1881年。虽然公司数达到了1803家，但大部分是资本金不足15000日元的小微企业。各公司的公司章程也没有统一的格式，对公司的责任有些公司规定了有限责任，有些规定了无限责任。① 1882年增加到3336家。② 依据1884年进行的非官办工厂调查，1881家工厂中有1237家位于农村；超过1/3的工厂雇工不到5人，只有176家工厂雇工超过50人；只有72家工厂使用蒸汽动力，47%的工厂使用水力，其余的完全使用人工。就工业而言，纺织业占61%，制陶业占12%，食品加工业占9%，金属加工业占8%。③ 虽然公司成为文明开化的象征之一，④ 但由于许多公司并没有受到《国立银行条例》、特别法或命令书等规定的有限责任制的保护，再加上自身经济基础薄弱，随着1882年经济萧条的到来，半数以上的公司破产，并引起了许多债务纠纷。⑤ 1884年，公司数量减少到1298家。⑥

虽然出现了上千家自称公司的企业，但当时对股份公司的认识与现

---

① 浅古弘・伊藤孝夫・植田信廣・神保文夫『日本法制史』青林書院、2017、321頁。
② 加護野忠男・砂川伸幸・吉村典久『コーポレート ガバナンスの経営学——会社統治の新しいパラダイム』有斐閣、2012、118頁。
③ 西德妮・E. 克劳科尔：《19世纪的经济变化》，马里乌斯・B. 詹森主编《剑桥日本史：19世纪》第5卷，浙江大学出版社，2014，第564页。
④ 加護野忠男・砂川伸幸・吉村典久『コーポレート ガバナンスの経営学——会社統治の新しいパラダイム』有斐閣、2012、118頁。
⑤ 吉田準三「我が国明治前半の会社制度の展開過程」『流通経濟大學論集』、1990，https://rku.repo.nii.ac.jp/?action=pages_view_main&active_action=repository_view_main_item_detail&item_id=5413&item_no=1&page_id=13&block_id=21。
⑥ 加護野忠男・砂川伸幸・吉村典久『コーポレート ガバナンスの経営学——会社統治の新しいパラダイム』有斐閣、2012、119頁。

在有本质的不同。当时的公司并不是现在的股份公司。① 这一时期设立的许多公司，在其章程中都把公司的存续期规定为3～5年，并且不准转让股份。② 特别是作为股份公司特性的"有限责任"在当时并没有明确规定，③ 甚至没有被社会接受。如1886年3月18日的司法省令规定，即使在公司章程中规定了有限责任，如果没有证据证明债权人知道该公司是有限责任，除了有债权人肯定知道该公司是有限责任的理由外，董事必须用董事的资产承担责任。在该阶段，尽管内务省、农商省多次试图制定一般性的公司法，但由于要优先制定全面的商法，所以一直没能实现。④ 所以，当初的公司一般被理解为一段时间内人与人之间的合作组织。⑤

但该阶段也诞生了许多后来成长为大公司的企业，特别是纺织业在这一过程中得到发展。在政府成立公司奖励政策支持下，1880年前后，各产业利用公司制度，特别是需要巨额资本的铁路、纺织、电灯等产业成立了股份公司，如日本铁道公司（1880年）、共同运输公司（1882年）和日本邮船公司（1885年）。涩泽荣一建立的日本第一家联合股份公司——大阪纺织公司⑥也在这一阶段创立（1882年）。这些成功的事例，提高了日本社会对股份公司制度的信任度，1886～1889年出现了利用股份公司制度成立公司的小高潮，1889年底全国公司数超过4000家。尽管其中有大量投机性的泡沫公司⑦，而且这一"企业勃兴"期被1890年经济危机打断，但大量公司的出现不可否认地表明日本已经开启了工业化进程。⑧ 1883～1889年，公司总数从1793家增加至2389家，投入资本从1亿632万日元增加到1亿9460万日元。1887年，日本政府将

---

① 加藤健太・大石直樹『ケースに学ぶ日本の企業——ビジネスヒストリーへの招待』有斐閣、2013、16頁。
② 岡崎哲二『工業化の軌跡——経済大国前史』読売新聞社、1997、67頁。
③ 加藤健太・大石直樹『ケースに学ぶ日本の企業——ビジネスヒストリーへの招待』有斐閣、2013、16頁。
④ 浅古弘・伊藤孝夫・植田信廣・神保文夫『日本法制史』青林書院、2017、321頁。
⑤ 岡崎哲二『工業化の軌跡——経済大国前史』読売新聞社、1997、67頁。
⑥ 阿尔伯特・克雷格：《哈佛日本文明简史》，李虎等译、世界图书出版公司，2014，第121页。
⑦ 浅古弘・伊藤孝夫・植田信廣・神保文夫『日本法制史』青林書院、2017、321頁。
⑧ 橘川武郎『財団と企業グループ』日本経営史研究所、2016、20頁。

"将资本分割为股份"的公司认定为股份公司，将"组合公司"认定为合名公司，依据这一标准，1889年前者比例达到54%。① 正是大量股份公司的出现，使日本社会开始逐渐了解股份公司制度所具有的特征，包括集中社会闲散资金、全体出资社员的有限责任、对出资所持份额证券化的可自由转让性，以及仅仅持有股份的资本家与参与公司经营的职能资本家（高级管理者）的分离等。② 但由于证券市场还不成熟，公司成立伊始，多采用发起人直接募集股票购买人的方式。③

1885年，食品工业与纤维工业生产总值占到工业生产总值的70%以上。④ 1887~1889年，不仅铁路、海运、纺织等领域出现了近代的大企业。其他如制铁、水泥、电灯、麦酒、制糖、纸制等领域也出现了许多近代化的大企业。⑤ 依据伊弁田敏充的观点，可以把1889年末的日本企业分为四类。第一类是大股东广泛募集集中型（多数出资者为大资本），如铁路、纺织、电灯、保险等产业企业，包括松方通货紧缩后经过企业勃兴期建立的近代产业。这些企业可以被认为是超越血缘、地缘筹集资金的股份公司。第二类是合伙型或缘于大股东间特殊关系结合而成的大（中）企业（少数出资者为大资本）。虽然包括矿业、造船、国际贸易等近代产业，但是以合伙关系或血缘关系结成的股份公司。第三类是合伙型或基于血缘、地缘等结合而成的零散（小）企业（少数出资者为小资本），由传统产业领域的家族企业构成；第四类是范围广泛的资本集中的零散（或小）企业（出资者多为小资本），包括养蚕、耕作、织物、生丝、竹制品、生丝、放贷等，由传统产业结社而来。⑥ 也正是大量、多元化企业的出现，使日本形成了特有的商业习惯，从而也成为日本政府移植商法并将其本土化的依据。

---

① 宫本又郎・阿部武司・宇田川胜・沢井実・橘川武郎『日本経営史［新版］』有斐閣、2017、103頁。
② 宫本又郎・阿部武司・宇田川胜・沢井実・橘川武郎『日本経営史［新版］』有斐閣、2017、103頁。
③ 浅古弘・伊藤孝夫・植田信廣・神保文夫『日本法制史』青林書院、2017、321頁。
④ 岡崎哲二『工業化の軌跡——経済大国前史』読売新聞社、1997、31頁。
⑤ 寺西重郎『日本の経済発展と金融』岩波書店、2004、171頁。
⑥ 宫本又郎・阿部武司・宇田川胜・沢井実、橘川武郎『日本経営史［新版］』有斐閣、2017、104頁。

## 第二节　商法的移植

企业本身是契约的联结。① 法律是用以降低规定、谈判和实施构成经济交易基础契约成本的文字化制度安排。国家作为第三方，通过发展一套非个人的法律并实施可以降低交易费用。由于法律是一种公共产品，便具有与之有关的重要规模经济。如果有一套法律存在，谈判和履行的费用便可大大减少，因为基本的交易规则早已清楚。② 公司法也不例外，其法律目标是建立清楚的交易规则，从而规范公司行为，降低交易成本，支持工商业活动。因此，对于公司法的原生国，其公司法实际上就是本国商业习惯的法律化。公司法中对公司治理的规定就是对民间解决公司治理问题方案的总结与提炼。但对于公司法的移植国，由于是参照其他国家的公司法来制定本国的公司法，因此就存在移植法律的本土化问题。

在日本私法制度并没有得到发展，所有法律都是以刑法为中心的。与西方国家对公司立法是在"经济发展、制度创新与市场选择互动"下形成的结果不同，日本公司立法是在政府的推动与引导下，作为修改不平等条约与殖产兴业政策的一环，通过对西方公司法的移植而形成的。这也决定了不符合日本社会理念与商业习惯的以个人权利义务为基础的具有资本主义性质的公司法在移植过程中会与日本的社会观念与商业习惯发生碰撞。结果是：或被全盘否定，或被全盘接受，或在本土化过程中被改造。日本政府编纂统一规范公司成立与运营的商法的过程是对西方公司法改造与吸收的过程。在从1884年"罗赛勒草案"完成到1899年商法实施（见表1-1）过程中实现了以家族产权总有为理念，以修改不平等条约、实现殖产兴业为目标，依据日本的商业习惯，参照欧美的公司法，对日本公司法制度的"创造"与"制造"。日本公司法制度的确立，成为日本经济发展的原动力，但同时也是日本经济发展的结果。商法的颁布和实施标志着日本公司法制度基础的奠定，是日本公司向近代化公司迈进的法律基础。

---

① 哈罗德·得姆塞茨：《企业经济学》，梁小民译，中国社会科学出版社，2009，第8页。
② 道格拉斯·C. 诺思：《经济史上的结构和变革》，厉以平译，商务印书馆，2010，第44页。

**表1-1 从1884年"罗赛勒草案"完成到1899年新商法实施的修订过程**

| 时间 | 商法的编纂与修订 | 特征 |
|---|---|---|
| 1884年1月 | "罗赛勒草案"完成 | — |
| 1890年4月 | 旧商法公布，计划于1891年1月开始实施 | — |
| 1890年12月 | 第一次帝国议会决定旧商法延期实施 | — |
| 1892年11月 | 第三次帝国议会决定旧商法再次延期实施 | — |
| 1893年7月 | 第四次帝国议会决定实施旧商法中的公司法、票据法与破产法（内容占旧商法的40%） | 德国人罗赛勒起草；公司成立采用许可主义；时价会计主义；所有权与经营权一致的规定（185条） |
| 1894年8月 | 缔结《日英通商航海条约》（废除领事裁判权） | — |
| 1899年6月 | 新商法实施 | 现在商法的原型；公司成立采取准则主义；时价会计主义 |

注：1890年公布的商法被称为旧商法，1899年新商法实施前的商法本表统一称旧商法。
资料来源：高田晴仁『明治期日本の商法典編纂』，http:∥win-cls.sakura.ne.jp/pdf/34/03.pdf。

## 一 从"罗赛勒草案"到旧商法

1881年，明治政府委托德国人罗赛勒（K.F.H. Roseler，1834—1894）起草商法。1884年1月，商法草案起草完毕，罗赛勒就商法草案向明治政府提交了详细的说明书。一般把该草案称为"罗赛勒草案"。[①] 明治政府之所以迫不及待地请外国人编纂商法主要还是为达到修改不平等条约的政治外交目的。罗赛勒也是考虑到明治政府编纂商法的上述政治目的，所以在编制商法时参照了日本修改不平等条约时的主要交涉国——英国、法国与德国的法律，以使商法适用于与这些国家的贸易。[②] 另外，还参照了西班牙、荷兰、意大利、埃及的商法典，并在比较的基础上吸收了各国法典的优点。[③] 但由于草案受到没有考虑日本商业习惯的指责，所

---

① 橋本寿郎・大杉由香『近代日本経済史』岩波書店、2000、65頁。
② 高田晴仁「明治期日本の商法典編纂」、http:∥win-cls.sakura.ne.jp/pdf/34/03.pd。
③ 高橋英治「ドイツと日本における株式会社法の改革」『商事法務』、2007、259頁。

以对草案的审议、修改与最终确定颇为周折。经过几年的审议和修改，1886年虽然通过了元老院的审议，但由于涉及条约的修改，所以改变了编纂商法典的指导方针，因此没能公布。从1887年起，经过井上馨主导的外务省、法律调查委员会的再次调整，终于在1890年4月公布，并决定于1891年1月1日开始实施。但商法的实施遭到了商界的强烈反对，①并引发了被称为"商法论争"的反对商法实施的"延期派"与支持商法实施的"断行派"的公开大辩论。延期理由主要包括以下四点：第一，公布仅八个月就要正式实施，国民没有充足的时间了解并熟悉法律内容；第二，商法应该与民法同时实施，既然决定民法于1893年实施，商法也应该延期；第三，该商法不符合日本商业习惯，应该修改其中不适合日本的规定；第四，商法中有商人难以理解的表述，需要修改。② 也是在1890年前后，日本受到经济危机的冲击，破产企业不断增多，企业纠纷频发，所以亟须依据公司法对这些破产企业进行处理。以此为契机，"延期派"与"断行派"进行了妥协，旧商法中的公司、票据和破产三法以及与商社有关的商业登记、商业账簿的规定得以在1893年实施。③

旧商法中的"公司"部分实施后，公司被赋予法人格，分为合名公司、合资公司与股份公司三种类型，并详细规定了各类公司的性格、成立方法、手续与企业组织。例如，合名公司、合资公司设立后，必须在成立后的14日之内到总店与分店所在地进行登记；股份公司需要有7名以上的股东，而且发起人必须在4人以上，不足4人不能发起成立公司。股份公司的成立需要经过发起认可与成立批准双重审核。这主要是由于公司的全体社员只需承担有限责任，以防止债权人的不当损失及发起人贪污股金的不良行为。另外，还必须承担公开财务报表的义务。④ 旧商

---

① 橘本寿郎・大杉由香『近代日本経済史』岩波書店、2000、65頁。
② 吉田準三「我が国明治後半の会社制度の展開過程」『流通経済大學論集』、1991、https://rku.repo.nii.ac.jp/?action=pages_view_main&active_action=repository_view_main_item_detail&item_id=5482&item_no=1&page_id=13&block_id=21。
③ 橘本寿郎・大杉由香『近代日本経済史』岩波書店、2000、65頁。
④ 吉田準三「我が国明治後半の会社制度の展開過程」『流通経済大學論集』、1991、https://rku.repo.nii.ac.jp/?action=pages_view_main&active_action=repository_view_main_item_detail&item_id=5482&item_no=1&page_id=13&block_id=21。

法明确规定了合名公司、合资公司与股份公司等不同公司形态下股东应该承担的责任，股东责任不明确的现象至此消失。另外，在旧商法实施前，公司内部治理结构并没有统一的模式，监事与董事的区分也非常模糊，还没有意识到股东对经营监督的必要性。① 旧商法实施后，公司内部治理结构得到了规范。可以说，虽然草案最终成为废案，但受德国普通法影响的"罗赛勒草案"，可以被认为是日本公司治理的开端。② 草案规定了董事必须由股东选任（第219条），且董事有义务持有本公司的股份（第223条）。罗赛勒从公司治理的角度考虑，进行了不使所有权和经营权完全分离的法制度设计。③ 日本关于监事的最早规定也沿用了草案对监事的规定。与董事一样（1890年商法第185条），规定监事是由股东大会从股东中选出三名成员构成的必须设置的机关（1890年商法第191条），并负有监督董事执行业务情况是否符合法律、命令、公司章程及股东大会的决定，发现董事在业务执行过程中是否有怠惰或不当行为，检查财务报表、分红方案并向股东大会报告的义务。如果认为有必要并且对公司有利，有召集股东大会的权力（1890年商法第192条），即监事拥有对公司的业务和财务情况等公司经营的适当性进行全面监督的权力。④ 尽管以"罗赛勒草案"为基础的旧商法公司编随着1899年商法实施失效，但在该法的规定下公司治理的重要制度安排——董事制度得到普及。旧商法的制定可以被认为是日本资本主义的先行者。⑤ 从此，公司形式的企业开始受到具有近代性质的私法的规制。日本近代公司制度得以确立，并成为支持日本工业化进程的重要制度基础。

## 二 明治商法的制定与日本近代公司治理机制的确立

明治维新后，日本政府最迫切的任务就是支持形成能够抵抗外部压

---

① 中村尚史「日本における近代企業の生成」阿部武司、中村尚史編『産業革命と企業経営——1882〜1914——』ミネルヴァ書房、2010、122頁。
② 高橋英治「ドイツと日本における株式会社法の改革」『商事法務』、2007、259頁。
③ 高橋英治「ドイツと日本における株式会社法の改革」『商事法務』、2007、261頁。
④ 岩原紳作「監査役制度の見直し」前田重行神田秀樹・神作裕之編『企業法の変遷』有斐閣、2009、5頁。
⑤ 宮本又郎・杉原薫・服部民夫・近藤光男・加護野忠男・猪木武徳・竹内洋『日本型資本主義』有斐閣、2004、127頁。

力的近代经济组织。为此，引入先进国家的公司制度就成为实现上述目标的战略手段。在明治政府的推动下，公司制度在日本社会得到普及与发展。到1896年，以1893年商法为依据成立的公司数量达到4550家。虽然其中包含泡沫公司，但与1867年只有幕府成立的兵库商社一家可以被称为具有近代特征的公司相比，公司制度在日本确实得到了快速发展。① 而这些公司实践也为商法的修订提供了重要依据。

1893年日本法典调查会任命冈野敬次郎、梅谦次郎、田部芳三人组成草委员会开始重新起草商法，以德国商法典为蓝本，依据日本商业习惯，对旧商法进行全面修订。延期派对法典也提出了许多修改意见，这些意见被修订后的1899年商法广泛采纳。② 尽管1897年末就形成了定案，但由于众议院多次解散，新商法的通过被延迟。眼看旧商法延长期又要到期，政府只好采取非常措施，将修订后的未经实施的部分从7月1日开始临时实施。由于修订后的法律任意性规范比较多，临时实施后并没有引起大的混乱。③ 此后，边实施边修订的法案于同年12月第三次提交议会审议。通过后，几经周折的明治商法（也称"新商法"）（1899年法律第48号）于1899年6月开始实施。新商法确立了近代股份公司的法制度框架。

1899年商法中对公司的规定作为第二编"公司"独立出来。第二编"公司"由第一章"总则"、第二章"合名公司"、第三章"合资公司"、第四章"股份公司"、第五章"股份合资公司"、第六章"外国公司"与第七章"罚则"构成。新商法保留了旧商法规定的股份公司、合名公司和合资公司三种公司形态，并增加了股份合资公司（由于股份合资公司基本没有被利用，所以在1950年商法修订时被废止）。新商法具有以下特征。第一，与旧商法主要委托外国人起草不同，新商法的起草委员会全部由日本人组成。为强调对日本商业习惯的重视，对旧商法第一条规定进行了修订。旧商法第一条规定：对于商事中本法没有规定的，适用

---

① 利谷信义「近代日本の企业秩序」東京大学社会科学研究所编『現代日本社会 第4卷 歴史的前提』東京大学出版社，1994、145頁。
② 吴建斌、刘慧明、李涛译《日本公司法典》，中国法制出版社，2006，第4页。
③ 何勤华、方乐华、李秀清、关建强：《日本法律发达史》，上海人民出版社，1999，第171~172页。

商业习惯及民法的有关成规。① 明治商法总则第一条则强调：没有规定的，首先适用商业习惯，商业习惯也没有规定的，才适用民法的有关成规。② 从而充分肯定了商业习惯的地位，突出了商业习惯的重要性。③ 第二，废止了行政官厅对公司成立的干涉，承认了公司成立的自由，由许可主义改为准则主义。第三，明确了股份的自由转让。第四，增加了合并等组织变更的新规定，为三井等财阀组织变更提供了制度准备与支持；第五，明确了股东大会中心主义。

虽然"公司治理"一词到20世纪70年代才出现，但罗赛勒在开始起草"罗赛勒草案"时就已注意到公司治理问题的存在。明治商法的制定与实施，确立了以股东主权为原则的日本近代公司治理机制，支持了股东对公司经营的影响。"罗赛勒草案"从公司治理的观点出发，规定董事要从股东中选任。明治商法继承了这一观点，董事与监事都必须从股东中选任。1899年商法关于股份公司机关的规定由三款构成，第一款为股东大会，第二款为董事，第三款为监事。1899年商法关于股东、经营者等权力、关系即公司内部治理的规定有如下特征。①股东大会中心主义。股东大会是公司的最高权力机关。股东大会决定的事项非常多，具有选任董事与监事的权力。股东大会中心主义强化股东大会的权力，支持股东对公司的控制。②缓解委托－代理问题的制度设计。规定董事应持有部分公司股份，④ 并且要在公司章程中规定董事需要持有的股份数量（1899年商法第120条之5）。⑤ 规定董事必须由股东大会从股东中选取，人数在3人以上（1899年商法第164、165条）；原则上各董事具有业务执行权及单独代表公司行使机关的权力（关于代表权，见1899年商法第170条）⑥。③对董事和监事的权限进行了分离，并分别做了严格

---

① 我妻栄编『旧法令集』有斐閣、2000、234頁。
② 我妻栄编『旧法令集』有斐閣、2000、277頁。
③ 何勤华、方乐华、李秀清、关建强：《日本法律发达史》，上海人民出版社，1999，第172页。
④ 宮島英昭『産業政策と企業統治の経済史——日本経済発展のミクロ分析——』有斐閣、2004、169頁。
⑤ 我妻栄编『旧法令集』有斐閣、2000、303頁。
⑥ 受川環大「役員等の株式会社に対する損害賠償責任」稲葉威雄・尾崎安央编『改正史から読み解く会社法の論点』中央経済社、2009、126頁。

的规定。① 董事是公司的业务执行与代表机关,监事是监督董事经营行为的机关。但与旧商法相比,监事的权限缩小。如在对公司财务情况的检查被限定于"向股东大会提交的会计报表"。② ④虽然没有对董事责任的规定,但是以董事需要承担对公司与第三者的连带责任为前提,规定了责任免除与责任追究。董事出现违反法令、公司章程的行为,即使股东大会同意,原则上也无法免除董事的损害赔偿(1899年商法第177条之1)。另外,虽然当时不存在股东代表诉讼制度,但1899年商法第178条规定:"股东大会决议对董事提起诉讼,或否定的情况下持有资本十分之一以上的股东向监事提起请求时,公司必须在决议或请求日起一个月之内对该董事提起诉讼。"③ 对监事也进行了同样的规定,从而确立了股东大会居于最高地位的三权分立的发挥公司治理的公司组织结构,即在对公司一切事务都拥有决定权的一个万能机关——股东大会下平行设立具有执行公司职能的董事和负有监督职能的监事的公司治理结构得以确立。这也成为日本公司治理的雏形。④ 另外,虽然规定了一股一票的原则,但为了保护小股东利益,规定持有11股以上的股东的决议权由公司章程决定(1899年商法第162条)。⑤ 明治商法规定的时价会计主义,加强了股票市场对公司经营者的制约。股票市场的压力也导致了非财阀股份公司的经营者重视短期利益、高分红等不利于公司长期发展行为的发生。

### 三 1911年商法修订

1911年商法修订是日本第一次修订商法。与19世纪不同,进入20世纪后日本国内股份公司法实务已经有了一定的积累。1911年商法修订

---

① 宮島英昭『産業政策と企業統治の経済史——日本経済発展のミクロ分析——』有斐閣、2004、168頁。
② 岩原紳作「監査役制度の見直し」前田重行・神田秀樹・神作裕之編「企業法の変遷」有斐閣、2009、6頁。
③ 受川環大「役員等の株式会社に対する損害賠償責任」稲葉威雄・尾崎安央編『改正史から読み解く会社法の論点』中央経済社、2009、126頁。
④ 髙橋英治『日本とドイツにおける株式会社法の発展』中央経済社、2018、257頁。
⑤ 中村尚史「日本における近代企業の生成」阿部武司・中村尚史編『産業革命と企業経営——1882〜1914——』ミネルヴァ書房、2010、131頁。

是为了制定与日本股份公司实务相一致的股份公司法。如果说之前的股份公司法的起草、制定与修订，是为了移植外国制度，快速实现近代化，那么1911年商法修订的契机则是解决日本公司的经营实际与法律之间的不匹配问题。① 可以说，明治商法中的股份公司法，经过1911年的修订，开始了向近代股份公司法的演进。②

由于资本主义经济飞跃式发展，日本股份公司日益向巨大化、复杂化的方向演变，同时随着"股票向财阀家族或者大股东集中的产权结构"的形成，小股东的地位不断被削弱，出现了一部分大股东控制和操纵董事、实行独裁支配的倾向。另外，由于日俄战争爆发，大量公司倒闭，引起日本社会对股份公司的有限责任制度造成的倾向于投资高风险项目问题的重视。而商法虽然要求披露公司的借贷对照表，但并没有规定统一的会计标准，这就使各公司间信息披露混乱不一。立法者开始意识到商法中缺乏对债权人的保护的问题。③ 1911年，对明治商法的200多个条文进行了修订。这次修订以对公司的相关规定的修改为中心，明确了发起人的责任，强化了对董事的规制。④ 对公司经营者的违法行为不仅强化了民事责任，还第一次引入了入刑规定。⑤ 具体修订内容如下。第一，增设了股东大会决议无效规定。1911年商法修订规定，如果召集召开股东大会的手续、决议方式违反法令或公司章程，股东、董事或监事的决议无效（1911年修订后商法第163条之1），与决议无效的相关诉讼必须在决议之日的一个月内提起（1911年修订后商法第163条之2第1项）。第二，确立了董事、监事与公司的关系。日本明治商法的缺陷之一是没有明确规定董事承担善管注意义务的程度。由于公司与董事的法律关系不明确，所以通过1911年商法修订，明确了依据民法规定的委托

---

① 高橋英治『日本とドイツにおける株式会社法の発展』中央経済社、2018、269頁。
② 何勤华、方乐华、李秀清、关建强：《日本法律发达史》，上海人民出版社，1999，第174页。
③ 宮島英昭『産業政策と企業統治の経済史——日本経済発展のミクロ分析——』有斐閣、2004、169頁。
④ 何勤华、方乐华、李秀清、关建强：《日本法律发达史》，上海人民出版社，1999，第173页。
⑤ 浅古弘・伊藤孝夫・植田信廣・神保文夫「日本法制」青林書院、2017、377頁。

关系。① 第三，明确了董事的责任。1911年修订商法，明文规定了董事的任务懈怠责任。1911年修订商法第177条之1关于"董事对公司的责任"时做了如下规定："如果是因为董事失责造成的公司损失，该董事对公司负有连带损害赔偿责任。"其宗旨是，董事与公司的关系是委托关系，所以负有善管注意义务。如果董事违反了义务，就要承担对不履行债务的损害赔偿责任，特别是强化连带责任。监事也适用于上述规定（1911年修订后商法第186、189条）。在董事及董事长对第三者的损害赔偿责任问题上，也增设了同样的规定。② 另外，1911年商法还对时价会计主义的规定进行了修改，变更为"时价以下主义"，即如果取得价格大于时价，采用时价；如果时价大于原来的价格，作为评价价格，既可以采用原价，也可以采用时价。从彻底时价主义向取得原价主义的方向进行了一定的调整。③ 商法在1911年进行了部分修订后，改变了资产评价标准（承认低于时价的评价），明确了董事的责任，强化了董事的罚则并明确了合并手续，直到1938年再次进行大修订，在超过四分之一世纪中发挥着作为公司/企业的基本法的作用。④

另外，在讨论修订明治商法的过程中，最大的争论是董事的选任资格。为了保证董事有更合适的人选，在1911年修订的商法草案中删除了董事必须从股东中选任的规定。但这一修订遭到了众议员特别委员会下设的特别调查委员会的否定。⑤ 从法律层面实现所有权与经营权的分离，还要等到1938年的商法修订。

## 第三节 非财阀股份公司

商法对股份公司制度的引入，支持了公司从社会广泛筹集资金，激励社会零散资金转换为产业资本，以社会资本的集中使用代替分散的资

---

① 高橋英治『日本とドイツにおける株式会社法の発展』中央経済社、2018、269頁。
② 青地正史『戦前日本の企業統治』日本経済評論社、2014、102頁。
③ 青地正史『戦前日本の企業統治』日本経済評論社、2014、166頁。
④ 中村尚史「日本における近代企業の生成」阿部武司・中村尚史編『産業革命と企業経営——1882〜1914——』ミネルヴァ書房、2010、132頁。
⑤ 高橋英治『日本とドイツにおける株式会社法の発展』中央経済社、2018、270〜271頁。

本积累，这不仅为近代机器大生产募集到了赖以生存的资金，而且为拥有创立企业梦想、具有经营企业才能但拥有不多资金的普通民众提供了投资的机会，从而打破了封建家族的垄断，推进了日本工业化进程。商法不仅规定了股东大会中心主义，而且规定了董事必须选自股东。所以虽然非财阀股份公司的资金主要依赖于资本市场，但在大股东对公司经营的参与下所有权与经营权并没有彻底分离，所以非财阀股份公司与伯利和米恩斯所称的"准公共公司"又不完全一致，呈现出集中与分散并存的特征。①

## 一 股份公司制度与近代工业发展

日本工业化是从19世纪80年代开始的。19世纪80年后半期，开始成立大规模的铁路、海运、纺织等移植产业的股份公司，19世纪80年代末期股份公司总数占到公司总数的一半以上。② 日本的工业化是由纺织业带动的，但新兴工业的支柱来自运输革命。与财阀企业利用家族自有资金在内部资本市场筹集资金不同，对通过广泛筹集社会资本成立的独立的大型铁路、纺织公司来说，资金筹集对其经营来说是极为重要的问题。如1905年日本排名前十的铁路公司的自有资本率平均达到82.8%，纺织业达到81.7%。③ 近代纺织业、铁路业由于采用了股份公司的企业形态，通过股票发行实现了初期建设巨额资金的筹集。股份公司为建设大规模机械化纺织工厂与铁路建设获取巨额资金与专业经营管理人才提供了制度支持，促进了产业的兴起与发展。同时，纺织业特别是铁路的兴起也需要大量的资金与专业管理人才，从而促进了股份公司制度在日本的普及。

1. 在股份公司制度支持下纺织业成为日本工业化的先锋

在各行业中，当初居于食品业之后的是纺织业，在19世纪80年代末开始赶超食品业，在整个明治时期两者的发展呈你追我赶的态势。④

---

① 青地正史『戦前日本の企業統治』日本経済評論社、2014、158頁。
② 岡崎哲二『工業化の軌跡——経済大国前史』読売新聞社、1997、67頁。
③ 中村尚史『日本における近代企業の生成』阿部武司、中村尚史編「産業革命と企業経営——1882～1914——」ミネルヴァ書房、2010、156～157頁。
④ 浜野洁、井奥成彦、中村宗悦、岸田真、永江雅和、牛岛利明：《日本经济史1600-2000》，彭曦等译，南京大学出版社，2010，第73页。

但纺织业之所以被称为日本工业化的先锋，是因为其率先引入了机器生产，棉线制造是日本工业中最早实现机械化的部门。① 特别是 1880 年成立的大阪纺织公司是日本发展近代纺织业的突破口，可以称为第一个大规模的工厂。大阪纺织公司既是涩泽荣一对西方股份公司概念移植到日本后的实践，也是其"合本主义"经济思想的实践。"和本主义"就是"以追求公益为使命和目标，会集最合适的人才与资金，推进事业发展"。② 涩泽荣一作为公司发起人，一方面组织旧藩主、有能力的财界人士、与棉花交易相关的商人作为公司股东，筹集了 25 万日元的巨额资金（在当时看）；另一方面寻找合适的技术人员与经营者。大阪纺织股份公司实现了人力资本与金钱资本的结合。③ 大阪纺织 1883 年开始运营，投资回报率达到 15%。④ 三重纺织的成功案例也是股份公司筹集资金威力的实证。1882 年，以 2000 锤规模建立的三重纺织所陷入了经营困难。在涩泽荣一的建议下，三重纺织的伊藤决定新建 1 万锤规模的纺织厂。虽然当地人士很难响应失败的伊藤的投资建议，但看到涩泽的支持，所以也出现了投资者。1886 年，在四日市成立了总资本 22 万日元的有限责任公司——三重纺织。其中 12 万日元由发起人从当地筹集，剩余的 10 万日元委托涩泽从东京、大阪等地筹集。此后，三重纺织快速发展。⑤

松方通货紧缩结束后，借鉴大阪纺织经营的成功经验的大型纺织企业纷纷成立。19 世纪 80 年代后半期新成立了 20 家纺织公司。⑥ 在纺织业，从 1886 年将三重纺织改组为股份公司开始，1887 年成立了 6 家，1888 年成立了 5 家，1889 年成立了 5 家，都是 1 万锤以上的近代纺织企业。⑦ 以 1887 年钟渊纺织的成立、1889 年尼崎纺织的创立为标志，纺织

---

① 浜野洁、井奥成彦、中村宗悦、岸田真、永江雅和、牛岛利明：《日本经济史 1600 - 2000》，彭曦等译，南京大学出版社，2010，第 75 页。
② 橘川武郎『ぜろからわかる日本経営史』日本経済新聞出版社、2018、44 頁。
③ 岡崎哲二『工業化の軌跡——経済大国前史』読売新聞社、1997、38 頁。
④ 岡崎哲二『工業化の軌跡——経済大国前史』読売新聞社、1997、38 頁。
⑤ 宮本又郎・阿部武司・宇田川勝・沢井実・橘川武郎『日本経営史［新版］』有斐閣、2017、103 頁。
⑥ 岡崎哲二『工業化の軌跡——経済大国前史』読売新聞社、1997、38 頁。
⑦ 寺西重郎『日本の経済発展と金融』岩波書店、2004、171 頁。

部门的机械化大批量生产终于成为主流。①

利用股份公司制度的纺织工业在日本的成功，增进了日本社会对股份公司制度的认识，提升了对股份公司的信赖，股份公司开始被日本社会接受。

2. 铁路的兴起推动了股份公司制度的普及

同美国一样，股份公司在日本的普及还要等到铁路兴起。

1878年，明治政府制定了证券交易所条例。依照该条例成立了东京与大阪的股票交易所。虽然名称为股票交易所，但最初是以公债为中心的交易。② 虽然明治政府从很早就表现出培育流通市场的意欲，但实际上流通市场的发展非常缓慢，甚至被日本社会认为是"政府允许的赌场"。这主要是由以下两个原因造成的，一是初期的股份公司多是由资本家共同出资组建的，具有共同出资事业的性质。因此，股东从开始就有长期持有股份的打算。二是银行的发展要早于股票市场，较早就可以利用存款形式的流动资产，利用证券市场的必要性就大大降低。③ 日本股票市场的发展还要等待铁路建设浪潮的到来。

1881年明治政府改变由国家建造并管理铁路的政策，而是通过政府补助和其他形式援助扶植私人建设铁路后，④ 日本股票市场才开始真正发挥筹集社会资金的功能，为铁路建设提供了巨额资金。进入19世纪80年代后，替代公债交易的是铁路股。1881年，日本成立了第一家民营铁路公司——日本铁路股份公司。为了筹集资金，采用了股份公司的形式，华族成为主要的出资者。⑤ 1884年，日本铁道公司的收益超出了预期，一股投资热潮席卷日本。1885~1892年，申请成立私人铁道公司的有50多家。⑥ 铁路公司1886年成立了6家，1887年成立了11家，1888年成

---

① 浜野洁、井奥成彦、中村宗悦、岸田真、永江雅和、牛岛利明：《日本经济史1600－2000》，彭曦等译，南京大学出版社，2010，第74页。
② 冈崎哲二『工業化の軌跡——経済大国前史』読売新聞社、1997、66頁。
③ 寺西重郎『日本の経済発展と金融』岩波書店、2004、10頁。
④ 詹姆斯·L. 麦克莱恩：《日本史（1600~2000）》，王翔、朱慧颖译，海南出版社，2009，第193页。
⑤ 冈崎哲二『工業化の軌跡——経済大国前史』読売新聞社、1997、44頁。
⑥ 詹姆斯·L. 麦克莱恩：《日本史（1600~2000）》，王翔、朱慧颖译，海南出版社，2009，第193页。

立了5家，1889年成立了14家，1890年后计划成立10家。其中12家铁路公司获得了开业执照，被称为第一次铁路浪潮。① 政府还向10家铁路公司提供了相同类型的补助。收益保证和租赁减免政策使日本铁路公司得以迅速成功。效果是惊人的，按照总资产来估量，私人铁道公司占了日本十大股份公司中的7家。② 19世纪80年代末的铁路投资热潮助长了一股更全面的私营公司浪潮。这股投资热延伸至纺织业、矿业及其他行业。③

1883~1892年成立的公司企业中，除了纺织、铁路及部分大企业外，大多是以公司名义成立的个人企业及组合性质的农业相关企业。④ 到1890年，由于"投资过热"，日本出现了第一次金融危机，这也给了日本投资者一个非常好的教训，令其终于了解到股份公司组织及股票市场的经营法则。⑤ 直到1893年后，股份公司的比例才开始上升。也就是从这一时期，股份公司组织才开始发挥通过大量股东筹集资本的作用。⑥

## 二 非财阀股份公司的股权结构与公司治理

由于明治时期日本公司的股权结构表现为"集中"与"分散"并存的特征，对于大股东来说，只是出现了所有权与经营权的分离，并没有出现所有权与控制权的分离。这一时期，所有权与控制权的分离仅仅是对于分散的中小股东而言的，所以可以将这一阶段非财阀股份公司的治理模式称为市场治理下大股东控制型公司治理模式。但随着公司经营日益复杂，股份分散度的提高，经营者稳定股东工作的开展，非财阀股份公司的公司治理出现了从市场治理下大股东控制型公司治理模式向市场治理下大股东经营者控制型公司治理模式的转变。另外，由于非财阀股

---

① 寺西重郎『日本の経済発展と金融』岩波書店、2004、171頁。
② 詹姆斯·L.麦克莱恩：《日本史（1600~2000）》，王翔、朱慧颖译，海南出版社，2009，第193页。
③ 安德鲁·戈登：《现代日本史：从德川时代到21世纪》，李潮津译，中信出版集团股份有限公司，2017，第152页。
④ 寺西重郎『日本の経済発展と金融』岩波書店、2004、170頁。
⑤ 安德鲁·戈登：《现代日本史：从德川时代到21世纪》，李潮津译，中信出版集团股份有限公司，2017，第152页。
⑥ 寺西重郎『日本の経済発展と金融』岩波書店、2004、170頁。

份公司与依赖内部资本市场的财阀企业不同，其是通过发行股票从社会上募集资金。所以，比起重视企业的长期发展，为了迎合投资者，经营者更加关注股票价格，进而呈现出分红第一主义的特征。

1. 非财阀股份公司的股权结构

从 1885 年至 1890 年前后，日本开始出现大公司。[①] 初期大规模的股份公司的出资阶层主要是城市的华族、士族及德川以来的商人等有实力的资本家。[②] 这些出资者在拥有大股东资格的同时还在多家公司担任管理职位，并对其所投资的公司发挥直接影响。但这些投资者一般并不单独行动，而是结成小集团，以集团的形式向公司投资并开展企业经营。[③]

从 20 世纪 20 年代日本企业的高级管理者、大股东的持股比例（见表 1-2），可以看到 20 世纪 20 年代日本非财阀系股份公司的股权结构具有以下特征。第一，高级管理人员持股比例较高，平均达到 6.6%；第二，大股东持股比例平均达到 54.7%。这里所指的大股东是持股比例超过 0.5% 的股东。所以，当时日本的股份公司股东是由 "大股东也是高层管理者"，"经营者也是大股东"、"只是大股东" 与 "多数一般股东" 构成的。[④] 可见，日本早期的非财阀股份公司由于 "大股东又是经营者" 与 "多数一般股东" 同时存在，所以与伯利和米恩斯所称的 "准公共公司" 又不完全一致，呈现出集中与分散并存的特征。[⑤]

表 1-2 20 世纪 20 年代部分行业公司高级管理者、大股东持股比例

单位：家，%

|  | 公司数 | 高级管理者持股比例 | 大股东持股比例 |
| --- | --- | --- | --- |
| 银行 | 10 | 1.1 | 44.6 |
| 财产保险 | 14 | 15.1 | 68.3 |

---

[①] 江頭憲治郎「日本の公開会社における取締役会の義務——特に監督について——」同志社大学日本会社法研究センター編『日本会社法制への提言』商事法務、2008、43 頁。
[②] 岡崎哲二『工業化の軌跡——経済大国前史』読売新聞社、1997、68 頁。
[③] 田中亘・中林真幸『企業統治の法と経済比較制度分析の視点で見るガバナンス』有斐閣、2015、131 頁。
[④] 青地正史『戦前日本の企業統治』日本経済評論社、2014、157 頁。
[⑤] 青地正史『戦前日本の企業統治』日本経済評論社、2014、158 頁。

续表

| | 公司数 | 高级管理者持股比例 | 大股东持股比例 |
|---|---|---|---|
| 人寿保险 | 11 | 1.0 | 8.1 |
| 电灯电力 | 45 | 4.6 | 58.7 |
| 铁路轨道 | 51 | 6.3 | 61.2 |
| 汽船运输 | 8 | 9.7 | 72.2 |
| 纺织 | 46 | 11.3 | 56.1 |
| 造船 | 22 | 2.1 | 68.8 |
| 造纸 | 4 | 8.6 | 65.5 |
| 制糖 | 7 | 3.2 | 42.5 |
| 酿造制冰 | 8 | 8.0 | 47.2 |
| 矿业 | 19 | 5.9 | 44.2 |
| 冶金 | 6 | 9.2 | 59.3 |
| 煤气 | 3 | 10.5 | 64.5 |
| 交易所 | 13 | 4.8 | 75.7 |
| 拓殖 | 7 | 2.0 | 49.4 |
| 陶瓷业 | 11 | 8.6 | 56.2 |
| 土地建筑 | 24 | 20.1 | 79.3 |
| 兴业 | 3 | 24.3 | 52.8 |
| 橡胶 | 5 | 13.3 | 56.9 |
| 化学工业 | 14 | 8.3 | 56.3 |
| 加工业 | 14 | 12.9 | 53.8 |
| 商业 | 6 | 5.7 | 26.8 |
| 证券业 | 4 | 7.1 | 52.8 |
| 仓库 | 7 | 9.0 | 69.5 |
| 合计 | 362 | 6.6 | 54.7 |

注：1927年下期末的数据；大股东是在公称资本金1000万日元以上的公司持有1000股以上的股东、在500万日元以上公司持有500股以上的股东。

资料来源：山一证券股份公司调查部的调查；依据井上謙一 [1930] 做成，转引自青地正史『戦前日本の企業統治』日本経済評論社、2014、157頁。

2. 内部治理结构

由于明治商法为了缓解委托－代理问题，规定董事必须通过股东大会从股东中选任，并在公司章程中规定了董事必须持有的股份份额，所以资本家在成为大公司大股东的同时，也大多成为大公司的董事。19世纪末大公司的标准董事组织结构是"社长—董事"的二层结构。而占据董事职位的多是大股东。所以，一般被认为是所有权与经营权没有分离。但由于这些董事不但缺乏相关产业及经营管理近代产业的相关知识，而且这些大股东为分散风险会投资多家公司，这样，在既缺乏必要知识又没有时间的情况下，许多大公司董事的下面设有经理和技师长的职位，这些职位由专业的管理者与技术人员占有。从这一事实来看，大股东担任的社长、董事等仅仅制定经营政策，但不实际执行，而是发挥从所有者的立场监督业务实际执行情况的作用。从这一点也许可以说明大股份公司在很早阶段就已经开始了所有权与经营权的分离。[1] 所有权与经营权的分离在20世纪初期表现得更为明显。该时期，董事组织结构进一步等级化，在社长与董事之间设立了专务董事，另外还有许多公司设置了常务董事，这些职位一般由过去的经理与技师长等专业经营者与技术人员占有。这些人一般拥有高学历，在接受以大股东身份参加董事会成员监督的同时，负责执行公司业务。20世纪初期学生从学校毕业后进入公司然后通过内部晋升为管理者的职业生涯案例开始增多。[2] 特别是在铁路公司中所有权与经营权分离特征尤为明显。因此，能吸引投资，保证股东资金安全与收益的公司治理结构，对这些公司来说尤显重要。这也是1893年旧商法"公司"部分公布实施后，虽然作为特别公司的铁路公司并不在被规范的范围内但也纷纷依照旧商法的规定建立董事制度的原因。

另外，"股东大会中心主义"的商法与评价公司价值的资本市场的存在支持了日本股东大会对经营者的监督功能。[3] 股东大会的治理作用包括监督经营者、公开信息及利益相关者之间的利益调整。[4] 股东大会不仅是重要议案形成的场所，还是调和一般股东要求高分红与经营者为

---

[1] 岡崎哲二『工業化の軌跡——経済大国前史』読売新聞社、1997、68頁。
[2] 岡崎哲二『工業化の軌跡——経済大国前史』読売新聞社、1997、68頁。
[3] 田中亘・中林真幸『企業統治の法と経済比較制度分析の視点で見るガバナンス』有斐閣、2015、157頁。
[4] 田中亘・中林真幸『企業統治の法と経済比較制度分析の視点で見るガバナンス』有斐閣、2015、167頁。

实现公司坚实发展要求尽量多的保留盈余达成一致的重要场所。① 1900年前后，监事作为监督机关还发挥着有效功能。在股份公司初期，由于存在大股东，特别是从江户时代开始的大商人组织的股份公司由于有"大掌柜"，由旧藩主出资成立的股份公司有忠诚的"总管家"，这些人依赖于主人的大股东地位成为公司的监事，因此为了保护主人的利益会尽力发挥监事的监督作用。另外，由地方财政出资设立的股份公司中，许多监事是从"有名人士"中选任的，这些人也发挥了监事的监督作用。②

该阶段大股东对经营者的影响力很大，经营者依照大股东的意志经营企业，处于相对弱势的地位。经营者处在如果经营业绩不佳就会被替换的紧张感中开展企业经营。③ 但与此同时，独立董事逐渐被驱逐出公司，代表资本提供者的公司外的、兼职的、没有工资的董事逐渐从日本大公司中消失，在20世纪前十年基本确立了只有经营者才能担任董事的原则。如1882年成立的大阪纺织，1898年山边丈夫通过公司内部晋升为社长。在这一过程中，对不关注公司内部留存利润仅仅要求高分红的独立董事被逐渐排挤出公司并将董事更换为自己的部下。其他许多大公司也经历了类似过程，而当时日本社会认为这种行为是正确的。④

**3. 并购、经营者稳定股东工作及其对公司治理的影响**

市场对股份公司经营者的治理，不仅包括股东"用脚投票"造成的股价下降，还包括潜在收购者对企业的接管。并购是对公司经营者最有力的监督。如果股东"用脚投票"，可能会正中管理者的下怀，因为他们正希望持不同意见的股东离开。只有"用脚投票"的股东人数达到一定数量才有可能使股价下跌。但通过并购接管企业，对公司管理者来说，则意味着职业生涯的结束，所以控制权市场的存在发挥着制约管理层的作用。

一战前日本就存在敌意并购。其中，财阀公司对非财阀股份公司的

---

① 宫本又郎・阿部武司・宇田川胜・沢井実・橘川武郎『日本経営史［新版］』有斐閣、2017、39頁。
② 高橋英治『日本とドイツにおける株式会社法の発展』中央経済社、2018、267頁。
③ 高橋英治『日本とドイツにおける株式会社法の発展』中央経済社、2018、267頁。
④ 江頭憲治郎「日本の公開会社における取締役会の義務――特に監督について――」同志社大学日本会社法研究センター編『日本会社法制への提言』商事法務、2008、43頁。

并购对制约公司经营者行为发挥了有效的治理作用。新商法中增加的与合并相关的规定，更是推动了并购的多发（见表1-3）。财阀集团中的许多企业是通过在资本市场上并购经营业绩不佳的企业获得的。特别是新兴财阀更倾向于开展积极的并购。如日产的大阪铁工所与日本油脂就是在1934年通过并购进入日产集团的。日产社长鲇川义介在其所著的《对物看法的思考》（实业日本社，1937）一书中写道："对具有潜在价值的没有被适当经营的企业进行低价收购，然后通过对企业的再建获得利益。这就是日产的经营模式。"公司管理层由于受到财阀企业并购的威胁，所以努力提升经营效率。[1] 可见，财阀对集团外企业的并购，发挥了提升企业价值的作用，产生了规范企业经营者行为的效果，[2] 即通过在资本市场的并购发挥公司治理的作用。

表1-3 二战前财阀对企业的并购

| 序号 | 财阀名 | 并购时间 | 被并购企业 |
| --- | --- | --- | --- |
| 1 | 安田 | 1896年 | 东京火灾 |
| 2 | 三井 | 1899年 | 北海道碳矿汽船 |
| 3 | 安田 | 1907年 | 四国银行 |
| 4 | 安田 | 1909年 | 中国铁道 |
| 5 | 三菱 | 1911年 | 九州碳矿汽船 |
| 6 | 浅野 | 1920年 | 京滨运河 |
| 7 | 安田 | 1922年 | 日本纸业 |
| 8 | 安田 | 1922年 | 日本昼夜银行 |
| 9 | 安田 | 1923年 | 第三银行 |
| 10 | 三菱 | 1924年 | 饭塚矿业 |
| 11 | 住友 | 1925年 | 日之出生命 |
| 12 | 三菱 | 1926年 | 东京钢材 |
| 13 | 三井 | 1928年 | 日本制粉 |
| 14 | 住友 | 1932年 | 日本电气 |

---

[1] 青地正史『戦前日本の企業統治』日本経済評論社、2014、63頁。
[2] 岡崎哲二『経済史から考える発展と停滞の論理』日本経済新聞出版社、2018、161頁。

续表

| 序号 | 财阀名 | 并购时间 | 被并购企业 |
|---|---|---|---|
| 15 | 日产 | 1934 年 | 日本水产 |
| 16 | 日产 | 1934 年 | 日本油脂 |
| 17 | 日产 | 1934 年 | 大阪铁工所 |
| 18 | 日产 | 1937 年 | 大阪化学 |
| 19 | 日产 | 1937 年 | 日本 Victor |

资料来源：冈崎哲二［1993］，转引自青地正史『戦前日本の企業統治』日本経済評論社、2014、141、63 頁。

　　从 19 世纪迈向 20 世纪的世纪转型期的日本企业，迎来了"大并购时期"。①在股东大会万能主义的商法规定下，股权结构直接影响到股份公司的权力配置。经营者为了实现对公司的控制，防止敌意收购，以专业经营者为中心，从 20 世纪 20 年代开始开展稳定股东工作。专业经营者建立他们希望的股权结构。② 如大阪纺织，与过去的大股东卖出股份相反，在股东人数增加的趋势下，涩泽与山边、关系密切的棉花供应商内外棉公司以及 1906 年并购的金巾制织则成为稳定的大股东。日本生命，与大阪纺织相反，1890 年后股东人数开始减少，1900 年前后股份集中到了弘世系、片冈系、山口系手中。这些大股东占据了董事的位置，这也是专门经营者有意识构建的适宜控制的股权结构。③

　　专业经营者开展稳定股东工作，有利于专业经营者控制公司的公司股权结构，不但有效隔离了资本市场对经营者的治理，而且实现了对公司的控制，使日本非财阀股份公司的公司治理出现了从大股东控制型向大股东经营者控制型的转变。

### 三　市场治理下大股东经营者控制型公司治理导致的高分红

　　虽然财阀股份公司与非财阀股份公司在相同的商法框架下，但由于

---

① 青地正史『戦前日本の企業統治』日本経済評論社、2014、141、63 頁。
② 宮本又郎・阿部武司・宇田川勝・沢井実・橘川武郎『日本経営史［新版］』有斐閣、2017、121 頁。
③ 宮本又郎・阿部武司・宇田川勝・沢井実・橘川武郎『日本経営史［新版］』有斐閣、2017、121 頁。

两类公司的资金来源不同,股权结构不同,所以出现了不同的公司治理问题。20世纪20年代日本非财阀股份公司的股权结构呈现出"少数大股东"与"众多小股东"并存的特征。而且,"大股东一般是经营者"。这样就造成了两大结果:一是"董事必须从股东中选任"的这一减少委托-代理问题的商法设计,保证了董事(经营者)利益与大股东利益保持一致;二是为了吸引投资者呈现出"分红第一主义"的特征。19世纪20年代,日本企业的分红率甚至达到70%(见表1-4)。①

表1-4 日美企业分红率比较

单位:%

|  | 1960年 | 1961年 | 1962年 | 1963年 | 1964年 | 1965年 | 1966年 | 1967年 | 1968年 | 1969年 | 1970年 | 平均 |
|---|---|---|---|---|---|---|---|---|---|---|---|---|
| 60年代的美国企业 | 45.5 | 44.2 | 47.6 | 49.4 | 53.4 | 56.5 | 58.1 | 54.3 | 55.8 | 54.7 | 47.3 | 51.5 |
| 60年代的日本企业 | 32.5 | 42.0 | 45.5 | 35.1 | 36.3 | 37.9 | 33.1 | 29.8 | 30.3 | 28.3 | 39.3 | 35.4 |
|  | 1920年 | 1921年 | 1922年 | 1923年 | 1924年 | 1925年 | 1926年 | 1927年 | 1928年 | 1929年 | 1930年 | 平均 |
| 20年代的日本企业 | 63.9 | 70.3 | 70.9 | 68.3 | 63.3 | 69.8 | 71.5 | 63.3 | 64.4 | 60.8 | 60.1 | 66.1 |

注:分红率:(日本企业)分红金额/当期纯利润;(美国企业)利润的现金分红/税后净利润。对象:60年代的美国企业为制造业企业。
资料来源:60年代的美国企业,参见 Federal Trade Commission-Securities and Exchange Commission, *Quarterly Financial Report for Manufacturing Corporations*, 1961-1971;20年代的日本企业,参见大蔵省証券局資本市場課編「法人企業統計年報集覧(昭和35~49年度)上巻」;60年代的日本企业,参见東洋経済新報社編「事業会社経営効率の研究」1932,不包括20年代的财阀企业,转引自青地正史『戦前日本の企業統治』日本経済評論社、2014、162頁。

第一,高分红符合股东利益,有利于吸引投资者。

首先,由于大股东是董事,所以高分红既符合董事利益又符合股东利益。同时,由于分散性,中小股东既没有能力也缺乏激励参与特定企业的经营,只是期待通过投资获得稳定的分红,即所谓的"放债的资本家"。②

---

① 青地正史『戦前日本の企業統治』日本経済評論社、2014、162頁。
② 浜野洁、井奥成彦、中村宗悦、岸田真、永江雅和、牛島利明:《日本经济史1600-2000》,彭曦等译,南京大学出版社,2010,第99页。

而经营者有吸引中小股东的内在动力，因为中小股东的增加可以降低非经营者大股东对经营者大股东的制约。而股份公司间存在为争夺资金而进行的竞争，分红高，就会吸引更多的投资者，从而导致各股份公司竞相增加分红。公司为满足股东高分红的要求，以吸引更多的投资者，公司会尽量减少内部留存收益，甚至通过财务造假来实现高分红。

第二，高分红有利于维持、提升股票价格。

高分红还会提升股价。股价直接关系到大股东是否能保持董事的位置。为保持、提升股价，公司重视短期利益，影响了公司的长期可持续发展。股票价格直接影响到经营者的地位。如果股价下降，分红减少，股东就会追究管理层的责任，甚至可以解任管理层。以明治时期最大的铁路公司——日本铁路公司为例。由于业绩恶化与劳动争议，日本铁路公司股价下跌，从1897年的1股100日元跌至到1898年的1股64日元。由于股价下跌，分红也减少了一半，于是一般股东对小野社长的扩张路线提出了强烈批评。在这一情况下，日本铁路公司撤换了汽车课课长松田周次，社长以下的理事委员、检查委员全体提出辞职。1898年4月6日召开临时股东大会选举经营者。第一大股东十五银行希望提出以下方案以平息事态，即撤换小野社长及十五银行系的3名理事委员，推举兼任技术长的副社长毛利重辅任社长，专业经营者运输课课长足立太郎与仓库课课长白衫政爱任理事委员。然而，方案遭到了一般股东的强烈反对，结果毛利被降职为副社长，足立、白衫不得不辞去理事委员。同年8月召开的临时股东大会上，再次进行了经营层选举，理事委员的构成发生了巨大的变化。新的经营执行团队的特征是：社长为曾我佑准（陆军中将，贵族院议员），替代以十五银行关系者为核心的理事委员的是以缴税较多的议员商人为中心的多为地主出身的人员。这就意味着第一大股东十五银行的发言权被削弱。①

由于资本市场的扩大、企业的规模化以及重工业的发展，加上20世纪20年代的经济危机，股份公司制度受到很大影响。最大的原因就是股东对企业经营缺乏监督。监督的能力一般包括通过对投资项目的内容及

---

① 中村尚史『近代的企業組織の成立と人事管理——第一次大戦期日本の鉄道業——』岡崎哲二編『生産組織の経済史』東京大学出版会、2005、118頁。

企业业绩的观察进行评价的能力及依据观察与评价制约控制经营者的能力。换言之，如果不具有对项目投资、公司业绩的评价能力，也就无法对经营者进行有效的制约与控制。而20世纪20年代股东缺乏这一能力。虽然商法规定股东大会是公司最高权力机构，由于大股东集中，且大股东又是管理者，而一般股东分散，所以股东大会形式化。公司被大股东控制，一般股东很难保护其利益不受侵害。公司治理问题从以下两方面得到反映。第一，20世纪20年代日本出现了在不景气的情况下通过粉饰决算、维持高分红并继续扩大事业规模的企业。这些企业在20世纪20年代末期30年代初期破产。第二，由于股东重视短期利润与分红，所以低收益的新兴重工业无法筹集到资金。不仅增资困难，而且不多的收益还要大部分作为红利分发给股东，结果造成投资资金不足。[1] 为吸引投资、提升股价，20世纪20年代日本非财阀股份公司陷入了不反映公司业绩的高分红的道德风险之中。[2] "高分红→发行公司债→增资→高分红"的恶性循环，增加了公司的脆弱性。

　　针对上述问题，高桥龟吉提出了"股份公司亡国论"。高桥是通过观察日本公司由于股东控制产生的经营问题发出警告的经济学、经济史研究者。高桥指出了日本企业短期主义的三种经营情况。第一，一旦获得巨大利润，不是将利润作为应对未来可能遇到困难时的资金留存起来，而是向股东发放高额红利。第二，即使在还有许多贷款、准备金不足的情况下，也尽量向股东发放红利，从而造成公司财务基础极端脆弱。第三，将应该投向有利于企业未来发展的研究费、淘汰旧设备购买新设备的资金作为分红发放给了股东，造成企业逐渐衰落。所以，高桥指出"大股东追求私利的短期主义"与"高层管理者的腐败"使高层管理者为了迎合大股东而不顾公司未来的发展。[3] 也正是短期主义存在的股东控制问题，引发了昭和军国主义的抬头，成为革新官僚提出抑制股东的影响力，以实现"所有与经营分离"口号[4]的理论基础。

---

[1]　岡崎哲二『工業化の軌跡——経済大国前史』読売新聞社、1997、150頁。
[2]　青地正史『戦前日本の企業統治』日本経済評論社、2014、141頁。
[3]　加護野忠男・砂川伸幸・吉村典久『コーポレート ガバナンスの経営学——会社統治の新しいパラダイム』有斐閣、2012、129〜130頁。
[4]　加護野忠男・砂川伸幸・吉村典久『コーポレート ガバナンスの経営学——会社統治の新しいパラダイム』有斐閣、2012、130頁。

## 第四节 财阀企业

在日本特殊的社会条件下，对西方公司法的适应性翻译为财阀企业解决治理问题提供了方案与制度工具，引导与支持了日本财阀构建以控股公司为核心的公司治理结构，为推动日本财阀从合名公司（合资公司）康采恩治理结构向既能分散风险又可以实现对下属公司控制的股份公司康采恩治理结构的演进提供了法律框架。由于控股公司的治理结构适用于家族企业的统治，因而促进了控股公司组织结构在日本的形成与普及。尽管盟军最高司令官总司令部（GHQ）解散了财阀，而且财阀成为 1947 年后就不再存在的一种历史上的企业组织制度，但财阀企业不但对在日本经济发展中发挥重要作用的集团化、系列制产业组织结构的形成具有不可忽视的影响，而且随着 1997 年被禁止 50 年的纯控股公司制度在日本解禁，纯控股公司再次出现并成为日本各企业开展企业重组与公司治理的重要的制度工具。

对财阀企业康采恩治理结构形成的历史回顾，对财阀企业治理结构的介绍，特别是日本财阀组织结构形成过程中商法因素的分析，不仅可以为"治理机制要与交易相契合以降低交易成本"观点提供了实证支持，为公司治理方式决定于公司资金来源提供了案例支撑，还有利于理解明治政府在移植西方公司法制度过程中依据日本的实际需要对其进行的修改，以及被移植的西方制度在日本应用过程中的变异。

### 一 财阀企业："殖产兴业"政策下西方公司制度与日本家族制度的嫁接

从资金来源与组织结构看，财阀企业是利用家族内部资本市场，以家族所有的封闭性为特征的采用合名公司或合资公司的组织形态、股份不公开的企业。此后这些财阀企业为保持家族总有、分散风险、控制下属企业，又通过将合名公司、合资公司与股份公司组织形态在企业组织结构中进行有机组合，实现了向康采恩组织结构的转变，并发展为控制日本经济命脉的巨大组织。

财阀是中央集权下"殖产兴业"政策与家族制度结合的副产品。明治政府把官办企业以低价格出售给包括政商在内的富商，为富商发展为财阀奠定了物质基础。日本财阀的巨大化与康采恩组织结构的形成具有高度的相关性。日本财阀的康采恩组织结构是西方公司法制度在日本本土化过程中嫁接于带有浓厚封建性家族主义色彩的日本本土企业制度的产物。商法依据家族共同体家业经营主义对合名公司、合资公司与股份公司的相关条款进行了调整。有利于满足财阀家族总有制的商法对股份公司、合名公司、合资公司三种公司形态的规定，以及股份公司制度与家族制度结合后出现的功能变异，从制度上支持了财阀实现快速扩张。

明治政府积极移植以天赋人权为基础的强调个人权利与义务的民主主义为思想基础的公司法，但日本社会并不存在以天赋人权为基础的强调个人权利与义务的民主主义法律思想。家族是日本政治统治末端的最小单位，是经济主体。① 家族制度、家族观念已渗透到了日本政治经济社会生活的方方面面。政治方面，明治政府极力树立以天皇为中心的国家主义，强调的是以天皇制为中心的天皇制家族国家的思想，推崇的是臣民对天皇的绝对忠诚。日本社会推崇的是家族制度，并把这一制度赞美为日本传统的淳朴而美好的社会习俗，在家族中推崇的是子孙对长辈的孝道。在商业方面则是家业观念。家业观念的中心是家族共同体所有下的"生意兴隆、多子多孙"，因此商人资本积累的原动力就是不断增加家族财富，并一代一代地把不断增加的财富与家业传续下去。② 所以，满足富商家族对家族共同体所有权的需求就成为编纂法律的指导思想之一。基于此，民法从法律层面对家共同体财产所有权给予了法律层面的保护。民法虽然从表面上看明确规定了个人所有权，但由于规定了户主权，实质上依然保留了家族共同体对财产的所有权。家产的集团所有，使大资产不会分散，可以保持完整并作为一个整体被使用，使得大资本得以维持与发展。③ 而在西方广泛筹集社会资金的股份公司制度移植到

---

① 橋本寿郎・大杉由香『近代日本経済史』岩波書店、2000、96頁。
② 田島博実「日本社会の近代化・産業化と人の資源に関する基礎的研究——初期産業化の背景・要因と経済主体に関する試論——」『紀要社会学・社会情報学』第 25 号、2015 年 3 月，http：∥ir. c. chuo-u. ac. jp/repository/search/binary/p/8235/s/6359/。
③ 安岡重明「日本の商家・財閥と合名・合資会社制度」，https：∥doors. doshisha. ac. jp/duar/repository/ir/8780/007000510001. pdf。

日本，与日本的家族制度相结合后，成为防止家产分散、保持财产家族总有的制度工具。总有制是指"不允许分割家产，不可以自由处置从同族各家来说属于他们自己的那部分私有财产"。总有制发挥着所有的制约功能。①

在明治政府支持近代工业移植的过程中，政府与部分富商形成了特殊的关系，也可以说是政府通过与富商建立特殊关系来促进对西方近代产业的移植。日本政府主导的对西方技术的引入及为应用这些技术对西方制度的移植，被嫁接于以家族经营主义为理念的日本工商业活动。在政府主导下，政府与民间企业家活动有效结合，在早期形成了与欧美不同的近代产业社会。② 其标志性特征之一就是财阀势力逐渐形成，并定格于"财阀"制度。财阀是日本资本主义发展过程中在家族制度影响下以古老的家共同体的财产所有为基础，以商法为保障的具有家族封闭控制、多元化经营与寡占三个特征的③垄断资本体。所以，一般从出资形态、多元化经营与在国民经济中所占地位（地方财阀则是在地方经济圈中所占地位）来判断企业集团是否属于财阀。④ 财阀制度是一种发挥内部资本市场功能的制度。⑤ 财阀企业可以被视为内部资本市场，将本家、分家以及财阀银行（吸收的民间资金）的资金集中到一起，在维持财阀家族财产总有制的同时，将资金配置于高投资回报的事业。财阀企业从合名公司（合资公司）康采恩治理结构向股份公司康采恩治理结构演化的内在动力是保持财阀家族财产的总有制。另外，一旦财阀家族意识到股份公司康采恩这一组织结构不仅能保持家族资产的总有、规避风险，还能够有效管理多元资产，通过收购股权进行接管的可能性自然凸显。而通过收购股权进行接管，不仅进一步使社会财富向财阀聚集，促进了

---

① 橘川武郎『ぜろからわかる日本経営史』日本経済新聞出版社、2018、41頁。
② 田島博実「日本社会の近代化・産業化と人の資源に関する基礎的研究——初期産業化の背景・要因と経済主体に関する試論——」『紀要社会学・社会情報学』第25号、2015年3月、http://ir.c.chuo-u.ac.jp/repository/search/binary/p/8235/s/6359/。
③ 橘川武郎「財団と企業グループ」日本経営史研究所、2016、7頁。
④ 廣山謙介「最近の財閥経営史研究について」『経営史学』第15巻第3号、https://www.jstage.jst.go.jp/article/bhsj1966/15/3/15_3_89/_pdf。
⑤ 岡崎哲二「企業システム」岡崎哲二・奥野正寛『現代日本経済システムの源流』日本経済新聞社、1995、105頁。

财阀的巨大化，而且发挥了对非财阀股份公司的公司治理作用。具有家族财产总有观念的富商资本与股份公司制度的结合支持了垄断资本的形成。

从1910年前后的纯资产规模看，三井、三菱超过6000万日元，住友达到3000万日元。而1910年后期纺织联合会26家加盟公司的自有资本合计仅为9170万日元。这一对比不仅可以反映出财阀企业规模的巨大，① 而且也反映出财阀企业在日本工业化过程中的金融垄断地位。可以说，明治政府成为财阀的孵化器。② 而在明治政府"殖产兴业"政策的支持下，在工业化过程中发展起来的财阀企业这一具有效率的经济性组织，作为一种制度替代，也弥补了影响后发展国家日本发挥后发优势的短缺因素，从而成为支持日本产业革命成功的重要制度安排。

## 二 国家支持财阀维持家族财产总有的商法适应性翻译

明治维新开启了近代化之路，使产业活动、思想、制度实现了全面自由。在全面自由下，思想、制度及产业主体都呈现出新旧交织的混战局面。这一混战局面也同样出现在新旧财阀之间。对于财阀来说，三井、住友是从旧幕府时代延续至今的旧家财阀，三菱、安田、古河等是从明治期才开始出现，进入明治中期后逐渐形成的新兴财阀。③ 旧家财阀的运营是委托给掌柜，同族的团结就成为问题。新兴财阀的运营由创业者一人大权独揽。④ 但不管是新兴财阀企业还是旧家财阀企业，其对股份公司制度的利用主要目的都不是从社会广泛筹集资金而是保持家族资产的总有。

国家对财阀企业活动的庇护，在明治政府移植商法中的体现，主要是对合名公司、合资公司制度的适应性翻译。本土化西方公司制度对财阀企业组织结构形成、维持家族封闭的所有权结构及分散风险发挥了不可忽视的作用，为财阀发展过程中遇到的治理问题提供了解决方案。⑤

---

① 阿部武司・中村尚史『産業革命と企業経営1882～1914』ミネルヴァ書房、2010、259頁。
② 升味準之輔『幕末維新、明治国家の成立』東京大学出版会、2000、246頁。
③ 野田信夫『日本の経営100年』ダイヤモンド社、1978、42～43頁。
④ 野田信夫『日本の経営100年』ダイヤモンド社、1978、43頁。
⑤ 橘川武郎「ぜろからわかる日本経営史」日本経済新聞出版社、2018、41頁。

实际的行动规制（"习惯"）是有关行动的规制（"惯例""法律"）的渊源，反之亦然。法律规范、行动本身或其他因素的结合，都可能产生规则。① 一般而言，合理的法律规范可能是为了改变现有的"习惯"和惯例。但是，强制力产生的法律秩序"效力"不如作为"惯例"的习惯及其"惯性"。因此，在大多数情况下，还得有惯例的压力，以免发生与秩序完全背道而驰的结果。法律往往反映、肯定当前的社会资源分配方式的价值和观念并使之合法化。② 正如涩泽荣一在三井家临时评议会上所说的，"日本的商法是为了保护三井、三菱等资本家的财产，起草的主要着眼点是希望通过其经营实现富国强兵的目标。……所以，合资公司的条款是依据三菱的情况而制定的，合名公司的条款是依据三井的情况而制定的。"③ 财阀组织结构的演化与公司治理机制的确立，离不开商法在法律层面的引导与支持。明治政府修订旧商法、编制明治商法也是以符合日本商业习惯的商人对家共同体所有的要求为指导思想来进行的，从而维持了财阀的财产所有具有（家族）共有的特征。④ 如三井家利用民法规定的户主权及商法对合名公司与股份公司的规定，通过将合名公司与股份公司在财阀企业集团中的巧妙组合，维持了三井家族的"财产共有"。到1930年底，三井财阀的总资本额占到日本主要433家企业总资本额的15%，成为日本最大的财阀之一。⑤

1893年商法中的公司法部分实施后，公司形态分为三类：合名公司、合资公司与股份公司。合名公司与合资公司属于人合公司，满足了财阀家族以共同体形式对财产所有权的排他性持有。合名公司实际上是商法对"出资者集团"的特指，是职能资本家无限责任的结合。合资公司是职能资本家的无限责任与持股资本家的有限责任的结合。

---

① 马克斯·韦伯：《论经济与社会中的法律》，爱德华·西尔斯、马克斯·莱因斯坦英译，张乃根中译，中国大百科全书出版社，2003，第31页。
② 罗宾·保罗·麦乐怡：《法与经济学》，孙潮译，浙江人民出版社，1999，第44页。
③ 青地正史「持株会社による組織革新（1）——三菱合資会社のコーポレート ガバナンス——」『経済論叢』第169巻第56号、2002年5、6月、https://repository.kulib.kyoto-u.ac.jp/dspace/bitstream/2433/45477/1/10169504.pdf。
④ 安岡重明「日本の商家・財閥と合名・合資会社制度」、https://doors.doshisha.ac.jp/duar/repository/ir/8780/007000510001.pdf。
⑤ 財閥研究会『三菱・三井・住友「三大財閥」がわかる本』三笠書房、2016、217頁。

合伙制企业随着合伙人的死亡而消失，或者当某一位合伙人决定退出时合伙企业也就消亡了（除非契约中有明确的相反规定）。合伙人死亡或者退出之后，想要继续企业的运营是非常复杂且代价高昂的。[①] 日本的合名公司与英国的合伙企业、日本的合资公司与英国的有限合伙企业虽然都是依据与海洋贸易相关的合伙型组织原理设计的企业组织，但有本质性的区别。英国的合伙企业、有限合伙企业具有个人间的自由结合特征，出资资金的变动，包括继承、转让都会影响企业的存续。针对这一问题，日本商法通过规定合名公司、合资公司作为法人的权利与义务，以及有利于家族财产作为一个总体维持的相应条款，为维持财阀财产所有权的封闭性、延续性及家族总有提供了法律层面的保障。

第一，有利于财阀家业延续性的商法对合名公司、合资公司的规定。虽然旧商法与明治商法都没有明确规定合名公司与合资公司为法人，但商法通过规定合名公司、合资公司作为法人的权利与义务，从法律层面保证了采取这一组织形态的公司的稳定性与永续性。旧商法第73条规定，公司拥有独立的财产所有权，而且独立拥有权利、承担义务。此外，公司可以以其名义取得债权、债务，动产及不动产。同时，在面临诉讼时，公司可以作为原告或被告。[②] 依据该条规定，可以认为合名公司、合资公司与股份公司一样具有法人人格。因此，虽然日本的合名公司、合资公司制度与欧洲的合伙制一样，都是为了资本主义企业的目的从家族共同体关系中直接发展而来的[③]，但由于日本商法规定了合名公司、合资公司作为法人的权利与义务，并对出资资金的继承问题及转让问题做了相应规定，因此出资资金的继承问题与转让问题不会影响企业的存续，从而有利于维持富商的家业与家产的持续性与整体性。

第二，有利于家族总有的商法对成员责任的规定。日本商法为了维持财阀家族财产的整体性，对成员的退社条件、成员是否承担公司业务进行了规定，规定成员故去后，如果有继承人，不需要征求该继承人的

---

① 罗伯特·A. G. 蒙克斯、尼尔·米诺：《公司治理》，李维安、牛建波等译，中国人民大学出版社，2017，第6页。

② 我妻荣编『旧法令集』有斐阁、2000、237页。

③ 马克斯·韦伯：《论经济与社会中的法律》，爱德华·西尔斯、马克斯·莱因斯坦英译，张乃根译，中国大百科全书出版社，2003，第139页。

意见，该继承人就要成为合名公司的成员。该条非常适合家族制度。另外，与索塞特（societas）要求全体成员共同执行业务不同，日本商法还允许不承担业务的成员的存在，包括不具有业务执行能力的成员与未成年人，并允许这些成员监督公司业务的实际实施情况及检查公司账目。在英国的合伙企业中不存在这样的成员。[1] 这样，成员的进入与退出、成员是否有经营业务的意愿与能力，只要有愿意并有能力经营企业的成员存在，就不会对企业的存续及家族财产的总有产生影响。另外，考虑到非家族成员承担业务执行，所以规定了业务执行成员承担无限责任，而不参与业务经营与管理的富商后代出资者只承担有限责任的合资公司形态。

第三，依据财阀家族的具体需要修订商法。由于合名公司成员之间的相互信赖非常重要，所以在1893年商法中规定合名公司的成员数在2~7人。但这一规定使得三井家族、安田家族无法利用合名公司组织形态，所以在1899年商法中删除了对成员人数的限制，[2] 从而为三井财阀公司组织结构的重组提供了可能。

商法对合名公司、合资公司这两种公司形态的规定，维持了家族的总有，不仅避免了大资产被分散，也使大资本作为一个整体被使用成为可能，从而支持了日本早期工业化的发展，在此基础上富商发展为财阀。换言之，财阀是以古老的家共同体的财产所有为基础在商法的支持下形成的。而财阀所形成的大资本完成了推进工业化所需的资本原始积累。

### 三　商法引导下财阀企业治理结构的确立

财阀组织结构的演变离不开商法典在法律层面上的引导与支持。在商法颁布实施之前，财阀组织是比较松散的，财阀家族所投资的各个企业各自为政，出现了财阀家族无法控制所投资企业的问题，并且由于企业需要承担无限责任，所以一旦财阀企业中的某个企业出现问题，就会危及整个家族财产的安全。企业组织结构与企业治理问题直接关联，并

---

[1] 安冈重明「日本の商家・財閥と合名・合資会社制度」、4頁、https://doors.doshisha.ac.jp/duar/repository/ir/8780/007000510001.pdf。

[2] 安冈重明「日本の商家・財閥と合名・合資会社制度」、4頁、https://doors.doshisha.ac.jp/duar/repository/ir/8780/007000510001.pdf。

直接影响企业的发展甚至生存，特别是当企业发展到一定规模时。日本财阀组织结构是财阀为解决发展过程中出现的治理问题及风险问题，利用明治政府从西方移植的商法的相关规定构建的。

商法的实施，引导了财阀家族利用商法所规定的合名公司、合资公司与股份公司三种公司形态，对财阀经营组织结构进行了重组，使财阀企业集团形成了采用合名公司或合资公司形态的财阀总部作为控股公司处于金字塔形组织结构顶部，采用股份公司形态的子公司、孙公司分别处于金字塔形组织结构不同层级的组织结构（见图1-1），使财阀所有权的封闭性依赖金字塔结构的双重控制得以实现。从家族、同族与总公司的关系看，所有权封闭意味着日本财阀家族、同族所有的总有制的实现。第一层控制是家族对总公司的控制。第二层控制是总公司对下属公司的控制。第一层控制利用了商法中对合名公司与合资公司的规定；第二层控制利用了商法对股份公司的规定，及合名公司或合资公司与股份公司在财阀组织中的有机结合。合名公司、合资公司与股份公司形态在财阀组织内部有机组合，实现了封闭所有权控制与有限责任，从而维持与强化了财阀企业家族的封闭控制、多元化经营与寡占三大特征。[①] 也正是这一组织结构，保障了财阀对所有权封闭性的要求与有限责任的实现，从而支撑了财阀作为巨大产业组织的形成与发展。财阀企业集团的治理不是依赖大股东个人，而是通过控股公司组织来实现对内部企业的控制。

尽管商法规定了合名公司、合资公司与股份公司三种公司组织形态，但作为控股公司的财阀总部很少选择股份公司形态，而子公司、孙公司一般采用股份公司形态。从表1-5中也可以看出，除了浅野财阀外，其他财阀的控股公司都选择了合名公司与合资公司形态。但即使是1914年成立的浅野合资（1918年改组为浅野同族股份），公司的出资者也被限定为浅野家族。[②] 三菱财阀总部选择了合资公司形态，三井则选择了合名公司形态。财阀总部采用合资公司或合名公司形态，主要是基于以下两个原因：一是有利于维持财阀家族的财产总有。基于家族共同体家业

---

① 橘川武郎『財団と企業グループ』日本経営史研究所、2016、7頁。
② 橘川武郎『ぜろからわかる日本経営史』日本経済新聞出版社、2018、73頁。

```
                    财阀家族
                       │
                   提供所有资本
                       ↓
              财阀总部（控股公司）
              采用合名公司/合资公司形态
         ┌──────┬──────┼──────┬──────┐
  持有股份
直系公司   □      □      □      □    ……
（采用股份
公司形态）
         ┌┴┐    ┌┴┐    ┌┴┐    ┌┴┐
         □ □    □ □    □ □    □ □
                     孙公司
```

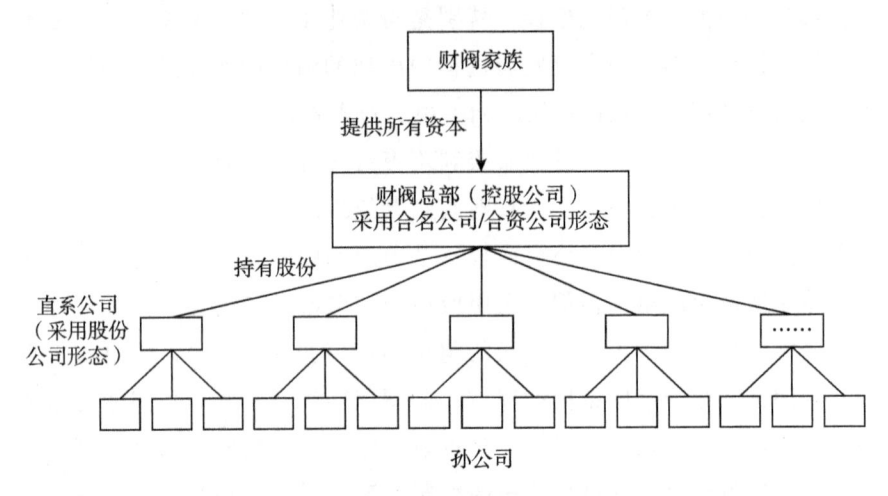

**图 1-1　财阀企业集团金字塔形组织结构**

资料来源：『日本の財閥』洋泉社、2014、56 頁。

经营的理念，作为控股公司的总部，其股份的出资者仅限于同族，以维持家族封闭的所有权，从而保证家族对企业的控制；二是财阀拥有充足的自有资金。由于财阀家族具有雄厚的资金实力，其资金的筹集并不是通过股票或公司债券的公开发行，而是企业集团内部的循环。[①] 另外，还有观点认为财阀家族甘冒无限责任风险选择合名公司形态，主要是为了规避要求股份公司公开公司财务的规定。战争期间，一方面，为了避免中小银行倒闭的风险，大量存款流入财阀大银行，从而进一步加强了以控股公司为中心、由财阀银行与相关大企业群形成的独立金融圈；[②] 另一方面，由于证券市场发展缓慢，所以财阀企业的内部资本市场得到加强。子公司、孙公司采用股份公司形态主要是基于以下六个原因：一是不仅有利于财阀家族利用其所持有的股份实施对所投资企业的控制，而且可以利用少量的资本实现对众多企业的控制，从而形成商业网络；二是有利于隔离风险，防止个别事业的失败给家族整体财产带来损失；三是保证企业获得利润向财阀家族的回流；四是有利于委托专业人员开展经营；五是有利于企业节税，虽然合资公司、合名公司不需要公开财

---

① 加藤健太・大石直樹『ケースに学ぶ日本の企業——ビジネスヒストリーへの招待』有斐閣、2013、38～39 頁。

② 寺西重郎『日本の経済発展と金融』岩波書店、2004、11 頁。

产、事业内容，但股份公司的税率要低于合资公司、合名公司；六是有利于下属公司获取公众资金，但第六个原因仅限于很少的几家公司，因为即使下属公司改组为股份公司，这些股份公司也不公开。截至1923年，12家主要的康采恩旗下的直系公司中，只有三井银行、三菱矿业、住友银行、浅野水泥、川崎造船、久原矿业等少数几家公司进行了股份的公开。① 而且，这些公司虽然在公司形态上采用了股份公司的形式，但具有浓厚的该企业属于所有者的意识。② 可见，合名公司与合资公司形态的控股公司与股份公司形态的属下公司在财阀企业集团中的巧妙组合，合名公司与合资公司满足了财阀企业家族共同体所有权下家业总有制的经营需求，而股份公司的有限责任隔离了财阀开展多元化经营的风险，保障了公司从社会广泛获取资本、人力等经营资源。股东大会作为万能机关，保障了财阀家族作为大股东对公司的控制。这些制度安排为财阀企业拓展新领域、开展多元化经营提供了激励。在日本商法引导、保护与支持下有利于维持财阀家族封闭性的所有权结构的合名公司、合资公司形态与适合工厂化大生产并支持工业经济发展的股份公司形态③在日本财阀构建的财阀康采恩组织结构中得到有效组合，成为支持财阀势力扩张、财阀巨大化的重要制度性因素。尽管在战时（1944年）三井总部实现了股份公司化，但同族的封闭性所有结构最终也没有发生改变。④

表1-5　第一次世界大战后财阀的控股公司化的事例

| 成立年 | 控股公司 | 资本金（万日元） | 组织形态 | 属下公司 |
| --- | --- | --- | --- | --- |
| 1909 | 三井合名公司 | 5000 | 合名公司 | 三井银行、三井物产、东神仓库 |
| 1912 | 安田保善社 | 1000 | 合名公司 | 安田银行、安田商事 |
| 1914 | 浅野合资公司 | — | 合资公司 | 浅野水泥 |

---

① 橘川武郎『ぜろからわかる日本経営史』日本経済新聞出版社、2018、74頁。
② 高橋俊夫『企業戦略論の系譜と展開』中央経済社、2009、203頁。
③ 平力群：《组织形态创新与新兴产业发展——以日本移植LLC、LLP为例》，《现代日本经济》2010年第5期，第46页。
④ 浅古弘・伊藤孝夫・植田信廣・神保文夫『日本法制史』青林書院、2017、325頁。

续表

| 成立年 | 控股公司 | 资本金（万日元） | 组织形态 | 属下公司 |
|---|---|---|---|---|
| 1916 | 岩井本店 | — | 合资公司 | 岩井商店 |
| 1917 | 三菱合资公司 | 3000 | 合资公司 | 三菱造船、三菱制铁 |
|  | 古河合名公司 | 2000 | 合名公司 | 东京古河银行、古河商事 |
| 1918 | 大仓组 | 1000 | 合名公司 | 大仓矿业、大仓土木组、大仓商事 |
|  | 浅野同族股份公司 | 3500 | 股份公司 | 浅野水泥、浅野造船、日本昼夜银行、浅野制铁、浅野物产等 |
| 1920 | 川崎总本店 | 1000 | 合资公司 | 川崎造船、神户川崎银行、福德生命、大幅海上 |
| 1921 | 住友合资公司 | 15000 | 合资公司 | 住友银行、住友铸钢、住友电线制造 |
| 1922 | 野村合名公司 | 2000 | 合名公司 | 野村商店、大阪野村银行、大东物产 |
| 1923 | 铃木合名公司 | — | 合名公司 | 铃木商店 |

注：属下公司只记录了控股公司成立当年存在的公司。
资料来源：橘川武郎『日本の企業集団——財閥との連結と断絶』有斐閣、1996、42～43頁；武田晴人「財閥の時代」、115頁，转引自青地正史「持株会社による組織革新（1）——三菱合資会社のコーポレートガバナンス——」『経済論叢』第169卷第5—6号、2002年5月，https：//repository.kulib.kyoto-u.ac.jp/dspace/bitstream/2433/45477/1/10169504.pdf；松元宏「日本の財閥——成立発展解体の歴史——」『エコノミア』第55卷第1号、2004年5月，https：//ynu.repo.nii.ac.jp/index.php?action=pages_view_main&active_action=repository_action_common_download&item_id=2095&item_no=1&attribute_id=20&file_no=1&page_id=59&block_id=74。

## 四 三井、三菱康采恩治理结构演化中的商法因素

随着规模的扩大与业务复杂性的增加，各事业部门对子目标的追求，在一定程度上体现了各事业部门的机会主义，财阀家族出现了无法控制各事业的危机意识。从公司治理是为了保障投资人安全、提升投资价值的视角考虑，财阀建立股份公司康采恩主要发挥了以下公司治理的作用。第一，实现所有与经营的合理化。随着事业规模的扩大与经营的多元化，各财阀处理跨行业直营事业的所有权与经营权的关系越发困难。不同领域的各事业通过转制为股份公司，在确立有限责任的同时将经营权最大

限度地委托给股份公司，以实现所有权与经营权的分离。同时，成立持有下属公司股份的控股公司，集中控制权，从公司整体出发对属下公司的事业活动进行统筹、管理与调整。第二，实现财阀同族所有财产的有效运用并保证家族财产的安全。同族所有财产的增加，要求有效运营这些财产并保证家产的安全。为此，有必要把财阀本部改制为控股公司，把直营事业改组为股份公司。首先，将家族财产转变为控股公司的股份等金融资产，就可以保障其安全性并进行合理的运用。其次，利用股份公司的有限责任，防止一个事业部门的经营不善危及整个事业。① 为了更具体了解商法对日本财阀组织治理结构形成的影响，下面就对以三井为代表的旧家财阀与以三菱为代表的新兴财阀组织结构的演变过程进行简单的回顾。

1. 三井财阀康采恩治理结构演变

在日本经济近代化的过程中，三井的领导者以"三井家宪"为理念，观察、揣测着民法、商法的制定与实施，并依据商法的规定，对家政与经营的关系、同族与专业经营者的关系、各营业店与三井整体的关系、所有权与企业总体控制权的关系进行探索与调整。②

1893年7月，在商法的规定下，由三井11家从形式上分成小组（银行是5家，其他三个公司各2家）对作为三井三大业务支柱的银行、物产与矿山部门出资，改组成立了物产、银行、矿山合名公司。③ 由于从名义上是分别出资，所以就避免了由于承担无限责任共同破产的问题。④ 但这种分散出资不符合三井家的财产总有制，为了统一管理家族财产，同年11月设置了最高决议机构"三井家同族会"来处理三井的家政与企业经营。⑤ 三井家同族会不是公司形态，但其本质上发挥着财阀总部的作用。⑥ 另外，把作为三井家族同族会事务机构的"三井组"改

---

① 宫本又郎・阿部武司・宇田川胜・沢井実・橘川武郎『日本経営史［新版］』有斐閣、2017、186頁。
② 『史料が語る三井のあゆみ——越後屋から三井財閥』三井文庫、2015、77頁。
③ 『史料が語る三井のあゆみ——越後屋から三井財閥』三井文庫、2015、76頁。
④ 吉田準三「三井財閥の企業形態展開試論の考察」、https://ci.nii.ac.jp/els/contentscinii_20171225235041.pdf？id=ART0009147086
⑤ 橘本寿郎・大杉由香『近代日本経済史』岩波書店、2000、133頁。
⑥ 森川英正『日本財閥史』教育社、1993、53頁。

称为"三井元方"（1900 年"三井家宪"实施后改称为"三井家同族会事务局"）。① 1894 年，在"三井元方"中设置了工业部、地所部，对三井银行进行投融资的芝浦制作所等三井出资的企业进行统一管理。但是，由于业绩不佳，象征中上川"工业化路线"的工业部被废止。芝浦制作所的管理由三井矿山接替，从而形成了由事业上有联系的直系公司实施间接管理的组织结构，也可以被认为是"财阀总部→直系公司→直系子公司"金字塔管理体系的雏形。② 经过改革，三井家经营组织结构发生了变化，从三井组大元方直接管理银行、煤矿及没有资本关系的三井物产与三越吴服店到三井元方统一管理各直系合名公司及工业部与地所部（见图 1-2、图 1-3）。此后，为应对同族间的对立、直系公司的独立，1900 年三井家制定了新家宪，重要目的之一就是在以"个人主义"为基本理念的近代法制完善的潮流下，维持近世以来的家族"财产总有制"。③ 1902 年设立了同族会管理部，以约束同族的自由行动。另外，为应对属下各企业的独立倾向，在不削弱对其发展激励的情况下，为加强监督，开始讨论控制问题。另外，合名公司的成员要承担无限责任，这就意味着如果合名公司经营失败，其成员就需要利用个人财产来赔偿损失，从而危及三井家族财产的安全。到 1898 年，三井银行、三井物产的分店数已超过了 20 家。④ 工厂、分店、营业部门的增加，增加了管理难度与经营风险，三井家经营组织改革问题被提上了议事日程。

　　通过控股公司方式掌控属下公司，是 1907 年益田孝考察欧美时从欧美企业得到的建议与启发。1907 年，作为三井家副顾问的益田孝为调查欧洲富商对财产的管理方法到欧洲考察。德国汉堡银行行长犹太银行家给出了书面建议《关于三井家组织建议书》，主要内容包括：①将三井物产、三井矿山与三井银行由合名公司变更为股份公司；②新设持有上述公司股份的控股公司；③控股公司的股份由三井家控制；④控股公司必须持有各下属股份公司 51% 以上的股份，⑤ 即把同族会改组为控股公

---

① 三井広報委員会「明治期 ～三井の財閥体制確立 ～」, http://www.mitsuipr.com/history/meiji/mochikabu.html。
② 橋本寿郎・大杉由香『近代日本経済史』岩波書店、2000、133 頁。
③ 『史料が語る三井のあゆみ——越後屋から三井財閥』三井文庫、2015、75 頁。
④ 橋本寿郎・大杉由香『近代日本経済史』岩波書店、2000、124 頁。
⑤ 高橋英治『ドイツと日本における株式会社法の改革』商事法務、2007、263 頁。

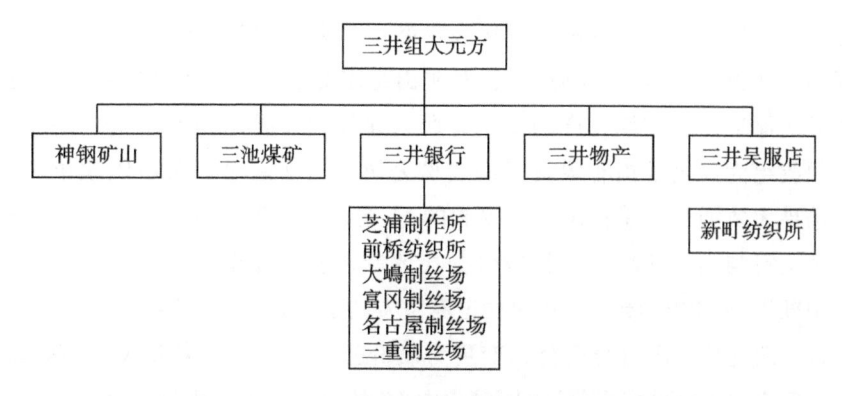

**图 1-2　三井明治前期的组织结构（1891 年）**

资料来源：中村尚史「日本における近代企業の生成」阿部武司・中村尚史編『産業革命と企業経営——1882～1914——』ミネルヴァ書房、2010、148頁。

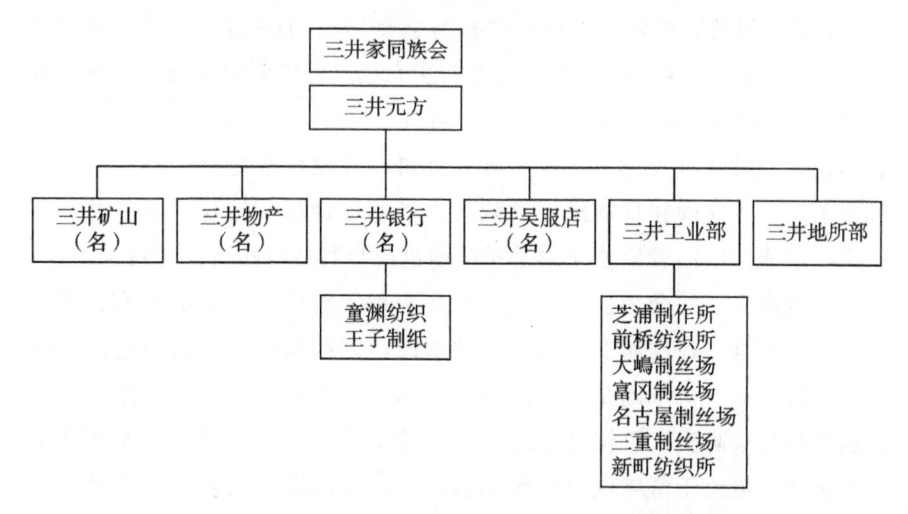

**图 1-3　三井事业部改组为合名公司后（1893 年）的组织结构（1895 年）**

资料来源：中村尚史「日本における近代企業の生成」阿部武司・中村尚史編『産業革命と企業経営——1882～1914——』ミネルヴァ書房、2010、148頁。

司，并新建以"财务与投资"为经营内容的控股公司，让属下的主要企业作为股份公司独立，财阀总部以合名公司形态作为控股公司监督其属下各公司的经营成果，掌握选任各直系公司经营者的人事权，从而形成了所有权与经营权分离的体制。① 依据这些建议，益田孝向三井家族会提出了《营业组织意见》。益田孝指出，由于作为三井同族与各企业的

---

① 橋本寿郎・大杉由香『近代日本経済史』岩波書店、2000、133～134頁。

统一管理机构三井元方不具有法人资格,即使对下属企业进行统一管理,因为三井银行、旧三井物产、三井矿山是需要承担无限责任的合名公司,也无法保证三井家族资产的安全,所以建议把需要承担无限责任的合名公司改组为仅仅承担有限责任的股份公司。三井家对经营组织改革讨论的结果大致如下：①仅由三井家族的11名成员出资成立合名公司；②对三井银行与旧三井物产进行股份公司改制；③三井矿山作为三井合名的矿山部等。① 1909年,三井家根据商法实施了经营组织改革。首先,三井银行与旧三井物产由合名公司变更为股份公司（三井合名并入三井矿山,两年后实现了股份公司化）。同时,由11名三井家族的成员出资设立了三井合名公司,作为三井银行、三井物产的控股公司。三井合名公司持有直系子公司100%的股份。三井家族对属下公司的管理权移交三井合名公司。三井合名公司的股东大会（也称"社员总会"）成为三井家经营的最高决策机构（见图1-4）。② 这样,三井初步完成了可以同时实现封闭所有权与有限责任的财阀组织结构的构建,在这一组织结构的支持下发展成为日本最大的财阀（见图1-5）。属下公司在各领域都是日本具有代表性的公司,三井财阀在日本经济领域确立了不可动摇的地位。而三井财阀的这一家族控制的股份公司康采恩结构也成为其他财阀模仿的对象。③

通过成立三井合名公司,三井家族实现了对资本封闭的所有,利用控股公司所有、控制属下公司的三井财阀体制得以确立。财阀与战后企业集团最大的一个不同是,三井财阀总部直接控制属下公司。虽然三井合名公司的最高决议机构是由三井11家各自的核心人物作为成员组成的社员总会,但由于每年仅召开数次会议,会议内容也仅限于对三井合名公司的决算、重要人事任免、成立新子公司等事项进行决策,其他事项由三井家族的三四名核心成员组成的业务执行社员会决定。为加强管理,1914年新设立了理事长一职,由团琢磨担任。1918年,成立了由专门经营者构成的理事会,负责审议业务执行社员会提出的方案及其他相关事项。此后,业务执行社员会逐渐仅仅对理事会决定的事项进行事后承认,

---

① 三井広報委員会「明治期～三井の財閥体制確立～」, http://www.mitsuipr.com/history/meiji/mochikabu.html。
② 高橋英治『ドイツと日本における株式会社法の改革』商事法務、2007、263頁。
③ 森川英正『日本財閥史』教育社、1993、155頁。

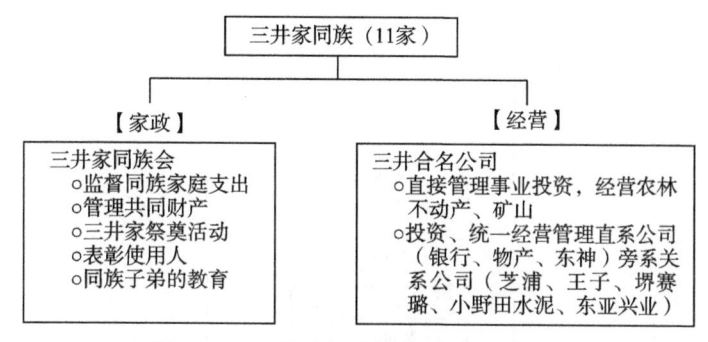

# 第一章　日本公司、商法与公司治理的历史回溯

```
                    三井家同族（11家）
                    ┌──────┴──────┐
                 【家政】        【经营】
              三井家同族会      三井合名公司
          ○监督同族家庭支出   ○直接管理事业投资，经营农林
          ○管理共同财产        不动产、矿山
          ○三井家祭奠活动     ○投资、统一经营管理直系公司
          ○表彰使用人         （银行、物产、东神）旁系关
          ○同族子弟的教育      系公司（芝浦、王子、堺赛
                              璐、小野田水泥、东亚兴业）
```

**图 1-4　三井财阀组织（1909 年 11 月）**

注：三井矿山是 1911 年改制为股份公司。

资料来源：『三井事業史本文編』第 3 卷上、8 頁, 转引自松元宏「日本の財閥——成立発展解体の歴史——」『エコノ三ア』第 55 卷第 1 号、2004 年 5 月, https：∥ynu.repo.nii.ac.jp/index.php?action=pages_view_main&active_action=repository_action_common_download&item_id=2095&item_no=1&attribute_id=20&file_no=1&page_id=59&block_id=74。

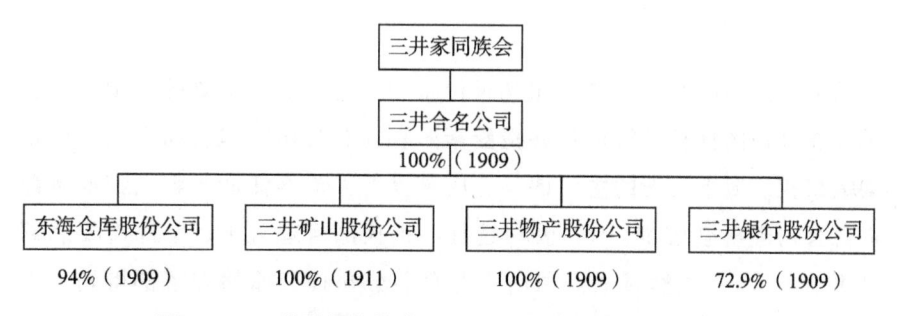

```
                  三井家同族会
                       │
                  三井合名公司
                  100%（1909）
      ┌───────────┬──────┴──────┬───────────┐
  东海仓库股份公司  三井矿山股份公司  三井物产股份公司  三井银行股份公司
   94%（1909）    100%（1911）    100%（1909）    72.9%（1909）
```

**图 1-5　三井财阀的构成（1920 年末三井家的直系公司）**

资料来源：春日 [1987], 转引自宮本又郎・阿部武司・宇田川勝・沢井実・橘川武郎『日本経営史[新版]』有斐閣、2017、186 頁。

理事会成为三井合名公司的决策机构（见图 1-6）。[①](#)

三井通过组建股份公司康采恩，建立了对属下公司的治理机制。作为总公司的三井合名，通过构建对属下公司的人事权与掌控属下公司经营情况的体制，实现了对属下公司的控制，其具体手段包括：①属下公司向总部提交董事会报告。属下公司的董事会会议议案要事先提交给总公司理事会，等到总公司理事会、业务执行社员会决议后再在属下公司的董事会上正式决定。②在召开股东大会前召开业务报告会。③向总部提交相关财务文件。④向各公司派遣董事与管理人员。这些董事在将所

---

① 『史料が語る三井のあゆみ——越後屋から三井財閥』三井文庫、2015、79 頁。

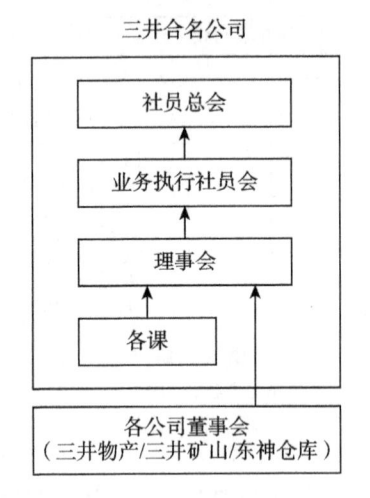

```
          三井合名公司
    ┌─────────────────────┐
    │      社员总会         │
    │        ↑            │
    │    业务执行社员会      │
    │        ↑            │
    │      理事会          │
    │      ↑   ↑          │
    │     各课            │
    └──────↑──────────────┘
           │
    ┌──────┴──────────────┐
    │     各公司董事会      │
    │（三井物产/三井矿山/东神仓库）│
    └─────────────────────┘
```

**图 1-6　三井财阀的三大直系公司决策过程（1918~1932 年）**

资料来源：『史料が語る 三井のあゆみ——越後屋から 三井財閥』三井文庫、2015、79 頁。

派遣公司的情况经常向总公司社长汇报的同时，对于重要的事项也要提前向总公司的社长进行请示并接受指示。⑤总公司掌握着属下公司的重要人事权。属下公司的主要课长、店长以上人员的任命与解任都要事前向总公司理事会咨询。① 各公司选任、提拔的管理人员、干部需要总部的事前承认。② 虽然属下公司向三井合名公司提交原始方案都得到了承认，但这并不代表三井合名公司审议只是走形式，因为属下公司向三井合名公司提交的方案都是已与三井合名公司的决策人物进行了事前的沟通，是修改后的方案。③

家族对企业的控制则是通过下述方式实现的。三井合名公司的最高决策机构社员总会是由三井家族各家成员代表组成。作为家族发挥重要作用的业务执行员参与经营的决策，并且向属下公司派遣三井家族人员作为属下公司的管理人员（包括社长、董事、监事）。例如，创立时四个合名公司的社长与元方中设置的两个部的部长都由三井家族成员担任，如三井银行社长为三井高保、三井矿山社长为三井三郎助、三井物产社

---

① 岡崎哲二『工業化の軌跡——経済大国前史』読売新聞社、1997、151 頁。
② 『史料が語る 三井のあゆみ——越後屋から 三井財閥』三井文庫、2015、78 頁。
③ 『史料が語る 三井のあゆみ——越後屋から 三井財閥』三井文庫、2015、79 頁。

长为三井元之助、三井吴服店社长为三井源石卫门、地所部部长为三井复太郎、工业部部长为三井武之助。① 由三井家族成员担任三井银行、三井物产与三井矿山的社长，家族成员出任管理职位一直持续到1934年。专业经营者在进行经营决策时都要充分考虑三井家族成员的意见。② 为了支持上述功能，总公司设置了由事业部、财务部及其下属的13个课构成的管理组织。总公司的检查课对属下公司提交的文件进行检查，并承担着监督属下公司的职能。③

### 2. 三菱财阀康采恩治理结构演化

三菱采用的是在社长下面设置管事，以特定的地区事业为管理单位的场所制。但随着事业区域的扩大，为加强管理，同时受1893年商法实施的影响，三菱于1893年12月把组织形态由任意公司改组为了合资公司，④ 从而实现了从任意企业向合资公司的组织变更。⑤ 岩崎弥之助得到岩崎九弥（创始人岩崎弥太郎的长子）的出资，岩崎久弥与岩崎弥之助作为有限责任的出资人，建立了小规模的总部体制。三菱合资形成了对各事业进行一对一管理的放射状管理体系。⑥ 三菱之所以选择合资公司形态主要是基于赋予企业法人人格的同时还可保持所有权与经营权一致的个人经营特色，并且实现了承担责任的有限性。这是因为旧商法规定除了出资人与公司名称一致的公司或在公司章程中规定的，出资人仅承担有限责任。此后，尽管新商法规定业务执行者兼出资人承担无限责任，但规定在新商法成立前成立的合资公司的业务执行者兼出资人依然承担有限责任，但在签约时公司名称前要注明成立时间。所以，三菱公司的出资人岩崎弥之助与岩崎久弥一直仅承担有限责任。⑦

---

① 森川英正『日本財閥史』教育社、1993、53頁。
② 『史料が語る三井のあゆみ——越後屋から三井財閥』三井文庫、2015、79頁。
③ 岡崎哲二『工業化の軌跡——経済大国前史』読売新聞社、1997、152頁。
④ 加藤健太・大石直樹『ケースに学ぶ日本の企業——ビジネスヒストリーへの招待』有斐閣、2013、35頁。
⑤ 加藤健太・大石直樹『ケースに学ぶ日本の企業——ビジネスヒストリーへの招待』有斐閣、2013、35頁。
⑥ 橘本寿郎・大杉由香『近代日本経済史』岩波書店、2000、135頁。
⑦ 吉田準三「わが国明治期の会社制度の展開過程・（続編）」『流通經濟大學論集』、1993、https://rku.repo.nii.ac.jp/?action=pages_view_main&active_action=repository_view_main_item_detail&item_id=5555&item_no=1&page_id=13&block_id=21。

1907年的经济危机严重打击了三菱,为提高效率,强化各个部门的独立核算,三菱合资公司将公司组织结构改组为了矿业部、银行部、造船部、总务部与地产部的事业部制。在总部与事业部间形成了依据不同产业决定公司战略与各事业部独立开展业务的管理结构。①

岩崎小弥太(1916年任社长)基于节税、分散风险、资金筹集、通过资源整合(把人事、财务、事业计划的决定权集中到本部)提升效率及加强控制等考虑,对三菱合资的事业部制进行了改革,把各事业部改组为股份公司(见图1-7),从而形成了控股公司的金字塔结构。② 从三菱本社对其下属公司的持股比例看,即使是持股比例较低的20世纪20年代也超过了60%。这一股权结构,保证了总公司对分公司的发言权,向内、向外展示了总公司对分公司的控制。控股公司金字塔结构的建立,使三菱控股公司通过持股、董事派遣等实现了对属下分公司的控制。分公司30%的董事是由总公司管理者兼任的。③ 另外,各分公司董事会决议事项要得到三菱合资的事前承认。预算、决算也要经过总部社长的同意。④ 属下公司的正式员工由总公司统一录用。参事以上级别的职位变动、晋升、降级、奖惩事前要经过总公司社长同意,其他职别的也要事先向总公司社长进行汇报。虽然对属下公司预算、决算及人事的事前控制在20世纪30年代被废止,但属下公司董事会决议的事前承认制得以维持。为了对属下公司进行控制,总公司设立了监理、人事、查业与总务四个课。⑤ 最后,三菱总部还通过资金的统筹来实现对子公司的控制。通过弥补分公司的资金不足及调节各分公司间的资金,三菱总部与分公司之间形成了内部资本市场。⑥ 为确保内部资本市场三菱总部规定,如果分公司要购买设备需要同总部商议,剩余资金要存入总部,如果需要融资,必须从三菱银行贷款。⑦ 由此,三菱合资的总资产从1913年的4200万日元增加到1919年的1.63亿日元。⑧

---

① 橋本寿郎・大杉由香『近代日本経済史』岩波書店、2000、135頁。
② 橋本寿郎・大杉由香『近代日本経済史』岩波書店、2000、198頁。
③ 青地正史『戦前日本の企業統治』日本経済評論社、2014、75頁。
④ 橋本寿郎・大杉由香『近代日本経済史』岩波書店、2000、198頁。
⑤ 岡崎哲二『工業化の軌跡——経済大国前史』読売新聞社、1997、152頁。
⑥ 青地正史『戦前日本の企業統治』日本経済評論社、2014、76頁。
⑦ 青地正史『戦前日本の企業統治』日本経済評論社、2014、79頁。
⑧ 橋本寿郎・大杉由香『近代日本経済史』岩波書店、2000、198頁。

# 第一章 日本公司、商法与公司治理的历史回溯

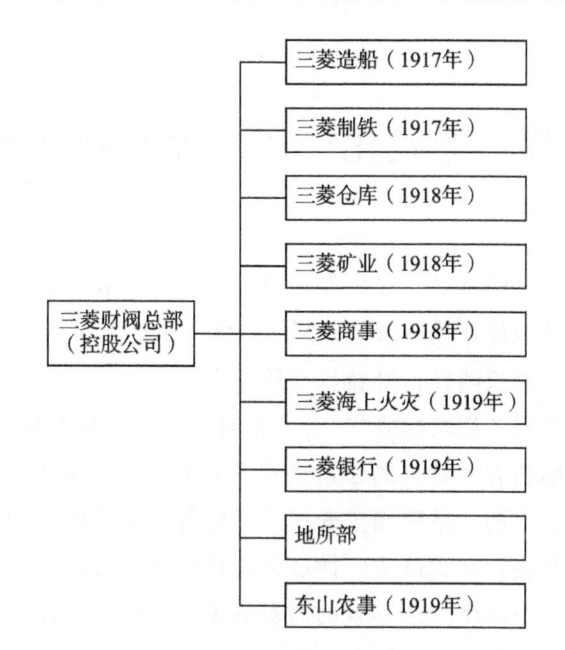

```
                    ┌─ 三菱造船（1917年）
                    ├─ 三菱制铁（1917年）
                    ├─ 三菱仓库（1918年）
                    ├─ 三菱矿业（1918年）
三菱财阀总部 ───────┼─ 三菱商事（1918年）
（控股公司）        ├─ 三菱海上火灾（1919年）
                    ├─ 三菱银行（1919年）
                    ├─ 地所部
                    └─ 东山农事（1919年）
```

**图1-7 三菱财阀（1919年）**

注：括号内时间为各分系公司的编入年。

资料来源：『三菱社誌』第28卷、第30卷，转引自青地正史「持株会社による組織革新（1）——三菱合資会社のコーポレート ガバナンス——」『経済論叢』第169卷第56号、2002年5、6月，https:∥repository.kulib.kyoto-u.ac.jp/dspace/bitstream/2433/45477/1/10169504.pdf。

  由于商法对合名公司与合资公司的规定满足了财阀家族对共同体所有权的需要，从1909年三井成立控股公司开始，各财阀相继成立控股公司，日本财阀股份公司康采恩组织结构在日本得到确立与普及。1921年住友改组为合资公司，并通过持有子公司的股份对其进行控制。虽然住友合资的出资人是住友家族的成员，但值得注意的一点是，作为股份公司员工的顶层管理者可以以劳务出资形式入股，[①] 最终形成了以三井、三菱、住友为首的财阀利用康采恩组织结构支配战前日本社会的局面。这些财阀组织结构的特点是：在遍布各行各业的众多企业之上有一个作为控股公司的财阀总部，而控制这些财阀总部的则是三井、岩崎、住友等财阀家族。[②]

---

[①] 森川英正『日本財閥史』教育社、1993、163頁。
[②] 奥村宏：《股份制向何处去——法人资本主义的命运》，张承耀译，中国计划出版社，1996，第4页。

# 第二章　形式化公司治理的制度源流

公司法教科书中写道：股份是指股东之于公司在法律上的地位，是指股东在股东的地位上伴随着的权利的总体。在这个权利中，大而言之，包括共益权和自益权两种，共益权有股东大会表决权，自益权有利益分配请求权和剩余财产请求权等。① 公司治理是在所有权与经营权分离后，为了约束与激励拥有经营权的公司经营者依据股东的意志，实现股东利益最大化运营公司的一系列制度安排。尽管各个国家的公司在所有权与经营权分离后都会存在程度不一的股东与经营者利益的不一致，和（在信息不对称及股东高度分散导致的监督成为一种公共物品后每一位小股东都希望"搭便车"）集体行为问题，导致的缺乏监督下的经营者控制问题；但与西方不同的是，导致日本公司治理失效出现的"内部人控制"，不仅是委托-代理问题造成的，还是在一定的约束条件下，组织为了某种目标，通过一系列正式制度与非正式制度安排，构建非市场治理机制屏蔽市场治理力量，使公司治理机制形式化的结果。特别不能忽视的是日本政府作为组织通过政策选择所发挥的作用。与西方国家公司的公司治理问题源于市场失败不同，日本公司治理问题具有制度设计的痕迹。"内部人控制"既是日本政府推动建构非市场治理机制的政策目标之一，也是日本政府利用非市场治理机制使公司治理形式化的结果。同时，"内部人控制"也支持并强化了非市场治理机制，成为"日本型企业制度""日本型经济体制"的重要组成部分。所以，为揭示日本政府为什么要选择使公司治理形式化的政策目标，并如何通过形式化公司治理确立"内部人控制"，就不能脱离对日本传统企业制度起源的研究。

比较制度分析的观点认为，制度的互补性及路径依赖是一国制度区别于他国制度的原因。关于日本型企业制度［也被日本学者称为"日本现代企业制度"（这里的"现代"是相对于"近代"而言的）］起源的

---

① 岩井克人：《未来的公司》，张永亮、陶小军译，东方出版社，2018，第81页。

讨论，主要是在战时体制连续论（战时源流说）与战后改革论（非连续观点战前、战后"中断说"）之间展开的。长久以来，很多观点将1945年看成是"新日本的诞辰"，在学术讨论中，山田盛太郎提出的非连续观点逐渐占了上风。20世纪60年代，这种历史观在日本开始受到质疑。大内力认为，自1931年以来，日本经济发生的改变，都是由国家垄断资本主义推动的，这种国家垄断资本主义构成战后日本资本主义的基础和原型。① 野田信夫也认为，虽然日本型经营在战后发生了许多变化，但支持日本型经营的基础没有变化，所以不同意战后与战前的非连续观点。例如，战后开始的职务工资。但依旧没能摆脱从战前就开始的"属人"工资体制。而所谓的身份制的撤销，也只不过是名称与程度而已。特别是企业内部人与人之间关系的精神结构。② 20世纪90年代，围绕这两种不同观点展开的争论空前激烈，③ 并出现了既重视连续性又赞成战后改革论的情况。

支持连续说的学者有中村隆英、野口悠纪雄、冈崎哲二等。中村隆英指出："战前和战后不能跳过战争期间。战争期间制定的许多经济制度延续到了战后，战争期间发展起来的产业在战后成为主要产业，战争中形成的技术在战后的出口产业中得到了再生，战后国民的生活方式和习俗许多也都产生于战争期间。"④ 野口悠纪雄在其1995年出版的《1940年体制》一书中将战争期间以举国之力来支援战争的国家总动员体制即"战时体制"称为"1940年体制"。战后"1940年体制"被继承下来，构成战后日本经济体制的基础，并强调"1940年体制"的基本理念——"生产者优先与否定竞争"，至今依然影响着日本社会。⑤ 野口悠纪雄强调，许多制度是日本过去所没有的，是为了实现以举国之力支援战争而引入的。而战后改革并没有涉及这些制度，从而得到保留，并成为"日本型体制"的重要组成部分。其中就包括日本型经营、间接金融、官僚

---

① 高柏：《经济意识形态与日本产业政策——1931-1965年的发展主义》，安佳译，上海人民出版社，2008，第96~97页。
② 野田信夫『日本の経営100年』ダイヤモンド社、1978、144頁。
③ 高柏：《经济意识形态与日本产业政策——1931-1965年的发展主义》，安佳译，上海人民出版社，2008，第97页。
④ 中村隆英『日本経済——その成長と構造』東京大学出版社、1993、125頁。
⑤ 野口悠紀雄『1940年体制（増補版）』東洋経済新報社、2010、ix~xii頁。

体制、财政制度及土地制度等。① 一般认为，战后的民主主义改革为日本带来了经济复兴，战后诞生的新兴企业实现了高速增长。然而，"1940年体制"史观认为，战争时期形成的国家总动员体制带来了战后经济复兴，战时成长起来的企业支持了战后经济的高速增长。② 冈崎哲二等认为日本型企业制度是起源于战前的战时体制。以企业改革为中心，经过"经济新体制""金融新体制""劳动新体制"的一系列相互关联的制度改革，战前股东主权型的企业制度发生了巨大的变化。③ 经营者和员工的地位得到提高，替代股东从资金的提供者角度对企业进行监督的是银行融资团，也就是担当银行融资团干事的主银行改变了日本战前的由财阀家族确保的股东主权的企业制度。④ 而正是这种体制的诸多要素构成了战后日本企业制度的基础，认为日本型企业制度正是在战时体制基础上形成的。⑤ 坂野润治认为，1932~1945年的制度遗产对战后日本社会的发展至上主义、日本型经营及日本劳使关系的形成产生了不可忽视的影响。⑥

杨栋梁对"战时源流说"和"1940年体制"论进行了批判，并指出：日本战后型经济体制的形成经历了20世纪20年代至50年代的一个萌芽、生长、基本定型和发展的过程。战时只是战后型经济体制形成的一个重要阶段，战时经济体制的某些要素对战后体制产生了重要影响，但两者具有本质性的区别。通过战后改革，日本在一定程度上完成了战时军事经济、封建财阀垄断经济、统制经济、封闭经济向和平、民主、自由市场、开放经济的体制性转变。⑦

莽景石支持战后改革论，指出："战时统制经济时期日本企业中资本所有者与企业管理者相对地位的变化，与战后日本企业制度发生的财产

---

① 野口悠紀雄『1940年体制（増補版）』東洋経済新報社、2010、7~17頁。
② 野口悠紀雄：《战后日本经济史》，张玲译，民主与建设出版社，2018，第12~13页。
③ 岡崎哲二「企業システム」岡崎哲二・奥野正寛編『現代日本経済システムの源流』日本経済新聞社、1995、116~117頁。
④ 岡崎哲二「企業システム」岡崎哲二・奥野正寛編『現代日本経済システムの源流』日本経済新聞社、1995、139頁。
⑤ 岡崎哲二・奥野正寛「現代日本の経済システムとその歴史的源流」岡崎哲二・奥野正寛編『現代日本経済システムの源流』日本経済新聞社、1995、2頁。
⑥ 東京大学社会科学研究所編『現代日本社会　第4巻　歴史的前提』東京大学出版社、1994、6頁。
⑦ 杨栋梁：《日本近现代经济政策史论》，江苏人民出版社，2019年，第175页。

所有权与企业控制权的分离具有本质的不同,这一点是由战前与战后不同的企业产权结构决定的。在战时统制经济时期,日本企业中资本所有者与企业管理者的相对地位的确发生了很大的变化,但财阀家族以及大股东所有制并没有变化,而是到了战后通过宪政转轨以及其后的制度变迁才完成了其向法人所有制的转变,而这种不同的所有制分别构成了战前与战后不同的企业制度以及相应的公司治理的产权基础。"① 但他继续指出:"在企业所有权安排的演化过程中,依据美国制度模式建立起来的日本企业制度,在企业与政府、企业与市场的关系由于向市场经济过渡而发生重大变化的条件下,未能如制度设计者预期一样发展,而是发生了适应性的调整,基本方向是日渐偏离了美国型的目标模式而走上了日本型的本土化模式,大致在1955年前后形成了现代日本企业制度以及相应的企业所有权安排的雏形。"②

宫岛英昭在重视连续性一面的同时也赞成战后改革论,一方面从制度内生性的角度强调了与战时制度的连续性,另一方面从外生性的角度强调了战后改革对现代日本企业制度形成的重要性,特别强调了通过战后改革对产权进行了"强制性"的再分配。③ 青木昌彦从演进的观点指出,日本政府战前和战时建立的一套制度的确延续到紧随战后民主化变革之后的高速增长时期。④ 政府最初用来推动集中控制资源的制度框架发生了转变,并与企业内部及企业之间的内部层级制共同发展,这种无意的吻合只有在战后改革时期战时制度民主化转变后才会发生(见表2-1)。⑤

---

① 莽景石:《宪政转轨与现代日本企业所有权安排的演化》,《日本学刊》2008年第6期,第31页。
② 莽景石:《宪政转轨与现代日本企业所有权安排的演化》,《日本学刊》2008年第6期,第36页。
③ 宫岛英昭『産業政策と企業統治の経済史——日本経済発展のミクロ分析——』有斐閣、2004、15頁。
④ 《无意的吻合:日本的组织演讲和政府的制度设计》,青木昌彦、金滢基、奥野-藤原正宽主编《政府在东亚经济发展中的作用——比较制度分析》,中国经济出版社,1998,第269页。
⑤ 《无意的吻合:日本的组织演讲和政府的制度设计》,青木昌彦、金滢基、奥野-藤原正宽主编《政府在东亚经济发展中的作用——比较制度分析》,中国经济出版社,1998,第279~280页。

表 2-1　日本的制度演进

| 制度转型 | 旨在集权化控制的战时设计 | 战后民主改革 | 与层级制互补关系的演进 |
| --- | --- | --- | --- |
| 股东结构 | 限制财阀股东的权利 | 财阀解体及持股民主化 | 经理人员设计法人间相互持股以摆脱接管 |
| 银行与公司治理 | 指定银行制度 | 银行参与清理不良债务 | 主银行制度,相机治理 |
| 产业协会 | 产业控制协会 | 产业协会 | 管理多元主义 |
| 中小企业 | 指定大型企业寻求技术援助 | 维持原关系 | 企业集团（系列承包） |
| 工人组织 | 产业爱国会 | 控制工人运动 | 企业内工会 |

资料来源：《无意的吻合：日本的组织演讲和政府的制度设计》，青木昌彦、金滢基、奥野-藤原正宽主编《政府在东亚经济发展中的作用——比较制度分析》，中国经济出版社，1998，第280页。

综上所述，尽管日本型企业制度的形成受到发展主义的影响，且在日本型企业制度中可以观察日本20世纪30年代初期至战败期间的"准战时体制"与"战时体制"的制度遗产，但不能忽略的是，如果没有GHQ实施的民主化改革，特别是民主主义思想的启蒙与对产权进行的强制性再分配，战后民主主义是无法在日本出现的。因此，虽然日本政府基于战前的经验与教训，并将其中的制度安排应用于战后企业制度，但战后日本民主主义的起点是GHQ对日本的民主化改革。也正是战后改革推动的社会经济结构的改变，使战前在政府直接强制干预下实现的抑制股东利益、减少分红，在战后成为企业的自组织行为。

由于20世纪30年代的大萧条及自由资本主义的影响，日本社会出现了极度的不公，一方面是财富高度集中下少数特权阶级享受到资本主义优越性；另一方面则是深陷苦难之中的劳苦大众。这一极度不公的社会为日本政府实行统制经济抑制市场力量提供了社会基础。用公共利益取代个人利益，提升生产效率的反利润原则被日本社会接受，使政府介入公司治理，抑制股东权利，提升经理人及员工地位，并将利润投入再生产以提升国家生产力的行为获得了正当性。如果说统制经济为战后日本政府通过构建非市场机制抑制股东利益、支持企业发展提供了思想准备、经验积累与实施工具，那么日本战败后GHQ对日本社会的民主化改革，则彻底打破了包括财阀家族的少数特权阶层对日本经济的垄断，改变了企业的股权基础,实现了日本公司治理结构从股东大会中心主义向董事会中心主义的转变,为日本公司所有权与经营权分离提供了经济基础与制度保障。所以说,形式化公司治理是在日本的后发展性约束下,在发展主义意识形态的影响下,基于股东控制会引致公司陷入短期性陷阱的教训,对资本市场短视行为的警戒,对外资控制的防范,运用战前统制经济的经验,借力美国对日本实施的民主化改革,在日本政府与民间企业博弈下,通过对企业与银行、企业与企业、企业与员工、企业与股东的关系进行重构实现的。而貌似美国化的、晦涩难读的商法经过日本立法部门的调整,不仅支持了日本公司治理的形式化,推动了内部人控制的形成,而且成为防止西方指责日本公司治理形式化、违背股东主权主义的资本主义普遍原理、庇护日本公司内部人控制的法律屏障。

可见,战后日本企业制度是在特殊历史条件下,在日本经济的后发展性约束下,在发展主义指导下,为提高国家生产力实现对西方先进国家的追赶,日本政府利用战前统制经济的遗产与战后 GHQ 改革成果的结果。为进一步阐释日本形式化公司治理特征化事实现象背后的制度起源,本章分为四个部分,第一节介绍了统制经济时期政府介入公司治理的思想基础及具体措施,以利于理解战后日本政府为什么要推动形式化公司治理,支持"内部人控制"的经济战略观。第二节介绍 GHQ 对日本的战后改革及对日本企业制度再造的制度设计。GHQ 对日本的民主化改革,打破了产业集中,使日本公司股权实现了分散化,切断了经营者与财阀等大股东的联系,改变了公司经营者的选任路径,推动了公司治理结构从股东大会中心主义向董事会中心主义的转变。第三节介绍了形式化公司治理的非正式制度准备。在发展主义指导下,日本官僚对 GHQ 政策的选择性执行与偏离,并在此基础上推动了日本型企业制度的形成;第四节介绍了形式化公司治理的正式制度准备。日本立法者通过对商法条款的微调,使貌似美国化的商法成为支持日本形式化公司治理的法律依据与工具。

## 第一节 统制经济:国家对公司治理的介入

20 世纪 30 年代前大股东控制企业对公司、社会及国家造成的不良影响，为统制经济时期日本政府通过实施抑制股东权利的政策介入公司治理提供了正当性及社会基础。统制经济时期，规制股份公司行为的除了商法外，还包括依据《国家总动员法》制定的《公司会计统制令》、《统制公司令》及《军需公司法》等统制法规。这些统制法规主要是抑制股东权利、防止公司利益流向股东及管理人员，以增加企业盈利的内部留存，保证生产。统制经济时期日本政府介入公司治理的实践对日本战后选择以主银行为核心的间接金融制度支持形式化公司治理提供了经验与制度工具。

## 一 统制经济与公司治理

1931～1945年的统制经济是日本资本主义史上的分水岭，它标志着日本经济与1930年前的经济实践发生重大背离。[①] 大萧条期间的经济困境使日本人相信，自由放任学说已经过时。因为个体经济主体会依照利润原则来行事，所以市场不能为战争动员有效地配置资源，政府必须为达到这个目标承担领导责任。[②] 为了动员举国之力支持日本政府发动的侵略战争，仅仅依赖市场经济是不够的，日本政府介入经济（统制）变为常态，此种经济体制被称为"战时统制经济体制"。[③]

统制经济论的核心是企业家对"公共利益"的认识。[④] 统制经济的主导思想是反对商业运行中的利润原则，坚持公共利益的重要性。[⑤] 在统制经济下，私营企业的财产权被定义为"伴随着责任的有限支配权"，这就意味着"与资本主义不同的是，企业不再将私人股东的利润作为其目标。企业是将满足国内全体公民的福祉作为终极目标"。这种财产权与

---

[①] 高柏：《经济意识形态与日本产业政策——1931-1965年的发展主义》，安佳译，上海人民出版社，2008，第18页。

[②] 高柏：《经济意识形态与日本产业政策——1931-1965年的发展主义》，安佳译，上海人民出版社，2008，第57页。

[③] 浜野洁、井奥成彦、中村宗悦、岸田真、永江雅和、牛岛利明：《日本经济史1600-2000》，彭曦等译，南京大学出版社，2010，第211、193页。

[④] 高橋俊夫『企業戦略論の系譜と展開』中央経済社、2009、209頁。

[⑤] 高柏：《经济意识形态与日本产业政策——1931-1965年的发展主义》，安佳译，上海人民出版社，2008，第64页。

自由资本主义承认的"资本家独裁"的"绝对支配权"是截然不同的。①在这一意识形态下，政府通过限制股东权力、降低股东地位、提升经营者与劳动者地位，改变了公司的权力配置。

统制经济的演进分为三个阶段。第一个阶段是1931~1937年，以《重要产业统制法》的通过为开端。该法的通过意味着国家迈出了介入资本主义营利活动的第一步。②该阶段的特点是政府力图避免在统制经济中行使权力，通过行业自主管理并依赖企业家在经济控制中的主动性来实现统制经济的目标。第二阶段是1937~1941年。为应对1936年末国际收支恶化危机，开始实行统制经济。在1937年日本发动全面侵华战争后，以制定"统制三法"（《临时资金调整法》统制金融、《进出口等临时措施法》统制物品与《军事工业动员法适用法》为军需生产国家管理工厂）为标志，日本政府开始通过直接行使权力来干预经济。为了进一步实现国家对经济的干预，1937年内阁成立了作为"国家总动员的中枢机构"的企划院（资源局与企划厅1937年合并成立）。1938年后，统制进一步强化。1938年3月《国家总动员法》与《电力管理法》的颁布，标志着日本政府开始对经济实行全面的直接控制。为了支持战争，除发布价格统制令统一限定物价外，还制订了各种计划。从1939年开始制订资金统制计划、劳务动员计划、交通电力动员计划。1940年度制定了贸易计划。1942年度制订了液体燃料计划、生活必需物资动员计划、医药品制品别计划及配船计划等。从而建立了经济总动员体制的基本框架，以支持国家总体战的"国家总动员体制"，将全国所有资源都用来为战争服务。③第三阶段是1941年太平洋战争爆发后，政府对经济的控制得到了进一步的加强。④《国家总动员法》赋予政府官员巨大的权力。⑤

---

① 高柏：《经济意识形态与日本产业政策——1931-1965年的发展主义》，安佳译，上海人民出版社，2008，第81页。
② 高橋俊夫『企業戦略論の系譜と展開』中央経済社、2009、207頁。
③ 宮本又郎・阿部武司・宇田川勝・沢井実・橘川武郎『日本経営史［新版］』有斐閣、2017、231頁。
④ 高柏：《经济意识形态与日本产业政策——1931-1965年的发展主义》，安佳译，上海人民出版社，2008，第60页。
⑤ 高柏：《经济意识形态与日本产业政策——1931-1965年的发展主义》，安佳译，上海人民出版社，2008，第61页。

在"统制"引发"统制"的循环下,展开了对财物、资金及劳动市场的全面战时统制。①

以自20世纪20年代以来出现的各种思潮为基础,那些自命为"革新分子"的人提出了"新秩序"的口号,即企图创造一种新的经济、政治及社会体制,重建工业及农村结构,甚至改善文化生活。其中,"经济新秩序"是商工省及企划院的"经济官僚"与军人共同商议而成,另一个参与机构则是"昭和研究会",它是近卫亲王的智库。"经济新秩序"主要领导官员是岸信介。岸信介等不满唯利是图的恶性竞争,希望"合理化"控制工业。他们认为工业有其"公共"目标,那就是服务国家,私人企业并非最终服务对象。在自由竞争的经济制度下,最终会导致不景气及社会矛盾,国家力量则会受到削弱,只有在国家控制下,资本主义才能避免冲突、解决危机。② 20世纪30年代末期,昭和研究会为建立经济新秩序制定了系统的政策提案。该提案主张,政府应该控制私有企业的利润,将资本与管理分离开来,给予经理人员正式地位。它还号召从"利润导向"向"生产导向"转变。昭和研究会的提案得到了企划院官员的回应,他们在1940年9月提出的《经济新体制确立纲要》中表现出完全一致的政策倾向。③《经济新体制确立纲要(草案)》中的措施有"将企业改变为公共利益实体""所有权与经营权分离""节制利润"等。这种反资本主义的内容招致企业界的激烈抗议,结果内阁通过了一个比较缓和的计划。④

《国家总动员法》第一条将"国家总动员法"定义为"战时为了达到国防之目的,举全国之力,统制运用人力及物力资源的法律"。⑤ 国家

---

① 宫本又郎・阿部武司・宇田川胜・沢井実・橘川武郎『日本経営史[新版]』有斐閣、2017、230頁。

② 安德鲁・戈登:《现代日本史:从德川时代到21世纪》,李潮津译,中信出版社,2017,第341~342页。

③ 高柏:《经济意识形态与日本产业政策——1931-1965年的发展主义》,安佳译,上海人民出版社,2008,第85页。

④ 《无意的吻合:日本的组织演讲和政府的制度设计》,青木昌彦、金滢基、奥野-藤原正宽主编《政府在东亚经济发展中的作用——比较制度分析》,中国经济出版社,1998,第271页。

⑤ 浜野洁、井奥成彦、中村宗悦、岸田真、永江雅和、牛岛利明:《日本经济史1600-2000》,彭曦等译,南京大学出版社,2010,第211、197页。

开始以军需产业为中心重视对企业提升经营效率的激励。这就包含了国家介入公司治理的含义。统制经济下，日本政府为了提高企业经营效率，开始干预公司治理。这一干预从1939年的《生产力扩充计划要纲》与1940年的《经济新体制确立纲要》中得到反映。① 计划经济与既存制度间的矛盾之一就是公司治理。"低物价政策与生产力扩充政策的矛盾"引起了对企业行动本质的争论，这一争论发展到了公司治理问题。制定"经济新体制"构想的企划院认为，公司以盈利为目的的行为是由股东控制导致的。为此，企划院在《经济新体制确立纲要（草案）》（1940年9月13日）中强调："要摆脱资本控制下企业以追求利润为第一。"具体就是通过对商法的修订，实现所有权与经营权的分离，赋予经营者公共性，经营者不被股东制约，可以专心增加产量。引入对经营者的"国家贡献"的报酬制度。提议改变对经营者的激励机制，把对经营者的激励从战前与利润相关联改为与实现国家目标（生产计划）相关联。企划院的草案遭到财界的强烈反对，未能实现对商法的修订。但内阁决议的《经济新体制确立纲要》，将企业是"资本、经营与劳动的有机整体"的新企业理念正当化。这一正当化具有重大意义，以此为理念对企业制度进行了一系列改革。第一，与"经济新体制"构想同时立案的《公司会计统制令》在1940年10月开始实施。《公司会计统制令》的核心是强化对分红的统制，结果造成战时公司的分红下降，而且分红率不再反映利润率。第二，依据《公司会计统制令》，规制了对管理人员的奖金，不仅降低了管理人员的奖金，而且使管理人员的奖金与利润无关。第三，不仅改变了激励机制，而且改变了管理人员的构成。大股东董事与独立董事比例降低，内部晋升者比例上升。② 如前十位股东在非财阀股份公司的经营者中所占比例从战前的21%下降到1942年底的13%。③ 上述措施降低了股东对公司经营的影响力，使企业显现出员工共同体的特征。④

革新派官员意识到"经济新体制"与"金融新体制"具有密切关

---

① 青地正史『戦前日本の企業統治』日本経済評論社、2014、207頁。
② 岡崎哲二『工業化の軌跡——経済大国前史』読売新聞社、1997、204～205頁。
③ 岡崎哲二「戦時計画経済と企業」東京大学社会科学研究所編『現代日本社会　第4巻　歴史的前提』東京大学出版社、1994、387頁。
④ 野口悠紀雄『1940年体制（増補版）』東洋経済新報社、2010、28頁。

系。1940年成立的第二次近卫内阁，将强化金融统制作为"经济新体制"的一环，认为企业对利润的追求是源于通过股份筹集资金，如果改变筹集资金的手段，企业就不会追求利润。① 以岸信介为代表的革新派官员，为了实现国家对产业的统制、资源向军需产业倾斜，对金融领域进行了大规模改革。一方面，对分红的限制导致了股票市场的低迷，使企业很难从股票市场筹集资金；另一方面，为弱化股东对企业的控制，从而确立了银行中心主义，推动企业从依靠发行股票和公司债券向依赖银行贷款转变。为此，1941年以兴业银行为中心成立了"时局共同融资团"。这可以说是主银行制的起点。1942年，依据《金融统制团体令》（依据《国家总动员法》制定）成立了"全国金融统制会"，从此开始了大规模的共同融资。② 1942年制定的《日本银行法》标志着统制金融体制的确立。该法第二条"日本银行必须以达成国家目标为使命进行运营"明确地提出了战时经济体制的理念。③ 金融统制的强化，排除了股东通过资本市场对企业经营的控制，支持了企业对间接金融的依赖。

统制经济时期国家对公司治理的干预对战后日本通过构建非市场治理机制抑制股东权利、加强管理者对公司控制的制度设计产生了深远的影响。在战争期间，关于职业管理人员经营自主权的优点和对股东权利的限制，实业界领袖和政府官员之间存在广泛的认同。20世纪40年代中期开始的新经济运动的目的在于对企业进行改革，使其目标从利润最大化转变为生产最大化，使公司摆脱股东的束缚。为促进这一转型，1940年开始限制股息。1943年生效的《军需公司法》宣布以管理人员自主经营替代大股东控制，并得到了大公司高层管理人员的支持。而且，这一思想在二战后得到发展。商工省（1946年后称通产省）建议引入雇佣所有制，以达到从雇员方面获得重建公司的积极承诺的目的。这一思想在一部分实业界人士中得到共鸣。④ 野口悠纪雄进而指出，构成日本型经营的制度因素，实际上是源于战时统制经济对企业制度的改革。日

---

① 野口悠紀雄『1940年体制（増補版）』東洋経済新報社、2010、36頁。
② 野口悠紀雄『1940年体制（増補版）』東洋経済新報社、2010、36頁。
③ 野口悠紀雄『戦後経済史』東洋経済新報社、2015、8頁。
④ 青木昌彦、钱颖一主编《转轨经济中的公司治理结构：内部人控制和银行的作用》，中国经济出版社，1995，第214页。

本政府 1937 年出台了《临时资金筹集法》、1940 年出台了《银行等资金运用命令》、1942 年出台了《金融统制团体令》。这些措施控制了金融机构的融资，随着优先向军需产业融资，实现了从直接金融向间接金融的转变。例如，1938 年依据《国家总动员法》，限制公司对股东的分红。这一措施导致了股价的低迷，企业的资金筹集不得不依赖银行。在这一系列政策的推动下，战前高比例的直接融资在战争期间快速减少，间接融资成为主体。随着企业所有权与经营权的分离，大股东对企业的控制力开始下降，银行的发言权提升，政府通过银行分配资金，实现了对民间企业的控制。而企业方面，股东无法参与经营，经营者依据自己的意见选拔接班人的习惯逐渐形成。结果日本大企业的社长一般是"劳动者中晋升竞争的优胜者"。大企业的经营者基本是内部晋升人员，改变了战前经营者是根据大股东的决定从企业外部选择的习惯。①

### 二　1938 年商法修订

1938 年日本的商法改革是以修订股份公司相关规定为中心的。日本商法第 2 编"公司"从修订前的 225 条增加到修订后的 449 条，且新增加的规定基本是与股份公司法相关。② 另外，还制定了《有限公司法》。这些修订受到了德国法的影响。③ 虽然商法修订受到了德国 1937 年制定的股份法的影响，但没有接受法西斯的全体主义思想。主导 1938 年商法修订的松本博士对修订的要点进行了说明，即"在补充过去法律不完善的同时，为满足经济的新要求设立适当的规定"。④ 1938 年通过对商法的修订，不仅推动了日本公司法框架的形成，还促进了公司法制度的近代化。

1920 年后，在不良债权问题的暴露、银行破产的危机、用资本金发放股利等问题频发的背景下，1929 年法制审议会提出了有关商法修订的咨询意见，经过 1931 年法制审议会的答辩，1932 年以后在司法省

---

① 野口悠紀雄『戦後経済史』東洋経済新報社、2015、33頁。
② 高橋英治「日本とドイツにおける株式会社法の発展」中央経済社、2018、278-279頁。
③ 稲葉威雄「現代立法としての会社法の位置づけ」稲葉威雄、尾崎安央編『改正史から読み解く会社法の論点』中央経済社、2009、5頁。
④ 高橋英治『日本とドイツにおける株式会社法の発展』中央経済社、2018、278頁。

内的商法修订委员会继续讨论，于 1936 年公布了修订框架。① 1938 年主要修订内容包括：①删除了选任董事、监事的资格必须为股东的限制规定。由于必须从股东中选任董事、监事的规定限制了人才的广泛选拔，所以早在 1911 年商法修订时就提出对这一资格限制规定的修改，但并没有得以实施。所以，很难说删除这一资格限制是否与统制经济有关，但允许从股东以外的人员选任董事、监事，确实适应了战时对"所有权"和"经营权"分离的要求。②扩大了股东大会的权限（决议事项的追加），增加了对小股东的保护，如规定股东除了在股东大会上对董事、监事有质问权外，小股东还有提案权等，从而进一步限制了董事的权力；同时，又从各个方面强化了董事的民事、刑事责任。③扩大公司集资渠道，改善了筹集资金的方法。新增设了有关发行"劣后股""无表决权股票""可转换股票""可转换公司债券"的规定。④为了保护债权人的安全，新建立了"公司债权人集会"制度。1938 年对商法的修订，废止了所有权与经营权一致的规定，使公司形态与日本当今的公司形态更加接近，同时时价会计主义被部分废止。

另外，一战以后日本的资本主义虽然得到很大发展，但多为大型企业，且集中于军需企业，而众多中小企业则长期停滞不前，甚至停留在封建作坊式的水平上。股份有限公司原来就是专为大型、开放式公司设计的一种公司形态，规定极为严格，要求也很高，并不符合中小企业的实际需要。为促进中小企业的发展，日本在 1931 年的商法修订纲要中提出就借鉴外国的有益经验，增加适合中小企业的新的公司形态的要求。经过几年的努力，日本参照德国的《有限公司法》，在充分进行比较、取舍之后，于 1938 年 4 月 5 日公布《有限公司法》，定于 1940 年 1 月 1 日起正式实施。②

商法的重点是公司法和票据法。由于明治商法诞生后旧商法就成了废案，而且直到 2005 年公司法正式公布为止，商法的修订都是在明治商法的基础上进行的，因此一般把明治商法称为日本第一部商法，并认为商法是 1899 年制定的。1938 年，为促进中小企业发展，以单行法的形式

---

① 宮島英昭『産業政策と企業統治の経済史——日本経済発展のミクロ分析——』有斐閣、2004、228 頁。

② 杨丽英：《日本公司立法的历史考察》，《现代法学》1998 年第 5 期，第 126 页。

制定了《有限公司法》。这样日本公司法体系的框架便确定了下来。可以说，1938年的商法修订最终完成了日本公司法向近代股份公司法的演进。① 但随着监事从员工提拔比例的上升，公司经营日益复杂，股权分散度提高，日本的监事已成为董事的傀儡，② 监事制度形式化。

### 三 制定《军需公司法》与《公司等临时措施法》

统制经济下，1943年10月31日制定实施的《军需公司法》与1944年制定实施的《公司等临时措施法》，改变了商法规定的机关权限分配秩序，使股东大会拥有的最高权力受到挑战，不仅对当时的公司治理产生了进一步的影响，而且对战后日本形式化公司治理产生了不可忽视的作用。

《军需公司法》的指导思想是国家利益优先，轻视股东利益，比起对股东的保护更重视军需生产的优先。《公司等临时措施法》的指导思想是降低成本与抑制股东权利。③ 对股东大会相关规定的三法比较见表2-2。

表2-2 对股东大会相关规定的三法比较

| 事项 | 商法 | 《军需公司法》 | 《公司等临时措施法》 |
| --- | --- | --- | --- |
| （代表）董事的选任、解任 | 普通决议（法254、257、261②） | 生产责任者依据政府的就任、解任命令（法4②⑥） | — |
| 股东大会召集的方式 | 通知各股东（法232） | 两周前公告（令22） | 3周前公告（法3、令2） |
| 公告的方式 | 刊登于官方报纸或时事日报新闻（法166②） | — | 也可以在非官方报纸或时事日报新闻的其他刊物上刊登（法2、令1） |
| 重要事项的决定（公司章程的变更等） | 特别决议（法343①） | 普通决议（令19） | 资本额一半以上的股东出席，且过半数（法3②） |
| 特别决议要件 | 总股东半数以上、资本总额一半以上的股东出席，且半数通过（法343①） | 出席股东的过半数（商法239①） | 5项：（法4、令3） |

---

① 何勤华、方乐华、李秀清、关建强：《日本法律发达史》，上海人民出版社，1999，第174页。
② 高橋英治『ドイツと日本における株式会社法の改革』商事法務、2007、264頁。
③ 青地正史『戦前日本の企業統治』日本経済評論社、2014、244頁。

续表

| 事项 | 商法 | 《军需公司法》 | 《公司等临时措施法》 |
|---|---|---|---|
| 不需要股东大会决议 | — | 依据政府的命令（法12）需要决议的所有事项都可以不经过决议（令21） | — |
| 无视股东大会的决议 | — | 执行业务不需要受决议的限制（令20） | — |

注：（1）商法是指1938年修订的商法；法令省略语：法=法律、令=施行令；条文号，如法166②，是指商法第166条第2项。（2）表中只计入了股东大会相关规定的重要内容。

资料来源：青地正史『戦前日本の企業統治』日本経済評論社、2014、245頁。

  根据军需省当局对《军需公司法》的说明，《军需公司法》有三大支柱：①发扬企业精神，明确国家性；②确立生产责任体制；③对军需企业实施新的行政运营。① "确立生产责任体制"就是依据《军需公司法》，各军需公司有义务选任生产责任者。政府指定的民间企业的社长作为生产责任者要担负起战时生产的责任，并要求员工服从生产责任者。②《军需公司法》的内容包括：军需公司是政府指定的以生产、加工及修理兵器、飞机、舰船等重要军需品及其他军需物资为经营内容的公司（《军需公司法》第2条）；军需公司的运营必须满足提高战争能力的国家要求（《军需公司法》第3条）。③《军需公司法》对商法规定的股东权利进行了明确的限制。《军需公司法》指定的企业设置具有公司代表权的生产责任人。虽然生产者责任人"原则上是从公司原经营层中选出，并且尽可能由社长担任"，但选任、解任的权力掌握在政府手中。而且，进一步限制了商法规定的股东大会的权限。《军需公司法》从法律层面把经营者从股东大会的监督下解放了出来。值得注意的是，制定《军需公司法》的目的与其说是加强政府对企业的统制，不如说是最大限度地给予企业经营者自由，以发挥企业经营者的能动性。④

---

① 岡崎哲二「戦時計画経済と企業」東京大学社会科学研究所編『現代日本社会　第4巻　歴史的前提』東京大学出版会、1994、392頁。
② 宮本又郎・阿部武司・宇田川勝・沢井実・橘川武郎『日本経営史［新版］』有斐閣、2017、232頁。
③ 高橋英治『日本とドイツにおける株式会社法の発展』中央経済社、2018、287頁。
④ 岡崎哲二『工業化の軌跡——経済大国前史』読売新聞社、1997、205頁

## 第二节 经济民主化改革：GHQ解构与重构日本企业制度

第二次世界大战结束后，1945年11月2日在东京成立了以麦克阿瑟将军为首的GHQ。由于日本是被美国军队单独占领的，所以美国的意图贯穿于日本战后改革始终。就GHQ对日本经济领域的改革而论，主要包括对发动战争的惩罚、摧毁现存的制度以及实施美国的新制度三个方面，其中尤以在日本社会推行美国新制度为重。① 用更通俗的话说，就是以把日本改造成为同美国一样的国家为占领目标。② 其中就包括GHQ以美国为模式对日本企业制度进行重新设计，最终使日本企业制度美国化。主要措施包括：改变"集中的、层级制所有权结构的控股公司"③ 治理模式，重新配置日本公司的控制权，重新设计决定公司资金筹集渠道的金融体系，并推动日本商法美国化修订等。

从1945年8月日本投降至1952年4月"旧金山和约"生效，以1948年1月美国陆军长官罗亚尔强调"促进日本经济自立"的重要性为分界点，美国对日政策方针发生了根本性的变化，开始放弃美国对日的非军事化政策，支持日本作为"反共壁垒"自立。④ 前期占领的总方针是非军事化、民主化；而后期是以经济稳定、自立和复兴为重点，是前期非军事化、民主化政策某种程度的倒退。⑤ 但"服从美国利益"的对日政策基调并没有改变。⑥ 例如，经济安定本部是以倾斜生产为中心恢复生产。最初日本经济是在民主化与非军事化的框架下开始倾斜生产的，但逐渐进入冷战体制。这样财政、金融政策的影响逐渐加强，开始使用统制经济的手段，到1955年提出了各种展望，且这些展望都体现了"与

---

① 橘本寿朗『現代日本経済史』岩波書店、2000、113頁。
② 橘本寿朗『現代日本経済史』岩波書店、2000、114頁。
③ 青木昌彦、钱颖一主编《转轨经济中的公司治理结构：内部人控制和银行的作用》，中国经济出版社，1995，第210页。
④ 野口悠紀雄『1940年体制（増補版）』東洋経済新報社、2010、90頁。
⑤ 杨栋梁：《日本后发型资本主义经济政策研究》，中华书局，2007，第108页。
⑥ 冯玮：《日本经济体制的历史变迁——理论和政策的互动》，上海人民出版社，2009，第448页。

美国经济一体化的意识"。①由于日本在"旧金山和约"生效后才产生真正意义上的主权国家政府,在此之前国家权力实际上由美国占领当局行使,因此这里"政府"的含义不是主权国家意义上的,而是经济学意义上的,即相对市场机制而言的国家权力层面的决策机制。在日本企业制度改造的过程中,美国占领当局、日本政府、控股公司整理委员会(HCLC)之间俨然形成了一种"政府内部关系"的组织结构。②

## 一 战后经济民主化改革

以美国政府基于《波茨坦公告》宗旨制定的"有关投降后美国初期的对日方针"(United States Initial Post-Surrender Policy for Japan,也称"初期的指令")为"指针",在 GHQ 主导下,开始对战败的日本进行了非军事化与民主化改革。1945 年 10 月 11 日,麦克阿瑟宣布实施妇女解放、劳动者团结权、教育自由主义化、废止专制与经济民主化五大改革。GHQ 的构想除了非军事化外还有以下三点:第一,财阀曾是日本军事生产的中心支柱,支持过日本的军事体制,应予以解散;第二,封建地主佃耕制是推动日本军事侵略的社会基础,对其应予改革;第三,工人运动是日本民主运动的主力军,应从受压制下解放出来。③ 基于此,GHQ 对日本进行了包括财阀解体(排除集中)、劳动改革(劳动立法)与农地改革(废除地主制)在内的战后经济民主化改革。下面主要介绍与企业制度直接相关的"解散财阀"与"劳动改革"。

1. 解散财阀与排除集中:建立经济民主化的市场基础

1945 年 9 月 22 日美国政府对 GHQ 下达的"初期的指令"不包括本文件的目的,共由四个部分构成,第一部分为"终极目标",第二部分为"联合国的权力",第三部分为"政治",第四部分为"经济"。在第四部分 B 项明确了财阀解体的方针,即"解体支配日本工商业的产业、金

---

① 宫崎勇『証言戦後日本経済』岩波書店、2006、55 頁。
② 莽景石:《宪政转轨与现代日本企业所有权安排的演化》,《日本学刊》2008 年第 6 期,第 33 页。
③ 日本通商产业省通商产业政策史编纂委员会编《日本通商产业政策史》第 1 卷,中国日本通商产业政策史编译委员会译,1997,第 17 页。

融的巨大组织"。① "解散财阀"作为经济民主化改革的重要支柱之一，其根本目的就是根除军国主义，消除日本的战争潜能，引入西方企业的自主原则。只有通过财阀解体才能将理想的美国模式的经济体制向日本移植。至今，只有自由竞争才能产生民主主义经济制度的观点依然支配着日本。②

如第一章所述，从字面就可以看出"财阀"制度是发挥内部资本市场功能的一种制度。③ 财阀的股权结构是以财阀家族位于顶端，财阀家族持有财阀总部的股份，财阀总部持有财阀伞下公司股份的所有权结构为基础，财阀家族直接持有伞下公司的股份，总部与伞下公司相互持股、伞下公司间相互持股，由财阀一族或同族所有的复杂的多重所有结构。④ 这样，在财阀家族内部自上而下地形成了一种垂直的股份控制体系。这一垂直的股份控制体制是通过控股和派遣高级职员建立的。⑤ GHQ的重点是通过切断这种股权所有关系，组织管理系统，阻止再次集中。GHQ通过解散财阀来打破这种内部资本市场的资金供应功能和体制，通过股权的分散化、市场的公开化来发展日本的资本市场，为日本建立实现经济民主化的市场基础。

按照"初期指令"开始解散财阀。1945年10月，GHQ要求三井、三菱、住友、安田自行解散；11月各财阀总部停止运营。1946年成立了"控股公司整理委员会"（HCLC）。"控股公司整理委员会"是清理作为财阀中心的控股公司的组织。GHQ的财阀解散命令是非常严格的，具体包括：①解散财阀后立刻开始生产，在没有得到许可的情况下禁止转让经营与资产；②在过去十年担任部长以上的人员如果共同创立公司不能

---

① 持ち株会社整理委員会編（1951、21頁），转引自增尾賢一「日本の株式所有の歴史的構造（2）——戦後の財閥解体による株式所有の分散——」、http:∥www.cgu.ac.jp/Portals/0/data1/cguwww/02/23_02/023-02-04.pdf。
② 武田晴人『日本経済史』有斐閣、2019、306頁。
③ 岡崎哲二「企業システム」岡崎哲二・奥野正寛編『現代日本経済システムの源流』日本経済新聞社、1995、105頁。
④ 持ち株会社整理委員会編（1951、P.21），转引自增尾賢一「日本の株式所有の歴史的構造（2）——戦後の財閥解体による株式所有の分散——」、http:∥www.cgu.ac.jp/Portals/0/data1/cguwww/02/23_02/023-02-04.pdf。
⑤ 日本通商产业省通商产业政策史编纂委员会编，中国日本通商产业政策史编译委员会译《日本通商产业政策史》第1卷，1997，第18页。

超过2名以上的员工；③禁止100名以上员工团体成立公司；④禁止使用现在使用的事务所；⑤禁止使用原公司名称与标志；⑥制作详细的总资产目录，提交给"控股公司整理委员会"。解散财阀的基本程序是确定被解散的财阀家族、控股公司、子公司，并将其股份转给"控股公司整理委员会"。1946年，第一批被指定为控股公司的是三菱、三井、住友、安田与中岛飞机（更名为富士产业）。① 到1947年最终被确定为控股公司的有83家公司，包括：纯控股公司，不仅包括大家族康采恩控股公司，而且包括相对较小的地方家族康采恩控股公司；十大财阀的大子公司；相对独立的大公司。被确定的83家控股公司中31家被解散，控股中心彻底消失。②

1946年11月颁布《公司控股限制》法令，以切断子公司之间的持股关系。在财阀子公司被确定之后，该法令要求其股份转给"控股公司整理委员会"，并禁止他们以后持有系列公司的股票。该法令确立的公司有615家。③ 这样，从1945年11月财阀的财产被冻结开始，1946年4月对控股公司及财阀家族的所有股进行了强制转让，到1950年1月财阀的商号、标章被禁止使用，财阀名义上和实际上均被解散，作为日本大资本存在形态的财阀至此被消灭。④

另外，为了使排除集中永久化，GHQ以美国反托拉斯法为模板，于1947年4月颁布了更加严格的《禁止私人垄断及有关确保公平交易的法律》（以下简称《反垄断法》）。其中包括认定卡特尔属于违法的原则及禁止成立控股公司等。作为更加具体的措施，1947年7月依据《解散商事公司备忘录》最先被要求解散的是三井物产与三菱商事。根据该备忘录彻底细分化的要求，三井物产被分解为220多家公司，三菱商事被分解为130多家公司。⑤ 1947年12月，依据《排除过度经济力集中法》指

---

① 财阀研究会『三菱・三井・住友「三大财阀」がわかる本』三笠書房、2016、52頁。
② 青木昌彦、钱颖一主编《转轨经济中的公司治理结构：内部人控制和银行的作用》，中国经济出版社，1995，第215页。
③ 青木昌彦、钱颖一主编《转轨经济中的公司治理结构：内部人控制和银行的作用》，中国经济出版社，1995，第216页。
④ 日本通商产业省通商产业政策史编纂委员会编《日本通商产业政策史》第1卷，中国日本通商产业政策史编译委员会译，1997，第18页。
⑤ 武田晴人『日本経済史』有斐閣、2019、307頁。

定国内325家企业为垄断企业，作为分割的对象。虽然这一指定范围日后有所放宽，但日本制铁、三菱重工、王子制纸等11家企业最终还是遭到分割。①

财阀解体与集中排除在一定程度上降低了产业集中程度，建立了实现经济民主化的市场基础，但也为今后日本企业间的过度竞争提供了土壤。②

### 2. 劳动民主化改革

劳动民主化改革也对日本型企业制度的形成产生了直接的影响。劳动民主化改革是基于美国认为造成日本战前财阀垄断和军国主义流行的原因是民主力量弱小，因此GHQ提出的劳动民主化改革的方针是创造自由、民主的劳动运动基础，促进以团体契约为基础的新型劳资关系，制定民主的劳动法。日本政府依据GHQ的劳动民主化改革方针，在厚生省下设立了劳务法制审议委员会，着手推动劳动法规建设。③ 分别于1945年12月、1946年9月和1947年4月颁布了被称为"战后劳动三法"的《工会法》、《劳动关系调整法》和《劳动标准法》，以支持劳动者争取自由的权利，形成民主社会。依据《工会法》首次认可了由团结权、团体交涉权、争议权构成的劳动三权。④

在这一背景下建立起来的日本劳动法体系具有美国模式的特点，体现了西方传统的以个人主义价值及私人企业之间的自由竞争为基础的市场经济理念。劳动改革，一方面赋予劳动者建立工会组织和团结斗争争取自身权利的自由，另一方面赋予企业解雇员工的自由。在这一改革下，工会力量迅速壮大。在从1945年10月到1947年2月的不到一年半的时间里，工会数就从2个发展到18929个，工会成员人数从1177人发展到5030574人。⑤ 工会组织率从1945年的零上升到1948~1949年的60%，远远超过

---

① 浜野洁、井奥成彦、中村宗悦、岸田真、永江雅和、牛岛利明：《日本经济史1600—2000》，彭曦等译，南京大学出版社，2010，第208页。
② 三和良一『日本占領の経済政策史的研究』日本経済評論社，2002、6頁。
③ 浜野洁、井奥成彦、中村宗悦、岸田真、永江雅和、牛岛利明：《日本经济史1600—2000》，彭曦等译，南京大学出版社，2010，第210页。
④ 浜野洁、井奥成彦、中村宗悦、岸田真、永江雅和、牛岛利明：《日本经济史1600—2000》，彭曦等译，南京大学出版社，2010，第210页。
⑤ 米倉誠一郎「経営と労使関係における戦後改革：鉄鋼業の事例を中心に」香西泰・寺西重郎編『戦後日本の経済改革——市場と政府——』東京大学出版会、1997、195頁。

国外平均水平（30%）。① 工会的组织率之所以快速提升，除了 GHQ 通过制定"劳动三法"对工人运动予以鼓励外，战前产业报国会的存在也是重要原因。战后，产业报国会转变为企业内工会。结果这一时期在日本成立的工会多以事业所或工厂为单位，从而使企业内工会这一战后日本企业制度的特征得以确立。

在依照以上法律推动劳动工会和劳动纠纷合法化的过程中，日本国内从 1945 年 10 月前后开始频繁发生劳资纠纷。② 在生活困难特别是在粮食缺乏和就业难的背景下，工人运动高涨，生产管理斗争就是其中之一。③ 在 1945 年 10 月到 1946 年 6 月不到一年的时间里就发生了 255 起，有 157000 人参加了生产管理斗争。④ 生产管理斗争是指以实现劳动工会自主管理工厂、进行生产活动为目的的运动。因为在物资不足的环境下，罢工在日本难以获得其他国民的赞同和同情，所以才出现这种特别的斗争方式。⑤ 通过生产管理斗争，员工在企业中的地位得到了提高。1946 年成立的经济同友会，在《企业民主化试案》中明确提出了要开展与劳动者合作的企业经营。⑥

但随着美苏关系日趋紧张，GHQ 对于左派政党主导的劳动运动开始警惕。此后，在麦克阿瑟的示意下，日本政府公布了 201 号政令，全面剥夺了公务员罢工的权利，同时 GHQ 与日本政府开始对劳动运动施加重压。⑦ 虽然产业别工会运动开始衰落，但企业内工会组织运动得以持续，并在改善劳动条件、提升工资、保障雇佣方面发挥了重要作用。

## 二　GHQ 对公司控制权的再分配

GHQ 以"对所得及生产、商业手段的所有权的分散化"为基本方针

---

① 中村隆英『日本経済——その成長と構造』東京大学出版会、1993、145 頁。
② 浜野洁、井奥成彦、中村宗悦、岸田真、永江雅和、牛岛利明：《日本经济史 1600 - 2000》，彭曦等译，南京大学出版社，2010，第 211 页。
③ 間宏「長期安定雇用」文真堂、1998、86 頁。
④ 米倉誠一郎「経営と労使関係における戦後改革：鉄鋼業の事例を中心に」香西泰・寺西重郎編『戦後日本の経済改革——市場と政府——』東京大学出版会、1997、195 頁。
⑤ 浜野洁、井奥成彦、中村宗悦、岸田真、永江雅和、牛岛利明：《日本经济史 1600 - 2000》，彭曦等译，南京大学出版社，2010，第 211 页。
⑥ 江川雅子『現代コーポレートガバナンス』日本経済新聞出版社、2018、105 頁。
⑦ 浜野洁、井奥成彦、中村宗悦、岸田真、永江雅和、牛岛利明：《日本经济史 1600 - 2000》，彭曦等译，南京大学出版社，2010，第 212 页。

开始了对战前日本企业制度的改造。这一改造对企业的再建、股权结构、金融制度、产业组织都产生了广泛的影响。① 首先，通过停止对战时企业损失的补偿和企业的再建，企业自有资本率大幅度降低，改变了企业的所有权结构。同时，企业负债率也大幅提高。另外，通过没收财阀家族持有的股份、向资本家征税并把集中于政府相关机关的股份通过公开方式出售给个人，日本公司的股权结构发生了变化，即实现了以"向个人广泛分散的、民主的股权结构"代替了"战前股份集中于财阀家族和大股东的公司股权结构"。② 最后，政府解散财阀并颁布禁止垄断政策。

就西方国家的企业制度而言，由分散的私人企业——古典企业向现代股份公司转变是经济发展和市场选择的结果。日本则不同，作为东方的后发展国家，日本近代以来的企业制度演进，却是始于对西方企业制度的翻译性移植。尽管日本在实行战时统制经济之前，股份公司已经成为当时日本主流的企业组织形式，但财产所有权与公司控制权分离的管理型企业却为数不多，不仅在财阀企业中财阀家族控制着企业，甚至在非财阀大企业中资本所有者也控制着企业的经营。③ 战前，支薪经理在大财阀公司中受控股公司执行人员的监督，在独立企业受大股东的监督。④ 在非财阀企业中，以1935年为例，20%以上的董事居公司股东前10位。这样董事就能站在股东的立场上监督公司的业务执行情况。⑤ 为了改变财阀企业的康采恩型公司治理模式与非财阀股份公司市场治理下的大股东经营者控制型公司治理模式，GHQ以解散财阀与排除集中为基础对公司控制权进行了再分配。

1. **股权的再分配**

经过解散财阀、控股公司解体，向资本家征税及高通货膨胀，日本

---

① 宫岛英昭『産業政策と企業統治の経済史——日本経済発展のミクロ分析——』有斐閣、2004、370頁。
② 宫岛英昭『産業政策と企業統治の経済史——日本経済発展のミクロ分析——』有斐閣、2004、375頁。
③ 莽景石：《宪政转轨与现代日本企业所有权安排的演化》，《日本学刊》2008年第6期，第29页。
④ 青木昌彦、钱颖一主编《转轨经济中的公司治理结构：内部人控制和银行的作用》，中国经济出版社，1995，第221页。
⑤ 高橋英治『ドイツと日本における株式会社法の改革』商事法務、2007、264頁。

财阀家族、控股公司、财阀直系子公司与非财阀大公司的股份被集中到了作为清算机构的控股公司整理委员会手中。同时，为了实现财富的再分配，向资本家征收了几乎相当于1946年GNP 10%的财产税，其中29%是以股份形式缴纳的。另外，由于高通货膨胀也是对资产存量的一种征税。这样，到1947年底，不仅财阀企业就连非财阀企业的股份也集中到了控股公司整理委员会、封闭机构整理委员会、大藏大臣等政府机关的手中。① 在向个人发售股票前，1947年政府持有股票总量的40%。②

1947年6月，在GHQ的直接管理下成立了证券处理调整机构（SCLC），按照"证券民主化"的原则开始处理集中于上述政府机关手中的股份。依据该原则，在对股份进行公开处理时非常注重面向个人的销售，特别是面向指定企业的内部员工、企业所在地的居民等。而且不允许个人购买一个公司股票的份额超过1%。③ 受此影响，企业29.3%的员工购买了政府放出股份的38.5%。④ 到1949年9月，在对被集中股份的公开处理基本完成后，公司的股权结构发生了很大的变化，控股公司等金融机构以外的法人持股比例从1945年底的24.7%降到1949年的5.6%，而个人持股比例由52%上升到68.5%。⑤ 对股份的分散出售，改变了日本企业的股权结构，使个人股东在股权结构中占据了主导地位（见表2-3）。作为证券民主化的结果，所有权结构完全改变了，一种以个人为中心的普遍的所有权结构作为财阀解散的结果出现，代替了以控股公

---

① 岡崎哲二「企業システム」岡崎哲二・奥野正寛編『現代日本経済システムの源流』日本経済新聞社、1995、120~121頁。
② 青木昌彦（MASAHIKO AOKI）、ヒュー・パトリック（HUGH PATRICK）、ポール・シェアード（Paul Sheard）「日本のメインバンク・システム：概観」青木昌彦（MASAHIKO AOKI）・ヒュー・パトリック（HUGH PATRICK）編、白鳥正喜監訳、当銀リサーチインターナショナル訳『日本のメインバンク・システム』東洋経済新報社、1997、60頁。
③ 青木昌彦、钱颖一主编《转轨经济中的公司治理结构：内部人控制和银行的作用》，中国经济出版社，1995，第222页。
④ 青木昌彦（MASAHIKO AOKI）、ヒュー・パトリック（HUGH PATRICK）、ポール・シェアード（Paul Sheard）「日本のメインバンク・システム：概観」青木昌彦（MASAHIKO AOKI）・ヒュー・パトリック（HUGH PATRICK）編、白鳥正喜監訳、当銀リサーチインターナショナル訳『日本のメインバンク・システム』東洋経済新報社、1997、60頁。
⑤ 橘本寿『現代日本経済史』岩波書店、2000、123頁。

司为中心的所有权结构。① GHQ 推动的对股权的再分配，创造出一种以"向个人广泛分散的、民主的股权结构"代替"战前那种股份集中于财阀家族或大股东的产权结构"。②

表 2-3 所有者持股比例

单位：%

| 年度 | 政府、地方公共团体 | 金融机构 | 证券公司 | 事业法人等 | 个人及其他 |
|---|---|---|---|---|---|
| 1949 | 2.8 | 9.9 | 12.6 | 5.6 | 69.1 |
| 1950 | 3.1 | 12.6 | 11.9 | 11.0 | 61.3 |

资料来源：持ち株会社整理委員会編（1951、21 頁），转引自增尾賢一「日本の株式所有の歴史的構造（2）——戦後の財閥解体による株式所有の分散——」，http://www.cgu.ac.jp/Portals/0/data1/cguwww/02/23_02/023-02-04.pdf。

2. 公司管理人员的再选拔

在财阀解散的同时，开始了对公司旧高级管理层人员的整顿，以切断公司高层管理人员与财阀家族和大股东的人事联系。自 1946 年至 1947 年，不仅被责令解散企业的范围逐渐扩大，对财界人士的整肃范围也开始扩大。最初只限于殖民地的国策会负责人、三井总部等与财阀有关系的人物，但到 1947 年 1 月扩大到资本金在 1 亿日元以上属于经济力过度集中公司的常务董事以上的公司负责人和常任监事。1948 年 1 月，颁布了《财阀同族支配力排除法》。根据这两个规定，涉及上千人的原企业的经营者要交出对企业的控制权。③ 而后任的经营者大多是由企业员工晋升而来。④

经济清洗和消灭财阀控制使日本经历了"来自上层的管理革命"。⑤ 对战前经营者的整肃，使公司内部年轻的特别是从旧制大学毕业的具有专门技术和知识的人员有机会成为公司新的经营者。使这些年轻的经营者可以摆脱财阀总部和大股东的束缚，从而可以使这些新的经营者以企

---

① 青木昌彦、钱颖一主编《转轨经济中的公司治理结构：内部人控制和银行的作用》，中国经济出版社，1995，第 225 页。
② 宮島英昭『産業政策と企業統治の経済史——日本経済発展のミクロ分析——』有斐閣，2004、375 頁。
③ 橘本寿朗『現代日本経済史』岩波書店、2000、117 頁。
④ 正村公宏『日本経済——衰退は避けられるのか』筑摩書房、1998、353 頁。
⑤ 青木昌彦、钱颖一主编《转轨经济中的公司治理结构：内部人控制和银行的作用》，中国经济出版社，1995，第 220 页。

业长期发展为目标进行独立的决策。新的经理大多从公司内部提升,只有四个案例中新的高级管理人员是从公司外招募的。所有董事成员都是从公司内部提升的职业管理人员,甚至监事也至少有一人是由内部提升的支薪管理人员。① 经营者的更换及大股东代表被清理出董事会,对日本大公司的公司治理产生了两个重大的影响。第一,完全清除了外部董事,改变了企业过去对企业管理层的选择机制;第二,摆脱财阀总部和大股东的约束,从而实现了对公司控制权的再分配,即从所有者控制转变为经营者控制。②

通过上述对 GHQ 通过对日本民主改革而实现的对企业控制权再分配的介绍可以看出,日本企业制度特别是企业所有权安排和管理层选拔机制的变化源于 GHQ 的制度设计。③ 通过日本公司股权的分散化配置及高级管理人员选拔机制改革,GHQ 实现了对日本公司控制权的再分配。上述以解散财阀为核心的一系列改革,不仅打破了在人才方面和资本方面由财阀家族统治的企业及控股公司一统天下的那种战前特有的财阀体制,而且通过降低各产业部门行业集中度,促进了竞争性市场结构的形成及股票持有的民主化、分散化等。其副产品支持了不受大股东干涉、不代表股东意志的以社长为核心的董事会的形成,为形式化公司治理提供了条件。

可以看出,GHQ 对日本企业制度的改造所依据的是美国的制度模式,其行动选择的背后体现出一种西方传统的以个人主义价值、私人企业之间的自由竞争为基础的市场经济理念。通过 GHQ 对日本进行的制度改革,一个"向个人广泛分散的、民主的产权结构"被创造出来,同时实现了企业控制权的再分配,一种符合市场控制原则的企业制度似乎已经在日本出现。④

---

① 青木昌彦、钱颖一主编《转轨经济中的公司治理结构:内部人控制和银行的作用》,中国经济出版社,1995,第 220 页。
② 正村公宏『日本経済――衰退は避けられるのか』筑摩書房、1998、353 頁。
③ 莽景石:《宪政转轨与现代日本企业所有权安排的演化》,《日本学刊》2008 年第 6 期,第 32 页。
④ 莽景石:《宪政转轨与现代日本企业所有权安排的演化》,《日本学刊》2008 年第 6 期,第 33~34 页。

## 三 商法美国化改革

1950年的商法修订，正是作为推动日本社会转型的重要一环实施的，其主要目的是解决日本企业融资问题及美国对日投资的制度性障碍。1950年商法修订依据的是1948年"GHQ集中排除审查委员会"提出的商法改革建议，其主要思路是通过强化普通股东的权利与地位、增加普通股东数量以实现经济民主化、股权分散化[①]。虽然这一建议遭到了日本法务厅、司法界、经济界及学界以"股东权利地位的强化＝（为股东提供）滥用公司权力（的机会）"为理由的反对，并与GHQ进行了40多次交涉[②]，但1950年商法修订依然反映了GHQ强化股东权利与地位的意图。但实际效果却是，公司机关间权力的再分配，强化了经营者的权限，为日本公司内部人控制的形成提供了可能。1950年公司法修订的目的及主要内容如下。

### 1. 引进美国式董事会制度

公司民主化改革是经济民主化改革的重要组成部分。经济民主化改革前的股东大会实际上是实现大股东对公司控制的权力机关。引入美国式董事会制度，一是为了适应在股权分散条件下财产权与经营权分离后对公司的有效管理；二是防止股权再次向大股东集中。因此，在商法修订中确立了以董事会为中心的公司治理结构，明确了董事会作为公司业务执行中心组织的地位，即规定了股份公司的业务执行原则上要由董事会来决定（1950年修订后商法第260条）。[③]

对董事会主要做了如下改革。规定董事、董事会只是决策机关，而执行者则是由董事、董事会选定的董事长（1950年修订后商法第362条之3），并由董事、董事会监督董事长。规定公司重大业务决定均由董事会做出，然后由董事长执行，以此来对董事长进行监督。具体就是董事

---

[①] 该建议主要包括股东的文件阅览权、股份转让、决议权、增加资本——新股购买权、小股东的权利与救济、外国公司等内容。

[②] 高倉史人「昭和25年（1950）商法改正の意義と位置づけに関する一考察：株主の権利・地位の強化を中心に」『国際公共政策研究』2001年9月号，88頁，http://ir.library.osaka-u.ac.jp/dspace/bitstream/11094/4094/1/9-5_n.pdf。

[③] 岩原紳作「監査役制度の見直し」前田重行・神田秀樹・神作裕之編『企業法の変遷』有斐閣，2009，8頁。

会从其构成成员的董事中选出董事长（1950年修订后商法第261条之1），并允许选出业务执行董事，董事长与业务执行董事根据董事会的规定，实际执行公司的业务。另外，董事会同时监督董事长和业务执行董事的公司业务执行情况。由此可见，董事会在成为业务执行的决定机关的同时，还是业务执行的监督机关。结果，由董事会制度和董事长制度的集体和议制代替了过去每个董事都可以代表公司的制度。①

虽然股东大会不再是万能机关，但依然是最高权力机关。股东大会的权力由商法进行了规定，即股东大会的决定权仅限于法令所规定的事项或章程所规定的事项（1950年修订后商法第230条之10）。股东大会的决议权根据商法的规定原则上只限于对董事、监事的选任权和解任权、会计文件的承认等。股东大会选任董事，董事构成董事会。这样，在提高董事会权力、扩大董事会权限的同时缩小了股东大会权限，实现了从股东大会中心主义向董事会中心主义的转变。

2. 缩小监事权限

日本公司的监事制度是强化股东大会中心主义的一种制度安排。其作用就是监督董事的业务执行情况，发现问题后向股东大会汇报，并催促股东大会对董事的行为进行处理。② 因此，在由股东大会中心主义转向董事会中心主义后，监事对董事业务执行的监督权被取消，法律上只赋予其对会计的监察权，即仅局限于会计监督。③ 另外，废除了监事可以代行董事职务的规定，并把承认董事与公司发生利益相反的承认权、董事与公司之间发生诉讼时的代表权移交给了董事会。④

经过上述修改，对代表董事和业务执行董事的执行业务进行监督的权力被移交给了董事会和董事，但仍然保留了监事对财务报表的监察权，这一制度安排使日本双重治理结构的特征得以维持。

3. 扩大股东个人权利，明确董事等的责任

与战前的两次修订相反，本次修订大幅缩小了股东大会的权限，为

---

① 奥村孝康编『企業の統治と社会的責任』金融財政事情研究会，2007、45頁。
② 岩原紳作「監査役制度の見直し」前田重行・神田秀樹・神作裕之編『企業法の変遷』有斐閣、2009、22頁。
③ 加美和照『新訂会社法（第九版）』勁草書房、2007、69頁。
④ 岩原紳作「監査役制度の見直し」前田重行・神田秀樹・神作裕之編『企業法の変遷』有斐閣、2009、8頁。

了平衡股东大会权力的缩小与董事会权限扩大这一公司内权力配置的变化，扩大了股东权利并强化了股东个人的地位，明确了董事等的责任。股东代表诉讼权、股东账簿查阅请求权之类的股东共益权扩大，而且对于遭受多数派股东压制的少数派股东的保护措施也得到了进一步强化。另外，对董事责任的追究也变得更为严厉。[1] 1950 年商法修订前将董事责任规定为由于业务懈怠的赔偿责任的一般责任规定。为应对由股东大会中心主义向董事会中心转变的公司法的结构变化，1950 年商法修订列举了董事责任的内容及责任原因，在明确化的同时严格化。其目的是防止董事地位的强化所产生的董事对职务权限的滥用，约束董事公正地履行职务。1950 年商法修订规定了董事责任事由：①违法分红；②借款给其他董事；③经营或者为他人经营与所任职公司同类的业务；④利益相反交易；⑤违反法令及公司章程（1950 年修订后商法第 266 条之 1）。[2]

另外，为了保障中小股东的合法权益，吸收美国的董事选任制，规定董事的选任采取累计投票制，即各股东持有的股份每股都有与应选董事数目相同的表决数，而且股东可能将其全部表决票投向一人或数人。

4. 采用折中授权资本制

从确定资本制向授权资本制转变，引进了无面额股份制度以增强公司筹资的灵活性和机动性。日本旧商法实行严格的法定资本制，新商法仍沿用这一原则。1950 年，为了使公司更容易筹措资金，日本开始采用英美法中的授权资本制。不过，这种采用是有保留的，一方面，日本仍维持全额缴纳制度；另一方面，法典规定："公司于成立时发行股份总额不得低于公司章程所定股份总数的四分之一。"可见，日本商法实际上采用的是折中授权资本制。[3]

股份公司是一种典型的资本组合公司，它的基础在于资本，为此早期资本主义国家的公司法普遍规定了资本三原则，即资本确定原则[4]、

---

[1] 近藤光男：《最新日本公司法》，梁爽译，法律出版社，2016，第 174 页。
[2] 受川环大「役員等の株式会社に対する損害賠償責任」稲葉威雄・尾崎安央編『改正史から読み解く会社法の論点』中央経済社、2009、129 頁。
[3] 杨丽英：《日本公司立法的历史考察》，《现代法学》1998 年第 5 期，第 129 页。
[4] 资本确定原则又称确定资本制，也叫法定资本制，指公司成立时必须确定其资本总额并记载于章程中，资本总额划分为股份后，股份总额必须一次性认足，否则公司不得成立。

资本维持原则①与资本不变原则②。确定资本制的贯彻可以加强对债权人的保护，提高公司的信用，防止滥设公司以及公司设立中的欺诈行为，但也有其致命的弱点。于是，一种新的资本制度即授权资本制首先产生于英国，后来在美国得到了继承和发展。授权资本制是指募集资本时公司章程中虽然也记载总额——公司的股份资本最高额，相当于可发行股票的票面价值总额，但其股份是否认足与公司的成立无关，股东只要认购了部分股份，公司即可成立，其余未认购的股份则授权董事会根据实际情况再行募集。这样，只要没有达到最高额，董事会就可以随时决定发行新股票，直至达到最高额，因此，在一定范围内发行新股票，成为董事会的一项权限。"折中授权资本制"的导入不仅增强了公司筹资的灵活性和机动性，而且进一步扩大了董事的权力。同时，董事会还有决定发行公司债券；在股票的种类上，也解除了长期以来的禁令，并规定可以发行"无面额股票"。③ 它可以顺利筹集资金，方便创业活动，以适应更加开放灵活的公司类型。④

经过1950年的商法修订，日本商法实现了从德国型商法向美国型商法的转变。确立了以董事会为中心的公司内部治理结构，明确了董事会作为公司的业务决定与监督的核心组织地位。把原来属于股东大会的权限（新股发行等的决议权）及监事的业务监督权转移到了董事会。⑤ 规定董事、董事会只是决策机关而执行者则是由董事、董事会选定的董事长与业务执行董事。董事长与业务执行董事根据董事会的规定，实际执行公司的业务。董事会同时监督董事长和业务执行董事对公司业务的执行情况。由此可见，董事会在成为业务执行决定机关的同时还是业务执行的监督机关。这样，由董事会制度和代表董事制度的集体和议制代替

---

① 资本维持原则系指公司应当维持与公司资本总额相应的财产，其目的在于维持公司清偿债务的能力，保护债权人的利益。
② 资本不变原则系指公司资本总额，非依法定程序变更章程，不得改变。其目的有二：一是防止资本减少从而损害债权人的利益；二是防止资本过剩从而避免股东承担过多的风险。
③ 何勤华、方乐华、李秀清、关建强：《日本法律发达史》，上海人民出版社，1999，第175页。
④ 吴建斌、刘惠明、李涛译《日本公司法典》，中国法制出版社，2006，第6页。
⑤ 加美和照『新訂会社法（第九版）』勁草書房、2007、69頁。

了过去代表董事个人可以代表公司的制度。① 董事虽然仅仅是董事会的一员，但由于董事会不仅拥有决策权而且拥有监督权，因此董事不仅要参与业务决策，还要监督公司业务执行情况。这就意味着即使是普通的董事，只要作为董事会的成员，其也具有监督社长的义务。②

## 四 GHQ对日本公司治理结构的设计

GHQ设计公司治理机制的指导思想是广泛的所有权，包含内部所有、股本融资，以及公司控制权市场。宫岛英昭将GHQ对日本公司治理结构的设计及具体措施做了如下总结：③ GHQ认为股票分散到个人（广泛的证券所有权）应当是经济民主化的支柱，因为在它看来，所有权集中于财阀家族或其他大股东是日本战前经济体制的特征，并且与军国主义紧密相关。所以，GHQ设计出一个以个人为中心的分散的所有权制度，通过市场和董事会监督管理人员，并且重视经理人市场和分散化政策。为此，GHQ极力推崇的模式不仅包括大众分散的所有权结构，而且包括内部人所有，尤其是雇员所有，目的是防止管理层在劳工状况方面滥用权力。而且为了避免控制权再度集中，将大股东排除在外。1947年实施的《反垄断法》禁止工业公司持有股份，并限制金融机构不得持有一个公司超过5%的股份。1947年的《证券交易法》禁止商业银行承销、持有和交易公司的证券，不管直接进行还是通过附属证券机构进行。高层管理人员应当由从公司内部提拔并由就职于非军事产业的支薪经理担任，大股东被清除出常务会。拥有公司股票10%以上的股东必须辞职。总之，GHQ认为理想的公司财务结构是公司通过证券市场和保留收益等途径筹措筹集资金，资本结构主要应由股份构成。这些设想与投资银行和商业银行分离的金融体系是从制度上相配套的。

1950年商法美国化为维持以小投资者为中心的、分散的产权结构，实现财产所有权与公司经营权相分离提供了法律层面的保障。在1950年

---

① 奥村孝康編『企業の統治と社会的責任』金融財政事情研究会、2007、45頁。
② 近藤光男「企業法と日本型資本主義」宮本又郎・加護野忠男・杉原薫・猪木武徳・服部民夫・竹内洋・近藤光男『日本型資本主義』有斐閣、2004、134~135頁。
③ 宫島英昭『産業政策と企業統治の経済史——日本経済発展のミクロ分析——』有斐閣、2004、375~376頁。

商法修订中加入了强化个人小股东权利的条款[①]的同时，确立了"董事会中心主义"。1950年商法修订后，虽然股东大会不再是万能机关，但依然是最高的权力机关，就法律规范而言，日本公司治理结构的权力分布为："股东大会→董事会→经理层"。[②] 尽管后来又对商法进行了多次修订，但都是以1950年商法规定的公司内部治理结构为基本框架，并同世界其他国家一样以股东主权主义为基础。

## 第三节　股权结构的适应性演变：偏离GHQ设计

社会机制一方面反映了个体在追求其目标时的自发性，另一方面反映了权威人士试图鼓励或遏制不同交易行为有意识的意图。[③] 日本构建的日本型企业制度则属于后者。尽管美国成功地使日本完成了从威权到民主的合法性基础的转变[④]，但并不意味着美国为日本设计的企业制度可以在日本得到推行。由于GHQ要通过日本政府官员间接负责日本的日常管理工作，所以日本政府官员在政策制定中的主导地位不仅得以延续，甚至还进一步强化。[⑤] 另外，GHQ的许多官员受到美国新政的影响，赞成政府对经济的干预。所以，GHQ的政策为许多战时体制的延续创造了有利环境，[⑥] 结果美国为日本设计的企业制度能否在日本推行，决定于其制度目标是否与日本官僚期待的目标一致。

日本型企业制度是发展主义意识形态影响下，以战时统制经济为经验，以GHQ战后改造为契机，在日本政府和民众发展经济、赶超欧美的

---

[①] 宫岛英昭『産業政策と企業統治の経済史——日本経済発展のミクロ分析——』有斐閣、2004、376頁。
[②] 马连福：《公司内部治理机制研究——中国的实践与日本的经验》，高等教育出版社，2005，第117~118页。
[③] 约翰·R. 康芒斯：《资本主义的法律基础》，戴昕译，华夏出版社，2009，"导言"，第12页。
[④] 弗朗西斯·福山：《国家构建》，郭华译，上海学林出版社，2017，第49页。
[⑤] 高柏：《经济意识形态与日本产业政策——1931-1965年的发展主义》，安佳译，上海人民出版社，2008，第103页。
[⑥] 高柏：《经济意识形态与日本产业政策——1931-1965年的发展主义》，安佳译，上海人民出版社，2008，第16页。

强烈冲动下逐步形成的。美国对日本经济的大改造和日本初期条件的碰撞构成日本型企业体系形成的环境性制约，这也是区别于其他国家的日本特有的客观条件。①

## 一 选择性执行：官僚对 GHQ 政策的阳奉阴违

美国对日本的直接军事占领和间接统制为日本政府按照自己的意志推行各种政策提供了空间。②

尽管日本战败后 GHQ 通过对日本进行包括财阀解体（排除集中）、劳动改革（劳动立法）与农地改革（废除地主制）等强制性经济民主化改革，改变了日本公司治理的企业管理层选择机制和产权基础，但日本企业制度并没有依据 GHQ 对日本企业制度再造的设计发展，而是形成了日本独特的具有发展导向的企业制度，并支持了同样具有发展导向的"内部人控制"的形成。日本政府对 GHQ 政策的选择性执行在其中发挥了不可忽视的作用。

虽然路径依赖、制度的互补性和历史偶然事件等是制度形成的重要且不可忽视的因素，但在制度的形成过程中，特别是在后发展经济下，政府的作用也不可忽视。虽然 GHQ 推动了日本企业制度的再造，但这一再造方向并没有依照 GHQ 当初设计的路径发展，而是发生了偏离。这一结果是多种因素的综合结果，其中就包括日本官员的巧妙抗争。战败后，日本人"拥抱了失败"并实现了"日本的第二次开国"。③ 所以，在某种程度上可以说，美国占领期间对日本的改革效果，只是加速了以前已经发生的事情。而所有这些都取决于日本官员的合作。④ 因为 GHQ 只是间接统治，它必须依赖现存的日本官僚体制来推进各种改革。而支持战时体制的技术官员战后并没有被开除公职，而是得以留任，继续掌控和操

---

① 桥本寿朗、长谷川信、宫岛英昭：《现代日本经济》，戴晓芙译，上海财经大学出版社，2001，第 10 页。
② 杨栋梁：《日本近现代经济政策史论》，江苏人民出版社，2019 年，第 144 页。
③ 阿尔伯特·克雷格：《哈佛日本文明简史》，李虎等译，世界图书出版公司，2014，第 158 页。
④ 阿尔伯特·克雷格：《哈佛日本文明简史》，李虎等译，世界图书出版公司，2014，第 159 页。

纵日本的经济。① 如 GHQ 需要通过设置在 GHQ 的联络处，把 GHQ 的决定传达给日本政府同级官僚。联络处的人员是会英语的日本官员。② 而在 GHQ 人员不了解日本、日本经济及不懂日语的情况下，GHQ 接触到的懂英语的人员几乎都是日本官员，所以官员控制 GHQ 就比较容易，官员把自己制定的改革方案利用 GHQ 的权力予以实施。③ 这就给予政府官员操作的空间，可以不执行 GHQ 的命令，就算执行也可以阳奉阴违。④ 只有与日本官僚的目标一致才会积极配合 GHQ 推行的政策。

有评论指出，美国占领的 7 年里，概括来说，也是日本政府官员阳奉阴违的 7 年。⑤ 例如，当 GHQ 要求日本政府停止对军需企业的战时补偿时，日本政府认为，如果停止补偿将使军需企业面临巨大损失，从而威胁通过企业由"军"转"民"实现生产复兴的政策。所以，在停止补偿最终决定做出之前就开始通过将向民需转型所需要的设备和人员从军需企业中分离出来建立新的企业。而在这一再建对策中贯彻着"新企业理念"，具体的措施就是在通过商法规定的制度来限制股东大会权力的同时，为了鼓励员工积极参与到经营管理中来，采用了员工持股制度。此外，作为金融对策，为新公司建立了可以协调融资的由兴业银行和城市银行组成的融资团。⑥ GHQ 对公司治理机制的设计与日本政府既有冲突的一面也有一致的一面。虽然日本政府、日本实业界与 GHQ 对经济力量的分散化政策相冲突，而且与其对股东权利的态度、机构所有、公司融资不一致，但对 GHQ 推行的财产权与经营权的分离却与日本政府的意见一致。GHQ 强调小股东的权利，并提出许多保护股东权利的手段，而日本政府则赞成普遍限制股东的权利。GHQ 期望尽可能降低机构所有权，另外 GHQ 认为公司融资应以股票市场为基础，而日本政府对股票融资持

---

① 野口悠纪雄：《战后日本经济史》，张玲译，民主与建设出版社，2018，第 24 页。
② 安德鲁·戈登：《现代日本史：从德川时代到 21 世纪》，李潮津译，中信出版社，2017，第 380 页。
③ 野口悠纪雄『戦後経済史』東洋経済新報社、2015、28 頁。
④ 安德鲁·戈登：《现代日本史：从德川时代到 21 世纪》，李潮津译，中信出版社，2017，第 381 页。
⑤ 查默斯·约翰逊：《通产省与日本奇迹——产业政策的成长（1925—1975）》，金毅、许鸿艳、唐吉洪译，吉林出版集团有限责任公司，2010，第 46 页。
⑥ 岡崎哲二「企業システム」岡崎哲二・奥野正寛編『現代日本経済システムの源流』日本経済新聞社、1995、116~117 頁。

怀疑态度，并认为银行调节对于迅速恢复生产是不可缺少的。① GHQ 计划废除长期贷款的金融机构，希望通过资本市场的股票市场与债券市场为日本企业提供长期资金。但 GHQ 的这一直接融资机制最终被日本政府构建的以主银行为中心的间接金融制度替代。日本公司财产权与经营权确实实现了分离，但保护股东的机制却被形式化，股东的权利受到抑制。

## 二　融资结构：偏离直接金融

GHQ 计划将以市场为基础的美国金融模式移入日本。GHQ 是这样为日本企业设计融资方式的，即"以股份为基础的公司融资"，并认为理想的公司财务结构是公司通过证券市场和保留收益等途径筹措资金，资本结构主要应由股份构成。健全的企业财务结构将建立在自有资本与资本市场的基础上，相应的金融制度安排应该是短期金融与长期金融相分离，即把短期融资渠道和长期融资渠道相分离，形成商业银行和资本市场各自发挥其应有作用的直接金融制度。短期融资通过商业借贷实现，而长期资金通过资本市场的股票市场和公司债市场来实现。② 但这种美国化的被设计的以资本市场为依托的直接融资方式在日本的本土化过程中，由于受到市场条件的约束和日本政府基于发展导向型政策的影响，发生了向以主银行为中心的间接金融方式的适应性偏离。

1. GHQ 对日本企业融资方式改造的失败

为抑制通货膨胀，1949 年实施了"道奇计划"。由于"道奇计划"实施超平衡预算并停止了复兴金融公库增发新的贷款，加上 1948 年底 GHQ 发布禁止发放辅助金、提高公定价格、禁止借款提高工资的"企业三原则"，一方面是软约束的宏观条件改变后丧失了为弥补通货膨胀购买股票的动机；另一方面是存款利率上升。这样，个人为了规避风险，纷纷开始抛售股票，并把资金存入银行。虽然通货膨胀开始得到抑制。但 1949 年 5 月股市一开盘，股价就迅速下跌，到 8 月股票市场崩盘（见图 2-1）。

---

① 宫岛英昭『産業政策と企業統治の経済史——日本経済発展のミクロ分析——』有斐閣、2004、376 頁。
② 宫岛英昭『産業政策と企業統治の経済史——日本経済発展のミクロ分析——』有斐閣、2004、387 頁。

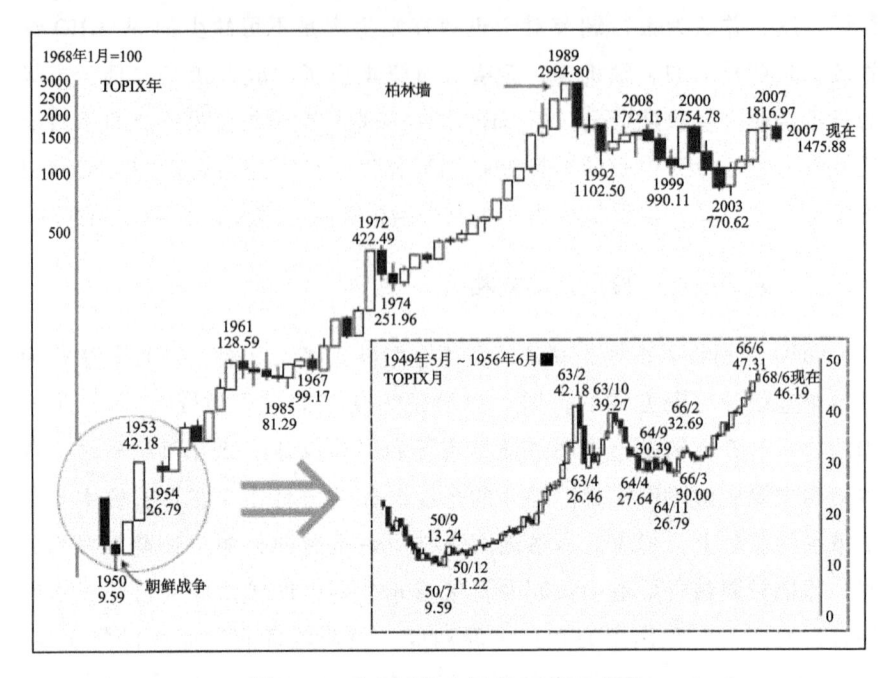

**图 2-1　东京证券交易所 TOPIX 指数**

资料来源：木野内栄治「株式市場の民主化と日本のポジションの確立」，http://www.tse.or.jp/about/books/e-square/es26_asu.pdf。

为了稳定股价、恢复资本市场的机能，日本政府采取了各种措施。1949年6月修订了《反垄断法》，解除了1947年事业公司对股份持有的限制。应日本银行的要求金融机构开始购入股票，导致事业公司和银行成为股票最大的购买者，而个人股东明显减少。到1952年个人持股比例已从1949年的69.1%降到55.8%（下降了13.3个百分点），法人企业持股比例则由28.1%上升到41.9%。而且，这一降一升的趋势一直持续到20世纪80年代末。[①]

经历了"解散财阀→财富再分配→股份向员工分散→股市低迷→股份向企业法人集中"，GHQ希望实现企业股权分散化，通过日本资本市场为企业提供长期资金的计划以失败告终。而这一失败符合经济规律。在统制经济体制导致资本家阶层实质性的崩溃与战后通货膨胀造成的金

---

① 上市公司股权结构变化长期统计，参见东京证券交易所网站，http://www.tse.or.jp/market/data/examination/distribute/h20/1-22.xls。

融资产的快速贬值的条件下,通过直接金融提供长期资金本来就是不可能实现的。① 随着美苏冷战的开始,美国政府意识到比起导入美国的制度,日本经济的稳定更为重要,GHQ对日政策开始改变。在"道奇计划"引起股票市场崩盘,朝鲜战争使企业对资金产生大量需求以及日本国家地位恢复的背景下,日本政府开始把战前的构想付诸实践。

2. 日本战时金融制度在战后的复活

革新派官员制定的经济制度在战后几乎原封不动地被继承了下来,成为战后日本经济体制的基础。被称为改革派官员的是被派遣到伪满洲国参与推行侵略政策的一群官员,也被称为"岸-椎名阵线"。革新派官员的理念是对产业实施国家统制。他们认为企业必须为公共利益做奉献,而不是追求私利。另外,不允许不劳而获的特权阶层的存在。岸信介们为实现产业的国家统制,对金融领域进行了大幅度改革。革新派官员为排除股东对企业的控制,确立了银行中心主义,改由日本兴业银行等银行为企业提供资金。②

1946年,日本内阁通过了《为对应紧急事态而增强生产能力的方案纲要》,其中提出的"建立企业新制度"的构想可以说与战时提出的企业"新秩序"("新体制")概念如出一辙。纲要指出:应在限制股东发言权的同时,期待员工的参与和共同努力。为配合对股东的限制,政府通过用银行团进行协商融资的办法,改变企业所需资金主要由股东提供的现状。③ 日本政府再现了战时统制经济时期通过银行向企业提供资金,降低企业对股东资金的依赖,抑制股东权利,弱化公司治理以实现从股东利润最大化向追求实现生产计划的转变。

结果,除了银行和证券的业务分离外,GHQ对日本银行制度的其他改革被搁置,兴业银行、长期信用银行得以保留。另外,由于大藏省强调为了维持银行系统的稳定和健康发展,指令、行政指导非常重要,所以自主决定的政策运营方式得以维持。这使日本战时形成的部分金融制

---

① 野口悠紀雄『1940年体制(増補版)』東洋経済新報社、2010、87頁。
② 野口悠紀雄『戦後経済史』東洋経済新報社、2015、8~9頁。
③ 岡崎哲二「日本におけるコーポレート・ガバナンスの発展」青木昌彦・ロナルド・ドーア編『システムとしての日本企業』NTT出版株式会社、2003、464頁。

度在战后得到了复活,只不过规制的目的已经由战时金融转变成了战后复兴和高速增长,① 如"护送船队"金融政策下主银行制度及以各种规制为中心的窗口指导等。而 GHQ 为日本设计的"把短期融资渠道和长期融资渠道相分离,短期融资通过商业借贷实现,长期资金通过资本市场的股票市场和公司债市场来实现"② 的企业融资方式被摒弃。

### 三 股权结构:偏离分散化个人持股

GHQ 对日本企业股权结构的设计,是以"向个人广泛分散的、民主的股权结构"代替"战前那种股份集中于财阀家族或大股东的产权结构",但这一股权结构在缺乏成熟资本市场支持、经营者的自利行为及政府的鼓励下,通过法人相互持股,被集中的法人股权结构代替。

经过从 1947 年到 1949 年对集中于日本政府相关机构股份的公开处理,虽然个人持股比例已接近 70%,似乎达到了 GHQ 对日本企业制度设计要点——"向个人广泛分散的、民主的产权结构"——的要求,但在个人拥有的这近 70% 股份中,相当部分是由员工和个人名义的稳定股东持有的。③ 之所以出现这一情况,是因为 GHQ 从经济民主化的观点出发,倾向于把股票销售给个人。日本政府出于维持经营者的稳定、提高员工参与经营的积极性的考虑,也倾向于把一部分股票销售给本公司员工。这既符合 GHQ 对股份实现分散化、民主化的要求,又符合日本政府稳定股东、激发员工工作积极性的要求。企业内员工就自然成为被处理股份的主要承购者。虽然表面上个人股东占据了 69.1% 的份额,但由于战后企业员工处于非常贫穷的状态,个人持有仅仅是名义上的,实际上是发行公司的本公司持有。④ 可见,虽然"解散财阀""排除集中"使日

---

① 植田和男「金湯システム・規制」岡崎哲二・奥野正寛編『現代日本経済システムの源流』日本経済新聞社、1995、54 頁。
② 宮島英昭『産業政策と企業統治の経済史——日本経済発展のミクロ分析——』有斐閣、2004、387 頁。
③ 岡崎哲二「企業システム」岡崎哲二・奥野正寛編『現代日本経済システムの源流』日本経済新聞社、1995、131 頁。
④ 持ち株会社整理委員会編 (1951、21 頁),转引自増尾賢一「日本の株式所有の歴史的構造 (2) ——戦後の財閥解体による株式所有の分散——」,http://www.cgu.ac.jp/Portals/0/data1/cguwww/02/23_02/023 - 02 - 04. pdf。

本企业实现了所有权的再分配，但由于个人缺乏资金，大量流向民间的股份其实大部分是以职工的名义由企业购买的。这也为企业在开展稳定股东工作过程中被解散财阀的再集团化及系列化的法人间相互持股提供了可能。而实际上企业也同样存在资金不足的问题，企业间为解决缺乏资金购买股票的问题，采取了环状购买的方式。如图 2-2 所示，G-C1 公司增资，该集团内部的 G-BC 商事通过向本集团的银行 G-B 银行贷款获得了购买了 G-C1 公司股票的资金，并购买 G-C1 公司的股票；G-C1 公司又使用该资金购买了 G-C2 公司的股票（这一循环还可以继续下去，出现 G-C3……G-Cn-1，G-Cn 个公司），G-C2（G-Cn）公司再把获得的资金存入 G-B 银行，这样资金既没有流出集团，名义上集团 G-B 银行的贷款和存款也都增加了。这样不仅解决了缺乏资金购买股票的问题，还为企业今后相互持股做好了经验上的准备，日本企业间相互持股初现端倪。

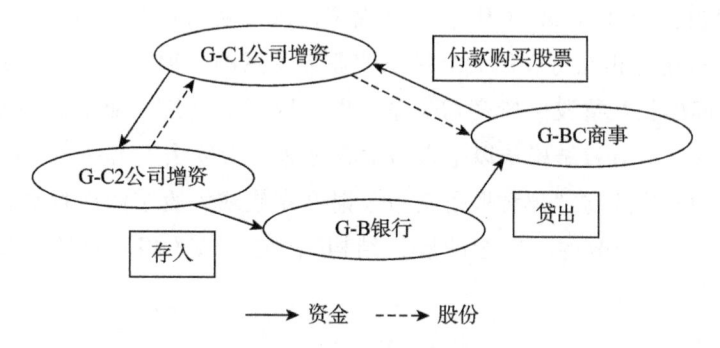

**图 2-2 资金的流动及相互持股的形成——以 Z 集团为例**

资料来源：奥村宏「日本の六大企業集団」朝日新聞社、1996 年、144 頁。

敌意并购促进了企业通过法人相互持股来开展稳定股东的工作。伴随着小股东化的"证券民主化"、股票市场的崩盘，加剧了企业并购活动，使大企业新任高层管理人员面临增资困难和企业被接管的威胁。在这一威胁下经营者放弃了强调雇员利益的政策，在关注股东利益的同时，也开始进行稳定股价工作。动摇经营者地位的具有代表性的事件包括三菱系的阳和不动产被收购、三井系的大正海上火灾等被收购。这种企业股权结构不稳定造成的"危机"促使企业经营者积极通过友好股东的相互持股来保证经营地位的稳定性，①即开始了"不是股东选择经营者，而是经营者选择理想的股东"的稳定股东的工作。②由于商法禁止公司取得自己的股份，所以公司采取了以下具体办法来规避法律。①委托证券公司持有其股份，但实际出资者是公司自己，证券公司只是名义股东；②以公司以外人员的名义持有公司股份；③公司经营者委托金融机构持有他们所发行的股票及系列公司的股票，条件是这些公司在这些金融机构存款。③这样，企业特别是过去的财阀企业开展稳定股东工作是通过增加员工持股、公司自己持有股份及非正式地通过第三方持有公司股份实现的。④

签订媾和条约与媾和条约生效期间对财阀解散相关法令的废止与《反垄断法》的修订为旧财阀企业的再集团化与日本企业开展稳定股东工作清除了法律障碍。1955年日本加入GATT虽然标志着国际社会开始接纳日本，但也使日本公司产生了被外国资金控制的担心。这样，在政府的支持下，经营者为了防止敌意并购，并解决自己持有本公司股份问题，20世纪50年代中期出现了法人间相互持股的第一次浪潮。日本公司还将相互持股作为维持长期业务关系的一种手段，特别是通过与银行间的相互持股保持密切关系，以获取资金支持。随着这一系列政策的调整，所有权结构从以个人为中心迅速变为以法人为中心。GHQ试图设计的取代战前"那种股份集中于财阀家族或大股东的产权结构"的"像个人广泛分散的、民主的股权结构"，被"法人相互持股的股权结构"代替。⑤

## 第四节　法律制度安排：摆脱GHQ设计

GHQ对公司法的设计，是在促进所有权与经营权分离的同时，扩大

---

① 寺西重郎「メインバンク・システム」岡崎哲二・奥野正寛編『現代日本経済システムの源流』日本経済新聞社、1995、85頁。
② 宮島英昭『産業政策と企業統治の経済史——日本経済発展のミクロ分析——』有斐閣、2004、413頁。
③ 青木昌彦、钱颖一主编《转轨经济中的公司治理结构：内部人控制和银行的作用》，中国经济出版社，1995，第229~230页。
④ 江川雅子『現代コーポレートガバナンス』日本経済新聞出版社、2018、115頁。
⑤ 宮島英昭『産業政策と企業統治の経済史——日本経済発展のミクロ分析——』有斐閣、2004、375頁。

股东个人的权利，保护中小股东的利益。虽然在日本公司中实现了所有权与经营权的分离，但从美国引进的保护股东的权益的制度却没能发挥作用，出现了公司实际权力主体与实体法规定的背离。

其实，早在第二次世界大战期间日本政府就曾经试图通过修改商法来实现政府对公司的直接控制。例如，当日本政府希望通过建立由政府、产业集团、企业构成的不是由价格决定的而是由上向下的下达生产数量指令模式的经济新体制来解决第二次世界大战开始阶段采用计划经济体系出现的问题时，当务之急就要对企业进行改革。而具体的方法之一就是修改商法。修改方针是："使企业的所有权与经营权分离，确认企业的公共性，赋予经营者公众性。"但由于遭到财界强烈反对，这一修改商法的计划没能实施。只是在 1940 年 12 月 7 日通过的《经济新体制确立纲要》中把企业定位为"资本、经营、劳动的一体"，使股东、经营者和劳动者平等地组成了企业的企业理念得到公认。[①] 再如，当 1942 年战时统制经济体制面临危机时，日本政府制定了《军需公司法》。为了保证该法的实施，并且使商法将军需公司作为特例给予承认，第一，把商法需要特别决议事项作为普通决议事项；第二，关于股东大会的规定可以不经过股东大会的同意，或者可以省略召开股东大会由生产负责人决定，这也反映了"使生产负责人摆脱股东大会的烦琐的手续和牵制"的政府意图。[②] 换言之，日本政府一直希望推动企业财产所有权与企业控制权分离，但由于财界的反对无法实现。所以说，在推动企业所有权与经营权分离问题上，GHQ 的改革正好与日本政府的改革目标相一致。

但美国建立董事会制度是为了解决所有权和经营权分离造成的委托-代理问题，试图通过商法规定的公司治理结构来保护股东利益，防止经营者利用对企业的经营权侵害股东利益。但在当时的日本，公司的主要问题并不是所有权和经营权分离造成的委托-代理问题，而是如何增加产量、提升产品质量、提高企业的竞争力等问题。日本政府则是把

---

[①] 岡崎哲二「戦時計画経済と企業」東京大学社会科学研究所編『現代日本社会　第 4 巻　歴史的前提』東京大学出版社、1994、386～387 頁。

[②] 岡崎哲二「戦時計画経済と企業」東京大学社会科学研究所編『現代日本社会　第 4 巻　歴史的前提』東京大学出版社、1994、393 頁。

通过提高企业的生产力实现经济发展作为日本国家的政策目标。那么，防止企业经营层由于受到股东的压力，重视公司短期利益，为迎合股东需求增加对股东的分红和各种利益返还，从而减少留存利润、削弱企业的发展后劲，就成为企业和政府必须解决的问题。要防止资本市场的短视行为对企业发展造成不良影响，方法之一就是限制股东的权利，使经营者拥有充分的经营决策权。这样立法者就通过商法的修订将GHQ保护股东利益条款架空或转变为扩大管理层自由裁量权的规定。可见，虽然在GHQ的压力下，日本商法依据美国公司法规定了董事会为代表股东监督管理者的法定机关，但由于两个国家处于不同的发展阶段，采取了不同的发展模式，拥有不同的金融制度，所以日本的董事会制度发挥的作用与在GHQ指导下修订商法建立董事会制度的初衷发生了偏离。

日本政府基于短视的资本市场压力会使企业陷入短期性陷阱[1]的认识，积极利用法律手段来对抗1950年GHQ利用占领权力通过商法修订扩大与强化个人股东的权利，具体包括提高诉讼成本的股东代表诉讼制度、1951年《商法实施法》，并通过废止财阀解体相关法令与修订《反垄断法》为企业开展稳定股东工作清除了法律障碍。这些规定支持了日本公司治理的形式化。从这些案例中我们可以观察到日本政府是如何通过法律实现对政策的重述以及在这一政策重述过程中日本政府所表现出的高超技巧，进而深化对日本政府与企业关系的理解，即"在共同社会预期下被概念化的具有自我维持性的制度"[2]——日本微观企业制度，其形成与固化虽然与日本的历史、文化具有密切关系，但绝对离不开发展导向型政府政策的有效诱导与支持。可以说，没有日本公司相关法制度根据国家发展战略的需要与企业实际需要进行的适时调整，就不可能有"内部人控制"的出现。

1950年通过对股东代表诉讼制度的法律重述，1951年制定《商法实施法》，1951～1952年废止财阀解散相关法令，1953年第二次修订《反垄断法》，上述制度安排在引致股东代表诉讼制度的休眠化、董事会监督功能的形式化以及提高友好股东持股份额在股权结构中的比例方面发挥

---

[1] 宫岛英昭『産業政策と企業統治の経済史——日本経済発展のミクロ分析——』有斐閣、2004、473～474頁。

[2] 青木昌彦・瀧澤弘和『比較制度分析に向けて』NTT出版株式会社、2003、359頁。

了关键的作用，是日本公司"内部人控制"得以形成的法制度基础。

## 一 提升诉讼成本：架空股东代表诉讼制度

1950年商法修订是在日本战败后GHQ对日本经济体制美国化改革及对日占领政策开始转向促进日本经济稳定、自立和复兴背景下，作为推动日本社会转型的重要一环实施的。此次商法改革是依据1948年集中排除审查委员会基于经济民主化、股权分散化下为增加普通股东数量有必要强化普通股东的权利与地位的考虑提出的公司法改革建议进行修订的。因此，1950年商法修订反映出的GHQ强化股东权利与地位的意图，与日本限制股东权利的经济政策思想产生了矛盾。旨在强化股东权利、地位的根据美国法律在1950年法修订时加入的股东代表诉讼制度就成为需要被架空的制度之一。

在1950年商法修订前，股东对董事的责任追究无法直接参与。为了扩大股东个人的权利，保护中小股东的利益，在1950年修订商法时，按照美国公司法导入了股东代表诉讼制度。日本商法规定从6个月前就持续持有股份的股东，在提起代表诉讼之前应首先通过书面形式向监事提起对董事责任的追究（1950年修订后商法第267条之1、第275条之4）。如果自请求之日30天（2001年改为60天）内公司不对该董事提起诉讼，股东就可以提起代表诉讼（1950年修订后商法第267条之2）。[①] 而被告董事进行自我保护的唯一手段仅为担保提供申请制度。所以，仅就商法条款的规定看，日本股东代表诉讼的提起是非常方便的。股东代表诉讼制度就成为悬在经营管理团队成员头上的"达摩克利斯之剑"。[②] 所以，如果无法通过适当的制度安排来阻止股东代表诉讼的发生，就无法为经营者提供一个隔离资本市场压力、可以集中精力考虑企业长期发展的决策环境。

股东代表诉讼制度作为股东保护自身权益不受损害的最后一道屏障，一般来说是不会轻易使用的。除了诉讼的高昂成本外，该制度本身还缺

---

[①] 高橋均『株主代表訴訟の理論と制度改正の課題』同文館出版株式会社、2008、17頁。

[②] 平力群：《交易成本与公司治理——以日本股东代表诉讼制度改革为中心》，《南开日本研究2012》，世界知识出版社，2013，第225~226页。

乏激励性,即如果胜诉利益属于公司即全体股东,而一旦败诉,只有行使股东诉讼权利的股东蒙受损失。无法使直接提起诉讼的股东获得经济补偿,所以"搭便车"就会弱化股东代表诉讼这一公司治理的有效方法。但为了确保这一悬在经营管理团队成员头上的"达摩克利斯之剑"成为无法落下之剑,日本立法者以法律名义对股东代表诉讼制度进行了重述。

首先,立法者把诉讼目的定为财产性,以提高诉讼费用。把诉讼目的确定为财产性后,起诉费就要按财产争议数额来计算,这样追究董事赔偿责任的数额越大,股东诉讼负担也就越重,从而造成了起诉方股东经济成本负担过重,甚至无力支付。高昂的诉讼费用非一般股东所能或所愿负担,这样就达到了抑制股东提起代表诉讼的功效。另外,没有规定与股东代表诉讼制度相配套的公司信息公开制度。对公司经营者进行诉讼,需要诉讼股东提供证据。在信息不对称的条件下,是经营者造成的损失,还是不可抗力造成的损失,股东是很难获得证据的,从而降低了胜诉预期,成为股东代表诉讼的障碍。同时,日本司法制度的缺陷也减少了股东代表诉讼的发生。日本律师、法官数量不足和法律援助费用不足等司法制度的缺陷造成的个人诉讼时间和诉讼费用消耗过度①的现实,也使股东对提起代表诉讼望而却步。

通过提高股东的诉讼成本,迫使非友好股东放弃作为股东所拥有的对企业经营的监督权,以屏蔽来自资本市场的最后压力,这样该制度在1993年改革之前基本上处于休眠状态,从1950年导入该制度至1989年,40年间只发生了10起股东代表诉讼。② 在高诉讼成本和对股东代表诉讼不具有可实施性的预期下,日本股东代表诉讼成为不易落下的"达摩克利斯之剑",被商法明确规定的股东代表诉讼制度也就被架空了。

可见,虽说存在法规范,但法规范并不能自然地作用于对方,要求其承担责任、支付赔偿金,而必须由被害人向对方倾诉苦情,在交涉的基础上使其承认违法性。③ 也就是说,虽然法规范本身也能够对行为人

---

① 六本佳平:《日本法与日本社会》,刘银良译,中国政法大学出版社,2006,第33页。
② 高橋均『株主代表訴訟の理論と制度改正の課題』同文館出版株式会社、2008、19~20頁。
③ 六本佳平:《日本法与日本社会》,刘银良译,中国政法大学出版社,2006,第2页。

的行为产生一定的影响，但法规范本身的影响要通过搜查、追诉当局的实际启动，且能够预见其可切实启动，方能发挥作用。① 正如美国研究日本法的学者黑利所指出的，在日本较少利用诉讼，其原因并不在于利用者欠缺法意识，而在于律师、法官数量不足和法律援助费用不足等司法制度的缺陷造成的个人诉讼时间和诉讼费用消耗（特别是律师费用）过度。黑利认为，日本人厌恶诉讼其实是一种虚构。②

## 二　1951年《商法修订实施法》：董事会与经营层的兼职

1950年，GHQ主导完成了对日本商法的修订，日本商法实现了从德国型商法向美国型商法的转变，按美国公司法引入了董事会制度。1950年商法修订确立了以董事会为中心的公司内部治理结构，明确了董事会作为公司的业务决定与监督的中心组织的地位，反映了GHQ通过建立治理机制防止在股权高度分散情况下经营者利用管理权剥夺、侵占股东利益的意图。对于把股东对公司的控制视为"洪水猛兽"的日本政府来说，在无法直接违抗GHQ意志的特定历史环境下，利用1951年实施的《商法修订实施法》的具体规定，使董事会制度替代股东大会约束管理层的职能丧失殆尽，日本公司向"内部人控制"迈出了关键性的一步。

日本立法者以避免对实业界产生冲击为理由，在1951年实施的《商法修订实施法》中规定允许现任代表董事、董事直接进入董事会。③ 这一协调商法规范的公司治理结构与经营实际的规定，使商法改革前公司董事与代表董事在一起开会的"董事会"，摇身一变成为商法规定的具有法律效用的公司机关的"董事会"。随着商法改革前代表董事、董事人员在商法改革后顺利进入董事会，并成为董事会成员，把以层级结构为特征的管理思想也带入了董事会。这样，由负有相同责任及类似的职责和权力的董事构成的不具有层级结构的董事会呈金字塔结构，管理者兼董事的具有双层身份的公司高级管理人员（社长、副社长等）按管理级别位于金字塔顶部。

---

① 六本佳平：《日本法与日本社会》，刘银良译，中国政法大学出版社，2006，第3~4页。
② 六本佳平：《日本法与日本社会》，刘银良译，中国政法大学出版社，2006，第33页。
③ 「商法の一部を改正する法律施行法」（昭和26年6月8日法律第210号）、http://www.lawdata.org/law/htmldata/S26/S26HO210.html。

《商法修订实施法》的规定使现职董事自然成为负有监督代表董事业务执行责任的董事会的成员，也就意味着构成董事会的人员与负责业务执行的人员是相同的一组人。那么期待董事会发挥对经理人员监督的期待变得毫无意义。① 换言之，社长成为代表董事，高级管理人员成为业务执行董事。当代表董事与普通董事共同进入董事会后，要求董事会成员对代表董事及业务执行董事的业务进行监督，也就意味着自己监督自己，下级的普通董事对上级的代表董事进行监督，可以想象这种监督是很难实现的。

经过 GHQ 在解散财阀过程中清除军国主义分子，到 1951 年，无论是在财阀企业还是在非财阀企业，内部晋升的高级管理人员比例均达到 95%。② 这样，以 1951 年实施的《商法修订实施法》为起点，随着进入董事会成为对员工的一种激励机制，董事会成员几乎全部由公司内部人员及与公司有业务关系的企业代表构成。由于公司管理是通过等级制实现的，所以当员工晋升进入董事会后，董事会中的等级制就得到了进一步的强化。

董事会的意义在于股东通过它能够解雇现职的经理和雇用更关心股东利益的新经理，③ 即经营权是通过董事会交到其选择的经理人员手中。④ 企业经营者占据代表董事位置，董事会就不再可能代表股东利益来监督经理人员，更不要说解雇不关心股东利益的经理。这样日本公司的权力核心并不是董事会而是由董事核心成员即会长、社长、副社长、执行董事组成的经营会议、常务会等非法定机关。在日本公司的实际运作中，其权力路线变为"代表董事（社长或会长）→常务会→董事会追认→股东大会追认"。

1950 年的公司法改革使日本放弃了自商法制定以来的基本原则——

---

① 宫本又郎・加護野忠男・杉原薫・猪木武徳・服部民夫・竹内洋・近藤光男『日本型資本主義』有斐閣、2004、135 頁。
② 蒋景石：《宪政转轨与现代日本企业所有权安排的演化》，《日本学刊》2008 年第 6 期，第 32 页。
③ 理查德・A. 波斯纳：《法律的经济分析》，蒋兆康译，中国大百科全书出版社，2003，第 536 页。
④ 刘东林：《关于公司产权制度的理论探索》，《北华大学学报》（社会科学版）2004 年第 1 期，第 60 页。

股东大会中心主义后，在立法者的支持下，日本经营者并没有根据修订的商法对董事制度进行实质性的改革，而是使商法改革前的董事一起开会的"董事会"摇身一变成为商法改革后法定机关的"董事会"，使董事会内部出现了层级结构，并使会长、社长等管理者位于金字塔顶部。换言之，董事会人员与经理层人员出现了高度重叠，监事被架空，使商法规定的利用董事会制约管理层的公司治理结构安排形式化。换言之，如果公司业绩不出现大问题，公司的管理团队就可以获得对公司的绝对控制权。

### 三 废止财阀解体相关法令与修订《反垄断法》

1952年4月28日，"旧金山和约"生效，标志着日本战败后美国对日本占领状态结束。1951～1952年对财阀解体相关法令的废止与1953年对《反垄断法》的第二次修订为日本企业开展稳定股东工作提供了可能。

《日美和平条约》生效后，一系列限制前财阀公司持股的法律和法规被废除，清除了前财阀集团内企业之间相互持股的法律障碍。"旧金山和会"是在1951年9月召开的。在会议召开前两个月，即1951年7月10日，日本政府明确表示，因为完成了对财阀的解体，所以废止了财阀同族支配力排除法实施规则。① 7月11日，根据6月21日GHQ的备忘录，解散了持股公司整理委员会。此后，依据与媾和条约生效同时实施的《依据随同波茨坦宣言承诺发布命令大藏省相关各命令的措施法律》（1952年3月31日公布），废止了《公司证券保有限制等敕令》与《三井物产股份公司与三菱商事股份公司的旧董事的就职限制等政令》。依据在媾和条约生效当日实施的《依据伴随承诺波茨坦宣告发布命令通商产业省相关各命令的措施法律》（1952年4月1日），废止了《禁止使用财阀商号的政令》与《禁止使用财阀标章的政令》。②

在废止了财阀解体相关法令后，1953年9月1日对《反垄断法》进行了第二次修订。修订的主要内容包括：①允许成立"不景气卡特尔""合理化卡特尔"；②删除禁止成立私人统制团体的规定；③放宽禁止竞

---

① 橘川武郎『財団と企業グループ』日本経営史研究所、2016、68頁。
② 橘川武郎『財団と企業グループ』日本経営史研究所、2016、68頁。

争公司股份持有的规定，特别是把金融机构持有的事业公司的股份份额从5%上升到10%；④缓和禁止竞争公司间相互兼任董事的规定等。①

财阀解体相关法令的废止与《反垄断法》的修订，使集团各公司之间的人员交换与相互持股再度合法化，不仅原财阀集团内出现相互持股，而且非财阀集团公司也开始相互持股。

---

① 橘川武郎『財団と企業グループ』日本経営史研究所、2016、68頁。

# 第三章　背离商法规范的公司治理形式化

以本书采用的公司治理的狭义概念，即"在公司财产权与经营权分离下，基于契约的非完全性、信息的非对称性，公司治理的制度设计主要是为了确保董事和经理按照股东的意愿，实现股东利益最大化开展企业经营"为标准，可以清晰地观察到日本社会的相关制度安排，不是提升公司治理的有效性，而是试图通过各种制度安排来弱化股东的权力，避免股东通过商法规定的公司治理机关行使权力来限制、约束经营者，也就是使公司治理形式化。换言之，日本形式化公司治理的特征化事实包括利用以主银行为核心的间接金融替代资本市场的直接金融以减轻公司资金对股东的依赖，弱化股东在公司中的影响力；利用法人间相互持股屏蔽普通股东实施股东权力以抑制股东对经营者人选与决策的影响；依赖终身雇佣与年功序列等人事制度，保障内部的晋升者替代股东的代理人掌握公司的经营权，从而形成"内部人控制"，背离商法"重视股东"的表面原则，遵守"重视企业"的真实原则。"内部人控制"包含两层含义，一是管理层对公司的控制，二是构成管理层人员身份的内部性。可以说，日本公司治理的失效，是依照日本国家发展战略，在非市场治理机制与法律规定的有机组合下实现的。但这里值得注意的是，"治理失效"是指"股东的治理失效"，是以本书采用的"公司治理"的狭义概念为前提的，即为股东监督制约经营者的一套保证经营者以股东利益最大化的监督、制约与激励机制的失效。但公司经营者并不是不受监督与制约。政府、主银行、企业集团、员工等利益相关者在非市场治理机制支持下对经营者行为进行着全方位的监督与制约。

具体而言，日本形式化公司治理的特征化事实是在日本间接金融制度下，主银行替代资本市场为企业提供资金，通过法人间相互持股屏蔽普通股东行使股东权力对公司经营的影响，改变了日本公司经营者选拔机制，使公司最高管理者自己选择后继者成为惯例。其结果是日本大企业的管理者都是从公司内部提拔上来的。① 公司通过以终身雇佣、年功序列为特征的日本型雇佣制度保障经营者来自内部晋升人员，从而使股东大会、董事会、监事会等公司治理机关形式化，公司控制权市场与经理人市场无法形成，进而导致在内部人控制下出现的公司以提高市场占有率为经营目标，采取不反映企业经营业绩的低且稳定的分红政策，尽可能增加公司内部留存而不是将剩余利润分配给股东，偏好投资"低风险、低收益"项目等。"内部人控制"是日本形式化公司治理的结果。

本章在分析以主银行为核心的间接金融与法人间相互持股的形式化日本公司治理的特征化事实的基础上，梳理治理失效后"内部人控制"的公司行为特征，并以此为依据指出日本公司的"内部人控制"是对商法规定的权力主体的背离，进而阐释这一背离得以允许并得以持续的原因。

## 第一节　主银行制度：减轻权益投资依赖

金融与经济发展的关系包含两个基本的问题，一是作为经济发动机的产业部门如何从外部获得资金支持；二是如何通过高效的治理机制对获得资金的企业行为与绩效进行有效监控。② 可见，金融制度对企业行为具有决定性的影响。因此，为了使发展主义的原则——"摒弃企业管理中的课利动机"③ 得到贯彻，首先就要避免资本对企业的控制。为避免资本对企业的控制就有必要改变企业筹集资金的方式。这样，日本政府就选择了抑制资本市场发展、促进间接金融的金融制度，以实现把股权融资转变为借贷融资的目标。随着 GHQ 设计的制度的失败、美国对日政策的改变、1949 年为抑制通货膨胀实施的"道奇计划"引起的股票市场的暴跌，资本市场为公司筹集资金的功能开始下降。以日本官僚与民间企业紧密的关系为基础，主银行开始发挥为企业提供发展所需资金的

---

① 野口悠纪雄：《战后日本经济史》，张玲译，民主与建设出版社，2018，第 31 页。
② 青木昌彦（MASAHIKO AOKI）「序章」青木昌彦（MASAHIKO AOKI）・ヒュー・パトリック（HUGH PATRICK）編、白鳥正喜監訳、當銀リサーチインターナショナル訳『日本のメインバンク・システム』東洋経済新報社、1997、2頁。
③ 高柏：《经济意识形态与日本产业政策——1931-1965 年的发展主义》，安佳译，上海人民出版社，2008，第 11~12 页。

作用,① 从而降低了公司筹集资金对股东的依赖,减轻了股东对公司经营的影响。

## 一 主银行制度的形成约束及其政策目标

为了尽快恢复生产,商工省提出了企业再建对策。值得注意的是其中关于公司治理的建议。该建议充分反映了日本政府构建"护送船队"管理模式下的以主银行为中心的间接金融体制的政策意图。商工省强调,为了实现军需企业向民需企业的顺利转型,在企业转型过程中应渗透"新的企业理念",具体就是在通过实施法律措施时如果有必要应废除需要经过股东大会与抵押权人同意规定的同时,为提高员工参加企业经营的积极性,应实行员工持股制度,并提议通过建立兴业银行和地方银行的协调融资团的方式来解决新企业的融资问题。② 这就是日本形式化公司治理的基本方针。而这一方针因符合 GHQ 提高员工地位、降低大股东地位的占领政策,所以在 GHQ 的"通过资本市场筹集资金的制度设计"遇到困难后顺利实施。在资金严重缺乏条件下,通过日本银行来帮助企业协调贷款成了 20 世纪 40 年代末企业融资的制度框架。日本银行依据公司的主银行提出的申请来协调贷款或组织贷款辛迪加。③ 这成为日本战后以主银行为中心的间接金融制度得以确立的起点,也是日本形式化公司治理的制度基础与保障。

采取直接金融模式的国家,由于其公司的资金主要来源于资本市场,所以为了吸引股东投资,降低融资成本,必然关注反映投资回报率的短期利润,增加分红以稳定和提高股票价格。这样,经营者由于面临资本市场的压力,就会把稳定和提高股票价格作为公司的经营目标,从而使经营者更加关注增加企业的短期利润而忽视企业的长期发展。这将不利于企业的积累和长期发展。所以,受发展主义影响,具有强烈赶超意识的日本政府吸取历史上公司经营者为迎合股东进行高分红的历史教训,在特定的历史条件下,为满足经济赶超的需求,避免采用以资本市场为

---

① 中谷巌『日本経済の歴史的転換』東洋経済新報社、1996、170頁。
② 岡崎哲二「企業システム」岡崎哲二・奥野正寛編『現代日本経済システムの源流』日本経済新聞社、1995、121頁。
③ 高柏:《日本经济的悖论》,商务印书馆,2004,第112页。

基础的直接融资，而是选择了有利于防止短视的资本市场引致企业陷入短期性陷阱的以主银行为中心的间接金融制度。

主银行制度不仅包含银行与企业的关系，还包括银行与银行的关系、银行与政府的关系。也可以把银行与企业形成的关系束、主银行间对监督的相互委托与规制关系视为主银行制度的特征。[①] 虽然很难给主银行下一个缜密的定义，但一般来说，主银行与企业的关系具有如下特征：①企业最大的债权人；②在所有的银行中，持有的股份最多；③不仅提供贷款，还开展存款、国内外外汇汇兑、公司债管理、并购信息支持等范围广泛的金融交易业务；④保持长期持续的金融交易业务；⑤派遣董事；⑥当该企业陷入经营危机时，发挥核心的作用。[②] 日本97.5%的企业拥有自己的主银行。[③]

主银行制度是战时经济的产物。1940年以后向军需产业提供资金出现了停滞。[④] 随着战时经济统制的不断强化，特别是《公司会计统制令》的颁布，股票市场陷入低迷。被期替代股票市场发挥作用的银行也开始收紧信贷，于是政府加紧推行"金融新体制"。1941年11月，政府接受了时任大藏大臣（小仓正恒）提议，即银行应为产业提供长期资金而改革间接金融制度。由兴业等12家银行组成了共同融资团，建立了主银行作为干事银行来对贷款企业进行审查并以此为基础的共同融资制度。[⑤] 这是战后日本政府建立的主银行制度的雏形。此后，主银行制度在日本逐渐成熟。其发展阶段的宽泛概念见表3-1。

---

[①] 青木昌彦（MASAHIKO AOKI）、ヒュー・パトリック（HUGH PATRICK）、ポール・シェアード（Paul Sheard）「日本のメインバンク・システム：概観」青木昌彦（MASAHIKO AOKI）・ヒュー・パトリック（HUGH PATRICK）編、白鳥正喜監訳、当銀リサーチインターナショナルー訳『日本のメインバンク・システム』東洋経済新報社、1997、48~49頁。

[②] 花崎正晴「日本型コーポレートガバナンス構造の再検討市場競争の規律づけメカニズムの検証」一橋大学イノベーション研究センター編『一橋ビジネスレビュー』第65巻第3号、東洋経済新報社、2017、97頁。

[③] 加護野忠男・砂川伸幸・吉村典久『コーポレートガバナンスの経営学——会社統治の新しいパラダイム』有斐閣、2012、104頁。

[④] 岡崎哲二『工業化の軌跡——経済大国前史』読売新聞社、1997、206頁。

[⑤] 岡崎哲二「企業システム」岡崎哲二・奥野正寛編『現代日本経済システムの源流』日本経済新聞社、1995、116頁。

表 3-1　主银行的宽泛概念

| 发展的四个阶段 | | 第一阶段 | 第二阶段 | 第三阶段 | 第四阶段 |
|---|---|---|---|---|---|
| 时期 | | 1939~1943 年 | 1944~1945 年 | 1946~1949 年 | 1950~1955 年 |
| 制度 | | 辛迪加 | DFIS | 特殊监督 | 主银行 |
| 支付结算 | | 形成 | 建立 | 建立 | 建立 |
| 持股 | | — | 形成 | 消失 | 形成 |
| 贷款关系 | 紧密联系或相应的关系 | 形成 | 建立 | 建立 | 建立 |
| | 相互监督体系 | 形成 | 消失 | 形成 | 建立 |
| 派出经理 | | — | — | — | 建立 |

注：（1）1939~1941 年贷款辛迪加。由于军需企业资金需求增加，增加了单个城市银行贷款的风险，各城市银行开始组织辛迪加，并且由一个经理银行负责监督相应的军需企业；（2）DFI 为被指定金融机构，于 1943 年引入，银行与企业之间的紧密联系即告确立；（3）城市银行作为"特殊账户"公司的最大债权人监督这些企业的重组过程。

资料来源：青木昌彦、钱颖一主编《转轨经济中的公司治理结构：内部人控制和银行的作用》，中国经济出版社，1995，第 237 页。

二战后，日本政府基于战前经验，建立了以主银行为中心的间接金融制度。一是解决企业筹集资金困难问题。战后由于资产存量的大量减少、低水平的收入、资产的平均化，不管是家庭还是金融机构，其承担风险的能力都大大降低。因此，依靠市场机制很难满足企业对长期资金的需要。只有在利用城市银行和长期银行两级结构提供资金的同时，再由政府金融机构给予补充，并由政府的信用给予全面的支持，才可能为产业发展提供充足且低成本的资金。[①] 为保证资金能流向政府希望重点发展的产业，日本政府开始实施金融统制政策，加上在解散财阀的过程中并没有对银行部门采取具体措施，并且在战后企业整顿、重组过程中，原先企业的主银行作为最大债权人及特殊管理人员参与了重建计划的制订工作，并借此积累了比战前更为可观的企业内部经营信息，从而成为战后主银行制度的起点。[②] 二是防止企业在"短视的资本市场"压力下陷

---

[①] 植田和男「金融システム・規制」岡崎哲二・奥野正寛編『現代日本経済システムの源流』日本経済新聞社、1995、57 頁。
[②] 孙丽：《公司治理结构的国际比较：日本启示》，社会科学文献出版社，2008，第 224 页。

入"短期性陷阱",① 从而影响企业的长期发展。具有发展导向的日本政府,基于战时统制的经验,意识到要使"发展导向经济政策"得以顺利实施,政府必须具有控制企业的经济手段,并且必须建立企业的经营目标与国家的宏观经济政策一致且具有可自我实施性的企业制度。对于经历了战后民主化改革,推行市场经济的日本,不可能像战前统制经济时期那样直接压制股东行使权利,干预企业行为,那么要使企业不受股东控制追求短期利润,而是要使企业按照国家的发展目标来组织生产,最有效的方法之一就是调整古典股份公司的权力结构,通过对权力的重新配置,形成适合日本经济发展的权力结构。而股东的权力源于公司对股东资金的依赖,所以要实现公司内部权力的再配置,首先要改变公司对股东资金的依赖,因此,需要通过主银行替代资本市场对企业金融命脉的控制,来保证企业的发展目标与国家的整体发展目标保持一致。所以,日本政府并不积极发展资本市场和进行金融自由化,而是积极推行政府"护送船队"管理模式下的以主银行制为中心的间接金融体制。

## 二 "护送船队"行政保障下的"超贷"与"救济"

"护送船队"金融政策是主银行制度的重要组成部分。"护送船队"管理模式是指在各种规制下所有的都市银行并行发展并保证银行获取利润,避免银行破产,从而使日本银行业成为战后日本产业中受规制最严格的产业之一。规制当局主要采用三种方法保护银行,第一,限制竞争。利用利息规制、准入规制以及日本银行的低利息贷款等方式为银行业提供补贴。第二,政府利用各种制度承担民间银行的风险。大部分信用风险由日本政府承担。日本银行向政府系金融机构与民间银行提供资金,由资金运用部门大量购买长期信用银行发行的债券。其中,最重要的是大藏省与日本银行会想尽各种办法救助遇到问题的银行。第三,抑制资本市场的发展。严格规制资本市场,特别是规制通过债券市场流动的资金。②

---

① 宫岛英昭『産業政策と企業統治の経済史——日本経済発展のミクロ分析——』有斐閣、2004、473~474頁。
② 植田和男「メインバンク・システムの制度的・規制的側面」青木昌彦(MASAHIKO AOKI)・ヒュー・パトリック (HUGH PATRICK) 編、白鳥正喜監訳、当銀リサーチインターナショナル訳『日本のメインバンク・システム』東洋経済新報社、1997、106~109頁。

非金融企业不能直接发行债券。① 也正是因为准入规制的存在，对新银行的进入壁垒不仅成为"护送船队"金融政策的重要制度工具之一，也成为支持主银行制度的重要规制之一。由于日本"护送船队"管理模式不仅控制着银行的利率，而且对它们增设分行也进行了严格的控制，银行只能通过放贷来获取利润，却不能通过扩大自己的分行网络来争取更多的存款。这样，银行增加利润的唯一方式就是扩大贷款额，而客户业务量的大小直接影响到银行贷款额的高低。而当贷款额增加后，它从大藏省那里获得增设分店的许可就变得相当容易了。② 金融行政改变了银行的激励机制，支持了银行的超贷，增强了主银行支持客户企业扩大业务的动力。另外，大藏省通过对为倒闭企业提供支持的主银行提供开设新支店的奖励，③激励主银行对问题企业进行救助。

第一，超贷满足了企业发展的资金需求，支持了日本经济的快速发展。

在大藏省与日本银行的配合下，政府成功实现了对银行的控制。对银行采取"护送船队"管理模式，就是暗示企业只要按政府的规划努力发展生产，银行就会提供充分的资金，提供资金的银行也会获得相应的利益。如果没有政府对银行采取"护送船队"行政保障，那么没有哪个银行敢"超贷"，也就不会有"超贷"，没有"超贷"日本企业也就不可能有充足的资金引进先进的技术、设备，也就更不可能进行独立的研发，创立自主品牌，提升国际市场竞争力。推动产业结构升级，实现"贸易立国"与之息息相关。超额贷款体制的优点之一是企业经理层可以免受股东的压力，这就意味着企业经理层可以不以短期获利能力作为衡量自己工作成果的标准，从而可以集中力量专注于发展外国市场、搞好质量

---

① 植田和男「メインバンク・システムの制度的・規制的側面」青木昌彦（MASAHIKO AOKI）・ヒュー・パトリック（HUGH PATRICK）編、白鳥正喜監訳、当銀リサーチインターナショナル一訳『日本のメインバンク・システム』東洋経済新報社、1997、116頁。
② 高柏：《日本经济的悖论》，商务印书馆，2004，第115页。
③ 青木昌彦（MASAHIKO AOKI）、ヒュー・パトリック（HUGH PATRICK）、ポール・シェアード（Paul Sheard）「日本のメインバンク・システム：概観」青木昌彦（MASAHIKO AOKI）・ヒュー・パトリック（HUGH PATRICK）編、白鳥正喜監訳、当銀リサーチインターナショナル一訳『日本のメインバンク・システム』東洋経済新報社、1997、44頁。

管理以及考虑产品长期发展等事务。①

"超贷"不仅满足了日本企业快速发展对资金的需求，还使商业银行更加依赖于日本银行，使日本政府"窗口指导"的作用更加显著。根据产业战略重要性的顺序及需要贷款企业的市场行为，对差别化贷款利率进行行政指导。具体措施包括对被选定企业发行的贸易票据、商业票据，日本银行给予折扣或担保。②

第二，对陷入经营危机企业的救济，降低了公司破产的风险。

在公司良好发展的情况下经营者高度自治，主银行并不参与公司的经营管理，但会通过与企业的业务往来和事前、事中监督以及利用主银行的股东地位搜集企业信息。一旦公司的绩效下降，出现问题，主银行就会介入，甚至会替代当前的经营者，掌握企业的控制权。这样不但可以节约高昂的监督成本，给予企业经营者高度的决策自主权，以适应市场变化，使决策具有快速性和灵活性，还能起到警示经营者的作用，使经营者努力工作，并能保证银行资金的安全，最后根据银行价值的最大化决定是否对企业进行救济。特别是在"护送船队"行政保障下，由于主银行对企业实施救济不仅能提升主银行客户的评价，还可以得到大藏省的奖励，所以主银行有救济企业的内在动力。

主银行对陷入经营危机的企业开展救济，降低了企业被清算的威胁，同政府避免企业破产的企业政策、保护夕阳产业的政策一起，保护员工免受普通股东试图终止潜在合同的机会主义行为，使终身雇佣制、福利企业化的全体就业政策得以实现。

### 三 主银行制度的成熟与普及

在健康的股票市场无法形成、债券市场也受到日本政府的规制下，即企业从证券市场筹措资金困难重重且筹资成本很高，当企业无法通过增资和发行公司债来获得发展所必需的资金的时候，向银行贷款就是企

---

① 查默斯·约翰逊：《通产省与日本奇迹——产业政策的成长（1925—1975）》，金毅、许鸿艳、唐吉洪译，吉林出版集团有限责任公司，2010，第223页。
② 青木昌彦（MASAHIKO AOKI）「メインバンク・システムのモリタリング機能としての特徴」青木昌彦（MASAHIKO AOKI）・ヒュー・パトリック（HUGH PATRICK）編、白鳥正喜監訳、当銀リサーチインターナショナルー訳『日本のメインバンク・システム』東洋経済新報社、1997、152頁。

业获得外部资金的唯一渠道。"护送船队"行政保障下的主银行的"超贷"不仅为公司发展提供了充裕的资金,而且一旦企业陷入经营危机还能得到主银行的"救济",于是主银行制度逐渐成熟与普及。

1950~1955年,日本金融机构基本完成了战后重组。① 公司所需的重建资金已不再从股票市场筹措,而是由城市银行供给。所以,1950年以后,公司从银行贷款的资金比例不断上升,与此相对应的则是股权融资迅速减少。② 系列融资也是日本主银行体系一个侧面的表露,即城市银行的贷款行为。它意味着最大的六家银行(三井、三菱、住友、富士、第一劝业、三和)和日本兴业银行通过向日本银行大量借贷来满足同系列的公司近半数的资金需求,其余部分则由其他银行辛迪加贷款来供给。③

从表3-2、表3-3中也可以看出从战后到20世纪70年代日本企业资金来源的40%以上是银行贷款,而通过股票筹措的资金在20世纪五六十年代不足10%,进入70年代甚至降至3.4%。这样,公司资金的主要来源已不再是追求投资回报率的股东,而是"护送船队"行政保障下敢于"超贷"的民间银行。以"护送船队"金融政策为基础、以主银行为中心的间接金融体制在日本得以形成。

表3-2 产业资金供给状况

单位:%

| 时间 | 内部资金 | 股票 | 公司债 | 民间金融机构 | 其他 |
|---|---|---|---|---|---|
| 1831~1835 | 66.5 | 39.9 | 1.0 | -8.7 | 1.3 |
| 1836~1840 | 31.4 | 29.5 | 4.6 | 34.1 | 0.4 |
| 1941~1945 | 28.8 | 19.5 | 8.6 | 41.8 | 1.2 |
| 1946~1950 | 28.6 | 9.3 | 2.5 | 51.7 | 7.9 |
| 1951~1955 | 43.0 | 8.0 | 2.1 | 41.0 | 5.8 |
| 1956~1960 | 42.7 | 8.1 | 2.7 | 41.8 | 4.6 |

---

① 寺西重郎『日本経済発展と金融』岩波書店、2004、420頁。
② 青木昌彦、钱颖一主编《转轨经济中的公司治理结构:内部人控制和银行的作用》,中国经济出版社,1995,第237页。
③ 青木昌彦、钱颖一主编《转轨经济中的公司治理结构:内部人控制和银行的作用》,中国经济出版社,1995,第237页。

续表

| 时间 | 内部资金 | 股票 | 公司债 | 民间金融机构 | 其他 |
|---|---|---|---|---|---|
| 1961~1965 | 41.0 | 8.2 | 2.6 | 44.1 | 4.1 |
| 1966~1970 | 49.2 | 3.4 | 1.6 | 41.3 | 4.6 |
| 1936 | 47.4 | 33.5 | -2.3 | 18.3 | 3.1 |
| 1937 | 33.3 | 35.5 | -0.1 | 31.9 | -0.5 |
| 1938 | 30.5 | 34.6 | -5.4 | 29.9 | -0.3 |
| 1939 | 27.1 | 24.5 | 7.9 | 38.4 | 2.1 |
| 1940 | 30.4 | 26.7 | 5.5 | 38.3 | -1.0 |
| 1941 | 33.6 | 29.1 | 10.1 | 28.1 | -0.9 |
| 1942 | 31.2 | 25.7 | 8.9 | 32.8 | 1.4 |
| 1943 | 30.3 | 22.6 | 7.8 | 35.8 | 3.4 |
| 1944 | 24.2 | 9.1 | 8.3 | 57.8 | 0.7 |

资料来源：大蔵省財史室編『昭和財政史 終戦——講和』、19頁，转引自岡崎哲二「戦時計画経済と企業」東京大学社会科学研究所編『現代日本社会 第4巻 歴史的前提』東京大学出版会、1994、368頁。

**表3-3 制造业的资金来源**

单位：%

(A) 资本金10亿日元以上的制造业

| 年度 | 贷款 | 公司债 | 资本金 | 内部留存 |
|---|---|---|---|---|
| 1960 | 36.7 | 0.0 | 15.9 | 15.2 |
|  | (54.1) | (0.0) | (23.5) | (22.4) |
| 1970 | 35.4 | 3.4 | 10.6 | 10.7 |
|  | (58.9) | (5.7) | (17.6) | (17.8) |
| 1980 | 31.7 | 3.3 | 6.6 | 15.6 |
|  | (55.4) | (5.8) | (11.5) | (27.3) |
| 1990 | 16.3 | 11.1 | 9.2 | 28.1 |
|  | (25.2) | (17.2) | (14.2) | (43.4) |
| 2000 | 14.9 | 8.4 | 9.9 | 33.7 |
|  | (22.3) | (12.6) | (14.8) | (50.4) |

（B）资本金 1000 万日元以上的制造业

| 年度 | 贷款 | 公司债 | 资本金 | 内部留存 |
|---|---|---|---|---|
| 1954 | 26.7 | 3.2 | 11.9 | 24.4 |
|  | (40.3) | (4.8) | (18.0) | (36.9) |
| 1960 | 35.0 | 0.0 | 14.0 | 15.8 |
|  | (54.0) | (0.0) | (21.6) | (24.4) |
| 1970 | 32.6 | 2.3 | 9.4 | 12.3 |
|  | (57.6) | (4.1) | (16.6) | (21.7) |
| 1980 | 31.2 | 2.1 | 5.8 | 15.6 |
|  | (57.0) | (3.8) | (10.6) | (28.5) |
| 1990 | 23.3 | 7.1 | 6.9 | 24.8 |
|  | (37.5) | (11.4) | (11.1) | (39.9) |
| 2000 | 21.8 | 5.4 | 7.5 | 31.0 |
|  | (33.2) | (8.2) | (11.4) | (47.2) |

注：括号内的数字是贷款、公司债、资本金、内部留存的总计与使用总资本之比，不包括企业间的信用融资、年末值。

资料来源：寺西重郎『日本の経済システム』岩波書店、2003、229 頁。

日本企业与银行的密切关系正是日本金融制度、日本企业制度的一大特点。日本公司一般有自己的主银行。但事实上，这一被日本社会普遍接受的概念并没有成文的法律与明确的合同。也就是说，主银行制度同法人间相互持股制度一样，都是一种被概念化的有着共同社会预期的具有自我维持性的制度。[1]

### 四 主银行治理与股东治理的本质性差异

主银行相机治理的特征是：只要企业财务结构（financial structure）良好，企业的控制权就完全委托给通过员工内部层级晋升选拔的经营者（内部人）。只有在企业财务状况恶化时，控制权才由内部人手中转到特定的外部人手中。也就是说主银行对控制权的获得是依据企业财务状况

---

[1] 青木昌彦（MASAHIKO AOKI）著、瀧澤弘和訳『比較制度分析に向けて』NTT 出版株式会社、2003、359 頁。

自动实现的。① 公司治理是指当公司所有权与经营权分离后失去经营权的所有者——股东为了保护自己应得的利益不被获得经营权的管理层——经营者占有和损害做出的一系列制度安排。换言之，公司治理是基于股东的立场，通过建立监督、制约与激励管理者的机制，保障股东利益最大化。尽管主银行既是公司最大的债权人，也是公司的股权人，但由于主银行的盈利模式是通过向公司发放贷款收取利息以及其他银行相关业务，所以主银行的"股权人"与"债权人"地位是不平等的。主银行对公司的监督主要是站在债权人的立场，注重的是财务安全，以确保银行贷款的收回与贷款的持续扩大，而不是投资回报。可见，基于债权人立场的主银行与作为股权人的股东具有利益不一致性。主银行对公司的治理与股东的公司治理有着本质性的区别。内部人控制恰恰是公司治理失效的表现与结果，所以尽管主银行制在日本战后经济发展中发挥了巨大的作用，在债券市场、股份市场不发达的情况下，被称为主银行的城市银行、长期信用银行不仅为投资欲望旺盛的日本大企业提供了所需的资金，并发挥了对公司经营行为的监控作用，② 但将20世纪50~90年代日本的公司治理称为主银行相机治理依然值得商榷。换言之，虽然主银行相机治理对经营者具有震慑与制约作用，但与构建公司治理的初衷有着本质性的区别。

1. 主银行"债权人"与"股权人"双重身份的非对等性

尽管主银行的特征之一是具有"债权人"与"股权人"的双重身份。但这一双重身份是非对等的。主银行虽然是公司的大股东，但主银行持有股份的目的是"政策性持有投资"，与一般股东持有股份的目的是获得分红与通过股价上涨获得投资利润不同，银行持有公司股份的目的是加强与公司的关系，或通过相互持股防止敌意并购。所以，虽然作为大股东的银行向公司派遣董事，但由于相互持股的"人质效应"，被派董事实际上是作为不发声的放弃决议权的友好股东而存在。③ 作为稳

---

① 経済産業省経済産業政策局産業組織課編『コーポレート ガバナンスの実践 ～企業価値向上に向けたインセンティブと改革～』経済産業調査会、2016、刊行に際して、4頁。
② 中谷巌『日本経済の歴史的転換』東洋経済新報社、1996、170頁。
③ 佐藤浩介「銀行によるガバナンスの変遷」株式会社日本総合研究所編『葛藤するコーポレート ガバナンス改革』金融財政事情研究会、2017、45頁。

定股东的主银行派遣的股东并没有代表股东的利益来行使董事的权力。

主银行的获利途径主要是向公司贷款及其他相关银行业务，如公司债发行、支付决算的手续费等众多银行业务的收益，特别是在"护送船队"行政保障下实施的利息规制，使银行获利的唯一途径就是扩大贷款规模。所以，主银行有支持客户公司扩大生产规模、提高市场占有率的内在动力。与股东追求投资回报率的目标具有本质的不同。可见，主银行与公司的本质关系是债权与债务的关系。所以，主银行对公司的监督是为是否可以增加贷款金额、贷款资金是否安全、是否能按时归还利息等银行决策提供依据。对投资回报率的考虑属于从属地位。

**2. 救济公司的激励不是基于股权人身份**

在公司陷入经营危机时对公司的救济并不是基于股权人身份减少股东的损失，虽然不发生清算、破产看似对股东有利，在银行对公司的救济过程中，看似发挥了更换经营者甚至经营团队的公司治理作用，但如果公司被并购、清算破产，经营者、管理团队自然就会失去在公司的位置。主银行对陷入经营危机公司的救济的根本目的是保证贷款的安全，获得其他客户信任，实现对金融行政管理部门的承诺，以获取更多的客户及更多的开设分店的机会。这是因为，如上所述，在严格的金融规制下，银行增加盈利的唯一方式是增加存款额以提升贷款额，那么分店数量直接决定了银行的吸储量，但银行是不被允许随意开设分店的。而如果银行能够救济倒闭企业，大藏省就会允许该银行开设新分店以示奖励。

对陷入经营困境的公司实施救济，不但可以保持银行的良好口碑，使更多的公司进入其主银行系列，获得更多的客户，从而扩大业务规模，还可以得到大藏省的奖励。所以，主银行对陷入经营困境公司的救济并不是站在股权人的立场上防止清算造成的投资价值的贬损，而是站在银行的立场上扩大银行业务规模。

**3. 公司经营目标反映出作为债权人的银行与股东利益的不一致性**

公司的经营目标直接反映出了公司经营是否以股东利益最大化为目标，因此公司经营目标是反映公司治理是否有效的重要信号。依据1980年实施的对日美各1000家公司的调查，可以看出日美公司经营目标的巨大差异。美国经营者是依据资本主义企业的行动原理，以投资回报率、股价上升为经营目标。日本经营者则重视企业规模的扩大与成长相关的目标；日本经营者最重视的公司经营目标是提高市场占有率与新产品比率。美国公司经营者第二位重视的股票价格是日本公司经营目标的最后一位，日本对公司的社会形象、改善工作环境的重视度都超过了对股价的重视。美国公司的经营目标集中在投资回报率上，而日本公司的经营目标比较分散，呈现出多元化特征。①

　　股东与债权人利益不一致，股东追求投资回报率，债权人追求扩大贷款规模及保证资金安全。银行具有规避风险的偏好。主银行对高风险和快速变革的抵触正好与雇员及管理者对这些因素的天然排斥相辅相成。② 日本公司的经营目标与经营行为也恰恰反映出银行对公司的影响力远远大于股东。如上所述，日本公司的经营目标是追求产品市场占有率。提升市场占有率就要扩大提升公司的生产能力，从而需要扩大公司规模。而这一经营目标与作为债权人的银行实现了利益一致。另外，银行的投资偏好是"低风险、低回报"，与股东偏好"高风险、高收益"不同，因为银行关心的是公司能否按时返回利息，贷款本金是否安全。如果企业能保持一定的经济收益，就可以从主银行获得稳定的资金并获得经营自主权。经营自主权的获得就意味经营者可以获得使用企业剩余利润的权力，其不管是把剩余利润作为奖金分发给企业员工、增加招待费还是建造豪华的总部大楼，都不会受到主银行的干预。③ 反之，企业不但无法从主银行获得资金，主银行还会介入企业经营并更换企业经营者。日本公司选择投资"低风险、低回报"项目，恰恰符合银行作为债权人的投资偏好。

## 第二节　法人间相互持股：遮断市场约束

　　股权自由转让原则与有限责任原则作为公司法的重要原则，构成了现代股份公司制度的灵魂，成为现代企业的标志。但日本法人间相互持

---

① 加護野忠男・砂川伸幸・吉村典久『コーポレートガバナンスの経営学——会社統治の新しいパラダイム』有斐閣、2012、107~108頁。
② 马克·罗伊：《公司治理的政治维度：政治环境与公司影响》，陈宇峰、张蕾、陈国营、陈业玮译，中国人民大学出版社，2008，第132页。
③ 中谷巌『日本経済の歴史的転換』東洋経済新報社、1996、177頁。

股，使日本公司股份自由转让原则受到了威胁。法人间相互持股一般被认为是一种政策持股，其不是以投资为目的，而是为了稳定经营防止敌意并购与股价波动，以加强、维持交易关系。所以，相互持股的法人企业会长时间持有对方企业的股份，而且形成了一种不经过对方同意不出售所持对方股份的约定。在股东大会上提出全权委托书，对公司提案投赞成票已经成为一种惯例。① 法人间相互持股使日本公司股权结构中出现了稳定股东。这些稳定股东的存在，剥夺了非稳定股东——新古典派理论观点中的企业所有者——的发言权，屏蔽了来自资本市场的压力，弱化了外部市场的治理功能，使经营者可以不以股东价值最大化为原则经营公司。正如今井贤一与小宫隆太郎所指出的："相互持股是日本大企业为了隔断来自资本市场对经营者的直接影响而进行的一种制度安排。"② 可见，通过相互持股实现的稳定股权结构，是公司与政府合作下屏蔽股东权力、维持经营者对企业的控制权、使公司治理机制形式化的一种制度安排。

虽然基于管理层稳定自身地位的企业间相互持股在20世纪50年代已初现端倪，但真正加速这一进程并使其制度化的是在日本1964年成为经济合作与发展组织（OECD）成员国，作为承诺，日本要逐步对资本市场取消管制。而1960~1969年也正是美国历史上第三次并购高潮，于1967~1969年达到顶峰。③ 日本政府一方面宣传资本的自由化是世界潮流，按时间表推进日本的资本自由化；另一方面关注外国投资者的敌意收购，开展了稳定股东工作和促进企业间合并。为配合这一政策的实施，对商法进行了修订，规定日本公司的董事会可以将新发行的股票分配给特定的公司和个人（商法第280条），而且还积极支持职工持股计划，结果是董事会把增发的股票大部分定向发售给了集团内的金融机构和公司，从而形成更稳定和集中的股权结构，并加速了日本银企之间、日本企业之间的相互持股，并促进了日本企业集团的形成。

---

① 江川雅子『現代コーポレートガバナンス』日本経済新聞出版社、2018、113頁。
② 今井賢一・小宮隆太郎「日本企業の特徴」今井賢一・小宮隆太郎編『日本の企業』東京大学出版社、1995、21頁。
③ 帕特里克・A. 高根：《兼并、收购与公司重组》，朱宝宪、吴亚君译，机械工业出版社，2007，第20页。

## 一 自由化

法人间相互持股最早作为企业为防范敌意收购采取的一种策略（参见第二章），在政府的支持下，同时也是为了解决当时法律所禁止的公司持有自己股份问题。20世纪50年代中期，形成了第一次法人间相互持股的浪潮。第二次法人间相互持股浪潮的契机是自由化。此后，法人间相互持股成为日本公司一种非常普遍的现象。

1960年日本政府发布《贸易外汇自由化大纲》后，有步骤地开展自由化。到1962年，进口限制产品减少到466种。[①] 1967年6月日本政府制定了资本自由化基本方针，明确了阶段性地推动自由化的慎重姿态，制定了日本自由化进程表（见表3-4）。

表3-4 资本自由化的进展

| | 新成立企业 | | | 取得既存企业的股份 | | |
|---|---|---|---|---|---|---|
| | 非自由化产业类别数 | 50%自由化产业类别数 | 100%自由化产业类别数 | 一位外国投资家 | 全部外国投资家合计 | |
| | | | | | 非限制产业 | 限制产业 |
| 第一次前 | 全行业 | | | 5%以下 | 15%以下 | 10%以下 |
| 第一次（1967年7月） | | 33 | 17 | 7%以下 | 20%以下 | 15%以下 |
| 第二次（1969年3月） | | 160 | 44 | 7%以下 | 20%以下 | 15%以下 |
| 第三次（1970年9月） | | 447 | 77 | 7%以下 | 25%以下 | 15%以下 |
| 汽车自由化（1971年4月） | | 453 | 77 | 7%以下 | 25%以下 | 15%以下 |
| 第四次（1971年8月） | 7 | 原则 | 228 | 10%以下 | 25%以下 | 15%以下 |
| 第五次（1973年5月） | 5 | | 原则 | 在一定条件下100%自由 | | |

资料来源：三和良一・原郎編『近現代日本経済史要覧補訂版』、168頁，转引自武田晴人『日本経済史』有斐閣、2019、372頁。

---

[①] 通商産業政策史編纂委員会編・阿部武司編著『通商産業政策史1980—2000 第2巻 通商貿易政策』経済産業調査会、2013、15頁。

1967年之前，不管是外国企业在日本设立公司还是取得日本企业的股份都受到严格的限制。依据1950年制定的《关于外资的法律》，日本将外资对内直接投资的出资比例限定为不能超过49%，并且规定"只批准有利于增加国民收入、增加就业、改善国际收支的投资"，"原则上禁止"外国资本流入日本。根据时间表，这就意味着到1973年制造业领域基本要实现对外资的开放。面对资本自由化的压力，日本经济界和部分政府官员感到忧心忡忡。他们认为，"无论是在资本方面，还是在技术方面，外国企业都占有绝对优势。如果推行直接投资自由化，允许外国企业进入日本，日本企业会立即受制于人，国内汽车生产厂家将会被美国汽车三巨头收购。资本自由化的要求就是'第二次黑船'"。①

## 二 赋予经营者选择友好股东权力的商法修订

应产业界要求，为了防止1964年日本加入OECD后带来的资本自由化下外国企业对日本企业的并购，方便企业向友好股东发行新股，日本商法于1966年也就是实行资本自由化之前对商法第280条进行了修订，即向第三人按比例增资时只需要董事会同意。这样，就开始了利用向第三人增资来开展稳定股东工作和推行相互持股，② 从而加快了日本企业间通过相互持股以增加稳定股东的步伐，法人间相互持股得到了进一步的加强。

在1966年修订前，日本商法规定如果采用向第三人发行新股，必须通过股东大会的特别决议。这一规定不但使公司筹集资金变得缺乏灵活性，而且使公司开展的稳定股东工作很难进行。因此，1966年商法修订时，将公司向第三者发行股份的决定权赋予了董事会。商法规定只要不是有利发行，向第三者发行新股只需通过董事会决议即可。③ 根据商法的这一修订，公司只要有董事会决议，就可以向友好的第三者发行股份，从而向董事会，也就是管理层提供了选择股东的机会。当然，如果公司是以特别优惠的价格向第三者发行股份的话，作为一种例外依然还是需

---

① 野口悠纪雄：《战后日本经济史》，张玲译，民主与建设出版社，2018，第108页。
② 伊丹敬之・加護野忠男・伊藤元重編『日本の企業システム1 企業とは何か』有斐閣、1996、155頁。
③ 家田崇「新株予約制度の導入と会社法制の再構築」稲葉威雄・尾崎安央編『改正史から読み解く会社法の論点』中央経済社、2009、233頁。

要股东大会特别决议。仅凭借董事会决议发行新股的时候,其新股价格不得低于时价。在这样的情况下,互相持有股份就需要大量的资金。但是实际上,因为相互控股公司互相发行股份,只要采用认购的方式,不论发行价格是多少,都不会产生需要大量资金的问题。1966年日本商法的修订,客观上进一步促进了法人间相互持股制度在日本企业的实施。①

允许董事会决定向第三方发行新股的这一修改,为经营者打开了选择友好股东的方便之门,使通过法人间相互持股构造的友好股东高比例持股的股权结构得以维持。

### 三 法人间相互持股的普及与稳定股东的形成

1964年日本加入OCED,遵循国际货币基金组织(IMF)第8条款,取消经常贸易项目中的外汇管制就意味着资本自由化成为不可避免的趋势。日本政府一直以来对外国直接投资都采取非常谨慎、消极甚至敌意的态度。所以,日本政府一方面在美国的压力下巧妙地安排着"自由化"的进程,另一方面大力鼓励企业开展企业间合并及通过稳定股东工作实现法人间相互持股。资本自由化下的"外国资本威胁"论成为推动大型合并与法人间相互持股的契机。②

1. 企业大型合并

对自由化的承诺给政府和产业界带来了巨大的压力。直接投资的自由化,使中小企业感受到了生存的危机。而间接投资主要是让大企业感受到了威胁。在自由化对日本企业的压力下,抵抗外国垄断控制、保护民族工业便成为政府和民众的共同意愿。在与外国企业竞争中处于劣势的日本企业担心因无法抗衡外国企业而被外国企业收购,日本各界人士开始商讨应对自由化的对策,并纷纷开始追求规模效益,正如当时流行的一句广告词——"大就好!"从而促进了日本企业间大规模的友好兼并与重组。

1963年,日本通产省提出"新产业体制论",认为当时的日本企业无论是在生产规模还是在经营规模上都普遍偏小,众多的小企业在产品

---

① 布井千博:《日本公司法中的并购手法和敌意收购方式》,《商事法论》2009年第1期,第165页。

② 武田晴人『日本経済史』有斐閣、2019、373頁。

价格、技术改良和设备投资等方面陷入过度竞争，还不具备和外国企业竞争的实力。日本通产省1965年版《外资引进年鉴》写道："如果外资，特别是美国资本直接进入国内市场，会妨碍我国产业的成长以及国产技术的开发，以至于最后我国的企业为美国所支配。"[①] 在日本政府的推动下，整个20世纪60年代，日本处于产业集中的高峰期，出现了新日本制铁、三菱重工等大型合并，培育出一批具有世界规模的超大型企业。在这一合并浪潮中，大型的横向合并以及混合合并占了产业集中的绝大多数，而且合并的对象企业大都是二战前原本为一家、二战后遭到分割的同一企业集团内部的原始成员。[②] 这一时期日本规模企业的数量迅速增加，《财富》杂志排名的全世界大企业中，除了美国之外属于日本的大企业从20世纪60年代初的13家增加到70年代的20家，居世界第二位。[③]

2. 第二次法人间相互持股浪潮

第二次法人相互持股的浪潮出现的背景是资本自由化的压力。日本企业在扩大规模的同时，比以前更加重视保持一批"稳定股东"战略。[④] 如丰田公司采取相互持股就是为了防止被外国企业恶意收购。丰田的管理者认为："如果美国的三大汽车公司进入日本市场的方式只是在日本建厂，那么不会构成什么威胁，丰田有足够的能力与它们竞争。真正的威胁是外国公司以购买丰田股票的方式来收购丰田。如果它们使用这种策略，那么丰田无法与其竞争。"[⑤] 1965年发生证券恐慌后，一方面，个人减少了对股票的投资；另一方面，经济景气使日本企业盈利增加，从而使外国投资家更容易进入日本股票市场。[⑥] 应产业界要求，日本立法者对商法第280条进行了修订，即向第三人按比例增资时只需要董事会同意。这样，就开始了利用向第三人增资来开展稳定股东工作和推动相互持股，[⑦]

---

[①] 李公绰：《战后日本的经济起飞》，湖南人民出版社，1988，第218页。
[②] 日本公正交易委员会『日本の産業集中』大蔵省印刷局、1971、148~149頁。
[③] 小宫隆太郎・奥野正宽・铃村兴太郎编『日本の産業政策』东京大学出版会、1984、2~11頁。
[④] 堺宪一：《战后日本经济——以经济小说的形式解读》，夏占友等译，对外经济贸易大学出版社，2004，第58页。
[⑤] 高柏：《日本经济的悖论》，商务印书馆，2004，第118~119页。
[⑥] 武田晴人『日本経済史』有斐閣、2019、374頁。
[⑦] 伊丹敬之・加護野忠男・伊藤元重编『日本の企業システム1 企業とは何か』有斐閣、1996、155頁。

从而加快了日本企业间通过相互持股以增加稳定股东的步伐。相互持股得到了进一步的加强。法人间相互持股不仅不需要新的资金来增加资本金①，而且成为防御外资并购的有效措施。所以，从20世纪60年代中期到70年代，日本法人间相互持股比例急速提高。各企业集团每年增长率在3%～5%（见表3-5）。②日本自由化进程与公司股权结构中稳定股东比例的上升呈高度的正相关性。

表3-5 六大企业集团相互持股比例的变化

单位：%

| 时间 | 三井 | 三菱 | 住友 | 芙蓉 | 第一劝业 | 三和 |
| --- | --- | --- | --- | --- | --- | --- |
| 1962年9月 | 8.80 | 17.30 | 20.13 | 10.49 | 10.14 | 7.58 |
| 1964年9月 | 10.31 | 17.86 | 19.83 | 11.31 | 9.44 | 10.81 |
| 1966年9月 | 10.52 | 16.81 | 18.43 | 11.17 | 10.85 | 9.07 |
| 1968年9月 | 12.34 | 17.74 | 20.42 | 14.55 | 15.84 | 10.64 |
| 1970年9月 | 14.14 | 20.71 | 21.83 | 15.26 | 17.19 | 11.18 |
| 1972年9月 | 16.14 | 24.55 | 23.45 | 17.68 | 15.24 | 11.73 |
| 1974年9月 | 17.37 | 26.57 | 24.71 | 19.10 | 16.90 | 13.01 |
| 1987年3月 | 18.03 | 25.34 | 24.51 | 18.22 | 14.59 | 10.90 |

资料来源：経済調査協会『系列の研究』，转引自伊丹敬之·加護野忠男·伊藤元重编『日本の企業システム1 企業とは何か』有斐閣、1996、156頁。

典型的上市公司与业务伙伴（银行、保险公司、供应商、顾客企业、商社）等关系企业间相互持有对方公司的股份。虽然每个公司所持有的股份并不多，非金融公司不足1%，金融机构也只是百分之几，但加起来就会超过企业已发行股份的一半。一般具有流动性的个人股份不足公司股份的1/4，国内公司法人股份即通过法人间相互持股而实现的稳定股东的股份会超过70%。③法人间相互持股使日本公司形成了具有以下

---

① 谷内满：《日本经济演进与超越》，杨林生、王婷译，江苏人民出版社，2016，第99页。
② 伊丹敬之·加護野忠男·伊藤元重编『日本の企業システム1 企業とは何か』有斐閣、1996、155頁。
③ バール·シェアード（Paul Sheard）「株式持合いとコーポレート·ガバナンス」青木昌彦、ロナルド·ドーア（Ronale. P. Dore）編、TTデータ通信システム科学研究所訳『システムとしての日本企業』NTT出版株式会社、2003、389頁。

特征的股权结构：①典型的日本公司，70%的股份由法人持有；②这些股份并没有集中在少数几家大的公司，而是由众多的公司分别持有少量的股份；③这些企业具有一定的业务关系（金融、保险、借贷、供应商、销售）；④股份一般是企业间相互持有；⑤这些股东大多是稳定股东。[①]结果，具有业务关系的法人间相互持股，使得稳定股东所持股份在日本公司股权结构中占到70%以上，导致商法规定的公司治理——"股东委托董事、董事代表股东利益对管理层的业务执行进行监督"的治理机制形同虚设。另外，日本公司资金的重要来源并不是资本市场，而是日本的银行系统。法人间相互持股并不能为公司带来公司发展所需的资金。如图3－1所示，虽然公司的账面资本金为100，但实际只有90，其余的10只不过是账面游戏。所以，相互持股只是屏蔽非友好股东影响经营者经营行为的一种制度安排，在资金供给上几乎不起什么作用。

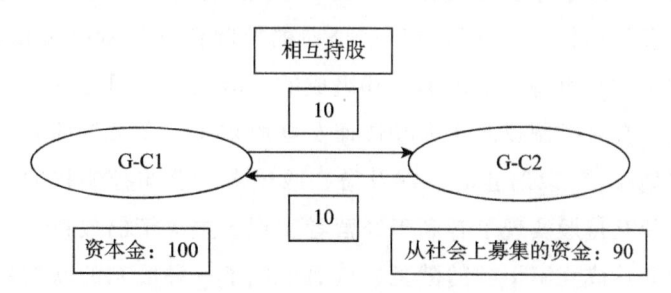

**图3－1　相互持股及资本金虚假增加**

资料来源：佐久間信夫『企業支配と企業統治』白桃書房、2003、257頁。

这也意味着通过法人间相互持股及大企业间的合并，对战后改革过程中通过财阀解体及依据过度经济力排除法拆分企业后形成的战后产业体制进行了重构，[②] 结果形成了财阀解体后以社长会为中心的三井、三菱、住友及以银行为中心的三和（三和银行系列）、芙蓉（富士银行系列）与第一劝业（第一劝业银行系列）六大企业集团。

---

[①] バール・シェアード（Paul Sheard）「株式持合いとコーポレート・ガバナンス」青木昌彦、ロナルド・ドーア（Ronale. P. Dore）編、TTデータ通信システム科学研究所訳『システムとしての日本企業』NTT出版株式会社、2003、391~392頁。
[②] 武田晴人『日本経済史』有斐閣、2019、373頁。

## 四 屏蔽股东对经营者的约束与"内部人控制"

法人间相互持股形成的稳定股东对形式化日本公司治理产生了关键性的作用。相互持股的公司持有对方公司股份的目的并不是赚取股息或资本收益，而是要确保稳定股东总是在股东大会上投票赞成管理层的建议并防止敌意收购。① 进行以稳定股东为核心的相互持股，使日本公司的管理层可以在相当程度上规避来自股票市场的压力，特别是来自公司控制权市场的威胁，从而使公司治理失效，摆脱股东对企业经营的影响。

企业间相互持股的主要目的就是通过友好股东建立稳定的股权结构，实现管理层对企业的控制。如图3-2所示，稳定股东就是维持企业控制中枢（经营中枢）的友好股东，具体地说，就是不介入企业的经营，并且阻止其他股东争夺公司控制权的股东。战后日本的大多数股份公司建立了这种股权结构，以维持自己对公司的控制权（经营决策权）。虽然公司股权结构是由持股主体①~⑥组成的。但在对公司拥有控制权的只有④和⑤。具有控制权的④和⑤选择友好股东①、②来帮助其维持稳定的控制权地位，② 以防止③、⑥及潜在收购者对公司控制权的争夺，也就是通过相互持股实现了有利于经营者实现自主决策的股权结构。相互持股企业间达成互不干预的默契，从而形成了一种股东的软约束，使日本经营者不会如欧美国家那样，面对来自股东大会、资本市场和经理人市场的巨大压力。③ 所以，④和⑤拥有选择股东的权力，是日本企业构建拥有高比例友好股东的稳定股权结构的关键。依据修订后的商法第280条，只需要董事会同意就可以向第三人按比例增资。这样，就使⑤可以利用向第三人增资来选择友好股东，从而提高友好股东比例。

1. 相互持股屏蔽股东对经营者的制约

法人间相互持股的重要目的之一是防御敌意并购、稳定经营权与顺利召开股东大会。法人间相互持股的大股东不仅放弃了利用股东大会及

---

① 谷内满：《日本经济演进与超越》，杨林生、王婷译，江苏人民出版社，2016，第99页。
② 铃木健「株式相互持合いの『解消』について」『大阪経大論集』2005（5）、13頁、http://www.osaka-ue.ac.jp/gakkai/pdf/ronshu/2004/5505_ronko_suzuki.pdf。
③ 车维汉：《从组织控制理论视角看战后日本的企业治理》，《日本学刊》2008年第6期，第44页。

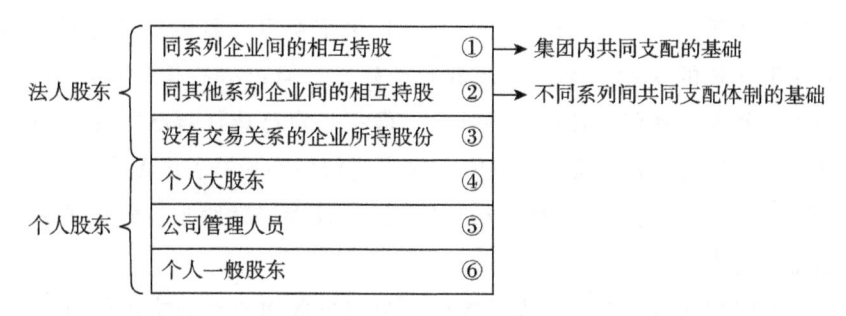

```
法人股东 ┬ 同系列企业间的相互持股      ① → 集团内共同支配的基础
        ├ 同其他系列企业间的相互持股  ② → 不同系列间共同支配体制的基础
        └ 没有交易关系的企业所持股份  ③

个人股东 ┬ 个人大股东                  ④
        ├ 公司管理人员                ⑤
        └ 个人一般股东                ⑥
```

**图 3-2　股权结构与公司控制权**

资料来源：松井和夫「日米企業の株式所有構造と株価形成（上）」『証券経済』、1979 年 5 月。

董事会对经营者的约束与监督，还屏蔽了其他普通股东对经营者的制约，弱化了公司治理的功能。

第一，法人间相互持股对资本市场压力的屏蔽作用。

作用友好的股东，不会根据股价的变化买入或卖出股票，即放弃了"用脚投票"的权利，使公司经营者不用担心由于股价下跌公司会被其他公司并购，从而隔断了来自资本市场对公司经营者的压力。

通过法人间相互持股形成的日本独特的股权结构缓解了非友好股东"用脚投票"引起的股票价格波动，使通过敌意并购形成的制约经营者行为的公司控制权市场机制失去了效力。这样，公司经营者不用担心由于被其他公司并购而失去职位，从而隔断了来自资本市场对公司经营者的压力。法人间相互持股的制度安排，屏蔽了资本市场对经营者的制约，支持了日本公司治理的形式化，使内部人控制得以形成。

第二，相互持股剥夺了一般股东行使决议权。

友好股东也不会在股东大会上反对经营者提出的提案，即放弃了用手投票的权利。这样，通过法人间相互持股形成的日本独特的股权结构屏蔽了来自非友好股东的声音。

日本公司通过法人间相互持股抑制了股份的分散化，在日本公司中形成了相对集中的股权结构。这些大股东作为友好股东，一般在股东大会上不会反对公司的提案，在多数决原则下，就意味着剥夺了普通股东的"共益权"。非友好股东无法通过行使决议权解任现任董事，聘任能代表其利益的新董事，这隔断了普通股东对公司董事会的影响，使董事的选任、解任董事，监事的选任、解任，决定董事、监事报酬的权力都掌握在了社长的手中，使"选董事的是社长，但选举社长的是董事会，社长选举董事，其董事必然选举社长，即社长自己选任自己"这一循环持续下去，维持了董事会成员基本上来自公司内部晋升者的董事会构成。

第三，相互持股的人质效应使友好股东成为沉默股东，弱化了大股东的监督功能。

法人间相互持股有一种人质效应，当双方股东都对对方的管理层行使控制权时，相互持股的两家公司的管理者均处于不利的地位。如果双方都不以股东的身份对对方进行控制，那么对双方的管理者来说都有利。① 这样，就削弱了股东对公司经营者的控制，所以具有业务关系的法人间相互持股使商法所规定的董事会治理机制成为一纸空文。

另外，相互持股产生的未实现利润的缓冲效应也削弱了对经营者的监督与制约。许多企业在经营业绩不佳时，利用相互持股产生的未实现利润，造成企业利润增加的假象。特别是在泡沫时期，还出现了企业通过相互持股推升股价的问题。②

### 2. 相互持股弱化股东支付政策的信号作用

法人间相互持股使日本公司可以通过采用与公司业绩不具有联动性的稳定的分红政策，弱化反映公司业绩的分红的信号作用，这样不仅加剧了股东与经营者之间的信息不对称性，而且也减弱了公司业绩波动引致的股价变动，进一步隔离了股东对公司经营的影响。日本企业的分红率（1股分红金额/面额）基本上保持在10%左右，通常用"5日元分红"或"一成分红"表示。③ 日本公司稳定的分红政策是在两股力量的制衡下形成的。一是制度的路径依赖。不仅战时统制经济下对企业分红进行了严格限制，战后为尽快恢复生产，日本政府通过出台法令、进行行政指导来限制分红的上限。二是通过法人间相互持股成为大股东的金融机构对分红比例的要求。20世纪60年代，城市银行、地方银行的贷款实际利率一般维持在10%~12%。④

---

① 高柏：《日本经济的悖论》，商务印书馆，2004，第121页。
② 江川雅子『現代コーポレートガバナンス』日本経済新聞出版社、2018、119頁。
③ 宮川壽夫『配当政策とコーポレート・ガバナンス』中央経済社、2013、97頁。
④ 宮川壽夫『配当政策とコーポレート・ガバナンス』中央経済社、2013、98~99頁。

在《股利政策与公司治理》（1982年）一书中，罗泽夫（Michael S. Rozeff）认为，股利支付是公司最优的监督/约束系统的一部分，可以降低代理成本。为了更好地对公司实行监督，股东倾向于外部融资，因为外部融资迫使公司经营绩效必须面临市场评估，进而对管理层构成巨大压力。为了增大融资成功的可能性，公司倾向于支付高额的现金股利，以给潜在的投资者良好的心理预期。而高额的股利支付要求公司产生充分的现金流并将其支付给股东。就此而论，股东支付政策就成为诸多代理成本控制方法的替代性机制。[①] 股利支付可能是一个敦促经理人员去追求价值最大化的约束机制。高额的股利支付确保经理人员集中关注产生足够多的现金流，并且确保股利不被投入回报低于筹资成本的项目。同样严苛的股利政策也可以削弱股东监督的努力。

另外，股利政策可能同时构成一个重要的信号。根据建立于信息不对称基础上的信号理论，由于公司管理者和投资者之间信息不对称，股利的变更可能将经理人员关于公司前景的内部信息传递给外部人，所以，公司提高股利就是向市场传递"盈利能力强"的良好信号；反之，就是向市场传递"盈利能力弱"的不良信号。因此，该理论认为，股价的升降与投资者对现金股利的偏好并没有关系，只是由于信息的不对称而使投资者的反应各不相同。[②] "股利的削减会被市场解读为一种坏消息的强烈信号，这一坏消息既事关公司现状，又关乎公司前景。"[③]

由于法人间相互持股的股东之间一般有业务往来，所以法人间相互持股的目的并不是获得股份红利，而是通过友好股东的相互支持加强公司间业务合作关系。所以法人股东间不会向对方的管理层施加增加分红的压力，因为增加分红只能使非相互持股的股东财富增加，而不会给相互持股股东带来多余的收益，反而使利润的内部留存减少，影响企业扩大规模，进而影响到业务量的增加。而只有相互持股公司业务量的增加才能为双方带来更大的收益。其结果就是日本公司分红比例的下降和内

---

[①] 路易斯·科雷拉·达·希尔瓦、马克·格尔根、吕克·伦内布格：《股利政策与公司治理》，罗培新译，北京大学出版社，2008，第1页。

[②] 路易斯·科雷拉·达·希尔瓦、马克·格尔根、吕克·伦内布格：《股利政策与公司治理》，罗培新译，北京大学出版社，2008，第4页。

[③] 路易斯·科雷拉·达·希尔瓦、马克·格尔根、吕克·伦内布格：《股利政策与公司治理》，罗培新译，北京大学出版社，2008，第36页。

部留存的增加。另外，由于分红率作为公司盈利的信号，其变化会引起股价的波动，所以在股东无法施加增加分红的压力下，采取稳定的分红政策是经营者弱化分红的信号作用，避免受到资本市场影响的选择。

由于法人间相互持股隔离了来自股东的约束，符合管理层的利益，所以管理层有增加法人间相互持股的内在动力。只要条件允许，管理层就会积极开展相互持股。在"相互持股"与"股利政策"的有效协调下，公司治理进一步形式化。

这样，在后发展经济条件下，以日本传统企业制度为基础，形式化公司治理就使企业经营者可以摆脱股东追求短期利润的压力，从企业的长期发展着眼，不断扩大生产，进行研发投入，使追求市场占有率的经营战略优势得以发挥，在产业上升阶段使企业可以通过扩大规模和增强技术创新能力来获得竞争力优势，从而有利于出口的实现。政府通过上述制度安排，使企业的发展方向与日本政府的整体国家发展战略保持一致。

## 第三节 公司治理实践：背离成文法规范

世界银行报告《公司治理：实施框架》指出，公司治理结构最狭义的定义是界定公司内部公司管理者与股东关系的一系列制度安排或内部机制，这些制度安排的具体内容规定于公司法、证券法、公司上市要求，或者公司章程、股东协议等公司文件中。[①] 本节采用这一最狭义的定义对日本商法规定下的日本公司内部治理结构进行考察，指出日本内部人控制是对日本商法语境下的公司治理结构的背离，日本商法被捧入神龛发挥装饰作用。

### 一 商法语境下的公司治理结构

公司是在法律规定下形成的由股东、董事、经理组成的"权力集合"。公司内部治理结构本质上是指在公司法人财产的委托－代理制下规范不同权力主体之间（指公司股东大会、董事会、监事会、经理层等）权、责、利关系的一种对公司机关设置的制度安排。它包括各构成主体

---

[①] 王文钦：《公司治理结构之研究》，中国人民大学出版社，2005，第137页。

的权力来源、运用与限制，定义了决策制定的内部程序以及不同利益相关者在决策制定过程中的参与程度，在法律上将董事的职责界定为勤勉义务和忠实义务。勤勉义务意味着董事在决策时必须尽职调查。他必须尽可能多地挖掘与待裁决问题相关的信息，并且能够表明为了做出决策他已经考虑了所有的可能的选择。忠实义务意味着对股东表现出不屈不挠并且专一的忠诚。[1] 按照惯例，国家一般通过公司法对公司的机关设置、权利、义务和责任进行严格的规定，并强制公司根据公司法的规定执行。公司内部治理结构是一个法律框架，是保护公司所有者——股东利益和保障资本市场实现资金优化配置的制度安排。根据各国公司法的不同规定，公司内部治理结构基本上分为单层结构和双层结构。

日本对公司治理的规范是以商法为中心进行的。一般可以将日本商法赋予股东的权利分为自益权与共益权，自益权包括以接受公司剩余金分配为代表的直接从公司获取经济利益的权利，共益权指通过行使表决权等参与公司经营的权利。由于股东只需承担有限责任，而且股东具有股票自由转让权，加之股东高度分散，所以商法赋予股东直接影响公司经营的权利非常有限。通常仅包括以下几项权利：一是利用多数决原则，通过实施决议权在股东大会上选择股东代理人董事、监事，并决定其报酬及影响公司财产等重要事项的决定权；二是股东有权提交股东提议并进行投票表决；三是股东代表诉讼权，即对没有履行义务的董事及高级管理人员直接提起诉讼。公司机关是由商法规定的决定公司业务、执行公司业务、代表公司及监督公司业务的人与人的集合。[2] 在公开公司中，原则上由全体股东作为成员组成的公司机关即股东大会仅负责对公司的最基本事项进行意思决定，而公司业务执行的决定则由股东大会选任的董事组成董事会来进行。但作为"会议主体"的董事会来执行公司业务或者代表公司也并不恰当，因此包括执行公司业务和对外代表公司的权限一般均由董事会选任的代表董事来负责实施。此外，作为监督代表董事业务执行状况的机关，公司还设立了监事（会）。[3] 因此，股东大会、

---

[1] 罗伯特·A.G.蒙克斯、尼尔·米诺：《公司治理》，李维安、牛建波等译，中国人民大学出版社，2017，第222~223页。
[2] 近藤光男：《最新日本公司法》，梁爽译，法律出版社，2016，第171页。
[3] 近藤光男：《最新日本公司法》，梁爽译，法律出版社，2016，第172页。

董事会、监事（会）是否能发挥对经营者的监督功能及股东代表诉讼的可实施性直接决定了公司治理的有效性，进而直接影响股东的利益是否能够得到有效保障。

1950年商法修订后，为纠正修改不当引起的问题及弥补其中的不足，又于1955年、1962年与1966年进行了修订。在迎来战后高速增长的同时，20世纪60年代出现了以山阳特殊制钢为代表的粉饰决算、大企业倒闭等问题。基于对上述问题的反省，开始讨论公司治理机关的合理性问题，结果形成了要加强大规模股份公司监察体制的意见。为了强化对公司经营者的监督，1974年商法修订恢复了监事的业务监察职责（1974年商法修订第274条），其中包括对子公司调查权的规定。1974年制定了《关于股份公司的监察等商法特例法的法律》（以下简称《商法特例法》），恢复了大、中公司监事对业务的监察职能，并在大公司引入了"会计监察人"制度。① 20世纪70年代发生的洛克希德事件、麦道（MD）事件推动了1981年商法的修订。1981年商法修订的目的是围绕"股东大会的活性化"和"董事会功能改善"展开的。在1981年修法中，股东大会权限中有关公司财务会计报表等财务资料的承认权限被缩小，而专门由董事会决议的事项法定下来，且董事会的监督职能也得到了一定的充实。② 1981年商法修订的主要内容包括，董事与监事在股东大会的说明义务，创立了股东提案权的相关规定，明确了属于董事会权力的重要决议事项及对董事（会）业务执行的监督权限。③ 1981年，为实现股东大会运营的适当化，引入了书面投票制度，并进一步充实了监事制度；强化了监事权限与独立性，要求公司内不能仅设置一名监事，并要求其中一名监事为常勤（专职）。④ 1993年，进一步推行了强化监事独立性的改革，要求大公司必须选任3名以上监事，其中必须有一名为

---

① 和田宗久「公開型株式会社にかんするガバナンス制度の変遷と課題」稲葉威雄・尾崎安央編『改正史から読み解く会社法の論点』中央経済社、2009、67頁。
② 近藤光男：《最新日本公司法》，梁爽译，法律出版社，2016，第174页。
③ 和田宗久「公開型株式会社にかんするガバナンス制度の変遷と課題」稲葉威雄・尾崎安央編『改正史から読み解く会社法の論点』中央経済社、2009、68頁。
④ 浜田道代「日本における会社法改正の動向」名古屋大学法政国際教育協力研究センター「CALE叢書」第3号、2004年3月、http://ir.nul.nagoya-u.ac.jp/jspui/bitstream/2237/20186/1/4_CALESousho3.pdf。

独立监事。到 20 世纪末，日本公司治理改革一直以监事制度改革为中心。此后，全面修订商法的意见不断增多。

可以看出，日本商法也同世界其他国家的商法一样以股东主权主义为基础，其权力路线为"股东大会→董事会→经理层"。从商法规定看，日本甚至比欧美国家更加注重对经营者的监督，在单层治理的基础上还增加了监事对经营者的监督，从而形成了董事会和监事对公司经营者进行双重监督的双层治理结构（见图 3-2）。

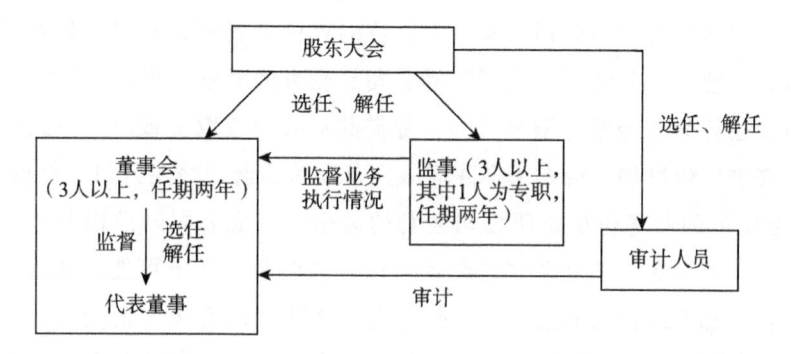

**图 3-2　1993 年前日本公司内部治理结构（《商法特例法》下的大公司）**

资料来源：浦野倫平「会社機関とコーポレート・ガバナンス」佐久間信夫・浦野倫平編『経営学総論』学文社、2008、32 頁。

## 二　公司治理机关的形式化

与教科书上讲解的监督公司经营者是股东委托其代理人董事的主要任务这一资本主义模式不同，在主银行替代股东成为公司的主要资金提供者、法人间相互持股形成的友好股东的持股比例远远超过一般股东的情况下，股东对公司经营者的监督形式化，表现之一就是商法规定的监督、制约经营者的股东大会、董事会与监事制度的形式化。

1. 股东大会的形式化

股东大会作为股东行使决议权的会议，是股东治理的中心。从治理的角度看，股东通过在股东大会上行使决议权来影响经营者的继任及报酬，是向经营者施压、约束经营者按照股东意志、为股东利益最大化开展公司经营的有效路径之一。但在内部人控制下，股东已无力在股东大会上行使权力，使股东大会的治理功能失效。

首先，日本公司召开股东大会几乎都集中在一天，会议时间短，职工股东在出席股东人数中比例较高，而且出席股东基本保持沉默，并受"总会屋"控制等。"总会屋"就是就股东的权利行使向公司提出不正当的金钱要求的个人或组织。之所以被称为"总会屋"，是因为"总会屋"大多围绕股东大会展开活动（股东大会的日语为"株主总会"）。"总会屋"的行为包括：通过出席股东大会并执拗地进行与议题无关的提问或者大声喧哗等，妨碍大会议事与运营；通过上述方式行使提案权等权利以夸耀其实力或强迫公司购买毫无价值的宣传资料等；有时也站在公司一方，威胁反对其他"总会屋"和公司经营者的股东；等等。"总会屋"进行上述行为时经常伴随着暴力，并借此从公司获取金钱。① "总会屋"的存在进一步增加了股东大会在同一天召开的数量。站在公司的立场看，"总会屋"的危害包括妨碍公司经营的健全、造成公司财产浪费和违反股东平等原则等，并且在"总会屋"横行的股东大会上可能出现普通股东连提问都无法进行的情况。因此，为了分散"总会屋"的力量，许多3月决算的上市公司都在同一天（6月末的同一天，定期股东大众集中日）召开定期股东大会。这就助长了轻视普通股东的风气和股东大会的形骸化。②

根据1997年股东大会白皮书统计，1997年上市的2387家公司中，1807家（占76%）是集中在6月27日召开的股东大会。在1997年6月召开股东大会的1927家公司的平均会议时间仅为29分钟。③ 参加股东大会的股东仅占21.8%。从出席的人数看，出席者在100人以下的公司为1842家，占77%，职工股东出席股东大会的人数在50人以上的占18.1%，29名以下者占48.6%。再加上"总会屋"的控制，虽出席但不发言者为数也不少，股东大会成为"沉默的大会"。召开股东大会只不过是走形式而已。④

---

① 山本为三郎：《日本公司法精解》，朱大明、陈宇、王伟杰译，法律出版社，2015，第139页。
② 山本为三郎：《日本公司法精解》，朱大明、陈宇、王伟杰译，法律出版社，2015，第140页。
③ 久保克行「経営者インセンティブと内部労働市場」花崎正晴・寺西十重郎編『コーポレート・ガバナンスの経済分析』東京大学出版社、2003、83頁。
④ 马连福：《公司内部治理机制研究——中国的实践与日本的经验》，高等教育出版社，2005，第130页。

另外，股东大会失去了对经营者报酬的决定权。

依据商法的规定，董事的报酬是由公司章程或股东大会的决议决定的（商法第269条）。但实际上，没有公司在公司章程中规定董事的报酬。这样依据商法规定，公司董事的报酬应该由股东大会决定。但实际上并不向股东大会提交准备向每一位董事支付的具体报酬金额，而只是提交准备向董事全体支付的报酬总额的最高金额。而每一位董事的具体报酬由社长决定。① 仅以董事报酬和退职金为例，虽然法律规定股东大会决定董事的报酬，但对于每个董事来说报酬却由社长来定（见图3-3、图3-4）。而且，这一最高金额也不是每年都在股东大会上进行决议。例如，1975~1997年新日本制铁最高限度额在股东大会上变更了六次。而增额理由是董事人员增加、通货膨胀等，特别是员工工资增加，所以高级管理人员的工资也要增加。② 公司员工的工资与公司业绩具有相关性。1988年，奖金占制造业劳动者年收入的18%，1995年这一比例上升到22%。③ 公司治理有效性的表现之一就是经营者报酬与公司价值具有联动性。但日本经营者的报酬制度虽然与业绩相关，但缺乏与公司价值的联动性，因此失去了制约、激励经营者与股东利益保持一致的治理功能。

| ①在股东大会上确定董事报酬的总额度，然后委托董事会进行具体分配 | ②在董事会上决定由（代表董事）社长对每个董事的报酬进行决定 | ③（代表董事）社长对每个董事的报酬进行决定 |
|---|---|---|

**图3-3 董事报酬的决定程序**

资料来源：戸島利夫・辻敢・堀越董『税法会社法からみた役員給与』税務研究会出版局、2008、254頁。

同时，股东大会失去了选任经营者的决定权。

---

① 久保克行「経営者インセンティブと内部労働市場」花崎正晴・寺西十重郎編『コーポレート・ガバナンスの経済分析』東京大学出版社、2003、86~87頁。
② 久保克行「経営者インセンティブと内部労働市場」花崎正晴・寺西十重郎編『コーポレート・ガバナンスの経済分析』東京大学出版社、2003、87頁。
③ 久保克行「経営者インセンティブと内部労働市場」花崎正晴・寺西十重郎編『コーポレート・ガバナンスの経済分析』東京大学出版社、2003、88頁。

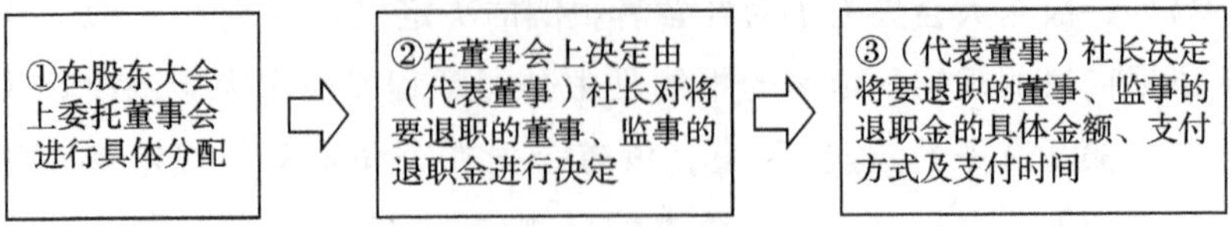

```
①在股东大会    ②在董事会上决定由    ③（代表董事）社长决定
上委托董事会  → （代表董事）社长对将 → 将要退职的董事、监事的
进行具体分配      要退职的董事、监事的   退职金的具体金额、支付
                  退职金进行决定         方式及支付时间
```

**图 3-4　董事、监事退职金的决定程序**

资料来源：戸島利夫・辻敢・堀越董『税法会社法からみた役員給与』税務研究会出版局、2008、309 頁。

虽然法律规定由股东大会选任公司董事，但日本公司一般是由现任经营者选择继任者，而股东大会只不过是走形式。根据日本经济新闻在 1986 年 5 月对日本具有代表性的 100 家公司社长的调查，对于"选择社长继任者时决定权的优先顺序"这一问题，87.5% 的社长表示是由自己决定。正如东芝公司社长所指出的，最重要的工作是人事权，决定自己的继任者。① 从法律规定看，经营者是由股东选任的。但从日本战后的企业经营史来看，经营者都是由前任经营者选任的。如果单纯从法律理论来说这是非常大的问题，但从经营的继承性来说又具有合理性。②

**2. 董事会的形式化**

尽管依据商法的规定，董事会具有决定重要事项，监督经营与评价、选任经营者的权利与责任，但由于日本董事会基本上是由公司内部晋升的管理者构成，且董事会成员与管理层人员通过相互兼职实现了高度的重叠，所以从公司治理角度来评价日本公司的董事会的话，其已经丧失了代表股东利益、监督经营者行为、防止其对股东利益的侵害的法律赋予董事会的基本职能，逐渐演变为对管理人员长期、努力工作的一种激励机制。终身雇佣与年功序列在支持员工与企业形成共同体关系外，还使同期进入公司的员工间形成竞争关系。进入董事会是职业生涯长期竞争的目标，同时发挥着管理层选拔机制的作用。日本董事会是日本以终

---

① 加護野忠男・砂川伸幸・吉村典久『コーポレートガバナンスの経営学——会社統治の新しいパラダイム』有斐閣、2012、92～93 頁。
② 武井一浩編『企業法制改革論Ⅱコーポレート・ガバナンス編』中央経済社、2013、76 頁。

身雇佣、年功序列为特征的雇佣体系的延长线。① 这种激励机制的副产品就是董事会规模的巨大化及由核心董事组成的经营会议、常务会等非法定机关的出现。庞大的董事会很难对公司经营进行有效决策，于是公司的决策通常在由董事会核心成员即会长、社长、副社长、执行董事组成的经营会议、常务会等非法定机关的会议上决定。而董事会仅仅是对已决策事项进行事后追认，致使董事会的决策功能仪式化。另外，由于董事与高层管理人员高度重叠，自己监督自己导致董事会监督功能形式化。因此，日本公司的权力核心并不是董事会而是经营会议、常务会等非法定机关，从而导致董事会功能的退化，进而形成日本公司的内部人控制。

第一，董事会规模庞大。

日本公司董事会的一大特征就是规模大。随着公司的成熟、规模的扩大，日本董事会的人数也不断增加，且董事人数与企业规模呈正比（见表3-6）。到1975年，上市公司特别是大规模上市公司的董事会人数非常多。如三菱商事有49名股东，拥有30名以上董事的公司有20家。② 出现规模庞大的董事会主要是基于以下三个原因。一是日本集团化、系列制企业间关系。为维持交易关系，企业间会互派董事。二是作为激励员工与企业命运共同体关系的终身雇佣、年功序列制度的延长线，晋升为董事也是对员工的一种激励。日本公司中董事的职位，实际上相当于公司给予长期工作的员工的一种报酬。在日本型企业制度下，公司董事会演变为日本公司对员工特别是管理人员的一种激励机制。三是公司的重要决策并不由董事会而是由常务会、经营会议等非法定机关来决定。所以，随着公司规模的扩大、关系企业的增加、终身雇佣制和年功序列制度的强化，不仅董事会人数不断增加，而且构成董事会人员的特征也渐渐出现变化。除了公司的核心管理层人员以外还增加了因获得董事头衔"荣誉"而进入董事会的人员。

---

① 細江守紀「取締役会，社外取締役，及び最適ガバナンス機構」細江守紀編『企業統治と会社法の経済学』勁草書房、2019、44頁。
② 大杉謙一「日本型取締役制度の形成と課題」宍戸善一・後藤元『コーポレート・ガバナンス改革の提言——企業価値向上・経済活性化への道筋』商事法務、2016、185頁。

表 3-6　大公司董事会及高级管理团队的规模

单位：人

| | 1975年 | | 1980年 | | 1985年 | | 1990年 | | 1995年 | |
|---|---|---|---|---|---|---|---|---|---|---|
| | A | B | A | B | A | B | A | B | A | B |
| 朝日啤酒 | 18 | 7 | 19 | 9 | 25 | 8 | 39 | 25 | 37 | 15 |
| 麒麟啤酒 | 18 | 9 | 23 | 10 | 28 | 11 | 30 | 13 | 34 | 12 |
| 旭化成工业 | 29 | 19 | 24 | 20 | 31 | 23 | 34 | 19 | 35 | 21 |
| 三菱化学 | 27 | 14 | 28 | 16 | 30 | 17 | 29 | 18 | 43 | 20 |
| 富士胶卷 | 19 | 14 | 19 | 9 | 21 | 11 | 21 | 9 | 21 | 9 |
| 普利司通 | 24 | 11 | 25 | 13 | 25 | 11 | 25 | 12 | 25 | 11 |
| 新日本制铁 | 48 | 24 | 48 | 24 | 48 | 29 | 48 | 25 | 44 | 22 |
| 川崎制铁 | 28 | 17 | 28 | 19 | 33 | 19 | 35 | 18 | 28 | 15 |
| NKK | 35 | 18 | 35 | 21 | 40 | 24 | 40 | 24 | 32 | 18 |
| 住友金属 | 30 | 17 | 30 | 18 | 32 | 19 | 31 | 15 | 30 | 15 |
| 神户制铁所 | 29 | 18 | 34 | 17 | 34 | 20 | 40 | 26 | 38 | 19 |
| 日立制作所 | 24 | 15 | 25 | 18 | 29 | 20 | 35 | 26 | 33 | 22 |
| 东芝 | 23 | 12 | 28 | 15 | 28 | 17 | 33 | 20 | 32 | 21 |
| 三菱电机 | 26 | 13 | 26 | 14 | 27 | 17 | 34 | 28 | 33 | 20 |
| NEC | 24 | 12 | 26 | 16 | 32 | 18 | 38 | 21 | 38 | 21 |
| 富士通 | 24 | 13 | 26 | 16 | 30 | 14 | 32 | 17 | 32 | 14 |
| 松下电器 | 26 | 15 | 29 | 20 | 25 | 12 | 33 | 19 | 32 | 15 |
| 夏普 | 17 | 13 | 27 | 14 | 26 | 14 | 30 | 17 | 33 | 21 |
| 索尼 | 21 | 9 | 27 | 12 | 31 | 17 | 37 | 18 | 38 | 20 |
| 三洋电机 | 27 | 13 | 30 | 15 | 23 | 13 | 34 | 18 | 30 | 15 |
| 电装 | 19 | 8 | 25 | 13 | 33 | 13 | 38 | 18 | 35 | 15 |
| 松下电工 | 21 | 12 | 21 | 11 | 21 | 11 | 26 | 14 | 29 | 10 |
| 三菱重工 | 40 | 13 | 40 | 15 | 37 | 15 | 40 | 15 | 39 | 14 |
| 川崎重工 | 30 | 15 | 30 | 12 | 27 | 16 | 32 | 18 | 35 | 21 |
| 石川岛播磨重工 | 30 | 14 | 26 | 11 | 29 | 10 | 27 | 14 | 30 | 15 |
| 日产汽车 | 39 | 16 | 46 | 24 | 45 | 19 | 46 | 23 | 39 | 20 |
| 丰田汽车 | 30 | 14 | 35 | 15 | 50 | 17 | 50 | 23 | 55 | 19 |

续表

|  | 1975 年 | | 1980 年 | | 1985 年 | | 1990 年 | | 1995 年 | |
| --- | --- | --- | --- | --- | --- | --- | --- | --- | --- | --- |
|  | A | B | A | B | A | B | A | B | A | B |
| 本田技研 | 19 | 8 | 32 | 17 | 33 | 16 | 32 | 14 | 35 | 15 |
| 佳能 | 15 | 8 | 20 | 7 | 23 | 11 | 27 | 11 | 26 | 12 |
| 大日本印刷 | 28 | 14 | 24 | 9 | 24 | 13 | 28 | 13 | 31 | 15 |
| 平均 | 26.3 | 13.5 | 28.5 | 15 | 30.7 | 15.8 | 34.1 | 18 | 34.1 | 16.7 |

注：(1) 最高层管理者包括会长、副会长、社长、副社长、专务董事、常务董事；(2) 1995 年度使用总资本前 30 名的制造型企业；(3) A 为董事会，B 为最高层管理者。

资料来源：「会社年鑑」、日本経済新聞社，转引自田中一弘「日本企業のトップマネジメントと意思決定——企業統治の観点から——」『国民経済雑誌』第 181 卷第 2 号、94 頁。

第二，内部董事比例较高，董事会监督职能形式化。

一个公司的股东成千上万，并且分散于世界各地，他们无法监督他们雇佣的经理人，因此股东有权选择董事作为他们的代表并以他们的名义监督公司管理层。董事会作为所有者的代表（或者在一些股东人数有限的公司，可能是所有者本人），其目的就是在法律范围内保护公司的资产和促进公司长远、可持续发展。董事会的基本职能就是代表股东对管理层进行监督，以保持公司正确的前进方向，并在出现问题时进行必要的补救或人员替换。其存在就是为了雇佣、考核、激励和替换高层管理人员，确保财务报告的适当性和准确性，对公司的整体战略和发展方向实施监控，管理风险，并通过"上层的基调"来确保公司经营和全体雇员的诚信、正直。[1]

日本董事会成员除主银行和相互持股的关系企业派来的，主要由公司内部晋升的人员组成，而且这些董事一般还兼任某个部门的一把手，即由管理人员兼任的也较多。如前所述，1950 年商法修订不仅实现了由"股东大会中心主义"向"董事会中心主义"的转变，而且将董事会定位为"为确保业务执行董事的权限被合理行使"的公司机关。[2] 日本立法者以"避免对实业界产生冲击"为理由，在 1951 年实施的《商法修

---

[1] 罗伯特·A. G. 蒙克斯、尼尔·米诺：《公司治理》，李维安、牛建波等译，中国人民大学出版社，2017，第 208~209 页。
[2] 近藤光男：《最新日本公司法》，梁爽译，法律出版社，2016，第 174 页。

订实施法》（昭和26年法210号）中允许现任董事长、董事直接进入董事会。① 这一规定可以视为协调商法规范的治理结构与公司实际经营状况的举措。但是，由于自1899年日本商法颁布以来公司治理结构就是以股东大会作为最高的万能的决议机关，董事作为业务执行机关，监事作为监督机关，来实现各方间相互牵制从而保持权力平衡的，② 所以董事负有执行公司业务的职责。而《商法修订实施法》允许这些董事进入董事会并负有监督董事长业务执行的责任，也就意味着构成董事会的人员与负责业务执行的人员是相同的一组人，那么期待董事会发挥对经理人员进行监督的作用就变得毫无意义。③ 另外，由于1950年商法改革前日本公司的董事分为可以代表公司的董事长和不具有代表公司资格的一般董事，所以董事的地位是不平等的。但董事长与普通董事共同进入董事会后，要求董事对董事长的业务进行监督，也就意味着下级对上级进行监督。可以想象，这种"自己对自己""下级对上级"的监督是很难实现的。

人事权、报酬权掌握在经营者手中。虽然商法没有规定必须设立会议主席，但通常在公司章程和董事会规则中规定会议主席由社长担任。社长尽管是董事会聘请的，但社长也代表董事提名董事候选人，因此董事会成员实际上几乎都是社长从公司内部提拔的，董事人选由经营者决定，董事会只不过是事后追认而已。所以，在法律上虽然规定了董事会对代表董事的业务执行进行监督，但其在实际上很难发挥作用，因为日本传统董事会实际上已形成了以会长、社长、副社长、专务、常务、董事等的等级结构。在日本企业中社长处于金字塔顶端的业务执行体制已经形成，所以不管是董事会还是监事，都是很难对社长进行业务监督的。经营权与监督权没有很好地分离，董事长与总经理往往由一人担任。董事会的控制权实际掌握在董事长也就是社长手中。

---

① 『商法の一部を改正する法律施行法』（昭和26年6月8日法律第210号）、http://www.lawdata.org/law/htmldata/S26/S26HO210.html、2013年1月13日。
② 加美和照『新訂会社法（第九版）』勁草書房、2007、68頁。
③ 近藤光男「企業法と日本型資本主義」宮本又郎・加護野忠男・杉原薫・猪木武徳・服部民夫・竹内洋・近藤光男『日本型資本主義』、2004、135頁。

第三，董事会决议仪式化。

由于日本由内部晋升的董事会成员与经营管理团队成员高度重叠，且人数众多，所以董事会的实质性权限掌握在由核心董事会成员组成的常务会、经营会议等非法律规定的机关手中，董事会决议成为对公司决议的追认。

日本许多大公司的董事会拥有数十名董事，且是由实际上具有上下级关系的管理人员构成的。庞大的董事会影响了经营判断的速度，所以公司的经营决策就不需要全体董事参加，管理层的核心人物来决定就可以了。因此，有些公司通过章程规定或董事会决定，由业务担当董事等部分董事组成常委会。常委会有的是就非常重要的业务接受董事会委任的组织，有的是董事会或代表董事的咨询组织，有的是二者兼有。于是，在日本公司的董事会中又出现了常务会、经营会议等非法律规定机关，并出现了在常务会、经营会议等核心管理者会议上做决定后在董事会上走过场的董事会的形式化。上述做法存在导致董事会被架空的危险。[1] 这一董事会内部的重构进一步使权力向会长、社长、副社长等高级管理层集中，使日本公司的"内部人控制"特征得以加强。

常务会最早是由大阪商船在1951年设置的，在第二年十条制纸设置常务会后，设置常务会的公司开始增加。[2] 日本公司在董事会中设置了代表董事、专务董事、常务董事和一般董事，其中代表董事在董事会中具有至高无上的人事权。在董事会中，社长是最终决定公司基本方针的最高责任人，但实质上是由社长的辅佐机关——常务会来决定基本方针的。常务会由社长、副社长、专务、常务组成，有时还加上会长和部长。它是公司内部董事的知识集团和经营执行机关，同时决定公司的基本方针和控制公司的经营活动。常务会不是法定机关，是否设置根据各公司而定，但根据1960年经济同友会的调查，84.5%的公司设置了常务会或与之相似的机构。根据1992年东京律师协会与商事法务研究会的共同问

---

[1] 山本为三郎：《日本公司法精解》，朱大明、陈宇、王伟杰译，法律出版社，2015，第163页。

[2] 田中一弘「日本企業のトップマネジメントと意思決定——企業統治の観点から——」『国民経済雑誌』第181巻第2号、94頁、http://www.lib.kobe-u.ac.jp/repository/00045040.pdf。

卷调查，在资本金超过 300 亿日元的企业中，97.8% 的企业设置了常务会。① 30% 的常务会是由社长等代表董事决定设置，而董事会上应决定的重要事项几乎都在常务会上审议，所以常务会的开会频率较高，每月至少召开两次常务会的公司比例在 60% 以上。相反，董事会召开会议次数少，时间短。由于董事会人数多，频繁地开会有一定困难。从定期会议看，每月开会不足一次的公司在 90% 以上，其中 30% 的公司未达到商法规定的每年 4 次的要求，而且会议时间不足两小时的公司占 80%。从日本企业的运行实际来看，常务会在董事会中起到了关键作用。

可见，在以主银行为中心的间接金融和法人间相互持股、终身雇佣制度下，通过董事与管理层的兼职，公司治理的核心机制——公司的董事会制度已发生了本质性的改变。日本公司的董事会已不是股东的代理人，也不代表股东的利益来监督经营者的行为，而成为终身雇佣制下的一个职业目标和荣誉的象征，成为弥补物质激励不足的一种精神上的隐性激励机制。因此，这也就决定了日本董事会人数较多并大多由内部管理者晋升而来的特点。

3. 监事会形式化

1974 年和 1981 年商法修订的指导思想是通过扩大监事权力、强化监事的独立性来加强对经营者的监督。1974 年的商法改革，把监事的权限扩大到了对业务的监督，并赋予监事出席董事会并陈述意见的权利，取消了股东大会决议的诉讼及新股发行无效的诉讼等提起诉讼的权利，以及对子公司的调查权及要求董事报告的权利。另外，为强化监事的独立性，把任期由 1 年延长至 2 年，禁止缩短任期，并赋予被选任或解任的监事在股东大会进行陈述的权利。1981 年商法及《商法特例法》的修订，允许监事召集股东大会。为强化监事的独立性，将监事的报酬与董事的报酬分开，使监事更容易从公司获得监督费用。另外，要求大公司设置两名以上监事，其中一名为专职，② 但还是仅局限于"由公司内的经营者对经营者进行监督"，缺乏让公司经营者以外的人士对公司经营者

---

① 田中一弘「日本企業のトップマネジメントと意思決定——企業統治の観点から——」第 181 卷第 2 号、94 頁、http://www.lib.kobe-u.ac.jp/repository/00045040.pdf。
② 福田順『コーポレート・ガバナンスの進化と日本経済』京都大学学術出版社、2012、44 頁。

进行监督的思想基础。① 而且，要发挥监事对董事的监督职能，确保监事的独立地位是非常有必要的。商法虽然在针对提高监事的独立性以确保监事对董事业务执行监督的实效性方面做了大量的修订，但由于向股东大会提出的监事候选人的提案原则上还是由董事会拟定的，实际上董事会依然掌控着监事的实质性的人事权。② 此外，监事大多是由退任的董事及与代表董事熟悉的顾问管理人员来担任，而且在监事无法比董事获得更多信息且没有下属的情况下，很难实现对董事的监督。③ 所以，虽然也通过延长监事的任职年限、导入公司外监事等措施确保监事在公司的地位、强化监事的独立性，但监事的权限基本上没什么变化，仅限于对董事行为是否违法的监督。

所以，虽然商法明确规定了董事会和监事的权力，但日本公司的实际情况却是公司的实权不是被社长（总经理）就是被董事长把持，董事会和监事在不少公司中有名无实。所以表面上是董事选择董事长，实际上董事长是社长或总经理，而董事的地位一般要低于董事长，所以就很难说是谁选任谁、谁监督谁。虽然法律规定股东大会决定董事的报酬，但对于每个董事来说报酬却由社长来定。可见，社长掌握着公司的控制权。商法规定的监督机制在内部人控制下已经形同虚设。

## 三 内部人控制对成文法的实质性背离

以美国公司为例，公司治理具有以下六道防线：第一道防线为经理的报酬计划，一般分为短期的奖金和长期的激励型报酬；第二道防线为董事会；第三道防线为股东大会；第四道防线为并购和接管市场；④ 第五道防线为股票市场；第六道防线为股东代表诉讼。

如果以上述六道防线为标准来考察日本公司治理，就会发现，在美国公司建立起来的这几道保护股东利益的防线，在日本已被构建的非市

---

① 江頭憲治郎「日本の公開会社における取締役会の義務——特に監督について——」同志社大学日本会社法研究センター編『日本会社法制への提言』商事法務、2008、44頁。
② 奥島孝康編『企業の統治と社会的責任』金融財政事情研究会、2007、70頁。
③ 小林秀之「コーポレート・ガバナンスのあり方」小林秀之編『新会社法とコーポレート・ガバナンス——委員会設置会社VS監査役設置会社』中央経済社、2006、13頁。
④ 宁向东：《公司治理理论》，中国发展出版社，2006，第59~61页。

场治理机制形式化，公司内部晋升的经营者获得了公司的控制权，即日本公司通过法人间相互持股构建的友好股东高比例持股的股权结构屏蔽了来自股票市场及股东大会的压力，使控制权市场失效；内部晋升的管理人员进入董事会并控制了董事会，使董事会形式化；高昂的诉讼成本，使股东代表诉讼制度失去可操作性；而日本商法禁止对管理者发放股票期权，年功序列制使管理层的晋升、收入与股票价格脱节（见图3-5），进一步弱化了经营者与股东利益的一致性。

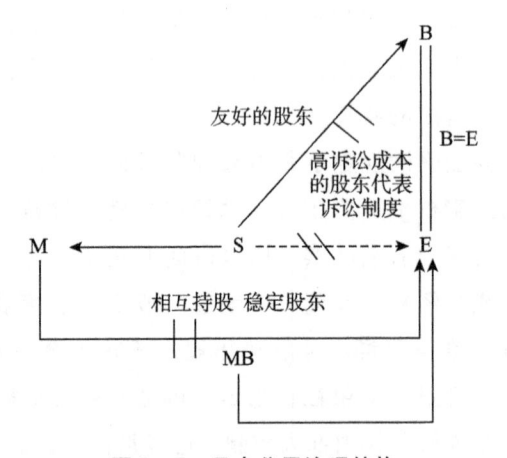

**图 3-5　日本公司治理结构**

注：S 为股东（shareholder），B 代表董事会（board of directors），E 代表管理层（executive officers），M 为股票市场（stock markets），MB 为主银行（main bank）；"---------▶"和"高诉讼成本的股东代表诉讼制度"为笔者添加。

资料来源：宫本光晴「日本コーポレート・ガバナンス改革——ステイクホルダー型ガバナンスは可能か——」花崎正晴・寺西十重郎編『コーポレート・ガバナンスの経済分析』東京大学出版会、2003、23頁。

股东大会、董事会、监事是公司治理中对公司经营者发挥重要制约作用的法定的公司机关。但在内部人控制下日本公司的股东大会、董事会、监事已经处于形式化的状态。董事会的意义在于股东通过它能够解雇不关心股东利益的现职经理，雇用更关心股东利益的新经理。[①] 但是，以1951年《商法修订实施法》的实施为起点，公司管理者占据了董事席位，日本公司的董事会不再代表股东利益监督经理人员，更不要说解雇

---

[①] 理查德·A. 波斯纳：《法律的经济分析》，蒋兆康译，中国大百科全书出版社，1997，第536页。

经理。当股东大会由法人大股东互派的公司经营者代表把持,当进入董事会成为一种员工激励机制后,董事会成员几乎全部由公司内部员工晋升而来,由董事会选举的董事长(社长)成为公司最高权力者,掌握着董事与监事的人事权。这就形成了一个奇特的循环:选董事的是社长,选社长的是董事会,社长选举董事,董事必然选举社长,即社长自己选任自己。① 如此,日本公司的权力核心并不是董事会,而是经营会议、常务会等非法定机关。在日本公司的实际运作中,其权力路线变为"董事长(社长或会长)→常务会→董事会追认→股东大会追认",明显背离了日本商法规定的以股东主权主义为基础的权力路线:"股东大会→董事会→经理层"。

## 第四节 公司治理实践背离成文法的激励

日本社会表面上遵循的原则与它的实际做法不一致的现象并不仅仅存在于公司治理领域,且早已引起人们注意。具体到公司制度,则同时存在自民党、官僚、财界"重视企业"的"真实的公司法原则"与"重视股东"的"表面的公司法原则"。但这一差异的长期存在对日本发展型国家发挥了积极的作用。② 日本公司实践对日本商法语境下公司治理对成文法的背离也有益于日本企业竞争力的提升。

二战后的日本,由于社会中存在生产力低下与国民生活水平提高预期之间的紧张关系,所以日本政府考虑的是如何提高社会生产力的问题。这样,如何弱化股东对公司管理层的影响,为管理层提供扩大生产、提升生产效率的自由裁量环境就成为日本政府需要解决的问题。所以,虽然日本商法对构成公司内部治理结构的机关设置进行了严格的规定,但在后发展经济条件下,在发展主义影响下,在发展导向型政府的引导和支持下,日本公司内部治理结构再次实现了成功的适应性翻译。通过"董事=管理人员"的人事制度安排,董事会和管理层成为同一群人。

---

① 奥村宏:《股份制向何处去——法人资本主义的命运》,张承耀译,中国计划出版社,1996,第45页。
② 查默斯·约翰逊:《通产省与日本奇迹——产业政策的成长(1925—1975)》,金毅、许鸿艳、唐吉洪译,吉林出版集团有限责任公司,2010,第37页。

一方面，董事会代表股东利益、监督管理层的职能基本消失，使公司治理形式化，背离了实体法对公司治理的相关规定；另一方面，公司治理的形式化也使日本公司经营者拥有裁量权，从而调动了经营者的工作积极性，降低了代理成本。如果从有利于公司实现高速发展和扩张的角度考虑，这一对商法的背离是符合日本政府发展导向战略要求的，也是在特定经济发展阶段与市场条件下最小化交易成本的一种制度选择。

日本公司治理的形式化及其对商法规定的背离的背后有日本政府对国家发展的整体考量，即形式化公司治理维系内部人控制是实现经济发展的一种必要的制度安排，而接受并保持日本商法的美国化是被西方社会接纳的一种必需的姿态。正是基于这一战略考量，公司治理的形式化及对商法规范的权力主体之间的偏离得到了日本立法、司法机关的庇护与默许。

## 一 被西方接纳

日本经济的后发展性、发展主义意识形态决定了日本商法、公司法承载着经济与政治外交的双重目标。政治外交的目标是对外显示、展示法律制度接受西方理念，拥有与西方世界共同的价值观，以维持对外关系。

商法原本只是规范公司当事人关系的法律，但日本商法在西方公司制度、公司法引进之初就被委以"巩固明治政权、修改不平等条约"的政治外交重任。德川时期，日本社会秩序得到了很好维持，但这并不是由于这个时代的日本人受到了成文法的约束。为修改1858年签订的不平等条约，获得关税自主权，使西方国家放弃治外法权，获得与西方平等的地位，明治政府必须证明日本是一个"文明"国家，以使西方国家觉得值得给予其平等的地位，在这一过程中，在某种程度上需要制定类似于欧洲国家的法律规范。因此，日本对西方法律制度的采用并不单纯是国内事务，同时它对于解决外部问题所需的迫切方案也是必不可少的，[①] 其承载着表现国家进步性、保持与西方意识形态的一致性的使命，并通过发挥对

---

[①] 平川佑弘：《日本转向西方》，若林正翻译，马里乌斯·B.詹森主编《剑桥日本史：19世纪》第5卷，王翔译，浙江大学出版社，2014，第441页。

外显示姿态的作用,以实现在西方侵蚀的外表下保留日本的独立性。①

很明显,日本形式化公司治理、忽视股东利益、抑制股东权利、支持"内部人控制"的制度安排与西方传统的以个人主义价值、信奉以股东财富最大化为经营导向、私人企业之间的自由竞争为基础的市场经济理念,以及西方国家特别是英美把股东利益最大化视为古典公司治理的基本原则发生了严重的冲突,而且具有反资本主义倾向。也就是说,发展导向型日本的企业观和价值观与西方资本主义的企业观、价值观发生了严重冲突。所以,日本立法机关需要维持符合西方价值观的商法,发挥装饰神龛的作用,掩饰形式化公司治理反映出的价值取向和政策目标。这样就出现了"日本公司实际运行情况"对"商法语境下的公司治理"的背离。

日本政府在与西方的交涉中积累了利用制定顺应西方价值观的法律争取国家实际利益的经验。如通过明治立法的完成取得了修订不平等条约的成功;战后,在GHQ采取"解散财阀""集中排除"的政策下,避免了对日本银行系统采取任何措施,原因之一也是日本政府制定了保证银行健康运行的银行法。② 所以,日本政府相信,要被西方阵营接纳,获得西方的先进技术,并在与美国的不对称合作中通过出口获得最大的利益,实现贸易立国,只能维持美国化的商法,用符合西方价值观的商法来掩饰日本形式化公司治理的价值取向和政策目标,以保持与西方意识形态的一致性,从而形成了"重视股东"的商法表面原则。

换言之,在以实现工业化、实现对西方国家的追赶作为国家百年目标的日本,立法者很难制定一部以"保障股东利益最大化"为真实原则的商法,而作为西方资本主义阵营的一员,日本又不可能在商法中明确提出"可以通过占有股东利益支持企业发展",所以只能采取默许公司的实际运行与实体法规定脱节的办法。可以说,日本商法只是为日本型公司制度披上了一层西方公司制度的外衣,以掩饰与西方企业观、价值观的差异。另外,特别要指出的是,在冷战结束之前,西方集团一直承

---

① 平川佑弘:《日本转向西方》,若林正翻译,马里乌斯·B.詹森主编《剑桥日本史:19世纪》第5卷,浙江大学出版社,王翔译,2014,第453页。
② 奥村宏『日本の六大企業集団』朝日新聞社、1996、151~152頁。

受着在意识形态方面保持团结的巨大压力，① 所以也就刻意回避和无视日本这些无关痛痒的差异。

## 二 实现赶超

非市场治理机制与商法等相关法律规定的有机组合，使日本公司治理形式化，支持了内部人控制的形成，赋予了企业经营者充分的经营自由，从而使控制权从所有者转移到了由企业内部晋升的拥有工程师经历的经营者手中。依据凡勃伦的观点，银行家文化导致了为谋取利润的勾结和对产量的限制；工程师文化导致了更大的产量和更高的效率。② 所以，由内部工程师晋升而来的经营者更偏好以扩大产量、提高生产效率为经营目标，而内部人控制为经营者扩大产量、提高生产效率的经营决策提供了可能。这恰恰与日本发展导向型国家发展战略保持了一致。日本公司的内部人控制是日本宏观经济政策得以实施的微观基础。可见，形式化公司治理维系内部人控制是国家发展战略的重要组成部分，是实现"赶超"西方目标的需要。

对于处于后发展阶段的日本而言，其选择"在全球范围内解决日本的经济问题"的发展方向，完成对比较优势经典定义的修正，并确立"通过国际分工获得比较利益最大化"③ 的发展战略，就决定了促进日本产业结构优化原则已成为主导日本国家政策范式的纲领性原则。④ 要使那些国际比较收益大的部门优先和尽快发展起来，⑤ 就必须防止企业在短视的资本市场压力下陷入短期性陷阱⑥，通过形式化公司治理屏蔽资本市场对管理层的压力，使经营者获得企业控制权的制度安排就是其中一环。所以，司法机关是不会通过法律手段对内部人控制进行干预。而一旦

---

① 高柏：《经济意识形态与日本产业政策——1931 - 1965 年的发展主义》，安佳译，世纪出版集团、上海人民出版社，2008，第 3 页。
② 哈罗德·得姆塞茨：《企业经济学》，梁小民译，中国社会科学出版社，2009，第 76 页。
③ 高柏：《经济意识形态与日本产业政策——1931 - 1965 年的发展主义》，安佳译，世纪出版集团、上海人民出版社，2008，第 24 页。
④ 平力群：《日本经济危机对策与产业结构调整——以产业政策范式的影响为视角》，《日本学刊》2011 年第 2 期，第 98 页。
⑤ 陈淮：《日本产业政策研究》，中国人民大学出版社，1991，第 27 页。
⑥ 宮島英昭『産業政策と企業統治の経済史—日本経済発展のミクロ分析—』有斐閣、2004、473 ~ 474 頁。

经营者摆脱了股东的制约，就能充分享受"自治"的好处，① 因为市场占有率和销售额特别是巨额的国际收入是企业成功的标志，而新产品是保证企业保持并扩大市场占有率的基础，所以扩大企业规模、提高市场占有率、加强对研发的投入就成了经营者维持和提升自己地位的手段。而经营者对地位、声望和财富的个人诉求及贪婪，决定了他们在不受约束的条件下具有无限扩张的动力，使日本企业表现出强烈的发展指向。② 可见，内部人控制与以发展为导向的日本国家战略保持了高度的一致，成为日本以生产为中心的发展战略得以实现的微观制度基础。

宫岛英昭指出，战后改革使经营者摆脱了外部大股东的过分监督，形成了由内部人构成的董事会来全面管理公司的局面，从而增强了职业经理（企业家、专业管理者）的主动性。但与此同时，战后改革也带来了股权分散、委托－代理成本增加、资本市场的目光短浅对企业经营的压力、负债比例上升引起的公司倒闭风险的增加等新问题，这些是战后改革的成本。而战后日本企业制度中的主银行制和法人间相互持股正是为降低以上改革成本在政府政策的引导与支持下形成的。③ 而主银行制和法人间相互持股是形式化公司治理形成内部人控制的制度基础。可见，日本政府对公司治理的介入，是在与民间部门博弈下通过推动构建非市场治理机制实现的。形式化公司治理正是日本政府为实现赶超目标有意识的制度安排。

第一，扩大生产的激励机制。

在形式化公司治理形成的内部人控制下，日本公司的董事会由代表董事和董事构成，而董事一般被授予小于代表董事权限的负责公司经营的具体业务管理权。这样董事会与经营者就成为同一群人。甚至可以把董事会成员称为高级经理。④ 而这些董事又几乎全部由公司内部（包括系列和集团）的管理者晋升而来，区别于西方的来自经理市场的职业经理

---

① 孙丽：《日本政府——企业关心模式解析》，《现代日本经济》2008 年第 4 期，第 39 页。
② 冈部光明『日本企業とM＆A』東洋経済新報社、2007、23 頁。
③ 宫島英昭『産業政策と企業統治の経済史—日本経済発展のミクロ分析—』有斐閣、2004、13～14 頁。
④ 江頭憲治郎「日本の公開会社における取締役会の義務——特に監督について——」同志社大学日本会社法研究センター編『日本会社法制への提言』商事法務、2008、42 頁。

人。如上所述，在日本特定的经济发展阶段与历史条件下，日本公司要解决的最大问题不是财产权与控制权分离产生的经营者利用控制权侵占股东利益的委托－代理问题，而是公司的生产力问题。所以"内部人控制"并不是问题，反而成为日本政府实现发展战略的一种企业制度安排。

也许日本政府已意识到以集团名义做出的决定实际上是由个体做出的，而这些个体在实现各自计划和目标的过程中权衡利弊、节约资源。[①]管理者个体行为的选择和决定将直接影响到企业的经营目标。在日本，在内部人控制及终身雇佣制度的框架下，产品（要素）市场实际上是对经营者唯一的约束。使日本公司内部人可以做出只有公司产品在市场上获得了成功，而且只有公司产品在市场上获得成功才能实现个人利益的预期。而所有社会现象均源于个体的行为及群体的合作，在这些活动中，人们基于预期的收益和成本进行选择。[②]因为日本公司的经营者清楚，一旦在自由竞争的商品市场上失败，马上就会面临"救济型并购"与银行的"管理型救济"（见表3－7）。虽然在日本敌意并购比较少，20世纪50年代中期至80年代初日本的M&A处于低潮阶段，但并不意味着日本不存在并购市场。[③]再者，日本缺乏经理人市场和日本社会对失败者的不宽容态度，这对日本经营者来说，不只是失去对公司的控制权，而且意味着失去了一切。由于存在上述可信性的威胁，所以，一旦形成公司发展与内部人的利益保持高度一致性的预期，就可以激发内部人为公司拼命工作的无限潜力。

表3－7 上市公司退市情况

单位：家

| | 1949~1955 | 年平均 | 1956~1964 | 年平均 | 1965~1973 | 年平均 | 1974~1982 | 年平均 | 1983~1991 | 年平均 |
|---|---|---|---|---|---|---|---|---|---|---|
| 1 退市总数 | 142 | 20.3 | 104 | 11.6 | 105 | 11.7 | 69 | 7.7 | 38 | 4.2 |

---

① 保罗·海恩、彼得·勃特克、大卫·普雷契特克：《经济学的思维方式》，马昕、陈宇译，世界图书出版公司北京公司，2008，第13页。
② 保罗·海恩、彼得·勃特克、大卫·普雷契特克：《经济学的思维方式》，马昕、陈宇译，世界图书出版公司北京公司，2008，第10页。
③ 宮島英昭「増加するM&Aをいかに読み解くか」宮島英昭編『日本のM&A』東洋経済新聞社、2007、22頁。

第三章 背离商法规范的公司治理形式化　　187

续表

| | 1949~1955 | 年平均 | 1956~1964 | 年平均 | 1965~1973 | 年平均 | 1974~1982 | 年平均 | 1983~1991 | 年平均 |
|---|---|---|---|---|---|---|---|---|---|---|
| 再建整理 | 33 | — | — | — | — | — | — | — | — | — |
| 2 与非上市公司合并 | — | — | 19 | 2.1 | 11 | 1.2 | 4 | 0.4 | 3 | 0.3 |
| 3 资本金不足或销售额不足 | 49 | — | 12 | 1.3 | 10 | 1.1 | 19 | 2.1 | 1 | 0.1 |
| 4＝1－(2＋3) 退市数 | 60 | 8.6 | 73 | 8.1 | 84 | 9.3 | 46 | 5.1 | 34 | 3.8 |
| 5 合并 | 25 | 3.6 | 38 | 4.2 | 47 | 5.2 | 16 | 1.8 | 21 | 2.3 |
| 6 更生 | 3 | 0.4 | 10 | 1.1 | 21 | 2.3 | 14 | 1.6 | 7 | 0.8 |
| 7 重组 | 12 | 1.7 | 3 | 0.3 | 5 | 0.6 | 2 | 0.2 | 2 | 0.2 |
| 8 银行交易停止 | 9 | 1.3 | 16 | 1.8 | 9 | 1.0 | — | — | — | — |
| 9 没有分红，债务超过 | 4 | 0.6 | — | — | — | — | 9 | 1.0 | 3 | 0.3 |
| 10 其他 | 7 | 1.0 | 6 | 0.7 | 2 | 0.2 | 5 | 0.6 | 1 | 0.1 |

资料来源：東京証券取引所「東証要覧」各年版，转引自宫島英昭编『日本のM&A』東洋経済新聞社、2007、23頁。

另外，资金提供者主银行与具有业务关系的法人相互持股使非友好股东失去了商法规定的选举、解聘董事的权力。在内部晋升机制下，管理者由内部晋升而来，人事权掌握在社长、董事长或总经理手中。不是由股东实质选举产生的董事会，当然不会站在股东的一方保护股东的利益，不会为监督经营者为实现股东利益最大化工作。实际上，非友好股东已经失去了保护自己利益和监督经营者的能力。这样，日本公司的经营目标就不再是股东利润最大化，而是追求市场占有率和新产品比例。①要追求市场占有率，就需要扩大生产规模及不断推出新产品。要扩大生产规模及不断推出新产品，就要进行设备投资，加大开发新产品力度，实现对研发及人力资源的持续投入。成本最低的资金来源就是增加利润留存，减少对股东的返还。为将应返还给股东的利益投入再生产，内部人控制就

---

① 岡部光明『日本企業とM&A』東洋経済新報社、2007、23頁。

成为必要的制度安排。而这也符合日本政府发展导向政策的目标。

内部人控制是在日本型金融模式、法人间相互持股的日本型股权结构和终身雇佣制的日本型雇佣制度条件下形成的。而上述制度安排都是在政府的支持和鼓励下做出的，所以实际上内部人控制一直受到日本政府的默许甚至支持。因此，立法者不会通过修订商法来打破内部人控制的平衡。只有当管理者的权力过度膨胀进而损害公司利益时，日本立法机关才有可能通过修订商法来加强对经营者的约束。但修订商法的目的并不是保护股东的利益，而是减少公司经营者的违法行为，实现公司的健康发展。

法律条款规定的监督与惩罚虽然可以直接控制管理层窃取公司利益的代理行为，但它对于管理层的卸责行为、偷懒行为等代理问题则几乎无法施以有效的控制，且需要很高的监督成本。而人们基于实现自己利益的预期对行为的选择，却具有自我可实施性，而且可以节省大量的监督成本。因此，可以说，以抑制股东利益为目标的形式化公司治理下形成的内部人控制为促进企业扩大生产，以低成本实现日本政府"贸易立国"战略和稳定就业的就业政策发挥了巨大的作用。

用奥村宏的话来说，第二次世界大战后日本经济高速增长的原因是采取了"公司中心主义"，即公司的繁荣与个人的牺牲。奥村宏还在《法人资本主义》一书中引用了近藤正幸在1983年发表于《东洋经济》周刊上的《零数经济下的上层管理》一文中的一段话来描述日本公司中股东权力受到忽视的状况："在日本企业中，最高决策机关和最高执行机构相一致的根本原因在于企业的所有者股东的影响力小，而且企业内部确立了经营者主权，尽管上层管理组织极为重视财务指标，也很少有企业提高股票价格和股息率。而这种股东影响力小的理由在于日本没有象联邦德国、法国那么多的私人股东。日本的法人股东中也没有象美国、英国那样多的纯社会事业投资单位。而且据说不少法人股东比起获得投资利润，更重视得到一个稳定的交易伙伴。同时，因为自有资本比例小，在筹集资金时所占股份比率小，所以股东的影响力就小。"[①]

---

[①] 奥村宏：《法人资本主义》，李建国等译，生活·读书·新知三联书店，1990，第111~112页。

可见，将公司的控制权赋予公司的经营者是在日本发展导向型国家战略目标约束下的合理选择。效率理论也为日本公司内部人控制的存续提供了理论依据。

第二，有利于增加资本积累。

日本型经营的实质就是日本经济独特的资本积累体制。形式化公司治理下的内部人控制是日本型经营的重要组成部分。内部人控制发挥着增加企业资本积累的作用。

宏观经济理论认为，经济增长取决于以下四个方面：①投入的增加；②投入质量的提高；③将资源重新配置到生产率较高的部门；④通过技术改进，用一定水平的投入创造最大化的产出。[①] 其中第一项就是"投入的增加"，而"增加企业内部积累"是成本较低的实现投入增加的手段之一，日本有效的"资本积累体制"是通过"较低的劳动分配率"和"较低的资本利润分配率"实现的，低成本的"资本积累体制"支持了日本经济取得极优的绩效。

法人间相互持股支持了内部留存的增加，复杂的相互持股还会潜在地激发内部人交易，阻止外部人（包括小股东）实施有效的公司治理。内部人共谋会造成对股东权力的剥夺，特别是对小股东的歧视。这是由于股东和内部人集团具有利益不一致性，前者寻求更大的投资收益，后者偏好保持利润而不是进行利润分配。而日本具有业务关系的法人间大量相互持股，使管理者增加利润留成的偏好增强，从而使公司的分红收入呈下降趋势而利润留成比例呈上升趋势（见表3-8）。国民所得中分红收入呈下降趋势（见表3-9）也支持了上述观点。

表3-8 主要企业利润分配

单位：%

| 时间 | 分红 | 董事奖金 | 企业内部留存 |
| --- | --- | --- | --- |
| 1931~1932 | 68.7 | 5.9 | 25.4 |
| 1933~1935 | 64.0 | 6.2 | 29.9 |

---

[①] 约瑟夫·E. 斯蒂格利茨，卡尔·E. 沃尔什：《经济学》，谭崇台译，中国人民大学出版社，2005，第593页。

续表

| 时间 | 分红 | 董事奖金 | 企业内部留存 |
| --- | --- | --- | --- |
| 1936~1940 | 61.3 | 5.1 | 33.6 |
| 1941~1943 | 60.1 | 4.9 | 35.1 |
| 1951~1955 | 47.1 | 4.8 | 48.1 |
| 1956~1960 | 52.7 | 3.2 | 44.1 |
| 1961~1965 | 65.4 | 1.9 | 32.6 |
| 1966~1970 | 43.2 | 2.1 | 54.7 |

资料来源：三菱経済研究所「本邦事業成績分析」，转引自岡崎哲二「戦時計画経済と企業」東京大学社会科学研究所編『現代日本社会 第4巻 歴史的前提』東京大学出版社、1994、375頁。

表3－9 国民所得分配

单位：%

| 时间 | 员工收入 | 农林水产个人业主 | 其他个人业主 | 租金 | 利息 | 分红 | 法人所得 |
| --- | --- | --- | --- | --- | --- | --- | --- |
| 1931~1935 | 39.6 | 13.3 | 19.2 | 9.5 | 9.3 | 3.5 | 3.0 |
| 1836~1940 | 37.8 | 16.3 | 15.8 | 7.5 | 8.7 | 4.1 | 7.0 |
| 1941~1944 | 42.9 | 13.8 | 13.9 | 4.9 | 10.4 | 2.8 | 11.3 |
| 1946~1950 | 40.5 | 25.5 | 26.0 | 0.9 | 1.1 | 0.6 | 5.6 |
| 1951~1955 | 48.2 | 20.2 | 18.0 | 2.1 | 2.1 | 1.1 | 8.1 |
| 1956~1960 | 51.1 | 14.9 | 14.6 | 3.5 | 3.8 | 1.5 | 9.9 |
| 1961~1965 | 53.7 | 10.1 | 14.2 | 4.2 | 4.9 | 1.9 | 10.2 |
| 1966~1970 | 54.1 | 7.9 | 13.9 | 4.6 | 5.6 | 1.4 | 12.4 |

注：旧SNA。

资料来源：東洋経済新報社「完結 昭和国勢総覧」1，转引自岡崎哲二「戦時計画経済と企業」東京大学社会科学研究所編『現代日本社会 第4巻 歴史的前提』東京大学出版社、1994、368頁。

正是法人间相互持股有使企业增加内部留存、减少股利分红的作用，与日本政府的发展导向政策相一致，所以相互持股非但没有受到政府的约束反而得到政府支持。首先，相互持股减少了对股东的利润分配，有利于资本积累，解决公司扩大再生产的资金问题，从而符合日本政府的发展导向政策。另外，在没有资本回报率压力和代表股东利益的董事会的约束下，管理层就会把扩大公司规模、追求产品占有率和销售额作为经营的目标，而这些目标恰恰符合政府的发展导向政策。最后，由于法人间通过相互持股形成横纵联合的公司组织结构，即使公司规模较小，外资也难以实现对日本公司成功收购，从而可以抵御外资的并购，保持日本公司的独立性。虽然法人间相互持股有利于增加对生产的再投入，使企业扩大生产规模、增加研发投入，但这是以牺牲普通股东的利益为代价的，也反映了日本社会的公司本位主义和轻视个人投资者的态度。[1]

以分红为例，在"股东大会中心主义"下，当政府试图减少对股东分红时，就不得不发布法令予以控制。如《国家总动员法》第 11 条规定：从 1939 年 4 月起，如果分红比例超过 10% 的公司希望继续提高分红率，或分红比例在 6% 以上的公司希望分红比例上升两个百分点，必须得到大藏大臣的批准。[2] 1944 年，军需省更是通过《有关明确企业的国家性的措施构想（试案第 1 号）》强行规定了股东分红比例不能超过 5%，并收回了为了保障股东权利商法赋予股东的权力，如对利润处理方式的决定权、公司债募集权、董事选任权等保障股东利益的权力[3]。甚至到了战后，日本政府为了保证公司能把有限的资金投入企业扩大再生产，还通过发布政府令的形式要求公司减少分红。根据限制公司分红等的限制令（1946 年 4 月），成为被限制的公司及后来被指定为特别财务公司的公司，禁止发放 5% 以上的分红或通过借款进行分红。[4] 1950 年，日本政府通过《第一次资产再评价法》再次强化对分红的限制。[5] 可见，只要公司治理机制能够发挥正常的功能，股东的正当权益就会得到保障。但通过形式化公司治理形成内部人控制后，减少分红成为公司

---

[1] 奥村宏『日本の六大企業集団』朝日新聞社、1996、369 頁。
[2] 『日本金融史資料 昭和編』第三四卷、218～219 頁，转引自岡崎哲二「戦時計画経済と企業」東京大学社会科学研究所編『現代日本社会 第 4 巻 歴史的前提』東京大学出版社、1994、383 頁。
[3] 『日本金融史資料 昭和編』第三四卷、218～219 頁，转引自岡崎哲二「戦時計画経済と企業」東京大学社会科学研究所編『現代日本社会 第 4 巻 歴史的前提』東京大学出版社、1994、393～394 頁。
[4] 岡崎哲二「企業システム」岡崎哲二・奥野正寛編『現代日本経済システムの源流』日本経済新聞社、1995、125 頁。
[5] 宮川壽夫『配当政策とコーポレート・ガバナンス』中央経済社、2013、98 頁。

的一种自组织行为,不再需要政府的直接干预,即制度的作用代替了政府的指令。

如果说是在"终身雇佣、年功序列、企业工会（即劳资协调路线）的条件下,维持较低的劳动分配率",那么"较低的资本利润分配率"就是在日本型企业制度的框架下通过形式化公司治理实现的。

### 三 降低监督成本

包含于日本政府努力构建的非市场治理机制中的日本传统企业制度,既是形式化公司治理的制度基础,也是支持除普通股东外的利益相关者监督经营者的制度保障。非市场治理机制替代公司治理机制中的对经营者守法行为与勤勉行为的监督。由于除普通股东之外的主银行、企业集团中相互持股的关系企业、公司员工等利益相关者与公司具有长期关系,且在扩大生产规模、实现企业长期发展方面与经营者具有利益一致性,基于激励相容原理,主银行、企业集团、供应商、公司员工与公司经营者之间形成利益制约关系,即经营者的收益决定于员工的努力,经营者利益最大化的行为也实现了主银行、企业集团、员工的利益最大化。另外,在较低的信息不对称性情况下,主银行、企业集团、公司员工对公司经营者的监督可以降低监督成本,并对经营者形成具有自律性的约束。

第一,主银行监督的有效性与对监督费用的节约。

主银行作为公司资金的主要提供者,为保证资金安全并进一步扩展业务具有监督企业行为的内在激励。而公司由于对主银行资金提供的高度依赖,也会配合主银行对其实施的监督。另外,由于与企业建立了长期稳定的交易关系,而且是公司流动资金的主要提供者,因此主银行可以积累大量公司信息,并以此为依据通过事前、事中与事后三位一体的监督,在一定程度上克服信息不对称性问题,节约监督成本,提高监督效率。

在概念上以投资的时间选定为参考可将监督划分为三个阶段：事前监督,即对可能的新项目和新客户进行评价,以应对逆向选择问题；事中（进行中）监督,发现道德风险问题,这些问题导致外部投资者和内部人之间利益的差异以及内部人相互之间的"搭便车"行为；事后监督,核实企业的财务状况,保障债务偿还和股息支付并对管理不善的经营者进行惩罚。日本的主银行制度是把欧美由不同专业机构承担的对企业资金使用的事前监督、事中监督和事后监督的三个阶段进行整合，并作为唯一的监督机构承担三个阶段的监督任务，① 从而降低了信息不对称性和获取信息的成本，节约了监督成本。

另外，主银行对其系列银行的融资比例一般控制在20%～30%，剩余部分主银行一般会邀请其他银行开展协调融资。② 主银行的监督不仅降低了公司与主银行直接的委托－代理成本，也降低了其他银行的审核成本。例如，主银行A对与自己有主银行关系的公司融资审查通过后，其他银行也会依据其审查结果，向该公司提供贷款。主银行代替其他银行承担了对属于自己系列公司的审查职能，不仅降低了社会整体的审查成本，而且扩大了向没有长期关系且不了解公司经营情况的公司的融资。换言之，主银行成为公司"信用的源泉"。③

第二，企业集团的监督。

虽然当经营不善时董事会代表股东解任社长是公司治理的重要作用之一，也可以从一个侧面反映董事会的公司治理作用是否有效发挥，但公司社长被解任并不一定代表公司治理发挥了作用。如果公司社长的不良行为影响了公司可持续发展或使公司经营陷入困境，也同样会在利益相关者的压力下遭到解任。所以，解任社长并不一定意味着公司治理的有效性。所以，尽管日本公司治理形式化，但日本并不是不存在解任社长的情况。在日本经济新闻社的数据库中输入"社长解任"这一关键词，1980～1989年有22件，1990～1999年有47件，2000～2008年有16件。④ 所以，也可以说，虽然公司在正常运行时作为内部人的经营者可以无视股东利益进行经营决策，但一旦公司出现问题或公司业绩下降，企业集团中的核心公司，其中也包括主银行，会对经营者施加压力，并

---

① 青木昌彦「メインバンク・システムのモニタリング機能としての特徴」青木昌彦（MASAHIKO AOKI）・ヒュー・パトリック（HUGH PATRICK）編、白鳥正喜監訳、当銀リサーチインターナショナルー訳『日本のメインバンク・システム』東洋経済新報社、1997、134頁。
② 中谷巌『日本経済の歴史的転換』東洋経済新報社、1996、172頁。
③ 中谷巌『日本経済の歴史的転換』東洋経済新報社、1996、172頁。
④ 久保克之『コーポレートガバナンス経営者の交代と報酬はどうあるべきか』日本経済新聞出版社、2010、66頁。

可能通过更换经营者的方式发挥对经营者的制约作用。

　　企业集团为了保护集团品牌会监督企业集团中各企业的行为，防止集团内企业经营者的不当行为。三越更换社长的事例，就很好地反映了企业集团在制约经营者方面发挥的作用。冈田茂1972年就任三越社长，虽然成功制订了很多有利于三越发展的经营计划，被认为是一位有能力的经营者，但受到各方的投诉。例如，被指责滥用百货店的优势地位，对在三越销售产品的商家强迫要求购买商品；另外，在举行展销会时强迫参展者交赞助费。1982年8月的"古代波斯神秘宝物展"中发现许多仿制品的事件，导致冈田在1982年9月22日召开的董事会上被解任。1972年冈田茂出任三越社长时的13位董事全部由三越员工晋升而来，分别是财务部长、不动产部长、涉外室长等，即全部是冈田的部下，没有来自三越外部的人员。但在解任冈田的1982年这一情况发生了变化，在董事会中出现了来自东京银行的小山与来自无线电东京的董事。换言之，就是随着公司业绩的恶化，企业集团出身的董事开始增加。三井集团为了解任冈田实际上从两三年前就开始准备。而且三井集团解任社长的准备并没有停留在董事会上，还调整了股东比例。在三越的大股东中，由三越社长担任会长的三越爱护会的持股比例不断降低，而三井集团的比例不断上升。1972年不在大股东名单中的三井银行、三井信托到1982年已成为大股东。三井集团的动作可以视为对三越社长施加的压力。为了与社长对抗，三井集团必须提高持股比例。在经过长期准备后，1982年9月7日董事小山五郎（三井银行相谈役）要求冈田社长辞职，但遭到冈田的拒绝，但对冈田辞职的要求得到了三井物产社长、三井银行社长与三井不动产社长的支持。也就是说，此时，三井集团对解任冈田已经达成共识。1982年9月17日，三井集团的最高机构——二木会发表了要求冈田辞职的声明。1982年9月22日，在董事会上，由专务提出解任社长的动议，这一动议得到了除了冈田外其他16位董事的全体同意。解任冈田的第二天，二木会代表负责人三井不动产社长、三井银行会长、三井物产副会长表示支持解任冈田，并表示要全力支持三越再建。[①] 可以

---

[①] 久保克之『コーポレート ガバナンス 経営者の交代と 報酬はどう あるべきか』日本経済新聞出版社、2010、70~76頁。

说，三越社长的解任是企业集团发挥对公司经营者制约功能的代表性案例。另外，还有1998年3月解任三菱电机社长北冈隆的案例等。从这些案例中可以看到，企业集团不仅发挥了稳定股东的作用，[①] 同时也发挥了对集团内企业的监督与制约作用。

第三，以日本型雇佣制度为基础的经营者、员工与企业命运共同体为员工监督经营者提供了激励。

日本终身雇佣与年功序列不仅意味着核心员工可以从学校毕业到退休一直可以在一家企业中工作，并随着年龄的增加在人事考核的基础上工资与职位不断增加和提升，还意味着在入职公司初期的很长一段时期内，员工对公司的贡献高于其获得的工资补偿，而在退休前的一段时期中员工对公司的贡献将低于其获得的工资补偿。这包含了两层含义。其一，员工与企业发展形成了命运共同体关系。只有公司能够长期存在，员工才能得到其应该得到的报酬，也只有公司不断扩大规模、保持长期发展才有利于员工晋升。这样，员工为了保证企业的可持续发展，必然有监督经营者行为的内在动力。其二，员工成为"隐形投资者"。受税收制度的影响，日本的工资制度使退职金成为员工工资的重要组成部分。这就赋予了员工发言权。[②]

日本公司构成管理层人员身份的内部性是以日本的终身雇佣与年功序列企业制度为基础的。《公司治理经营学》通过对日本公司社长的职业生涯进行分析发现，内部晋升者占到了80%。作为经营者的候选人，是从大学四年毕业后进入公司，经过年功序列晋升的男性白领。公司员工的职业经历一般是进入公司15~20年后，在晋升为科长前后，被分为三个序列。这三个序列包括中枢管理者序列、部门管理者序列与非管理者序列。在职业生涯中，为员工提供了平等的晋升机会。留在中枢管理者序列的员工，经过公司内部激烈的竞争得到进一步晋升，在竞争的过程中受到从能力到人品，从上司、同级同事、部下、金融机构到上下游供应商长期、多方面的考察，经过缓慢晋升最后才有可能进入公司的高

---

[①] 久保克之『コーポレート ガバナンス 経営者の交代と 報酬はどうあるべきか』日本経済新聞出版社、2010、77頁。
[②] 江川雅子『現代コーポレート ガバナンス』日本経済新聞出版社、2018、105頁。

级管理层。① 可见，日本公司经营者从学校毕业进入管理层的晋升过程漫长而缓慢，在晋升的过程中要接受全方位的考核与监督，其中也包括在同僚中的口碑。所以，尽管后任社长一般由前任社长决定，但在进入部长级管理层的过程中同僚的评价至关重要。另外，由于日本企业的晋升过程相当缓慢，所以保持企业的长期发展也是能进入管理层的前提。同时，如上所述，由于日本不存在经理人市场，即使有幸中途采用，不论在职级还是在收入水平上也都会有巨大损失。所以，经营者有保障企业长期发展并不断扩大企业规模的内在动力；而经营者、员工与企业命运共同体关系的形成，提高了经营者选拔机制的有效性，降低了对经营者的监督成本。同时，内部晋升可以有效降低人事选拔的事前信息不对称性，防止逆向选择，并成为一种有效的激励机制。

第四，创业者家族控制企业。

以日本支柱产业汽车产业为例，作为第一大汽车公司的丰田公司，1941~2009年的10位社长中，有5位出自丰田家族。而且从社长的任职年限看，丰田家族的社长任职时间都较长，如丰田英二社长任职15年，丰田章一郎社长任职10年，丰田喜一郎为9年。②

上市股份公司本来是以股东与经营者相分离为前提的，但日本上市股份公司并不都是股东与经营者相分离的。在日本，创业者家族作为上市企业的大股东并作为经营者一员的并不少。依据京都大学齐藤助教授的研究，在1990年时点，日本的上市公司中创业者家族持有5%以上股份的占到上市公司总数的24%，且拥有董事以上的职位。另外，即使持有的股份不足5%，也有125家公司的董事来自创业者家族。③

"日本企业的经营者与一般的股东及一般就业人员相比，又是该企业的大股东。"④ 这一点也可以在一定程度上解释内部人控制的制度安排为什么能降低代理成本。丸山惠也对日本经营者的这一特点做了清楚的描

---

① 加護野忠男、砂川伸幸、吉村典久『コーポレート ガバナンスの経営学——会社統治の新しいパラダイム』有斐閣、2012、98頁。
② 久保克行『コーポレート・ガバナンス経営者の交代と報酬はどうあるべきか』日本経済新聞出版社、2010、64頁。
③ 久保克行『コーポレート・ガバナンス経営者の交代と報酬はどうあるべきか』日本経済新聞出版社、2010、93頁。
④ 丸山惠也：《日本式经营的整体构造》，刘永鸽译，山西经济出版社，1993，第49页。

述:"日本大企业的经营者被认为是经过战后财阀解体以及财阀个人所有者的消失,在以公司之间相互持股,相互信任的前提下确立了其对公司的支配地位。但是,这种'相互信任',最终来自经营者本身对其所支配的企业的股份所有,以及在该企业所拥有的支配地位。日本大企业的经营者,其绝大多数都是在攀登企业内部官僚组织阶梯的过程中,对企业贡献最大,而且又有领导能力的人才。与此同时,与一般的股东及一般就业人员相比,又是该企业的大股东。即,经营者所拥有的股份大体与其在企业内部的地位相对应。当然,在现代大企业中,经营者个人的持股,只占企业所发行股票的很小部分。进入企业十大股东的经营者,也许只是一种例外。但是,我们更应该注意的是经营者在企业中所拥有资本的质的意义。即在企业之间相互持股的前提下,经营者个人所拥有的股份与其在企业内所拥有的地位相结合,对企业的整体运营所起的影响作用。"[1]

高信任和信誉带来的交易成本的节约,都可以在委托人与代理人之间进行分配,使双方的利益都有所增进,这实际上是一个帕累托改进。[2]

## 四 制度互补性的需要

冈崎哲二、奥野正宽明确指出了日本型经济体制与其他各国特别是与盎格鲁-撒克逊诸国社会经济体制的不同特征:企业经营不是为了股东而是为了员工的"企业所有与经营"的关系;终身雇佣、年功序列、企业内工会等反映出的"企业内的长期关系";主银行制、承包、系列制的"企业间的长期关系";不是通过开放的资本市场利用股票、债券而是以银行贷款为中心的"间接金融"为主的资金供给;通过行政指导、行业团体形成的封闭的"政府、企业间关系"。[3] 寺西重郎则把这几大关系概括为以规制为中心的政府介入的政府与市场的作用分担系统、以日本型企业经营和以银行为中心的金融系统组成的民间部门的经济系

---

[1] 丸山惠也:《日本式经营的整体构造》,刘永鸽译,山西经济出版社,1993,第49~54页。
[2] 张维迎:《理解公司:产权、激励与治理》,上海人民出版社,2014,第119页。
[3] 岡崎哲二・奥野正寛「現代日本の経済システムとその歴史の源流」岡崎哲二・奥野正寬編『現代日本経済システムの源流』日本経済新聞社、1995、1頁。

统以及调节各产业利害关系的具有调节机制作用的政府与民间的接口系统，并指出日本高速增长时期的经济体制是由以上三个相互支持的子系统组成（见表3–10）。① 这些非市场治理机制的功能又被用来阻止市场力量分散资本供给，以便培育日本公司的竞争力，维持高速经济增长条件下的产业秩序。② 内部人控制以日本传统企业制度为基础，又是日本传统企业制度的重要组成部分，并对日本企业制度起到了维持和强化的作用。

表3–10 日本经济高速发展阶段的经济体制

| | 子系统 | | |
|---|---|---|---|
| | 政府与市场的作用分担系统 | 民间部门的经济系统 | 政府与民间的接口系统 |
| 经济高速增长时期的日本经济体制 | 以规制为中心的政府介入 | 日本型企业体制与以银行为中心的金融体制 | 各产业利害关系的调节体制 |

资料来源：寺西重郎『日本の経済システム』岩波書店、2003、4頁。

科斯曾经指出："根据私人产品和社会产品的差异而进行的分析，把注意力集中在制度的某个方面的缺陷，这倾向于助长这样的信念；任何能消除这种缺陷的措施必然是合意的。它使人们不予考虑系统中与这种纠正性措施有关的其他变化，而这些变化产生的损害可能比最初的缺陷还要严重。"③ 他还强调了制度的整体性及系统性问题及由整体性及系统性所引起的法律、政策修改时的相互协调问题。

根据系统的相关性和互补性，日本内部人控制与"日本型经济体制"具有相互支持和强化的作用。内部人控制除了发挥对"日本型经济体制""日本型经营"的支撑作用外，还抑制了股东的权力，使日本政

---

① 寺西重郎『日本の経済システム』岩波書店、2003、4頁。
② 高柏：《经济意识形态与日本产业政策——1931–1965年的发展主义》，安佳译，世纪出版集团、上海人民出版社，2008，第25页。
③ 斯蒂文·G. 米德玛（Seeven G. Medema）、奥伦·J. 萨缪尔森（Warren J. Samuuels）：《罗纳德科斯的经济政策分析：框架和含义》，斯蒂文·G. 米德玛编《科斯经济学——法与经济学和新制度经济学》，罗君丽等译，格致出版社、上海三联书店、上海人民出版社，2010，第214页。

府利用"三方一两损"① 的平衡法政策，在实现贸易立国的目标的同时保持了社会的和谐发展，在经济高速增长的同时出现了"一亿中流"。这是因为，由于参与人之间存在利益冲突，最小化代理成本的组织与激励结构必须要求各方都付出代价，而且参与人也愿意付出这样的代价，因为这样可以避免结构缺陷带来的更大损失。②

1955～1973 年是日本经济高速发展的黄金时代。但由于这一阶段以追求出口量和市场占有率为企业目标，经营者被赋予控制企业的绝对权力。20 世纪 70 年代中期，日本经济实现了从后发展经济向工业化经济的转型，在经济赶超过程中形式化公司治理形成的内部人控制无法解决成熟经济条件下成长起来的大规模公开公司的委托－代理问题。随着企业迅速成长、企业规模巨大化、组织的复杂化，日本内部人控制开始暴露出种种问题。本应在这一时期对形式化公司治理引致的内部人控制的相关机制进行彻底的改革，但在"尼克松冲击"、第一次石油危机等危机中，日本经济表现优于其他西方国家，使本应适时退出历史舞台的日本传统型经济体制得以维持。

形式化公司治理下的内部人控制是日本经济体制的重要微观基础，作为系统的一部分，内部人控制担负着支持日本型经济体制的作用，所以不可能从本质上进行改革。这样，商法必须发挥维持内部人控制的作用，所以日本立法者只能试图通过对监事制度的改革，通过"内部人"加强对"内部人"的监督和加强对债权人的保护来弥补主银行治理的不足，维持内部人控制。因为实业界强烈反对外部人的介入。如在经济高

---

① 三方一两损是日本江户时代著名法官大冈越前守基于平衡法所判的著名案例。该案例内容概况如下：一个木匠丢了装着 3 两银子的钱包，被一个瓦匠捡去了。瓦匠要把捡来的钱包完璧归赵（交给失主木匠）。可是木匠却说："丢了的东西，谁捡了就是谁的，我不要。"就这样，瓦匠要还，而木匠硬是不要，互相争持不下。正在此时，法官大冈越前首走上前来，说了句"好一个悠然相让之争啊！"后便从自己的腰包里拿出 1 两银子添上，使 3 两变成了 4 两。而后裁决说："这 4 两银子，二位各二两。咱们三方各损失 1 两。这不就平衡了嘛！"这样，丢了 3 两银子的木匠得到了 2 两银子，损失了 1 两银子；捡到 3 两银子的瓦匠得到了 2 两银子，损失了 1 两银子；而法官大冈越前守自己白搭上了 1 两银子，也损失了 1 两银子，因此留下了"三方一两损"的千古佳话，也为东洋社会传下了基于衡平法断案的审判佳话（据大木雅夫先生提供资料整理）。大木雅夫：《东西方的法观念比较》，华夏、战宪斌译，北京大学出版社，2005，第 141～142 页。

② 迈克尔·詹森：《企业理论——治理、剩余索取权和组织形式》，童英译，上海财经大学出版社，2008，第 4 页。

速增长的后期，奥林匹克景气后出现的股票市场的低迷（1965年不景气）使在经济过热时出现的设备投资过剩、生产过剩问题集中暴露。中小企业大量破产，甚至波及山阳特殊制钢厂等一部分大企业。而这些破产企业在破产前几乎都进行了假决算。为了防止假决算造成的倒闭事件，强化公司内部监督体制就被提上立法者的工作日程。法务省1967年发表了《有关监事制度的问题点》，并提出了为强化股份公司的监察体制，通过董事会强化监督的A方案和通过监事强化监督的B方案，并利用注册会计师来加强财务监督的建议。由于经济界对选任独立董事的反对，所以在1974年公司法修订时采用了B方案。[①] 可见，维持内部人控制是政府和企业界达成的共识。于是，开始了以改革监事制度为中心及加强债权人保护的商法改革。

"日本传统型企业制度"是系列制企业、金融企业间通过相互持股确立的经营者占统治地位，通过年功序列工资制和终身雇佣制形成的企业内劳动市场，在调动银行资金和对企业控制方面发挥了巨大作用的以银行为中心的金融体系相互作用的有机整体。[②] "日本传统型企业制度"是由金融、劳动、产业组织等各个子系统组成的，且这些子系统又是相互支持、密不可分的。日本企业正是在"日本传统型企业制度"的框架下形成了形式化公司治理下的内部人控制，反过来内部人控制又支持和加强了"日本型经营"、"日本传统型企业制度"乃至"日本型经济体制"。日本公司治理形式化下的内部人控制作为重要的公司制度之一，是日本型经济体制的重要组成部分。根据系统论原理，经济体制是由各个子系统或子制度组成的一个相互联系的有机整体。任何局部的改革必然会影响经济体制整体的运行。为了保持整体的稳定是不可能对其子系统进行根本性改革的。在这一前提条件下，日本的立法者开始了治标不治本的对商法的修修改改，试图通过这些修改特别是通过改革日本监事制度来消除日本形式化公司治理下经营者权力失控对公司造成的损害，以继续维持以内部人控制为基础的日本型企业制度。所以，从1950年商法修订放弃股东大会中心主义，到1990年导入最低资本金制度，虽然对商

---

① 奥島孝康編『企業の統治と社会的責任』金融財政事情研究会、2007、46頁。
② 寺西重郎『日本の経済システム』岩波書店、2003、57頁。

法进行了数次修改，但通过对商法修订内容的梳理，并没有发现日本立法者进行试图删除公司实际运行与实体法不一致内容的改革，即进行推动放弃内部人控制、提升股东权利的商法相关内容的修订，而是通过1974年商法改革确立了日本公司的双层治理机构，并"以1974年为转折点，到1993年商法改革前，可以说对公司治理的有关规定的商法改革就是对监事制度的不断强化"。[1] 其改革目标是弥补现存制度随着政治、经济、社会变化出现的不足，维持和巩固现存的形式化公司治理下的内部人控制。

---

[1] 岩原紳作「監査役制度の見直し」前田重行・神田秀樹・神作裕之編『企業法の変遷』有斐閣、2009、9頁。

# 第四章 公司治理改革呼唤公司法变革

制度的适宜性是相对的，随着社会发展及社会环境、经济条件的变化，在保持公司法相对稳定的同时，应特别关注公司法制度与企业制度的适配性，并适时地进行相关规定的修订。从战败到20世纪80年代中期，以主银行为核心的间接金融制度为基础，企业与企业、企业与银行、银行与银行间通过法人间相互持股形成的友好股东群体及在终身雇佣、年功序列支持下由内部晋升者构成的大规模董事会，使公司治理机制形式化，支持了内部人控制的形成。在泡沫经济破灭前，由于日本经济及公司持续保持了良好的绩效，所以公司治理形式化、失效的问题并没有引起重视，反而被认为是日本型经营的特征之一而受到赞赏。但随着泡沫经济崩溃、企业业绩下滑、不良事件频繁发生、经济陷入长期低迷，形式化公司治理的正当性与合理性受到质疑。加上银行惜贷的发生、法人间相互持股的减持、稳定股东保护的弱化，公司经营者不得不直接面对不断强化的市场治理。为了在国际资本市场的资金竞争方面取得优势，必须构建符合国际标准的对投资者有吸引力的公司治理机制。在上述背景下，公司治理问题开始在日本社会得到广泛关注与讨论，并开始了对公司治理改革方向的探索和对改革方式与方法的尝试，其中就包括对包含于商法中的公司法的修订，公司法进入大变革时代。

制度变迁是制度创新、博弈、替代、转换的过程。通过制度变迁改变市场主体行为，能够使市场运行的结果和功能达到预期目标。但在考察制度演化过程中不应遗漏人们有意识的努力——无论是个人努力还是集团努力——这种重要的要素，这种努力是推动演化性变迁的主要动力。① 正如青木昌彦指出："制度的变化，需要三位一体的发展，即民间部门为寻求新的商务模式而开展各种实验，为促进各种实验而放宽各种

---

① 埃里克·S.赖纳特：《国家在经济增长中的作用》，霍奇逊编《制度与演化经济学现代文选：关键性概念》，贾根良等译，高等教育出版社，2005，第259页。

限制措施,超越各种既得利益限制的政治领导能力。在当今的日本,产生了这种微小的萌芽。……以泡沫经济的崩溃和自民党单独执政局面的结束为分界线,日本进入了制度大转变的时代。"①而民间企业为适应经济全球化、信息化背景下资本市场的自由化与国际化、社会意识变化、资金来源变化、股权结构变化对公司治理的改革;日本政府的规制放松及立法部门对商法的变革,正是在这个大转变的时代,构成"这种微小的萌芽"的一小部分。以平成商法改革为契机,商法从神龛上的装饰转变为了提高企业效率与国际竞争力的手段。平成商法改革具有划时代的意义。②

## 第一节 社会共识:公司治理改革

受公司不仅是股东私人的还是社会的"公器",必须为社会做贡献意识的影响,③ 商法规定的公司治理机制未能有效发挥约束公司经营者为实现股东利益最大化而开展企业经营的作用。从战后到20世纪90年代,日本的经营者一直不重视股东利益。④ 这一问题直到日本泡沫经济破灭、日美经济绩效出现逆转后才被社会重视。

1991年泡沫经济的破灭使日本国民财富遭到巨大损失。日本股票和房地产市值总值的下降,造成日本经济1330万亿日元的资产损失。⑤ 1992年,野村总研的渡边茂与山本功发表了《日本企业的公司治理》一文,在该文中使用了"治理不景气"一词,成为公司治理改革的导火索。⑥ 其后,日本公司治理改革问题成为社会关注热点。以委托-代理理论与利益相关者理论为依据的"公司应以股东利益最大化为经营目标"与"公司不应只关注股东利益,而应关注所有与公司有关系主体的

---

① 青木昌彦:《推进日本制度的大转变》,《日经新闻》2002年1月9日;独立行政法人经济产业研究所(RIETI)网站,http:∥www.rieti.go.jp/users/aoki-masahiko/cn/e020109.htm。
② 江頭憲治郎・神作裕之・藤田友静・武井一浩編『改正会社セミナー』有斐閣、2006、8~9頁。
③ 江川雅子『現代コーポレートガバナンス』日本経済新聞出版社、2018、135頁。
④ 江川雅子『現代コーポレートガバナンス』日本経済新聞出版社、2018、128頁。
⑤ 増島稔「日本経済の成長と循環」金森久雄・香西泰・大守隆編『日本経済読本(第16版)』東洋経済新報社、2004、50頁。
⑥ 武井一浩編『企業法制改革論Ⅱ コーポレート・ガバナンス編』中央経済社、2013、88頁。

利益"的两种观点的争论持续了十几年。该问题的另一种表达方式是"公司是为谁的利益而经营？"只有明确了"公司属于谁的？""公司是为谁的利益而经营？"才能达成公司治理改革方向的社会共识。在美国突出的经济绩效与公司治理改革全球化趋势的背景下，股东主权主义开始影响日本社会。2000年前后，"公司属于谁的？"在媒体报道中频繁出现，并出现了"公司是股东的、应回归股份公司"的基本理念的论调，使长期以来"企业是员工"的这一社会共识遭到了挑战。① 受1999年出台的《OECD公司治理原则》影响，2004年东京证券交易所公布了《上市公司公司治理原则》，投资者与上市公司关于公司治理的目标与作用终于找到共通的语言。② 《上市公司公司治理原则》明确了公司治理被期待发挥的四项功能：①股东的作用；②利益相关者的作用；③信息公开的功能；④董事会、监事会的功能。上述功能现在被认为是理所当然的，而当时不得不通过《上市公司公司治理原则》予以明确。③

## 一　治理缺位

在日本社会，存在对资本贪婪性的高度警惕及对外部人参与监督的抵触。这一意识投射到商法改革上则是日本立法者更偏好依赖监事制度改革，试图通过提升与扩充监事的权力、强化其独立性，发挥监事对经营者的监督、制约作用，以弥补非市场治理机制对经营者监督、制约的不断弱化。然而，监事制度并没能发挥被期待的作用，从而使日本企业出现了监督者缺位，导致企业不良事件频发、企业价值损毁，结果改变了人们对日本型企业经营的正面评价，其特殊性被认为是必须改革的缺陷。这种看法因美国经济的持续走强而不断被强化。美国的公司治理模式被认为是一种经典，而日本的内部人控制更多的是有待改造的代名词。

### 1. 不良事件频发

公司的利益提供、贿赂、企业不良事件的频发以及企业倒闭等对经

---

① 伊丹敬之『平成の経営』日本経済新聞出版社、2019、56頁。
② 静正樹「上場企業に求められるコーポレート・ガバナンスの向上」神田秀樹・小野傑・石田晋也編『コーポレート・ガバナンスの展望』中央経済社、2011、14頁。
③ 静正樹「上場企業に求められるコーポレート・ガバナンスの向上」神田秀樹・小野傑・石田晋也編『コーポレート ガバナンスの展望』中央経済社、2011、14頁。

济发展造成了不良影响。而公司治理最基本的功能是监督经营者守法经营，防止企业出现违法等不良事件。不良事件频发反映了公司治理的缺陷。

防止经营者违法及不正当行为在公司治理理论中占有重要的位置。经营者的违法、不当行为会对公司利益产生直接、间接影响，与股东的长期利益即效率性具有相关性。因此，公司治理直接影响公司效率。①日本公司治理理论流行的背景是利益输送、贿赂、虚假决算、违法分红等企业丑闻频发，以及大企业倒闭反映出的日本企业经营的问题。缺乏制约的权力过度集中，是导致经营不振、经营危机甚至企业破产的重要原因。

1991年后接连曝光的企业不良事件成为日本社会问题（见表4-1）。围绕大企业的证券公司的损失填补，与暴力团进行的不透明交易，债券造假等的担保与巨额融资，无担保的巨额债务保证，在决算期向其他企业转移贬值的有价证券、房地产、债权等粉饰行为，向"总会屋"（黑社会团体）提供利益，使用用途不清楚的资金，在竞标前私下商量标的归属等问题层出不穷，从而出现了需要修订现存商法与监督制度相关规定的意见。②特别是过去发挥监督企业功能的金融机构屡屡出现的不良事件，更是加剧了日本社会对日本企业经营制度的不信任。如1990年10月，住友银行会长由于巨额的不正当融资事件引咎辞职；1991年6月，四大证券公司的损失填补问题曝光，稻川会向野村、日兴提供资金；1991年7月，富士银行利用虚假存款证明开展不正当融资；1991年8月，兴业银行不正常地向大阪饭店的女老板提供巨额贷款。③

表4-1　与经营者有关的不良事件（20世纪90年代）

| 事件名称 | 公司名称 | 发现的时间 | 违法行为 |
| --- | --- | --- | --- |
| 东京佐川快递公司事件 | 东京佐川快递（股份公司） | 1991年7月 | 违反商法（特别违背信任罪） |

---

① 末永敏和『コーポレート・ガバナンスと会社法日本型経営システムの法的変革』中央経済社、2000、17頁。
② 受川環大「役員等の株式会社に対する損害賠償責任」稲葉威雄・尾崎安央編『改正史から読み解く会社法の論点』中央経済社、2009、135頁。
③ 伊丹敬之『平成の経営』日本経済新聞出版社、2019、30頁。

续表

| 事件名称 | 公司名称 | 发现的时间 | 违法行为 |
| --- | --- | --- | --- |
| 伊藤万事件 | 伊藤万（股份公司） | 1991年7月 | 违反商法（特别违反信任罪） |
| 野村证券损失填补事件 | 野村证券（股份公司） | 1997年3月 | 违反商法（利益提供）及违反证券交易法（损失填补） |
| 山一证券虚假记载事件 | 山一证券（股份公司） | 1997年11月 | 违反证券交易法 |
| 养乐多（yakult）巨额损失事件 | （股份公司）养乐多本社 | 1998年3月 | 违反所得税法及业务上的贪污罪 |
| 日本长期信用银行粉饰决算与破产处理问题 | （股份公司）日本长期信用银行 | 1998年6月 | 违反证券交易法（有价证券报告书虚假记载）与违反商法 |
| JCO东海村临界事故 | （股份公司）JCO | 1999年9月 | 违反核反应炉规制法（设施、加工方法变更的许可及申请）及业务上的过失伤害 |

资料来源：斎藤監修［2007］，转引自加護野忠男、砂川伸幸、吉村典久『コーポレート ガバナンスの経営学——会社統治の新しいパラダイム』有斐閣、2012、149頁。

## 2. 股价低迷

公司治理的本质是通过优化经营有效提高资本效率。股价长期低迷、投资回报率低，反映了治理的失效。股价收益率持续低迷，股东开始关注企业经营的目标，并推动企业经营向重视股东经营方向转变。

市盈率，也称本益比（股价收益比率，Price Earnings Ratio，PER）是判断投资的重要指标。泡沫经济破灭后，日本企业的PER低下，造成股票市场长期低迷。股市低迷直接影响了投资收益。对投资收益敏感的国内外机构投资者、个人股东开始关注企业的分红政策，要求公司改变过去长期以来的稳定分红政策，并提出"应终止到今天为止轻视向股东分配利益的做法，必须重视向股东分配利益"，引起了股东对企业经营目标的关注。[1] 在重视分红的同时，反映经营指标的净资产收益率（Return on Equity，ROE，当期纯利润/净资产）也开始受到关注。因为该指标可以反映股东权益的收益水平，用以衡量公司运用自有资本的效率。指标

---

[1] 加護野忠男・砂川伸幸・吉村典久『コーポレート ガバナンスの経営学——会社統治の新しいパラダイム』有斐閣、2012、146頁。

值越大，说明投资带来的收益越高，体现了自有资本获得净收益的能力。所以股东要求经营者重视该指标，[①]

企业经营目标与公司治理高度相关。只有通过公司治理改革提升股东对经营者的影响力，才能真正实现向重视股东利益的企业经营目标的转变。

## 二 公司治理改革的全球竞争

大公司不良事件的频发，使人们怀疑监督、制约大公司经营者的公司治理机制是否发挥了作用。公众对公司运营方式的关心和公众对大公司中普遍存在的滥用职权弊端问题的恐惧，使公司治理开始成为各国政策制定者讨论的主题。

20世纪80年代，美国开始了公司治理改革并将其理念向全世界传播。在有利于股东中心的公司治理理论支撑下，以美国在新经济推动下经济绩效好转为契机，在全球化资本市场竞争压力下，20世纪末21世纪初，"标准股东中心模式"（Shareholders-Oriented Model）占据了统治地位。20世纪80年代，加州公共雇员养老基金（California Public Employees' Retirement System，CalPERS）等大型机构投资者成为公司治理改革的主要倡导者与推动力量。CalPERS倡导的投资者激进主义、繁荣的公司控制权市场以及股东价值观念，在企业界和学术界引起强烈反应，尤西姆（Michael Useem）将其称为"投资者资本主义"。[②] 在他们看来，企业的主要目标甚至是唯一目标就是最大化股东利益，而强大、独立的董事会和适当的经理激励产生的有效率的公司治理，是保护股东利益的最佳方法。在这种情况下，美国机构投资者开始要求非美国公司采用美国式的公司治理制度，尤其强调董事会结构与独立性。

英国一直是公司治理改革的领导者，并基于专家小组的建议推广最佳实践。[③] 伦敦证券交易所等机构合作成立并产生了世界上第一个公司

---

[①] 加護野忠男・砂川伸幸・吉村典久『コーポレートガバナンスの経営学——会社統治の新しいパラダイム』有斐閣、2012、146頁。
[②] 杨凯成：《股市专家知识制造的社会学分析：解析基金经理人》，http://tsa.sinica.edu.tw/Imform/file1/2003meeting/11290102.pdf。
[③] 戴维·拉克尔、布莱恩·泰安：《公司治理：组织视角》，严若森、钱晶晶、陈静译，中国人民大学出版社，2018，第23页。

治理委员会——凯德博瑞（Cadbury）委员会，并于1992年12月发表了以该委员会主席凯德博瑞（Adrian Cadbury）爵士命名的《凯德博瑞报告》（*Cadbury Report*, 1992）。《凯德博瑞报告》所附的准则涵盖了三个领域，即董事会、审计和股东。该报告认为董事会是最重要的公司治理机制之一，需要对其进行持续的监管和评估。然而，会计和审计职能在一个好的治理体系中仍然是必不可少的，因为它们在公司透明度与股东和其他利益相关者之间的交流方面发挥着重大作用。最后，该报告关注机构投资者的重要性，因为最大、最有影响力的股东团体具有持久的影响力。① 《凯德博瑞报告》的发表，代表首次尝试，即试图通过书面文件来规范公司治理的最佳实践，并且试着将英国许多公司运营过程中隐含的治理机制清晰化。该报告不仅将英国公司治理机制改革提上日程，并成为英国和其他地方制定许多政策、原则、指导性纲领和行为准则的先驱，② 对世界其他各国的公司治理运动产生了重要作用。为了回应公众和股东对董事薪酬的关注，弥补《凯德博瑞报告》的不足，英国又于1995年初成立了格林博瑞（Greenbury）委员会，并于同年发表了《格林博瑞报告》（*Greenbury Report*, 1995），对董事会报酬水平的决定进行了原则性的规定，旨在提供一种平衡董事薪酬和绩效的工具。1995年12月又成立了哈姆佩尔（Hampel）委员会，综合了《凯德博瑞报告》与《格林博瑞报告》的研究成果，于1998年发表了《哈姆佩尔报告》（*Hampel Report*, 1998）。《哈姆佩尔报告》对董事、董事报酬、股东地位、披露义务与审计四大方面内容进行了更广泛的原则性规定。为了全面提升上市公司的公司治理水平，伦敦证券交易所以上述三个报告为基础，提出了一个对上市公司具有约束力的《联合准则》。《联合准则》由两部分构成。第一部分涉及公司方面，包括四个部分：①董事；②董事的报酬；③董事与股东的关系；④问责制和审计。第二部分涉及机构股东，包括三个部分：①股东投票行为；②同公司的对话；③治理披露的评估。③ 此

---

① 吉尔·所罗门、阿瑞斯·所罗门：《公司治理与问责制》，李维安、周建译，东北财经大学出版社，2006，第44~45页。
② 吉尔·所罗门、阿瑞斯·所罗门：《公司治理与问责制》，李维安、周建译，东北财经大学出版社，2006，第42页。
③ 吉尔·所罗门、阿瑞斯·所罗门：《公司治理与问责制》，李维安、周建译，东北财经大学出版社，2006，第48~49页。

后，又发表了旨在改善公司内部监督机制的《特恩布尔报告》（*Turnbull Report*，1999）及改变董事会结构的《希格斯报告》（*Higgs Report*，2003）。最佳实践联合准则根据《希格斯报告》、《特恩布尔报告》与联合准则进行了全面修订，[①] 但基本方针并没有改变。[②]

在全球范围内对公司治理改革具有重要影响的还有几个国际组织发布的有关公司治理的原则。OECD 为了改善其成员国的公司治理，试图在公司治理领域推动"示范法"，于 1998 年 4 月成立了依据世界各国公司治理经验和理论成果制定公司治理国际性基准的专门委员会，并于 1999 年 5 月正式出台了《OECD 公司治理原则》。2004 年对其进行了修改。由于各国的文化、资本市场的历史差异，OECD 提出了六项共通的原则：①培育具有透明性、高效的资本市场；②保护股东的权利，保证这些权利可以顺利地实施；③平等对待所有股东；④认识利益相关者的权利，与他们合作创造财富，维持雇佣关系，确保企业的永久性；⑤对重要事项及时、准确地公开；⑥董事会应发挥引导企业战略与有效监督经营团队的作用。经济与合作组织在《OECD 公司治理原则》中仅仅提供了基本规则，增强了其可实施性。欧洲复兴开发银行（EBRD）于 2000 年提出了《公司治理准则与公司治理清单》；世界银行于 2003 年提出了《国家评估公司治理之模板（第三修订版）》。1999 年，世界银行与 OECD 合作成立了"全球公司治理论坛"，以推进发展中国家的公司治理改革。[③]

## 三 日本社会对公司治理改革的关注

为了获得国际社会的信赖，提升在全球市场的信誉，提高日本企业竞争力，日本政党、各社会团体对公司治理改革提出了许多建议。

日本于 1994 年 10 月成立了日本公司治理论坛（Corporate Governance Forum of Japan）。这是日本最早建议公司治理改革的组织。该组织由企业经理、学者、投资家和记者组成，分别于 1998 年 5 月、2001 年 10 月和 2006 年 12 月三次提出公司治理原则。日本公司治理论坛、公司治理原则

---

① 戴维·拉克尔、布莱恩·泰安：《公司治理：组织视角》，严若森、钱晶晶、陈静译，中国人民大学出版社，2018，第 23 页。
② 奥村孝康编『企業の統治と社会的責任』金融財政事情研究会、2007、364 頁。
③ 宁向东：《公司治理理论》，中国发展出版社，2008，第 11 页。

制定委员会于1997年10月30日公开发表了《公司治理原则——对新日本型公司治理思考（中期报告）》后，于1998年5月26日提出了《公司治理原则——对新日本型公司治理思考（最终报告）》。① 《公司治理原则——对新日本型公司治理思考（最终报告）》开宗明义地强调了公司治理的趋同性："市场的全球化已经使公司治理的好坏成为企业存亡的关键因素。同国际上的公司治理方式保持一致，也成为企业成功的一个重要条件。好的公司治理已经成为任何企业在全球市场上有效率经营的必要条件。"《公司治理原则——对新日本型公司治理思考（最终报告）》为实现利益相关者的利益提出了日本型公司治理框架，指出董事会代表股东利益的代理人的同时，还负有调整利益相关者的重大社会责任。② 2001年的公司治理原则提议设置提名、报酬、审计三委员会。③ 1997年经团联设置了公司治理特别委员会，以公司治理改革为目标开始讨论强化监事制度改革与修正股东代表诉讼制度。特别委员会设置的背景是对野村证券及第一劝业的利益提供事件等企业不良事件的强烈危机感及经济界对为维持国际竞争力必须充实公司治理的认识。特别委员会设置两个月后，也就是1997年9月16日，完成了《关于公司治理的紧急建议》，④ 11月18日提出了《对自民党法务部会商法小委员会〈修改公司治理相关商法的草案纲要〉的意见》。经济同友会分别于1998年与2002年提出了《资本效率重视经营——日本企业再活性化提案》与《为强化企业竞争力的公司治理改革》；1998年，审计协会提出了《关于治理修正正式方案要点的意见》；2002年8月，金融厅发布了《促进证券市场改革计划》；2004年，厚生年金联合会发布了《治理评价标准》等。

日本政党、经济团体提出的公司治理改革提案中就包括对相关法律的修订。例如，自民党商法小委员会1997年9月8日提出的《公司治理

---

① 末永敏和『コーポレート・ガバナンスと会社法日本型経営システムの法的変革』中央経済社、2000、4頁。
② 末永敏和『コーポレート・ガバナンスと会社法日本型経営システムの法的変革』中央経済社、2000、20頁。
③ 落合誠一「企業統治におけるガバナンス・コードの役割」，http://www.jurists.co.jp/ja/nials/news_a/pdf/news05_ja.pdf。
④ 江頭憲治郎・神作裕之・藤田友静・武井一浩編『改正会社セミナー』有斐閣、2006、4頁。

相关商法的修改草案纲要》就是在与经团联充分沟通的基础上形成的①，1998年6月1日提出了《商法相关公司治理的修改纲要》。自民党政务调查会法务部会于1999年4月15日发表了《公司治理相关商法等的修改方案纲要》。《公司治理相关商法等的修改方案纲要》指出："作为执行监督、监察作用的监事制度引入的1993年法修改，要求大公司设置3名以上监事（其中1名为公司外监事），还规定了作为机关的监事会迈出重视一般股东利益的第一步。另外，修改了支持少数股东行使权利的股东代表诉讼制度。其后通过1994年、1997年的商法修订与1997年、1998年注销特例法的制定、修改，提供了公司取得自己股份、注销的途径，为市场消化过剩股份准备了条件。虽然进行了上述努力，但依据最近的经济状况，依然没能看到轻视股东的环境有所变化。"② "应该鲜明地展现重视股东的姿态，努力强化独立董事的功能，以美国企业社会为范本，以国际标准的观点，尽快确立日本公司治理。"③ 纲要进而指出日本股份公司需要解决"低分红""以法人相互持股为特征的股权结构""过剩的已发行股票""向特定股东进行利益输送"等企业经营中一般股东受到轻视等问题，亟须"强化为实现股东利益最大化的公司治理机制"。④ 该纲要建议进一步加强监事制度，具体内容是董事有向监事进行汇报的义务，公司外部监事要达到监事的半数以上，监事的任期延长为4年，并且董事向股东大会提出监事候选人必须征得监事会的同意。

　　上述提案指出了日本公司治理改革的两个方向：一是自民党方案中的发挥强化监事功能的监事改善型；二是恢复董事会功能的董事会改善型。前者是以确保健全性为重点，后者以提高效率为重点，⑤ 并对商法的修订产生了重大的影响。

---

① 江頭憲治郎・神作裕之・藤田友静・武井一浩編『改正会社セミナー』有斐閣、2006、4頁。
② 末永敏和『コーポレート・ガバナンスと会社法日本型経営システムの法的変革』中央経済社、2000、29~30頁。
③ 小林秀之「コーポレート・ガバナンスのあり方」小林秀之編『新会社法とコーポレート・ガバナンス——委員会設置会社VS監査役設置会社』中央経済社、2006、16頁。
④ 末永敏和『コーポレート・ガバナンスと会社法日本型経営システムの法的変革』中央経済社、2000、29頁。
⑤ 末永敏和『コーポレート・ガバナンスと会社法日本型経営システムの法的変革』中央経済社、2000、25頁。

## 第二节 约束变化：市场治理强化

股份公司的重要作用之一就是筹集资金。那些没有投入妥当的成本来保护投资者的公司，其发行证券所筹得的资金要少得多。所以，最终是企业家和公司经理而不是投资者付出了代价。① 在金融自由化过程中日本大企业从间接融资向直接融资转变、国外资金不断进入日本股票市场与法人企业相互减持股份的三重作用下，日本公司的融资结构、股权结构发生了巨大的变化。日本公司股权结构中政策性持股股东比例大幅度降低，包括外国投资者在内的机构投资者比例大幅度提高。这一变化不仅使日本告别"沉默的股东时代"，也使公司控制权市场开始发挥制约经营者的作用。随着日本公司资金来源与股权结构的变化，日本的民间企业产生了依据国际标准进行公司治理机制改革以迎合海外机构投资者的激励。在某种程度上，可以说海外机构投资者通过"用脚投票"与行使决议权或对话的方式推动了日本公司公司治理改革的国际化。外部市场治理的加强，对经营者构建符合国际标准的公司治理机制产生了巨大的压力。

### 一 融资结构的改变

融资结构反映了资金的来源。如前所述，公司所有权与经营权分离后，拥有经营权的公司经营者之所以能够主动构建监督与约束自己行为的公司治理机制，其目的及动力之一就是在资金筹集的竞争中获胜，吸引资金持有者向公司投入资金。因此，不同的资金来源就会产生不同的公司治理机制。可以说，融资结构是公司治理的基础，有什么样的融资体制就会形成什么样的公司治理模式。这是因为公司的融资体制与治理模式的选择以及治理效率之间存在极其密切的逻辑联系，宏观的融资体制决定了微观的公司融资结构，进而对治理机制的选择以及治理效率的提高起到传导作用。②

---

① 弗兰克·伊斯特布鲁克、丹尼尔·费希尔：《公司法的经济结构》，罗培新、张建伟译，北京大学出版社，2014，第296页。
② 剧锦文：《银企关系模式比较》，《经济学动态》1997年第6期。

石油危机、广场协议、泡沫经济的破灭、金融自由化以及企业实力的增强等因素使日本大企业的融资结构逐渐发生改变。大约开始于20世纪80年代的日本金融自由化的动力是日本政府国债的发行、债券市场规模的扩大。[①] 对外汇规制的放松、1977年短期外币证券业务的自由化、1979年对1949年制定的《外汇法》进行的全面修订，促进了日本国内国际性资本市场的形成。金融自由化下日本国内国际性资本市场的形成对日本公司融资结构的变化发挥了重要的作用。进入20世纪80年代后，一方面是金融自由化下企业融资渠道的多元化；另一方面是企业从银行融资的高成本。其结果是大企业渐渐远离银行，出现了所谓"脱银行"现象。表4-2的数据是日本银行调查统计局对500家主要企业的统计得到的，对500家企业的选择随着时代的不同有所改变。从这组数据可以观察到日本大企业的融资方式正在从依赖银行的间接融资向利用资本市场的直接融资转变。20世纪70年代，公司债占企业外部资金的比例显著上升，由5.99%上升到11.64%。而贷款比例不断下降，从20世纪70年代48.84%的峰值降至80年代后期的10%以下。[②]

表4-2　日本企业新增资金的来源

单位：%

| 时间 | 内部资金 | 外部资金 | | | |
|---|---|---|---|---|---|
| | | 总计 | 股票 | 贷款 | 公司债 |
| 1967～1969 | 43.85 | 56.15 | 4.74 | 45.97 | 5.44 |
| 1970～1974 | 41.37 | 58.63 | 3.80 | 48.84 | 5.99 |
| 1975～1979 | 50.33 | 49.67 | 8.78 | 29.25 | 11.64 |
| 1980～1984 | 61.18 | 38.82 | 11.45 | 18.14 | 9.23 |
| 1985～1989 | 54.12 | 45.88 | 18.25 | 8.08 | 19.55 |
| 1990～1994 | 80.68 | 19.32 | 4.24 | 4.82 | 10.26 |

资料来源：日本銀行調査統計局「主要企業経営分析」，转引自伊藤史郎『日本経済と金融』昴洋書房、1997、140頁。

---

[①] 深尾光洋「1980年代後半の資産価格バブル発生と90年代の不況の原因金融システムの機能不全の観点から」村松岐夫・奥野正寛編『平成バブルの研究（上）』東洋経済新報社」、2002、91頁。

[②] 伊藤史郎編『日本経済と金融』昴洋書房、1997、140頁。

20 世纪 80 年代中后期日本资本市场与大企业的融资特征发生了如下改变，使银行的影响力相对下降。①

第一，对发行公司债的规制放松。企业融资出现多元化。过去只允许长期信用银行或者电力公司等极少数企业发行公司债券的限制开始缓和，② 使得可以发行公司债券的企业越来越多，普通公司债券以外的债券也逐渐得到许可。③ 很多企业开始利用可转换债券（CB）、附认股权证公司债券（bond with warrant）融资。可转换债券是指有权转换为股票的公司债券。例如，最初以 100 日元的价格发行的公司债券附有 1 份股票转化权，那么当股票价格涨至 150 日元时，将公司债券转换为股票在市场上出售就可以获得 50 日元利润。如果股票价格下跌至 100 日元以下，只要不转换为股票，仍以公司债券的形式持有，那么在赎回时仍旧可以得到 100 日元的本金及相应的利息。对投资者来说，可转换债券可以在股票价格上涨时盈利。可转换债券其实早在 1966 年就已发行，到 20 世纪 80 年代后半期才开始急剧增加。另外，从 1981 年开始，企业还可以发行"附认股权证公司债券"。"附认股权证公司债券"拥有按照约定价格购买该公司股票的权利。不同于可转换债券直接将债券转换为股票，附认股权证公司债券在购买股票时需要另外付钱。但如果股票价格高于购买债券时约定的认购价格，将认购的股票在市场上出售便可以获得利润。对企业来说，由于与普通公司债券相比"可转换债券""附认股权证公司债券"的利率通常较低，企业可以减轻融资的利息负担；④ 另外，1987 年短期融资券（Commercial Paper，CP）的发行得到了许可。CP 与汇票类似，是企业筹集短期资金的一种方法。发行 CP 的企业虽然要支付利息，但大企业发行 CP 的利率要远远低于银行的大额定期存款利率。因此，企业通过发行 CP 获取资金，再将获取的资金存入银行即可获利。⑤

---

① 大楠泰治「資本市場とコーポレート・ガバナンス」神田秀樹・小野傑・石田晋也編『コーポレート・ガバナンスの展望』中央経済社、2011、64 頁。
② 野口悠纪雄：《战后日本经济史》，张玲译，民主与建设出版社，2018，第 190~191 页。
③ 野口悠纪雄：《战后日本经济史》，张玲译，民主与建设出版社，2018，第 190~191 页。
④ 野口悠纪雄：《战后日本经济史》，张玲译，民主与建设出版社，2018，第 191 页。
⑤ 野口悠纪雄：《战后日本经济史》，张玲译，民主与建设出版社，2018，第 192 页。

第二，大企业的间接融资比例下降，直接融资比例上升。由于股价持续上升，企业开始转向以证券公司为媒介的以"时价发行增资股票"为首的"股票融资"。[①] 由于20世纪80年代日本股票价格持续上升，上市公司很容易通过发行股票来获得资金。大企业开始减少向银行的贷款，转为在股票市场上融资。1983年日经平均股价是8000日元，1987年10月涨至26646日元，1989年末达到最高值，为38915日元。[②] 20世纪80年代前半期，企业通过股票市场获得的资本仅为3万亿日元，到1987年达到11万亿日元，1989年则激增至27万亿日元。

国债市场的成熟与经济发展推动下股票价格的上涨，使股票市场成为资金筹集的重要渠道，可转换公司债的发行等，支持了企业融资渠道的改变。从资本金10亿日元以上企业的股份、债券、银行贷款比例的变化可以清楚地观察到企业资金来源的变化（见表4-3）。

表4-3 资本金10亿日元以上企业的股份、债券、银行贷款比例

单位：%

| 时间 | 股份 | 债券 | 贷款 |
|---|---|---|---|
| 1960~1964 | 21.2 | 13.6 | 65.2 |
| 1965~1969 | 8.0 | 12.1 | 79.9 |
| 1970~1974 | 6.4 | 10.3 | 83.3 |
| 1975~1979 | 19.6 | 25.3 | 55.1 |
| 1980~1984 | 30.0 | 25.1 | 45.0 |
| 1985~1988 | 38.6 | 51.4 | 10.0 |

注：(1) 数值是占外部资金筹集的比例。(2) 对资本金10亿日元以上企业的样本调查。
资料来源：日本銀行「主要企業経営分析」，转引自植田和男「メインバンク・システムの制度的・規制的側面」青木昌彦（MASAHIKO AOKI）・ヒュー・パトリック（HUGH PATRICK）編、白鳥正喜監訳、当銀リサーチインターナショナルルー訳『日本のメインバンク・システム』東洋経済新報社、1997、125頁。

另外，"护送船队"金融政策的终止、金融系统的不良债权问题，使银行无法继续履行为困境中的客户企业提供贷款的承诺，造成其对客

---

① 堺宪一：《战后日本经济——以经济小说的形式解读》，夏占友等译，对外经济贸易大学出版社，2004，第58页。
② 野口悠纪雄：《战后日本经济史》，张玲译，民主与建设出版社，2018，第196页。

户企业的保险作用降低，从而减弱了企业为在困境中获得银行救济而增加银行贷款的动力。

第三，某些企业资金由匮乏变为充裕，贷款利息提高，资金充盈的企业开始从"外部融资模式"转变为"内部资金模式"。随着对存款利率上限规定的废止，银行争夺存款客户，规制下企业可以获得低利息融资的低成本融资受到冲击。在经济高速增长时期，银行的融资满足了企业旺盛的资金需求。可是进入稳定增长期以后，利息却成了企业沉重的负担。因此，资金充盈的企业开始返还贷款并把留存收益和折旧费作为内部资金，积极采用"内部资金"模式，自我调配设备投资资金。①

"内部资金模式"还反映出一个特点，那就是随着日本企业竞争力的提高，企业利润增加，在"内部人控制"下，经营者有增加留存收益的激励，以降低对外部资金的依赖。这是因为充足的现金存款可以放松资本市场对经营者的约束。换言之，以日本经济高速增长、企业财富增加为前提，在日本金融体制改革过程中，企业在减少对以主银行为核心的间接金融依赖的同时，并没有形成对资本市场的依赖，从而使公司治理主体缺位，日本公司"内部人控制"的特征进一步加强。"内部资金模式"与"内部人控制"相互强化。

尽管一些企业有剩余资金可以采用"内部资金模式"，但是还有许多企业需要从外部筹集资金，企业之间存在很大的差别。从银行融资依旧是企业比较稳定的资金来源。而利用资本市场发行债券与股票增资的金额变动较大。② 但一般认为，从1989年前后开始，银行与资本市场对企业的影响力开始发生逆转。随着对企业发行债券规制的放松，企业越来越偏好于通过发行公司债筹集资金，这样企业就不得不关注市场对企业的评价。而信息技术水平的提高，使公司的财务数据越来越容易被投资银行、基金、信用评级机构和证券分析师等各种中介机构和经纪人获

---

① 堺宪一：《战后日本经济——以经济小说的形式解读》，夏占友等译，对外经济贸易大学出版社，2004，第58页。
② 堀内昭義・花崎正晴・松下佳菜子「日本の金融経済と企業金融の動向」堀内昭義・花崎正晴・中村純一編『日本経済変革期の金融と企業行動』東京大学出版会、2014、48頁。

得，并通过对这些数据的分析，对企业进行评价并向投资者提供企业信息，这使公司外部投资者容易获得企业信息。在降低信息不对称性的同时，资本市场将汇集这些信息直接影响股票价格和评级机构对公司债评价的等级。企业为了获取低成本融资就不得不关注企业行为可能对资本市场产生的影响，因为业绩良好、信用评级较高的企业不但能以低利率发行公司债，而且股价也会稳中有升。以债券市场为例，债券市场对企业的压力主要是来自对公司债的评级。公司债评级下降，不仅会使公司债发行的利息上升，而且对公司参与各种事业的资格也会产生不良影响。进而出现不利的交易条件。公司财务体质的安全性对公司债等级的评定具有重要的影响，所以为提升公司债等级有必要提高自有资本比例。[①]低成本的融资及股价的良好表现，都将增加企业的利润，促进企业的发展。随着资本市场对日本公司影响力的提升，越是拥有与国际标准趋同的公司治理机制的公司，融资成本越低。从资本市场低成本融资，是按照国际标准改革公司治理机制的内在动力。

## 二 股权结构的变动

股权结构（ownership structure）是指各股票投资主体（包括自然人和法人）所持有股票的种类和数量在目标投资企业全部股份中的分布状况，展现了以财产所有权为基础的各不同持股主体之间的所有权构成，包括股权集中度与持股者身份特征两层含义。日本上市公司股权结构的变化是从20世纪90年代中后期开始的。法人间相互持股减少与日本金融改革，特别是在金融自由化和证券市场改革下外国投资家进入日本资本市场是推动日本股权结构发生改变的主要原因。

根据东京证券交易所的统计，银行、企业法人的持股比例在20世纪90年代达到70%的最高点后，开始出现法人间相互减持所持股份引起的下降，而外国人持股比例则从20世纪90年代前的不足5%逐年上升，1998年超过10%，到2005年超过20%（见表4-4）。

---

① 伊丹敬之『平成の経営』日本経済新聞出版社、2019、216頁。

表4-4 日本上市公司股权结构变化（1949~2008年）

单位：家、%

| 年度 | 公司数 | 政府及地方公共团体 | 金融机构 | 证券公司 | 事业法人等 | 外国人 | 个人/其他 |
|---|---|---|---|---|---|---|---|
| 1949 | 677 | 2.8 | ○ 9.9 | ◎ 12.6 | ○ 5.6 | — | ◎ 69.1 |
| 1950 | 713 | ◎ 3.1 | 12.6 | 11.9 | 11.0 | — | 61.3 |
| 1960 | 785 | 0.2 | 30.6 | 3.7 | 17.8 | 1.3 | 46.3 |
| 1970 | 1584 | 0.2 | 32.3 | 1.2 | 23.1 | 3.2 | 39.9 |
| 1973 | 1684 | 0.2 | 35.1 | 1.5 | ◎ 27.5 | 3.0 | 32.7 |
| 1980 | 1734 | 0.2 | 38.8 | 1.7 | 26.0 | 4.0 | 29.2 |
| 1988 | 1975 | 0.7 | 45.6 | 2.5 | 24.9 | 4.0 | ○ 22.4 |
| 1989 | 2030 | 0.7 | ◎ 46.0 | 2.0 | 24.8 | 3.9 | 22.6 |
| 1990 | 2078 | 0.6 | 45.2 | 1.7 | 25.2 | 4.2 | 23.1 |
| 1991 | 2106 | 0.6 | 44.7 | 1.5 | 24.5 | 5.4 | 23.2 |
| 1992 | 2120 | 0.6 | 44.5 | 1.2 | 24.4 | 5.5 | 23.9 |
| 1993 | 2161 | 0.6 | 43.8 | 1.3 | 23.9 | 6.7 | 23.7 |
| 1994 | 2211 | 0.7 | 43.5 | 1.1 | 23.8 | 7.4 | 23.5 |
| 1995 | 2277 | 0.6 | 41.4 | 1.4 | 23.6 | 9.4 | 23.6 |
| 1998 | 2426 | 0.5 | 39.3 | ○ 0.7 | 24.1 | 10.0 | 25.4 |
| 2000 | 2587 | 0.4 | 37.0 | 0.8 | 22.3 | 13.2 | 26.3 |
| 2001 | 2656 | 0.4 | 36.2 | 0.8 | 23.2 | 13.7 | 25.9 |
| 2002 | 2661 | 0.3 | 34.1 | 0.9 | 24.8 | 16.5 | 23.4 |
| 2003 | 2679 | 0.3 | 31.1 | 1.1 | 25.1 | 19.7 | 22.7 |
| 2004 | 2775 | 0.2 | 19.6 | 0.9 | 17.4 | 16.5 | 45.6 |
| 2005 | 2843 | ○ 0.1 | 19.1 | 2.0 | 19.8 | 22.2 | 36.8 |
| 2006 | 2937 | 0.2 | 24.6 | 1.8 | 23.6 | 25.4 | 24.4 |
| 2007 | 2957 | 0.2 | 24.7 | 1.5 | 24.7 | ◎ 25.5 | 23.4 |
| 2008 | 2909 | 0.2 | 26.6 | 1.0 | 25.1 | 22.1 | 25.0 |

注：◎为最高；○为最低。

资料来源：东京证券交易所网站，http://www.tse.or.jp/market/data/examination/distribute/h20/1-22.xls。

根据大和总研的调查结果，战后日本法人间相互持股可以分为四个阶段：第一个阶段（战后股票交易所再开——证券低迷）是相互持股形成期；第二个阶段（证券低迷——石油危机）是相互持股的强化期；第三个阶段（石油危机——泡沫经济期）为相互持股达到最高值期；第四个阶段（泡沫经济崩溃后）为相互持股减持期。[①] 1997年亚洲金融危机爆发对日本银行业产生了巨大的冲击，金融机构不良债权比例上升，在BIS规制和时价会计制度的压力下银行开始减持对所有客户企业的股份，从而使银行和企业之间相互持股比例降低，使主银行从既是企业的大股东又是大债权人向企业普通的债权人转变。根据调查基础研究所2003年版相互持股状况调查，自1987年开始调查以来，相互持股率（不管是以金额为基准还是以单元股份数为基准）一直在降低，2003年调查结果为7.6%，比2002年降低了0.3个百分点，是自该项调查开始以来的最低值（见图4-1、表4-5）。金融机构的稳定股持有率为24.3%，比2002年降低了2.9个百分点，也是调查启动以来的最低值。其中银行从15.7%降到2003年的5.9%，降低了9.8个百分点。在相互持股减持中，金融机构发挥了更大的作用，金融机构作为企业稳定股东的地位正在下降。

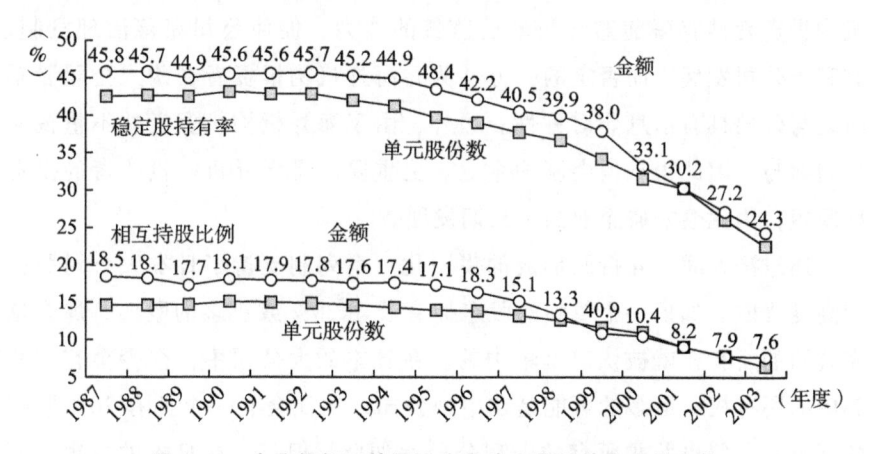

**图4-1 企业间相互持股比率及稳定股份持有率的变化**

资料来源：ニッセイ基礎研究所「株式持合い状況調査2003年度版」、http://www.nli-research.co.jp/report/misc/2004/mochiai03.pdf。

---

[①] 鈴木健「株式相互持合いの『解消』について」『大阪経大論集』第55巻第5号、2005、10頁、http://www.osaka-ue.ac.jp/gakkai/pdf/ronshu/2004/5505_ronko_suzuki.pdf。

表 4-5  2003 年相互持股情况（以金额计算）

单位：%

| 股东（持有者） | 发行者（被持有股份方面） | | | | 说明 |
| --- | --- | --- | --- | --- | --- |
| | 银行 | 事业公司 | 其他 | 合计 | |
| 银行 | 0 | 2.9 | 0.1 | 3.0 | 银行持有的股份 |
| 事业公司 | 1.2 | 2.3 | 0.3 | 3.8 | 事业公司持有的股份 |
| 其他 | 0.1 | 0.8 | 0 | 0.8 | |
| 合计 | 1.3 | 5.9 | 0.4 | 7.6 | 市场全体的相互持股 |

资料来源：ニッセイ基礎研究所「株式持合い状況調査 2003 年度版」，http://www.nli-research.co.jp/report/misc/2004/mochiai03.pdf。

大量个人和外国资金进入日本证券市场，海外机构投资者持股比例上升。如东京证券交易所市场一部海外机构投资者的买卖比例1997 年约为 30%。[1] 日本公司股权结构出现了稳定股东所持股份比例降低而个人尤其是外国人（包括个人和机构投资者）持股比例上升的变化。海外机构投资者对日本公司治理的影响有正反两方面。肯定的一方认为，海外机构投资者具有事前监督与事后监督的能力，促使公司完善治理机制，有利于公司发展。而否定的一方认为，海外机构投资者在购入公司股票时就与公司具有信息非对称性。另外，由于海外机构投资者并不重视交流与参与，因此很难说会制约企业。更重要的是海外机构投资者的投资期间短，因此会妨碍企业的中长期发展。[2]

通过法人间相互持股形成的集团化、系列制支持了日本大公司股权的高度集中。如果一个单独的股东拥有公司 20% 或更多的股票，那么这家公司的所有权就被认定是集中的。在日本的大公司中，很少会有如此集中的所有权，更多的可能是在中型公司，往往会有一个拥有 20% 股权的所有者，但也并非所有的中型公司都如此。但是，在日本的主银行系统中，主导的工业企业最大的四五位股东每位往往会拥有 4.9% 的公司股票，合起来通常超过 20%。在公司发生危机的时候，各个银行都会听从主

---

[1] 宮島英昭・保田隆明・小川亮「海外機関投資家の企業統治における役割とその帰結」宮島英昭編『企業統治と成長戦略』東洋経済新報社、2017、106 頁。
[2] 宮島英昭・保田隆明・小川亮「海外機関投資家の企業統治における役割とその帰結」宮島英昭編『企業統治と成長戦略』東洋経済新報社、2017、125 頁。

银行，由此再来累计一下银行债权人的股票，那么日本几乎所有的大公司都拥有高度集中的所有权。① 法人间相互持股的减持在一定程度上打破了日本大公司股权高度集中的局面。

### 三 积极投资者的约束

海外机构投资者可以分为两大类。一类是地点在国外的基金，是从国外购买日本股票的国际一揽子投资者。其购买日本股票的目的是通过对日本企业股权的投资进行国际分散化投资。该类基金对日本企业的直接参与程度比较低。还有一类是地点在东京的基金，基金的资金提供者是海外的养老基金或大投资家。这类基金对日本企业参与的程度比较高，一般通过行使决议权或对话影响公司。② 后者一般被称为"积极投资者"。

作为"积极投资者"的海外机构投资者持股比例的增加，使日本公司告别了"沉默的股东时代"。所谓"积极投资者"，并不是指那些沉溺于频繁买卖证券的人，而是确实对公司经营进行监督、在董事会有一席之地、有时会参与经理的解雇、经常参加制定公司的战略方针，有时甚至直接参与公司经营的投资者。③ 简而言之，"积极投资者"就是指通过行使表决权或与经营者对话制约经营者行为，影响企业经营的股东。"积极投资者"的影响之一是在一定程度上改变了日本股东大会的形式化，增强了股东大会的活力，使其治理功能开始复苏，表现为提案、发言及否决议案的增加。如1996年121个国外机构持有日本761家企业的股份，其对48家股东大会的62个议案投了反对票。④ 根据《日本经济新闻》2001年10月17日报道，加利福尼亚州公务员退职年金基金（CalPERS）已经对127家日本上市公司行使了股东投票权，其中包括对60家

---

① 马克·罗伊：《公司治理的政治维度：政治环境与公司影响》，陈宇峰、张蕾、陈国营、陈业玮译，中国人民大学出版社，2008，第133页。
② 宫岛英昭・保田隆明・小川亮「海外機関投資家の企業統治における役割とその帰結」宫岛英昭编『企業統治と成長戦略』東洋経済新報社、2017、105頁。
③ 迈克尔·詹森：《企业理论——治理、剩余索取权和组织形式》，童英译，上海财经大学出版社，2008，第63页。
④ 马连福：《公司内部治理机制研究——中国的实践与日本的经验》，高等教育出版社，2005，第132页。

公司的反对票。CalPERS 对日本企业投票的几乎一半是反对票，其中包括对 28 家企业监事选举的反对票。具有股东主权意识的外国机构投资者作为"积极投资者"通过行使表决权制约经营者行为的趋势不断增强。这可以从外国投资者在股东大会上投否决票企业的比例的连年增加观察到（见表 4－6）。1993 年 7 月至 1994 年 6 月，上市公司的股东大会中股东发言的公司仅占总体的 14.12%，对公司提案有疑问的仅占 8.17%，而 2003 年 7 月至 2004 年 6 月分别上升至 45.15% 和 27%。[①]

表 4－6　股东大会上外国投资者投否决票企业比例

单位：%

| 企业资本金 | 1997 年 | 1998 年 | 1999 年 | 2000 年 | 2001 年 | 2002 年 | 2003 年 | 2004 年 | 2005 年 |
| --- | --- | --- | --- | --- | --- | --- | --- | --- | --- |
| 300 亿～500 亿日元 | 22.7 | 39.6 | 44.0 | 46.9 | 48.7 | 49.2 | 73.3 | 84.1 | 89.0 |
| 500 亿～1000 亿日元 | 26.7 | 52.3 | 61.7 | 61.3 | 73.8 | 77.2 | 86.0 | 93.1 | 84.1 |
| 1000 亿日元以上 | 55.3 | 66.7 | 73.2 | 79.1 | 73.8 | 77.2 | 82.9 | 82.2 | 89.4 |
| 平均 | 11.5 | 17.5 | 19.2 | 21.2 | 22.9 | 29.7 | 43.7 | 54.9 | 55.7 |

资料来源：「旬刊　商事法務」，转引自岩壺健太郎、外木好美「外国人投資家の株式所有と企業価値の因果関係——分散不均一性による同時方程式の識別——」『経済研究』第 1 期、2007 年、48 頁。

日本国内投资者行使表决权的案例也开始增多。外国人投资者特别是外国机构投资者所持股份在日本公司股权结构中比例的上升，意味着新的博弈者的出现。而这一新的博弈者由于比日本国内的股东更具有股东权利意识，虽然并不直接参与经营，但为了获得更高的投资收益率，会通过实施表决权来制约经营者的行为。而国外投资者的股东权利意识和通过行使股东权利对经营者进行监督和制约，也会影响日本国内投资机构和投资人，使日本投资者告别"沉默的股东时代"。日本厚生年金联合会 1999 年 10 月修改了其基本方针，指出作为资金运用的受托机构要以"提高投资者利益为目标来行使决议权"。2001 年 10 月制定了《决

---

[①] 角田大憲「変わりゆく会社と株主の関係」神田秀樹主編『コーポレート ガバナンスにおける商法の役割』中央経済社、2005、114 頁。

议权行使指南》，试图使其成为日本的 CalPERS。① 2003 年 2 月，厚生年金基金联合会制定了表决权行使规则，且规则公布后，许多养老基金等机构投资者也随之制定了有关表决权行使的规则，对公司管理者无条件委托等现象逐步减少（见表 4-7）。② 有观点认为日本投资机构将来可能成为更有影响力的机构。

表 4-7 日本厚生年金联合会决议权行使情况（2004 年 6 月）

| 总合议案 | 赞成 | 反对 | 反对比例（%） | 小计 |
| --- | --- | --- | --- | --- |
| 利润分红方案等 | 919 | 337 | 26.8 | 1256 |
| 公司章程变更 | 1194 | 12 | 1.0 | 1206 |
| 选任董事 | 523 | 536[1] | 50.6 | 1059 |
| 选任监事 | 903 | 107 | 10.6 | 1010 |
| 退职慰问金支付 | 441 | 615 | 58.2 | 1056 |
| 修改负责人报酬额 | 109 | 0 | 0 | 109 |
| 发行新股预约权 | 159 | 65 | 29.0 | 224 |
| 选任会计审计员 | 35 | 0 | 0 | 35 |
| 与重组相关事项[2] | 58 | 4 | 6.5 | 62 |
| 股东提案[3] | 135 | 7 | 4.9 | 142 |
| 其他公司提案 | 14 | 60 | 81.1 | 74 |
| 总计 | 4490 | 1743 | 28.0 | 6233 |

注：(1) 含 77 件反对案；(2) 合并、营业、事业转让、股份交换、公司分割；(3) 自己股份取得、法定准备金减少、第三者按比例增资、资本减少、股份合并。

资料来源：厚生年金基金联合会，转引自藤田利之「機関投資家の議決権行使 ～その実情と基本的考え方～」『Exchange Square』第 10 期、2004 年、15 頁、http://www.tse.or.jp/about/books/e-square/vo_12.pdf。

村上基金 2002 年取得了东京 STYLE 公司 9%的股份，并行使了股东提案请求权，要求该公司终止向不动产投资，把资金用于分红和自己股份取得。此后，村上基金注意到了富士电视和日本放送 2003 年发生的母公司和子公司时价总额的逆转，取得了富士电视第一大股东日本放送 7%

---

[1] 福光寛「コーポレート・ガバナンス――いかに機能させるか――」、101 頁、http://www.seijo.ac.jp/faeco/misc/kenkyu/pdf/165/fukumitsu89-129.pdf。

[2] 山崎明美「商法改正と機投資家の議決行使」神田秀樹主編『コーポレート ガバナンスにおける 商法の役割』中央経済社、2005、173 頁。

的股份，此后不断增持，并提出了两个公司建立控股公司的建议。①

在国外投资者特别是海外机构投资者的影响下，日本国内投资机构和投资人已进入"积极股东的时代"，开始通过行使股东的权利，影响企业经营决策。这一系列变化促使公司管理者开始重视股东利益。2002年的有关调查表明，公司中重视净资产收益率的占26%，不太重视的占2.4%，重视股东的占83%。这在某种程度上也表明越来越多的日本公司开始重视净资产收益率，对股东的重视程度也在提高。②

## 四　公司控制权市场的威胁

公司控制权市场又称外部接管市场（takeover market），是投资者通过收集投票代理权与股权，取得对公司的控制权，以便接管公司和更换经营不善的经营者的一种制度设计，是解决委托 - 代理问题的一个重要手段。获取公司控制权市场的最主要手段就是代理权争夺（proxy contest or proxy fight）与并购（Merger and Acquisition，M&A），因此代理权争夺、企业并购与公司治理具有高度的相关性。通过市场压力替代低效率的经营者的持续外部性威胁对提高公司治理有效性是不可缺少的。

代理权争夺是公司治理机制的运行方式之一。代理权争夺是持有不同意见的股东集团争取获得董事会代表资格所产生的。虽然大多数的争夺是不成功的，也就是持异议者集团未能赢得董事会中大多数席位，但是不管结果如何，代理权争夺仍可以并且确实影响目标公司的股东财富。如果持异议者来自公司外部，代理权争夺就代表了外部控制的一种形式。对外部压力的最广泛的认识是公司控制权市场。③ 2002年，一家名为"东京造型（style）"的服装公司发生的代理权争夺可以被认为是日本的首例代理权争夺。由于日本通过争夺股票委托表决权即投票权获得董事会控制权的实例还不多，所以本部分主要介绍并购在日本出现的新变化。

### 1. 日本企业间并购市场与控制权市场的区别

并购早在1890年前后就已经在日本出现，虽然日本早期并购的背景

---

① 谷口雅志「インベスター・リレーションズ（IR）」柴健次・須田一幸・薄井彰編『現代のディスクロージャー』中央経済社、2008、244頁。
② 十川廣国『CSRの本質』中央経済社、2005、68頁。
③ J. 弗雷德·威斯通、马克·L. 米切尔、J. 哈罗德·马尔赫林：《接管、重组与公司治理》，张秋生、张海珊、陈扬译，北京大学出版社，2006，第596~600页。

是日本政府推行官营企业的民营化，并且对日本财阀的形成发挥了重要的作用，但进行并购的动机主要还是追求古典的相乘效果（协同效应），并不都是友好型并购（friendly takeover）。① 日本并购市场的"友好型并购"是在战后特别是进入经济高速增长期后随着日本型经济体制的建立和日本型经营的形成和强化才得以出现的。虽然战后日本并购市场在日本经济发展的不同阶段呈现出不同的特点，如战后财阀解散政策下企业的大规模分割，资本自由化下企业间的合并与被分割企业、原财阀集团内企业的再合并，日元汇率大幅度升值背景的海外并购浪潮，泡沫经济下的"救济型并购"，"选择与集中"经营方针指导下企业重组带来的并购市场的活跃，但都不具有并购争夺代理权的功能。

可见，虽然日本存在企业间并购市场，并且其对日本经济的发展发挥了重要的作用，但从公司治理角度来说，日本在很长一段时期内是不存在控制权市场的。与美国等其他发达国家的并购案不同，日本的并购过去通常是以友好型并购而不是敌意并购的方式进行，特别是有许多并购发生在集团公司及其子公司之间。日本并购的传统做法是计划进行收购的企业私下与目标公司的经营者进行接触和谈判，共同商定股份转让价格，通过公开收购进行的并购非常少见。公开收购方式的缺失，不仅使日本并购交易中企业股票的溢价保持在极低水平，而且使并购失去震慑经营者的公司治理功能。

2. 日本控制权市场的启动

日本社会对敌意并购的态度在20世纪末21世纪初发生了变化。为了扭转日本企业的长期不振，日本开始倡导企业通过资源集中提高核心业务的竞争力，并通过修改商法支持公司重组，日本社会逐渐地接受了为使股东利益最大化进行的敌意并购行为，② 再加上稳定股东比例的降低、股权的分散化，日本控制权市场的启动具备了条件。

如前所述，企业通过法人间相互持股开展稳定股东工作的目的之一就是防止敌意并购。稳定股东就是维持企业控制中枢（经营中枢）的友

---

① 宫島英昭「増加するM&Aをいかに読み解くか」宮島英昭編『日本のM&A』東洋経済新聞社、2007、14~33頁。
② 鈴木一功「敵対的買収者と企業経営」新井富雄・日本経済研究センター編『検証日本の敵対的買収』日本経済新聞出版社、2007、139~142頁。

好股东。通过增加友好股东持股比例建立稳定的股权结构，有利于支持经营者对企业的控制。但由于外国投资者、个人对股份的保有期大大低于友好股东的保有期（见表4-8），普通股东持股比例的上升会提高股票市场的流动性。特别是外国投资者信奉市场在资源配置的效率方面总是优于组织，公司股票的回报率是由其市场表现的优越性衡量的，而股东价值最大化则是他们的至高信条。[1] 这一流动的趋利性，使资金只会流向投资利润回报率高的企业，强化了股票价格作为反映公司真实经营情况的价值信号的作用。大量个人资金和外国资金的进入在增强日本资本市场流动性、提升资本市场的外部治理功能的同时，也使日本证券市场更易受到世界经济波动的影响，从而使企业很难保持平稳的股票价格。股票市场流动性的增强、股价的波动，为企业并购提供了机会。

表4-8 不同投资主体平均持股时间

单位：年

| 年度 | 外国人 | 个人 | 事业法人 | 信托银行 | 生命·财产保险 | 长银·城市银行·地方银行 |
| --- | --- | --- | --- | --- | --- | --- |
| 2004 | 0.294 | 0.429 | 5.956 | 1.308 | 13.542 | 10.875 |
| 2005 | 0.232 | 0.249 | 4.576 | 1.116 | 15.461 | 11.696 |
| 2006 | 0.237 | 0.348 | 5.703 | 1.379 | 17.793 | 15.662 |
| 2007 | 0.254 | 0.451 | 7.986 | 1.579 | 19.289 | 18.479 |

资料来源：宇野淳・神山直樹「株主保有構造と流動性コスト：投資ホライズンの影響」、2009年4月1日，http://www.waseda.jp/wnfs/pdf/labo3_2009/WIF-09-002.pdf。

另外，20世纪90年代以后企业的过度负债以及银行承受风险能力的降低，在致力于还债而非贷款的同时，越来越多的企业尽可能多地保有流动资金，以便在金融体系不稳定的状态下具有较强的风险应对能力。但是持有太多的流动资产会使股价净值比率（PBR）相对降低，企业便变得容易被收购。1996年4月，日本投资委员会发表了题为《关于完善日本并购环境的措施》的报告，列出了外国企业在对日本企业的并购中存在的问题及其解决办法，表明了日本政府欢迎外国企业对日本企业并

---

[1] 玛丽·奥沙利文：《公司治理百年：美国和德国公司治理演变》，黄一义等译，人民邮电出版社，2007，第7页。

购的态度。海外企业对日本企业的并购近年来显著增加并形成示范效应，促进了公开收购。

2000年作为日本经营史第一次发生敌意并购之年值得记忆。这一年发生了两起敌意并购事件：一起是MAC对昭荣的敌意并购；另一起是日本Boehringer Ingelheim对SSP.CO.JP的敌意并购。前者失败了，但后者成功了。2003年美国钢铁伙伴公司（Steel Partners，SPJSF）对现金保有率较高的SOTOH和YOSHIRO化学工业发动了敌意收购。①

## 第三节 改革探索：平成商法修订

诺思把制度定义为"正式约束（如规则、法律和宪法）、非正式约束（如行为规范、惯例、行为自律）和实施特征的结合体"。② 在公司治理改革社会共识的形成，与不断强化的市场治理对改革公司治理实践的压力下，以提高日本企业竞争力及维持日本企业的独立性作为修订商法的目标原则，发挥适应、规范与引导公司治理改革的作用，开始了对商法的频繁修订。平成商法改革与自1950年以来的商法改革的内容发生了巨大的变化。虽然战后商法修订也涉及公司治理的相关规定，但主要是强化对公司不法行为的监督。相关制度改革内容倾向于强化监事制度的相关法律修订。③ 以1993年股份代表诉讼制度相关法律的修订为契机，开始对公司治理相关法规定进行全面改革。

### 一 平成商法改革的方向与特征

平成商法改革是为了适应国际与国内经济、政治、社会条件的变化，满足公司开展符合国际标准的公司治理，提升日本公司的国际竞争力，最小化公司治理成本的一系列持续性制度创新的探索。

---

① 谷口雅志「インベスター・リレーションズ（IR）」柴健次・須田一幸・薄井彰編『現代のディスクロージャー』中央経済社、2008、244頁。
② 罗伯特·威廉·福格尔：《道格拉斯·诺思和经济理论》，约翰·N. 德勒巴克、约翰·V. C. 奈编《新制度经济学前沿》，张宇燕等译，经济科学出版社，2003，第31页。
③ 江頭憲治郎・神作裕之・藤田友静・武井一浩『改正会社セミナー』有斐閣、2006、8頁。

## 1. 平成商法改革的方向

泡沫经济破灭后，日本公司治理改革主要面临两个问题：一是融资结构与股权结构的变化，加大了公司被敌意接管的威胁，动摇了经营者控制权；二是改变国际社会对日本公司治理质量与水平的不良评价，提升日本公司治理机制的魅力，确保日本公司在国际资本市场中的优势地位，支持日本金融市场的繁荣与日本经济的发展。为了在国际资本市场资金获得的竞争中取得优势，并保持日本企业的国际竞争优势，日本公司治理机制必须进行既满足国际标准又能保持企业竞争力的改革。但由于日本商法的相关规定不仅妨碍了日本公司治理按照国际标准的改革，而且也不利于在金融自由化条件下维护经营者对公司的控制权，因此为满足公司对治理改革的需求，降低公司治理的改革成本与守法成本，开始启动商法改革。商法改革作用如下。

第一，有利于满足公司治理国际标准改革的商法修订。

实现本国利益和国际规制之间的协调（换句话说，实现国内自律性和国际规范之间的协调），是关于世界贸易体制的议论的焦点之一，作为先进经济大国、领导集体的一员，这正是日本所应坚持的立场。总之，自主地酝酿被国际承认的能保证多边规则的"被升华的外压"（积极参与制定国际通用规则），实现"被升华的外压"与国内经济结构间的协调，是很重要的课题。[1]

为构建符合国际标准的公司治理机制，就要依据国际标准对商法进行修订。需要修订的相关内容包括那些在国际上已普遍适用的做法，但由于商法中的相关禁止条款、不适当的规定或规定的缺失，符合国际标准的公司治理无法在日本实施，妨碍日本公司治理符合国际标准改革的相关条款，从而妨碍了公司治理改革的国际化，如妨碍建立业绩联动型报酬机制的股票期权制度的相关规定、董事会结构的相关规定、妨碍股东实施股东代表诉讼的相关规定以及影响公司重组的相关规定等。

以董事会结构为例。董事会的主要职能之一是代表股东的意志对经营者进行监督与制约，所以就需要建立有利于董事监督经营者的独立于

---

[1] 原正行：《全球化时代的日本经济——企业国际化视角的考察》，朴松爱、何为译，东北财经大学出版社，2003，第119页。

管理层的董事会结构。美国模式的董事会与管理层的关系结构是，决定企业经营基本方针的由独立董事占多数的董事会把具体的经营委托给最高经营责任者带领的管理团队。董事会的主要作用是通过选聘与解聘管理团队的成员以及决定其报酬来制约、监督管理团队。而日本董事会缺乏独立性。日本董事会与管理团队的兼职，以及董事会成员的内部人特征，使日本董事会所发挥的作用与其说是对管理团队的监督，不如说是自己监督自己。而为保持监督与经营的相互独立，在董事会中设置委员会已成为主流趋势。如美国纽约证券交易所的上市公司手册中明确规定了上市公司必须设置提名委员会、报酬委员会与审计委员会。英国的 CG 指针也明确要求要设置提名委员会、报酬委员会与审计委员会。[1] 因此，需要通过商法改革为构建符合国际标准的董事会结构提供法律支持。

第二，赋权给经营者、维持内部人控制、保持日本企业国际竞争力的商法修订。

日本很少发生敌意并购一方面是由于以法人间相互持股为基础形成的友好股东持股比例相对较高的股权结构使敌意并购很难成功;[2] 另一方面则是由于社会舆论也没有站在股东一边，对敌意并购持否定态度。而"总会屋"的存在也使日本社会可以理解并接受各公司集中在一天召开股东大会的行为，使公司把召开股东大会走形式视为理所当然。日本社会对日本公司股东大会的形式化已经习以为常。但随着企业资金来源及股权结构的变化，并以提出对"公司是谁的？"的讨论为契机，日本社会开始重视股东的利益。近年来公司治理方面出现了一些新变化，股东大会有再建保护股东利益防线的动向，使日本公司管理层的控制权受到威胁。

日本立法者为了缓解资金来源和股权结构变化引起的内部人公司控制弱化的趋势，维持控制权的稳定，为企业经营者争取到为适应新的经营环境调整公司治理所需的时间，以保证日本企业在开放的经济模式下依然能保持竞争优势和独立性，在公司治理国际标准框架内，在综合考虑实业界的需要、国际评价及未来社会政治、经济发展趋势的情况下，对日本商法进行了改革。商法改革通过在商法中设计相应的法律条款和

---

[1] 中村直人・山田和彦・倉橋雄作『実践取締役会改革』中央経済社、2018、121 頁。
[2] 久保克行「経営者インセンティブと内部労働市場」花崎正晴・寺西十重郎編『コーポレート・ガバナンスの経済分析』東京大学出版社、2003、83 頁。

制度丰富经营者在更大的范围内主动调整公司股权结构、调整和分配投票权的法律手段,来保证公司经营者的自由裁量权。例如,通过对商法中公司机关权限、投票的相关规定的修订直接强化公司经营者的权力;通过为公司经营者提供可以主动分配投票权和调整公司股权结构的制度,使公司经营者可以通过主动分配投票权和调整股权结构在可能的范围内提高友好股东的投票比例以稳定控制权,从而强化了公司经营者的权力,遏制了股权结构变化导致的经营者控制权的弱化,维持了内部人控制。

日本商法将公司的控制权配置给经营者的改革,主要有两个目的:一是平衡金融自由化过程中被强化的市场治理下可能出现的公司经营者为维持控制权放弃重视企业长期发展采取短期行为的不利于提高日本企业竞争力的问题。二是阻止日本公司盲目效仿美国制度进行向盎格鲁－撒克逊公司治理模式转变的改革,以防止日本企业被外资控制而失去独立性,试图引导日本公司开展符合国际标准,且有利于提升公司竞争力、保持公司独立性的公司治理改革。为此,如何在依据国际标准实施公司治理改革、加强对经营者监督的同时继续维持内部人控制就成为关键。这里所指的加强对经营者的监督,是防止经营者违法,提升经营效率的监督,而不是监督其是否依据股东意志来开展公司经营。

2. 平成商法改革的特征

从战后 1950 年商法修订开始,到 1990 年商法修订为止,日本政府为了应对国内外经济环境和自身经济实力的变化,不断对商法进行修订。在没有完全开放金融市场的条件下,企业可以通过以主银行为中心的间接金融进行融资,可以通过相互持股维持稳定的控股权,从而压制股东"用手投票"对经营者的制约,隔离了股东通过"用脚投票"对经营者的压力,避免了公司控制权市场敌意并购对经营者的震慑,使经营者可以保持对企业的稳定控制。从正面意义上说,由于经营者可以不关注短期业绩及股价变动,从而有利于经营者将精力放在制定企业的长期发展战略、选择提升企业生产效率与扩大生产规模的发展方式上。这一发展方式恰恰与日本政府的发展导向政策保持一致。所以,以重视生产、重视企业为真实原则的商法,其修订非但不会削弱内部人控制,反而会有强化的内在动力。换言之,20 世纪 90 年代之前,商法改革是以强化交易安全特别是银行资产的安全为目标,加强对企业经营者的监督以防止其利用经营权对企业的损害，而不是推动股东主权型公司治理改革。但在以新自由主义为基础、以股东主权论为理论依据的"标准股东中心模式"公司治理开始占据统治地位的背景下，随着日本金融市场开放、经济绩效下降、日本公司治理问题的凸显，开展公司治理改革已成为日本社会的共识。作为为公司治理提供基本法律依据的商法，其修订表现出了以下新特征。

特征之一，修订频繁。公司法制是经济社会的基础设施，日本经济社会的发展对公司法制度的改革产生了需要，直接反映就是对公司法制度的频繁修订。[1] 进入1993年后日本商法修订更加频繁，1993年、1994年、1997年（5月、6月、12月）、1998年、1999年、2000年、2001年（6月、11月、12月）、2002年、2003年、2004年。这些讨论与修订，为公司法法典化奠定了基础。

特征之二，在规制缓和的大背景下，以规制放松为指导思想，不是通过法的改革进行统一的规定，而是以"公司章程的自由化为原则"，为企业提供更多的选择，允许企业根据自己的实际情况经过适当的判断进行自由的选择[2]，平成商法改革实现了"从事前规制向事后救济的转变"，增加了许多"公司章程自治"的规定，增加了私法的赋权性特征，为公司内部治理结构的自由设计提供了多样性选择，给公司留下了更加灵活的治理空间。

特征之三，公司治理相关规定改革路径的变化。20世纪90年代前，日本公司一直是通过监事制度改革来加强对经营者的监督。因此，公司治理相关商法修订也是以对监事相关规定的修改为中心。

从1950年商法改革开始，商法把大部分权力赋予董事会，但由于董事会是由企业内部晋升的管理者构成的，且董事、监事由董事长、社长决定，而不是由股东选出，所以董事会已不是由代表股东利益的股东代理人构成，也就失去了监督管理者、保护股东利益的功能。在美国为防止经营者侵占股东利益建立的这一股份公司机关制度，结果在被引入日

---

[1] 稲葉威雄「現代化立法としての会社法の位置づけ」稲葉威雄・尾崎安央編『改正史から読み解く会社法の論点』中央経済社、2009、1頁。
[2] 藤原祥二・藤原俊雄「はしがき」藤原祥二・藤原俊雄編『商法大改革とコーポレート・ガバナンスの再構築』法律文化社、2003、ⅰ～ⅱ頁。

本后成为抑制股东权力的制度。以侵占股东的利益为代价，换取了日本公司的发展。这一状况一直持续到1993年商法改革。以对股东代表诉讼制度的改革为标志，日本商法才开始进行在继续维持内部人控制的同时重视股东利益的商法改革。这次商法改革将影响日本公司治理演化方向，为日本公司治理机制的演化开辟了一条新的路径。

特征之四，赋予经营者更大的权力。在法律体系中，每一项法条的变化，会或多或少地影响利益相关者之间的权力配置，打破在法律修订前各利益相关者权力间的平衡。为了使利益相关者之间的权力实现再平衡，需要修订其他相关的法律条款。正如科斯所指出的，在市场中所交易的并不是实物，而是"一束权利，履行特定行为的权利"，从而"买卖什么，买卖多少"依赖于"个人或组织被认为拥有什么样的权利和义务，而这些都是由法律制度加以确定的"。①

1993年以后，日本商法改革的政策取向发生了根本变化，从而开始了对商法频繁而又根本性的修订，其大部分内容涉及股份公司特别是规制公司治理机制的法律内容。虽然改革并不是直线进行的，有倒退也有急刹车，但通过对商法的积极修订，在符合国际标准的框架内为企业管理者提供更大的自主经营的空间和更多的实现公司控制的工具来提高管理层的决策效率，是本阶段改革的最大特征。也就是说，在强化对经营者监督与激励的同时，扩大经营者的裁量自由权并支持管理层维持公司控制权是1993年后日本商法改革的目标。

## 二 1993~2000年商法修订

平成以来有关公开公司的公司治理规定的相关商法修订始于1993年。② 该阶段与公司治理相关的修订内容包括监事制度、股东代表诉讼制度、股份回购制度、股票期权制度及公司重组相关制度等。继1997年商法将合并制度合理化后，1999年与2000年商法修订的核心内容是为公

---

① 斯蒂文·G.米德玛、奥伦·J.萨缪尔森：《罗纳德·科斯的经济政策分析：框架和含义》，斯蒂文·G.米德玛编《科斯经济学——法与经济学和新制度经济学》，罗君丽等译，格致出版社、上海三联书店、上海人民出版社，2010，第219页。
② 和田宗久「公開型株式会社にかんするガバナンス制度の変遷と課題」稲葉威雄・尾崎安央編『改正史から読み解く会社法の論点』中央経済社、2009、69頁。

司提供有利于公司重组的制度工具。1999年与2000年的以组织重组法制为中心的商法修订，是1997年《反垄断法》修订允许成立纯控股公司后，法制审议会商法部会为创立完全母子公司关系提供的制度支持的重要组成部分。①

1. 1993年、1994年商法改革

1993年、1994年商法修订的背景是1991～1993年日本证券、金融界屡屡发生大型企业倒闭的违规事件，日本监事制度受到社会各界频繁指责，20世纪80年代末90年代初日美构造协议谈判期间美国也要求日本修订商法。可以说1993年日本商法的修订直接受到《日美构造协议》的影响。

《日美构造协议》谈判是1989年5月由美国总统布什提议，7月在法国召开峰会之际，日美举行了首脑会谈。美方指出了日本结构方面的六个问题：①储蓄、投资模式；②土地利用；③流通；④排他性贸易习惯；⑤系列关系；⑥价格机制。② 这标志着美国的关注点已经从贸易问题转向了日本特殊的经济体制和企业制度。在谈判的过程中，美方对以法人间相互持股为代表的日本型经济体制的封闭性提出了批评，并建议进行改革，以清除外国公司进入日本市场的障碍。改革的建议之一是建立支持"股东重视"型经营的机制，以改变日本企业不重视股东利益经营的现状。③ 其中直接涉及商法的相关规定，美方的具体要求包括：使股东更容易进行股东代表诉讼；引入独立董事制度及审计委员会制度；等等。④

在1990年6月完成的最终报告书《改进公司法》中日方写道："我国在商法中充实信息披露制度和扩大股东权利的同时，将在法制审议会上对合并的灵活性等问题进行讨论。"⑤ 《日美构造协议》直接影响了1993年商法修订。但由于商法修订对企业将产生重大影响，所以日本并

---

① 和田宗久「公開型株式会社にかんするガバナンス制度の変遷と課題」稲葉威雄・尾崎安央編『改正史から読み解く会社法の論点』中央経済社、2009、75頁。
② 奥村宏『日本の六大企業集団』朝日新聞社、1996、293頁。
③ 加護野忠男・砂川伸幸・吉村典久『コーポレート ガバナンスの経営学——会社統治の新しいパラダイム』有斐閣、2012、144頁。
④ 受川環大「役員等の株式会社に対する損害賠償責任」稲葉威雄・尾崎安央編『改正史から読み解く会社法の論点』中央経済社、2009、135頁。
⑤ 藤原俊雄「近代の会社法改正の目的と展望」藤原祥二・藤原俊雄編『商法大改革とコーポレート・ガバナンスの再構築』法律文化社、2003、3頁。

非一味地接受美国的要求，而是有选择地接受，特别是在涉及影响经营者控制权时更是不予让步。如在1992年7月的年度报告中是这样记载交涉过程的。美国方面要求在东京证券交易所和大阪证券交易所把引入独立董事制度作为公司的上市基准，日本方面则以日本监事是作为独立于董事会的机关进行业务监督和会计监察，日美两国监察制度存在差异为由拒绝了美方的要求。

  法制审议会商法部会1991年4月到1992年2月的讨论重点是过去没有解决的合并问题。从1992年4月开始主要是针对日美构造谈判提出的"重视股东权利"问题进行讨论。对如何使股东更容易进行代表诉讼，强化股东阅览公司账簿的权限，在完善监事制度中，延长监事任期、在《商法特例法》中增加大公司监事的人数、引入公司外监事制度、强制设立监事会的事项进行了讨论。商法部会于1993年2月10日的会议上确定了以"强化股东权利"和"修改公司债"为主要内容的《修改商法部分内容的法律方案纲要草案》。以该纲要草案为基础，修改后于1993年3月9日将《修改商法部分内容的法律方案纲要》提交国会，于1993年6月公布，10月1日实施。①

  与公司治理直接相关的主要修改内容包括：①加强股东对公司业务执行情况的监督，对股东代表诉讼制度进行修改，修订后降低了股东代表诉讼的受理费，一律定为8200日元，使该制度具有可执行性。而且，如果胜诉的话，还可以要求公司支付诉讼产生的费用（不仅是支付给律师的费用，而且是与诉讼相关的全部费用）。② ②从有利于股东搜集信息的观点考虑，放松对股东阅览和誊写公司账簿的限制，持股比例限制从10%下降为3%，而且不需要6个月以上的持有时间规定的要件。③改善监事制度，进一步发挥监事对经营者的监督作用，以此来强化监事职能，防止公司经营舞弊。日本的监事制度已有100年的历史，但这一制度长久以来没能充分发挥作用。对此，1993年日本政府通过法律修订强化了监事制度，《商法特例法》规定了监事会是大公司的法定机关。监事会

---

① 藤原俊雄「近代の会社法改正の目的と展望」藤原祥二・藤原俊雄編『商法大改革とコーポレート・ガバナンスの再構築』法律文化社、2003、5~6頁。
② 岸田雅雄「コーポレート・ガバナンスと監査」蟹江章編『会社法におけるコーポレート・ガバナンスと監査』同文館、2008、9頁。

要决定监察方针、对公司业务及其会计情况的调查方法，以及监事有关职务执行的有关规定。撰写监察报告，请求获得报告书以及关于决定会计审计员的人事权的有关权限。还规定了有关监事会的召集及会议记录，并且规定增加大公司监事人数，从2人增加到3人以上，其中1人必须为独立监事。为确保监事的独立性，延长了监事的任期，从过去的2年延长到了3年，比董事的任期多出一年。④规定必须由国家注册会计师进行审计，确立了会计审计制度等。

为了应对产业界的长期要求，作为应对经济低迷的对策，受国际动向的影响，1994年商法修订放宽了对公司取得自己股份的限制。公司取得自己股份制度的政策目标是在当时证券市场低迷、股价下跌的情况下增强证券市场活力。但对公司自己股份取得制度的放宽也影响了公司治理，不仅为完善报酬激励制度提供了制度工具，也为经营者提供了配置权力的手段，成为反收购的工具。

本次股东代表诉讼制度改革的意义不止于对董事等的责任追究制度的修订，对推动开放型公司治理也具有深远的意义。①

2. 1997～1998年商法修订

1997年9月，代表大企业利益的自由民主党商法委员会提出了包括对商法进行一系列修改的提案。几天以后，日本经济团体联合会提出了一个内容基本相同的提案。1997年商法修订的主要内容是完善合并相关法规定、导入股票期权制度和加大惩罚力度。

第一，完善合并相关法规定。随着国际竞争的加剧，金融机构在不良债权压力下进行大规模重组，为支持企业通过灵活的组织安排提高经营效率，有必要完善关于企业重组相关的法律制度。在这一背景下，1997年对商法有关公司的合并规定进行了修订，在简化、合理化合并程序的同时强化了信息的公开。①对公司合并制度进行了修改，使合并手续得以简化和合理化。商法修订后废除了在吸收合并的情况下召开汇报股东大会，在新设合并的情况下召开创立股东大会的规定，合并只需召开一次股东承认大会，而且废除了在新设合并的情况下设立委员会制

---

① 和田宗久「公開型株式会社にかんするガバナンス制度の変遷と課題」稲葉威雄・尾崎安央編『改正史から読み解く会社法の論点』中央経済社、2009、72頁。

度①的规定。②新设了简易合并制度,简化了对债权人的告知手续。由此小规模合并可以不召开股东承认大会。合理化有关保护债权人的手续,在公司进行吸收合并的情况下,如果合并后的规模远远大于原公司,并且对股东利害没有大的影响,则适用于简易合并制度。③为了保证合并前的信息公开,董事要在股东承认大会召开前两周与后六个月把合并合同存放在公司总部,以备股东和债权人查阅。股东和债权人在公司营业的任何时间都可以查阅,并且可以在支付公司规定的费用后索要复印资料。另外,还完善了合并合同、创设了事后公开制度。④明确了合并对异议债权人没有损害时公司可以不进行清偿或提供担保。

合并虽然是组织法上的行为,但从合并是一种为了提高经营效率而展开的企业重组手段的视角来看,合并具有作为经营判断对象的性质,而这一点正是简易合并、略式合并被许可的基础。② 对合并规定的修订提高了合并的效率,促进了日本企业通过合并提高国际竞争力。

第二,引进股票期权(stock option)。股票期权制度是针对董事、雇员的股价联动型报酬制度。这一制度是根据实业界的要求引进的,因为与此制度类似的制度在实业界早已存在,过去是通过分离型附购新股权公司债的权利部分或依据促进创业临时措施法实施的。该制度是以议员立法③的形式提出的。为引入股票期权制度与注销公司回购本公司股份,制定了《关于注销股份程序的商法特别法》④,简化了股份注销的手续。这一规定仅适用于上市公司,"为放宽购买自己股份的资金来源,1998年修改了1997年制定的关于注销股份程序的商法特别法,允许公司用公积金购买自己股份"。⑤

股票期权是公司赋予董事和职工以事先决定好的价格购买公司股份

---

① 选任合并当事者组成共同制定章程及其他与设立相关的行为决定的机构的制度。
② 山本为三郎:《日本公司法精解》,朱大明、陈宇、王伟杰译,法律出版社,2015,第279页。
③ 所谓"议员立法",是通过自由民主党法务部会商法小委员会的讨论,经过自由民主党、社会党、新党组成的商法改革项目组的讨论,并作为由执政三党和新进党、民主党、太阳党等六党的提案提出的。
④ 稲葉威雄「現代化立法としての会社法の位置づけ」稲葉威雄・尾崎安央編『改正史から読み解く会社法の論点』中央経済社、2009、10頁。
⑤ 吴建斌:《最新日本公司法》,中国人民大学出版社,2003,第342页。

的权利。股票期权制度的引进为企业经理提供了新的激励方式与内容，是公司治理机制改革的重要内容。

第三，加大惩罚力度，禁止利益提供。

"总会屋"的存在明显地扰乱了日本股东大会的正常运行。为应对"总会屋"，通过修订商法在1981年新设禁止提供利益规定的基础上，于1997年强化了罚则。

从1975年到1981年，具有黑社会背景的"总会屋"经常从公司获得金钱（被提供利益）并阻止股东在股东大会上发言。1982年，日本的"总会屋"约有6800人，其在每月月底前往受害企业"收钱"。[①] 由于1997年多家一流企业向"总会屋"提供利益的性质恶劣且额度巨大的事件曝光，政府开始对利益提供等犯罪行为强化惩罚的问题进行紧急立法。同年11月28日，《关于商法和股份公司监察的商法特例法的部分修订法律案》通过，12月3日公布，12月23日开始实施。根据这一特例法，加大了对利益提供的惩罚，加重了向"总会屋"提供资金罪的处罚，新设索贿罪，修改渎职罪的相关规定。这在一定程度上保证了股东的合法权利。上述强化的罚则对"总会屋"的打击，除了有利于防止"总会屋"干扰股东在股东大会上正常行使权利外，还减少了公司在同一天召开股东大会的借口，有利于防止股东大会的形骸化，提升公司治理的有效性。

另外，1997年通过对《反垄断法》的修订，实现了对纯控股公司的解禁。日本的《反垄断法》（1947年）禁止纯粹的控股公司的存在。但《反垄断法》的修订从企业重组与事业重建的必要性出发，并且考虑到苦于不良债权处理的金融机构的实际问题，解除了关于控股公司的禁令。商法对合并规定的合理化、《反垄断法》对纯控股公司的解禁，为日本控股公司企业集团的形成提供了可能，公司集团的治理问题也出现了。

3. 1999年的股份交换制度与股份转移制度

企业通过形成企业集团来提高经营效率、分散风险，提高国际竞争力，因此，现代大企业一般不再是单独的企业而是由多个子公司和关联

---

① 山本为三郎：《日本公司法精解》，朱大明、陈宇、王伟杰译，法律出版社，2015，第139页。

公司组成的企业集团。成立控股公司和对企业进行分割则是组建企业集团的有力手段。企业集团有效开展商业活动的组织模式之一是金字塔形控股公司模式。从这一观点出发有必要从法律层面提供支持，特别是随着 1997 年《反垄断法》对控股公司的解禁。在讨论《反垄断法》的同时，为了顺利进行企业组织重组以建立控股公司，开始了股份交换制度的讨论。另外，根据《推进规制缓和三年计划》和《为经济构造的变革和创造行动计划》，也要求尽早讨论股份交换制度。

若通过收购一个公司已发行的全部股份而成为其全资母公司，不仅需要大量的收购资金，而且只要对方有一个股东拒绝出售股份收购者就无法成为其全资母公司。若将成为全资母公司的公司采取将全部事业按实物出资设立全资子公司的方法，则必须经过检查人的调查等，需要花费相当的资金和时间。而股份交换和股份转移则由各当事人公司股东大会的特别决议批准，只需交付股份或持分即可，无须支付收购资金，无须像实物出资那样接受检查人的调查。[1] 这样，为方便建立完全母公司和完全子公司关系的企业集团，日本商法创设了股份交换制度和股份转移制度。具体而言，1999 年增加了股份交换与股份转移制度（公司法第 352～372 条）。这些制度是为了满足通过合并扩大规模，通过控股公司、母公司与子公司关系组建企业集团的需要，允许企业通过建立完全母公司与完全子公司关系实施合并。[2] 这两项制度的创设为日本企业通过简便程序组建全资母公司与全资子关系的集团公司提供了法律依据，促进了日本企业资源的优化配置，提高了跨国公司和集团公司的竞争力。

一系列法律的修订，使组建、重组企业集团更加容易实现，同时出现了如何应对企业集团公司治理的问题。立法者意识到应加强对母子公司关系下母公司股东、子公司股东及债权人的保护。这一问题意识在 1999 年商法修订的过程中，在 1998 年 7 月法务省民事局参事官室发表的《母子公司法制相关问题》中得到明确。为了保护母公司股东的利益，充

---

[1] 山本为三郎：《日本公司法精解》，朱大明、陈宇、王伟杰译，法律出版社，2015，第 284 页。
[2] 浜田道代「日本における会社法改正の動向」名古屋大学法政国際教育協力研究センター「CALE 叢書」第 3 号、2004 年 3 月、http://ir.nul.nagoya-u.ac.jp/jspui/bitstream/2237/20186/1/4_CALESousho3.pdf。

实了子公司的业务内容要向母公司董事披露的措施。在1999年商法的修订中规定了母公司的股东有权查阅子公司的股东大会、董事会的会议记录与会计账本，并且强化了母公司监事对子公司的调查权。① 另外，为了适当地评价公司的财务情况，在商法修订中采取了对金钱债权进行时价评价的会计处理方式。同时，本次商法修订还进一步对公司股份回购制度进行了调整（1994～2003年，多次）。

4. 2000年公司分割制度

将复数的公司合并为一个公司的社团法上的法律行为是合并，相反，将一个公司分割为复数的公司这样的社团法上的法律行为是公司分立（可以分为吸收分立与新设分立）。公司分立的本质是分立公司将其事业相关的权利义务的全部或者一部分让其他公司继承，同时原则上获得继受公司的股份或持分。②

相关立法机构为了使企业在国际竞争进一步加剧的现代社会经济形势下，通过对组织结构的灵活调整，实现对组织结构的再编，提升经营效率，因而有必要对作为规定公司组织基本法的商法做进一步修订。建立公司分割制度是为实现企业组织重组而完善法律制度的重要一环。③

1997年开始讨论公司分割制度。根据日本政府在《推进规制缓和三每年计划（改订）》中提出的2000年实现"从企业可以对组织变更进行多样性的观点考虑，继续注重保护股东、债权人的利益，应为完善公司分割制度提供必要的措施"的目标，有关公司分割内容的《修改部分商法的法律》和《关于实施商法部分法律相关实施法的法律》于2000年5月24日通过，5月31日公布。公司分割制度（公司法第373～374条之31）与合并相反，是为了通过事业的分割建立几家企业来承接原企业业务。④

---

① 和田宗久「公開型株式会社にかんするガバナンス制度の変遷と課題」稲葉威雄・尾崎安央編『改正史から読み解く会社法の論点』中央経済社、2009、76頁。
② 山本为三郎：《日本公司法精解》，朱大明、陈宇、王伟杰译，法律出版社，2015，第281页。
③ 藤原俊雄「近代の会社法改正の目的と展望」藤原祥二・藤原俊雄編『商法大改革とコーポレート・ガバナンスの再構築』法律文化社、2003、16頁。
④ 浜田道代「日本における会社法改正の動向」名古屋大学法政国際教育協力研究センター『CALE叢書』第3号、2004年3月、http：∥ir. nul. nagoya-u. ac. jp/jspui/bitstream/2237/20186/1/4_CALESousho3. pdf。

公司分割制度弥补了日本商法中没有以公司分立为目的进行公司分割制度的缺陷，引入了公司分立制度和简易全部营业受让制度。通过公司分割可以将公司营业转让与其他公司（新设或既存的公司），可以把一个公司分为两个以上的公司。公司分立制度的创立，满足了企业使某个部门独立出来以提高效益或与其他公司的同类营业部门合并以确保优势地位的需要。既存公司将与自己事业相关的全部或一部分权利义务让其他的既存公司继承称为吸收分立。拥有相同种类的业务部门的集团公司对同类部门进行整合时经常使用吸收分立。[1] 分立公司将与自己事业相关的全部或者一部分权利义务，让作为继受公司新设立的公司继受称为新设分立。在拥有复数业务部门的公司，让其中一个或者数个部门独立成为公司等情况下经常使用新设分立。另外，如果分立公司（A公司）将经营管理其全资子公司（B公司）的业务部门新设立成为一个新公司（新设公司，C公司），那么可以形成具有中间控股公司的企业集团。也就是说，可以形成"A公司（C公司的全资母公司）－C公司（中间控股公司）－B公司（C公司的全资子公司）"这样的企业集团。[2]

### 三 2001年商法修订

从2001年商法修订的内容看，其主要还是反映了规制缓和的趋势，如股份回购限制的缓和、股份单位的自由化、种类股的多样化、新股预约权的普遍利用、新股发行规定的缓和以及减轻董事等的责任。

2001年6月、11月和12月对商法进行了三次修订：第一次是对金库股相关规定的修订（议员立法）；第二次是股份制度的完善及公司文件的电子化（阁法）；第三次是监事制度的强化、减轻董事等的责任和修订股东代表诉讼制度（议员立法）。

#### 1. 2001年6月商法修订

2000年互联网泡沫崩溃，造成金融市场恐慌，导致股价持续低迷。时价会计制度及严格的金融机构不良资产审查加速了法人减持相互所持

---

[1] 山本为三郎：《日本公司法精解》，朱大明、陈宇、王伟杰译，法律出版社，2015，第281页。
[2] 山本为三郎：《日本公司法精解》，朱大明、陈宇、王伟杰译，法律出版社，2015，第282页。

有的股份，这对股票市场更是雪上加霜。为了恢复股票市场的活力，并支持风险企业发展，2001年3月9日日本政府公布了紧急经济对策。而通过修订商法放松公司对自己的股份取得、持有、处理或注销制度的规制，成为日本政府紧急经济对策的一部分。根据立法提案者的说法，解禁金库股的目的是实施股价对策和促进企业重组。股价对策是企业把在泡沫经济时代发行的股票作为自己的股份通过市场进行回购，以减少股票的数量，支持股票获得合理的定价。促进企业重组是指企业利用自己持有的股份更容易实现企业组织结构的调整；[1] 同时，还可以使公司经营者能够对公司股权结构进行主动的调整，为经营者提供维持公司控制权和防止敌意收购的工具。

2001年6月22日，《商法等部分修订法律》获得国会通过，10月1日开始实施。该法考虑到最近的经济形势，为提高经济自由化程度，促进经济结构改革，在解禁金库股的同时对取得、保有、处分自己股份的规定进行了修订。另外，为了使个人投资者更容易参与股票投资，修订了股票单位的相关规定等。[2]

2. 2001年11月商法修订

本次修订是对2001年4月18日由法务省民事局参事官室发布的《商法等的部分修改案纲要中间试案》的一部分进行的提前立法。修订发行新股的规制、种类股制度。种类股的多样化，包括放松对行使决议权事项种类股的规制，增加发行内容不同的限制决议权股份种类股，允许发行利益分配不同的种类股份及股价与部门的业绩联动的股份（TS）等。[3] 允许独立发行新股预约权，且可以以独立发行新股预约权为原则重新构建各制度，包括统合可转换公司债的转换权、附新股取得权、公司债的新股取得权以及作为股票期权发行的新股取得权。[4] 另外，为应对IT化，对利用电磁记录、传递信息的方法进行了法律规范。

---

[1] 藤原俊雄「近代の会社法改正の目的と展望」藤原祥二・藤原俊雄編『商法大改革とコーポレート・ガバナンスの再構築』法律文化社、2003、20頁。
[2] 加美和照「新訂会社法」劲草書房、2007、75頁。
[3] 岸田雅雄「コーポレート・ガバナンスとIT化株式新制度」中央経済社、2002、5~6頁。
[4] 家田崇「新株予約制度の導入と会社法制の再構築」稲葉威雄・尾崎安央編『改正史から読み解く会社法の論点』中央経済社、2009、238頁。

### 3. 2001 年 12 月商法修订

本次商法修订主要包括减轻董事责任、修订股东代表诉讼制度与强化监事制度三大内容。

第一，减轻董事责任。

关于董事等的责任减轻。商法第 266 条之 7~23 对免除董事、监事的部分责任进行了规定。实施董事等责任的部分免除制度的手续包括三种形式：一是股东大会的特别决议；二是公司章程规定可以通过董事会决议免除一部分责任；三是独立董事签订合同。①

第二，修订股东代表诉讼制度。

1993 年商法改革在没有进行防止不恰当诉讼的相关规定修订的情况下大幅度调低了诉讼费用，使诉讼件数与金额大幅度提升，引起经济界的不满。经济界成为推动合理化股东代表诉讼制度改革的重要力量。通过修订，商法增加了公司可以在取得监事同意后通过辅助参与的方式支持被告董事及诉讼和解的规定。

第三，强化监事制度。

为平衡因减轻董事责任与修订股东代表诉讼制度弱化的对经营者的制约，强化了监事的权限与独立性。具体包括：增加外部监事人数，严格监事任职资格，强化监事权限。大公司的监事会从过去的 1 名外部监事增加到半数以上为外部监事；规定外部监事必须为未曾担任本公司或其子公司的董事、经理或其他管理职务。另外，为提升监事的独立性，将监事任期由 3 年延长为 4 年（2001 年商法修订法第 27 条之 1）。有观点认为，其修订的目的是使监事放弃连任的期待，心无旁骛地开展监督工作。② 监事有义务（原规定为有权）出席董事会会议，必要时有进行意见陈述的义务；董事会的会议日程要在与监事的时间协调后决定；要对董事行为的合法性、妥当性进行监督；监事在知悉董事会执行业务有违反法令、章程或股东大会决议的行为时，可以免担保向法院请求处分，制止董事会上述行为；董事向股东大会提出选任监事议案须征得监事会

---

① 江頭憲治郎・神作裕之・藤田友静・武井一浩編『改正会社セミナー』有斐閣、2006、12 頁。

② 川島いづみ「経営機構の選択と監査制度の連携」藤原祥二・藤原俊雄編『商法大改革とコーポレート・ガバナンスの再構築』法律文化社、2003、160 頁。

(半数以上）同意，大公司的监事会拥有监事的人事决议权和提案权；辞去监事职务的监事获得可以在股东大会陈述意见及理由的股东大会出席权和意见陈述权（商法第 266 条之 3 第 2 项），其他监事可就监事的选任和解任在股东大会上陈述意见。因此，也要向辞去监事职务的监事发送召开定期股东大会的通知等。

无面值股票（share without par value）的导入可以简化公司利用对股份分割调整出资单位的手续，因此无面值股票比有面值股票更加合理，所以 2001 年废除了有面值股票制度，一律采用无面值股票制度，并删除了有关有面值股票规定的所有条款。① 同时，也删除了在公司设立时发行的股票一股必须大于等于 5 万日元的规定（2001 年 12 月修订前商法第 166 条之 2）。② 另外，2001 年对商法公司编、《商法特别法》以及《有限公司法》进行大量增删，同时还对《反垄断法》《国有财产法》《国税征收法》《所得税法》等 119 部法律的有关内容做了相应的调整，以确保各法律之间的协调衔接。

### 四 2002~2004 年商法修订

日本分别于 2002 年、2003 年与 2004 年对商法实施了修订。

早在 2000 年日本通商产业省就提出对商法的修订提案。通产省建议，如果企业董事会拥有半数以上独立董事，则企业可以不采用监事机制。企业可以在日本式的监事机制和美国式的由独立董事控制的董事会之间做出选择，最终通过市场来对哪种选择更有效做出裁定。2002 年的商法修订是对 2001 年商法修订的继续，主要围绕股份、机关及计算等相关内容进行了广泛的修订。改革思路主要集中在两个方面：一方面，着眼于确保公司健全经营，提倡对既有公司治理予以强化；另一方面，致力于公司经营效率的提高，其核心理念是借鉴英美模式，实现公司治理的创新发展。③ 在这一改革思路下，为了为股份公司提供多样性的经营

---

① 江頭憲治郎『株式会社法』有斐閣、2009、120 頁。
② 加美和照『新訂会社法（第九版）』勁草書房、2007、140 頁。
③ 平田光弘「1990 年代の日本における企業統治改革の基盤作りと提言」『経営論集』2000 年 3 月，转引自王世权、细沼蔼芳《日本企业内部监督制度变革的动因、现状及启示》，《日本学刊》2008 年第 4 期，第 86 页。

手段并实现经营的合理性,以公司机关为中心,对股份、计算等涉及全部有关股份公司的法律进行了大规模的修订。其中,最重要的是引入了委员会等设置公司①制度,使公司机关结构即公司治理结构可以依据公司的实际情况由公司自己进行选择的行为得到承认。② 2002年公司法修订完成后,日本公司内部治理结构基本确立。具体修订内容如下。

第一,修订了有关股份公司组织结构的规定。《商法特例法》为大公司提供了两种可选择的组织结构,即监事会的组织结构和委员会等设置公司的组织结构。委员会等设置公司,在董事会中设立提名委员会、审计委员会和薪酬委员会,建立独立董事制度。委员会等设置公司,可以减少董事会决议事项,把资产的处置权、发行新股权、担保权等交给执行官。选择传统型治理结构公司可以设置重要财产委员会。日本一些大公司董事会异常庞大,实践中常在董事会中设置常务会,2002年《商法特例法》的修订将这种商业习惯清晰化、法律化,可根据董事会决议设立重要财产委员会,决定董事会委托的事项(重要财产的处分、受让、大额借款等)。另外,从法律层面明确了业务执行董事。依据2002年商法修订,股份公司的业务由"代表董事"与"代表董事以外的依据董事会决议被选定的业务执行董事"执行。这一规定明确了股份公司中谁承担业务执行责任,谁是被监督的对象。③ 通过引入委员会等设置公司,董事会不仅可以决定分红方针,而且可以将发行新股、发行公司债等事项的决定权转交给执行官,从而提升了经营的速度、机动性。④

第二,修订了股东大会与董事会的相关规定。①减少股东大会决议事项,扩大董事会决议事项,如公司合并、股份交换及公司分立,只有资产额超过公司净资产额20%(以前为5%)时才由股东大会决定。将委员会等设置公司的董事报酬、利润分配方案的决定权也从股东大会转移到了董事会。②在公司章程规定的前提下减少股东大会等特别决议的

---

① 委员会等设置公司指设置提名委员会、报酬委员会和审计委员会的公司。
② 稲葉威雄「現代化立法としての会社法の位置づけ」稲葉威雄・尾崎安央編『改正史から読み解く会社法の論点』中央経済社、2009、13頁。
③ 和田宗久「公開型株式会社にかんするガバナンス制度の変遷と課題」稲葉威雄・尾崎安央編『改正史から読み解く会社法の論点』中央経済社、2009、83頁。
④ 小林秀之「コーポレート・ガバナンスのあり方」小林秀之編『新会社法とコーポレート・ガバナンス——委員会設置会社VS監査役設置会社』中央経済社、2006、24頁。

法定人数，由股东决议权半数以上改为 1/3 以上。③简化了股东大会的手续，将股东提案权的行使期限提前。①

第三，修订了有关股份的规定，创设了种类股股东选任、解任董事等制度，赋予了种类股股东选任、解任董事等的权力。合理化资本减少手续。创设了现物出资等财产价值证明书制度，实施了对外国公司的规制合理化等。创设了股票的失效制度、去向不明股东的股份强制出售制度，增加了对"单元未满股份"产生后的处理方法的规定。②

第四，导入了新的会计制度，强制大公司编制合并计算文件。

2003年商法修订进一步减少股东大会的决议事项，主要修订内容包括：①允许公司章程规定根据董事会决定公司回购股份而不需经过股东大会的同意；②改善中期分红限制额的财源规制；③将股东代表诉讼的手续费提高到1.3万日元。③

2004年商法导入股票的不发行制度和电子公告的制度化。

## 第四节 制度创新：公司法法典化

通过构建非市场治理机制，形式化公司治理导致的日本公司经营者"内部人控制"在经济全球化下承受改革的巨大压力。当日本"在国际经济中的影响力不太大时，日本特有的社会、经济体制就不会成为深刻的国际经济问题，但一旦影响进一步扩大，日本的独特体制也就很难被接受……无论提出怎样的反驳，国际经济社会普遍认为日本的社会经济体制是'封闭的、不透明的、不公平的'"。④ 如何在最低的社会成本下对公司治理机制实施既符合国际规范又能保持企业的竞争力与可持续发展的改革，就成为以国际经营为生命线的日本不得不面对的问题。为解决日本公司治理改革的两难选择，日本新公司法应运而生。

---

① 中村信男「株主総会の権限と運営の弾力化」藤原祥二・藤原俊雄編『商法大改革とコーポレート・ガバナンスの再構築』法律文化社、2003、97~103頁。
② 近藤光男：《最新日本公司法》，梁爽译，中国法律图书有限公司，2016，第106页。
③ 福原紀彦『企業組織法』文真堂、2017、34頁。
④ 原正行：《全球化时代的日本经济——企业国际化视角的考察》，朴松爱、何为译，东北财经大学出版社，2003，"前言"，第1~2页。

## 一 日本公司法法典化的必然性

形式化日本公司治理机制面临改革的压力，在"重视企业的真实原则"与"重视股东的表面原则"的公司治理政策范式下，公司法作为实现经济政策目标的工具，根据科斯提出的"只有当政府矫正手段能够以较低的成本和较高的收益促成有关当事人的经济福利改善时，这种手段才是正当的"[①] 观点，承载着向国际社会传递日本公司治理正在向重视股东利益的符合国际化方向改革的宣传者使命和为日本公司治理改革提供模式的设计者使命，为公司经营者提供维持经营者控制手段的支持者使命的新公司法应运而生。

日本商法由于已不只是为了掩饰企业观、价值观与欧美的不同而披在日本型企业制度上源于西方并能被西方接受的公司法制度的外衣，而且成为帮助提升企业竞争力的实用手册，所以必须从无法让人读懂的"天书"变为口语化的读物。这也就是口语化、独立法典形式的日本公司法姗姗来迟但最终还是要出场的原因。即允许公司治理实践背离法律规定的做法已经难以为继，而一部海纳百川、支持从民族精神中自然滋生的商业惯例的公司法对推进市场交易、降低交易成本的作用要远远大于一部形式化的法律的作用，更有利于整个经济体系生产价值最大化，提高社会总效用。

2002年2月，法务大臣向法制审议会提出了关于实现公司法制现代化时必须注意的问题的咨询。为回答此问题，法制审议会设置了以江头为部会长的公司法（现代化）部会。该部会经过2002年9月至2003年10月的集中审议，就《有关公司法的现代化的纲要草案》公开征询意见。根据公众意见，公司法部会于2004年12月决定了《有关公司法的现代化纲要》，法制审议会于2005年2月正式通过。[②]

同时，法务省制定了《公司法案》，2005年3月18日经内阁同意，向第162次国会提交了《公司法案》和《伴随公司法施行的相关法律的

---

[①] 理查德·A. 波斯纳：《法律的经济分析》，蒋兆康译，中国大百科全书出版社，1997年，第6页。
[②] 川口恭弘「会社法の改正と監督役制度」同志社大学日本会社法研究センター編『日本会社法制への提言』商事法務、2008、641頁。

整备等的法律案》。众议院对《公司法案》进行了三处修订后于2005年6月29日通过了公司法（2005年法第86号）和《伴随公司法施行的相关法律的整备等的法律》。为了配合2006年5月1日公司法正式实施，又公布实施了一系列指令和规则，2005年12月14日公布了《公司法执行令》（2005年政令第364号），2006年2月7日公布了《公司法施行规则》（2006年法务省第12号令）、《会计计算规则》（2006年法务省第13号令）和《电子公告规则》（2006年法务省第14号令）。

日本公司法的诞生（2005年6月通过，2006年5月1日实施）彻底改变了过去由商法公司编、《有限责任公司法》和《商法特例法》构成的日本公司法体系，使日本公司法法典化。这也是对自20世纪90年代开始的各次修订与试错结果的整合，实现了"形式上的现代化"和"内容上的现代化"。

第一，公司法内容系统性、一致性的要求。

从1884年"罗赛勒草案"起草完毕，到2005年6月29日国会通过公司法，日本公司法成为独立于商法的法典。在这100多年里，1899年被称为明治商法的商法生效后1893年商法被废除，1911年以公司编为中心对商法进行了大幅度修订，受1930年《票据法条约》和1931年《支票法条约》的影响，1932年制定了《票据法》（法律第20号）和1933年制定了《支票法》（法律第57号）后删除了商法中的票据编，1938年再次大幅修订总则编和公司编，同时制定了《有限公司法》（法律第74号），至此形成了日本公司法的基本框架。第二次世界大战后，1950年对公司编特别是有关股份公司的规定进行了大幅修订，此后又于1955年、1962年、1966年、1974年、1981年、1984年、1990年、1993年、1994年、1997年、1998年、1999年、2000年、2001年、2002年、2003年、2004年对公司编和特别法做了修订。

纵观明治商法生效后的历次修订可以看出，修订的主要内容始终是以公司法的相关内容为中心，其中以与股份公司相关的法的修订为最多，经过修订，与股份公司相关的法规定在商法中所占的分量也越来越重。这说明股份公司是商法中最活跃的部分，随着股份公司在实践中不断发展壮大，其不断出现新问题、新弊端，如何不断地对股份公司进行适当的规范，就成为商法修订的头等重要课题。而且，多次频繁的修订使商法的内容缺乏系统性，为纠正有关公司的各种制度之间规制的不均衡，公司法最终作为单行法问世。

第二，公司法体系完整性的要求。

日本公司法最初是在德国法的影响下制定的，并于1911年和1938年两次修订。当时虽间接受到美国法的局部影响，但整个体系还属于德国法类型，即属大陆法系。1950年日本公司法的修订受到美国法的深刻影响，修订中不断导入英美法系国家公司法的制度，从而对以大陆法系为基础的公司法体系进行了重大改革，使公司法的修订更加符合现代化的发展方向。这表现为它不拘泥于某种定式，而是立足于本国实际，博采众长。从比较法的角度来看，日本公司法具有折中、融合大陆法系与英美法系的特点。不过，上述修订也使得公司立法失去体系上的完整性，因此尽快制定一部完整统一的公司法，成为日本立法界迫在眉睫的任务。

第三，实用性的要求。

日本商法长期以来仅发挥装饰作用。正如竹内昭夫所指出的，"日本的法律，包括公司法，仅仅是神龛的装饰物而已，并不是实战中的武器，实效性非常低"。① 公司法法典化，使公司法从装饰物变为提升企业效率与国际竞争力的经营武器。

日本的民法和商法是与企业关系最直接的基本法律。因此对公司法制度的正确理解，对于制定能够提高企业价值的经营战略是非常重要的。但在新公司法诞生之前，日本的公司法不是一部单行的法典，主要由商法公司编、《有限公司法》和《商法特例法》三部分组成。按照日本民商法分立的体例，民法具有商法的一般法地位，可将营利法人的原则性规定看作公司法直接的法律渊源；商法总则虽未直接规范公司，但其基本的商事制度普遍适用于公司。广义的公司法还要包括商法总则以及民法中与公司联系紧密的若干条款。因此，有关公司的规定散布在多个法律文件中。另外，由于商法公司编是以片假名的文语体表达的，而《有限公司法》和《商法特例法》是用平假名的口语体，为使用者带来了诸多不便，并容易造成对法律规定的误解，所以从实用性的角度考虑，需

---

① 江頭憲治郎・神作裕之・藤田友静・武井一浩編『改正会社セミナー』有斐閣、2006、9頁。

要将商法公司编、《有限公司法》、《商法特例法》加以汇总，通俗易懂地重新编制。①

第四，议员立法的刺激。

在日本，像商法这样基本法的修订，须在法务省设立的法制审议会的审议和内阁法制局的审查之后，由内阁总理大臣向国会提交。但是1997年之后，关于商法的议员立法不断出现，其反映了经济界对法律快速修订的强烈要求。但是，商法学界和律师协会对议员立法有很多批判。批判的核心是议员立法省去了法务省修订中的征求公众意见这一重要步骤。议员立法刺激了法务省，加速了法务省的立法工作。2005年公司法的迅速出台也与此有关。②

现行日本公司法的公法性质远比私法性质强得多，它已经公法化、社会化、公共化。同时，关于公司立法的重要规定分散于各个法律之中，这导致，一是使用者很难了解这些规定，二是公司法最终失去了体系上的完整性。因此，日本开辟一种全新的公司法认知体系和方法，制定一部与商法典并存的单行法，也是势在必行。③ 本次改革与过去改革最大的不同是：不是通过法的改革进行统一的规定，而是以规制放松为指导思想，以"公司章程的自由化为原则"，为企业提供更多的选择，允许企业根据自己的实际情况经过适当的判断进行自由的选择。④

## 二 公司法修订的主要内容

新公司法形式上是对商法公司编、《商法特例法》、《有限公司法》在用语的口语化、统一化、解释的明确化的基础上通过对各章节进行整理、编纂而成的一部单行法，实现了"形式上的现代化"和"内容上的现代化"。明治商法制定以来，公司法制未曾有过体系重组的修订。单就这一点来说，此次公司法修订是商法制定以来最大的一次修订。⑤ 公司法制定的过程中要符合在商法的现代语化过程中不变更内容的原则，与

---

① 王保树主编《最新日本公司法》，于敏、杨东译，法律出版社，2006，第1~2页。
② 王保树主编《最新日本公司法》，于敏、杨东译，法律出版社，2006，第33页。
③ 吴建斌：《日本公司法典》，刘惠明、李涛译，中国法制出版社，2006，第27页。
④ 藤原祥二·藤原俊雄「はしがき」藤原祥二·藤原俊雄編『商法大改革とコーポレート·ガバナンスの再構築』法律文化社，2003，i~ii頁。
⑤ 王保树主编《最新日本公司法》，于敏、杨东译，法律出版社，2006，第5页。

商法的现代化过程中符合时代要求的原则。新公司法并没有仅仅停留在语言的现代化上和对体系的重编上，而是在过去十几次修订的基础上总结经验和教训，面对世界社会经济形势的新趋势，接受日本经济产业省和法务省及有关专家、学者、实业界人士的建议，希望通过对公司法的现代语化和公司法的实质修订实现公司法的现代化。主要修订内容包括：增删了公司形态；对股份公司进行了区分并规定，可以依据不同的区分设置不同的机关、作为非强制规定新设立了会计参与制度；缓和了分红的相关规定；修改了最低资本金制度；依据公司章程决定是否发行股票；修改了公司重组的相关规定；在扩大经营者权限、减轻经营责任的同时，将构建内部控制系统作为董事会的义务与责任，并强化信息披露等。另外，为顺应信息化时代的要求，加强信息技术的应用，明确信息技术在公司经营管理中应用的有效性，从法律上对公司文件的电子化及电子签名、电子通知的有效性予以确认，有利于电子文件的普及。

第一，对公司形态规定的修订。

为了适应日本经济发展的需要，对公司形态做了修订。比较大的变化包括：日本商法规定的四种类型公司是股份公司、有限公司、合资公司和合名公司。新公司法规定的四种类型公司是股份公司、合同公司、合资公司和合名公司（见表4-9）。新公司法废止了"有限公司"形态，新设了"合同公司"形态。日本公司法把"合同公司、合资公司、合名公司——人的组织"统称为持分公司（公司法第575条之1）。①

表4-9 公司法规定的公司形态及其特征

| 公司种类 | 主要特征 |
| --- | --- |
| 股份公司 | 出资者有限责任+股份+公司章程自治 |
| 特例有限公司 | 出资者有限责任（2006年4月以前成立的有限公司） |
| 合同公司 | 出资者有限责任+持分+契约自主 |
| 合资公司 | 出资者有限责任+出资者无限责任 |
| 合名公司 | 只有承担无限责任的出资者 |

注："外国公司"不是公司形态。
资料来源：武井一浩『会社法を活かす経営』日本経済新聞社、2009、18頁。

---

① 江頭憲治郎・門口正人編『会社法大系会社法制・会社概論・設立 第1巻』青林書院、2008、297頁。

第二，股份公司的分类与公司机关设置。

对股份公司进行分类，修订公司机关的设置规定，对公司机关设置灵活的规定，有利于公司以公司章程自治为原则选择公司机关设计。

过去商法都是以所有权与经营权相分离的上市的股份公司作为主要规制对象，新公司法转变了这一迄今为止的观念，确立了以关于非公开公司的规定为基础的新理念。例如，第二编第四章"机关"首先规定相当于现行有限公司的相关制度，再对设置董事会的公司、设置监事的公司、设置监事会的公司、设置会计审计员的公司、设置委员会的公司等以顺次规定特例的形式加以规定。[①] 新体系的这种划分具有划时代的意义。新公司法给公司留下了更加灵活的治理空间，为股份公司提供了多种公司内部治理结构设置的选择（见表4-10）。

表4-10 公司内部治理结构的多样化选择

|  |  | 中小公司 | 大公司 |
|---|---|---|---|
| 公开公司 | 1. 董事会 + 监事 |  |  |
|  | 2. 董事会 + 监事会 |  |  |
|  | 3. 董事会 + 监事 + 会计审计员 |  |  |
|  | 4. 董事会 + 监事会 + 会计审计员 | 1. 董事会 + 监事会 + 会计审计员 |  |
|  | 5. 董事会 + 三委员会* + 会计审计员 | 2. 董事会 + 三委员会 + 会计审计员 |  |
| 非公开公司 | 1. 董事 |  |  |
|  | 2. 董事 + 监事 |  |  |
|  | 3. 董事 + 监事 + 会计审计员 | 1. 董事 + 监事 + 会计审计员 |  |
|  | 4. 董事会 + 会计参与 |  |  |
|  | 5. 董事会 + 监事 |  |  |
|  | 6. 董事会 + 监事会 |  |  |
|  | 7. 董事会 + 监事 + 会计审计员 | 2. 董事会 + 监事 + 会计审计员 |  |
|  | 8. 董事会 + 监事会 + 会计审计员 | 3. 董事会 + 监事会 + 会计审计员 |  |
|  | 9. 董事会 + 委员会 + 会计审计员 | 4. 董事会 + 三委员会 + 会计审计员 |  |

注：（1）中小公司：资本金不足5亿日元，负债低于200亿日元；大公司：资本金高于5亿日元或负债在200亿日元以上。（2）三委员会是指委员会等设置公司设置的提名委员会、报酬委员会和审计委员会。（3）除非公开公司中的4.以外，选择其他机关设置的公司可以任意设置会计参与。

资料来源：江頭憲治郎等编『会社法大系：機関・計算 第3巻』青林書院、2009、10~11頁。

---

[①] 王保树主编《最新日本公司法》，于敏、杨东译，法律出版社，2006，第5页。

第三，缓和分红的相关规定，修订股东利益返还方法。

可以根据董事会的决议自由制定利润分配方案。这样不仅可以通过保证股东利益的实现吸引股东投资，还可以作为防御敌意收购的手段。分红统一规定为"金钱"。分红可以超过可分配利润的额度，但期末必须进行填补。

第四，修订重组行为的相关规定。

在经济界希望实现"高度自由的组织再编""简单、迅速的组织再编"的压力下，从"重视效率"的观点，本次新公司法是对组织再编行为规制缓和的集大成，也提出了如何平衡"追求效率"与"确保公平性"的问题。[①]

公司法首先依据各行为类型对组织再编的手续规定进行了分类整理。具体分为三类规定。包括吸收合并、吸收分割、股份交换的吸收型组织再编行为，按照"注销股份公司等"（公司法第782条）和"存续股份公司等"（公司法第794条的规定；包括新设合并、新设分割、股份转移的新设型组织再编行为，按照"注销股份公司等"（公司法第803条）和"设立股份公司"（公司法第814条）的手续。[②]

另外，为了便于不同形态公司间的重组，提升重组速度、降低重组成本，还将作为紧急立法的《产业活力再生法》的特例规定，通过本次公司法的法典化实现了一般法化。其一，扩大了"简易组织再编"的适用范围，将适用于吸收型组织再编的简易组织再编的5%以下的标准，提升到20%；其二，引入了"略式组织再编"；其三，关于组织再编的对价问题，除股份外，承认了"金钱"的支付。

第五，扩大经营者权限，减轻经营责任，对高级管理者责任进行统一规定。

扩大经营者权限，合理化股东代表诉讼制度，减轻董事等高层管理人员的责任，以提高企业决策效率，确保公司治理有效灵活。①减少股东大会决议的事项，"把某些原来由股东大会决定的事项交由董事会决

---

① 黒野葉子「組織再編法制における規制緩和と公正性の確報」稲葉威雄・尾崎安央編『改正史から読み解く会社法の論点』中央経済社、2009、323頁。

② 黒野葉子「組織再編法制における規制緩和と公正性の確報」稲葉威雄・尾崎安央編『改正史から読み解く会社法の論点』中央経済社、2009、322頁。

定，即将现行公司法关于公司合并、股份交换及公司分立所涉及的资产数额超过公司净资产额 5% 的由股东大会决定，改为超过 20% 的由股东大会决定；将董事、监事的报酬决定、利润分配方案也从股东大会的权限转到董事会的权限上"；②减少为做出特别决议而召开的股东大会的法定人数，"由现行规定的持有公司已发行股份总数半数以上的股东出席改为持有公司已发行股份总数 1/3 以上的股东出席"；③减少董事会决议的事项，允许委员会设置公司"把资产的处置权、设立公司分支机构和重要组织机构权、委任经理人和重要员工权、发行新股和可转换债及担保权等交给公司管理层（首席执行官）"。

商法与《商法特例法》对董事、监事、审计、执行官对公司的责任分别进行了规定。公司法对这些人员的一般责任进行了统一的规定，并系统化了高层管理人员等的损害赔偿责任。高层管理人员除了董事外还有会计顾问、监事、执行官与审计人员。①

第六，将构建内部控制系统作为董事会的义务与责任。

在公司法中明确了董事会建立公司内部控制系统的责任、义务并规定了董事违反构建内部控制系统义务的责任。新公司法"董事"一节在董事的职责中特别强调董事要"完善法务省令规定的确保董事执行职务符合法令及章程，以及其他股份公司业务合理性的体制"（公司法第 348 条之 3 第 4 项）。"董事会"一节规定董事会要完善确保董事执行职务符合法令及章程，以及股份公司业务合理性的体制（公司法第 362 条之 4 第 6 项）。这里的体制就是指"内部控制系统"。内部控制系统的建立健全是董事在其善管注意义务之下进行的，通过建立制度性计划（Plan）、运用（Do）、评价（Check）和改善（Action）循环（简称"PDCA 循环"）不断完善内部控制系统也是善管注意义务的内容。很多企业设置了社长直属的内部监察部门作为实际开展此项工作的部门。公司就内部控制系统的建立健全做出决定、决议时，必须在业务报告中公开其内容概要（《公司法施行规则》第 118 条第 2 项）。② 公司法还规定了董事违

---

① 受川環大「役員等の株式会社に対する損害賠償責任」稲葉威雄尾・崎安央編『改正史から読み解く会社法の論点』中央経済社、2009、144 頁。
② 山本为三郎：《日本公司法精解》，朱大明、陈宇、王伟杰译，法律出版社，2015，第 164 页。

反构建内部控制系统的责任。其认定标准为：一是没有构建内部控制系统；二是虽然构建了内部控制系统但没有使其发挥作用。①

公司法第362条之4第6项、第362条之5明确规定，在大公司，董事必须决定为确保董事职务的执行适合法令及章程的体制及其他为确保股份公司业务的适当性所必要的法务省令规定的体制完善的事项。《公司法施行规则》第100条第1项做了具体的规定：①建立确保董事及使用人的经营行为是符合法律和公司章程的体制；②建立保存和管理有关董事经营行为信息的体制；③建立完善防范损失的危机管理体制；④建立完善确保经营效率的体制；⑤建立完善财务报告相关的内部控制体制；⑥建立完善企业集团的内部控制体制。②

第七，保证准确的公司信息，以加强社会公众对上市公司的监督。

公司所处的环境不断变化，为适应变化的环境，公司必须不断对公司治理进行改革，其中就包括公司透明度的问题。透明度是维持有效公司治理机制的基本要素之一。改进信息披露会带来透明度的改善，后者正是全球公司治理改革最重要的目的之一。③ 新公司法强化了对公司开展管理系统、激励机制和财务信息等信息披露的相关规定。

另外，新公司法没有就公司的独立董事制度做出规定。新公司法参考了欧美公司治理的经验，但针对这些企业的研究表明，一方面，关于独立董事的有效性问题尚未得出明确结论；另一方面，改善公司治理除了董事会制度以外，还有许多其他可供选择的途径，同时还可以从替代型到补充型的多种方案中选择若干模式形成组合方案。因此，究竟能够在多大程度上发挥作用并没有定论，根据企业具体情况会有所差异，并非某种机制始终能够发挥决定性作用。日本国内大多数学者认为，就日本公司治理的特点而言，与其建立一个大多数企业普遍以董事会为主对经营行为进行监督的机制，不如允许多样化的监督机制同时存在。重要的是能够形成这样一种机制，即允许各个企业在公司治理机制方面进行大胆而自由的尝试，同时也能够让尝试失败的企业尽快退出市场。

---

① 甘培忠、楼建波编《公司治理专论》，北京大学出版社，2009，第259页。
② 鳥飼重和・青戸理成『内部統制時代の役員責任』商事法務、2008、47~48頁。
③ 吉尔・所罗门、阿瑞斯・所罗门：《公司治理与问责制》，李维安、周建译，东北财经大学出版社，2006，第110~111页。

### 三 公司法法典化的影响

宏观结果依赖于微观层面并通过多种方式实现。经济的振兴，必然依赖企业绩效的提高。构建有利于提升国际竞争力与改变国际形象的公司治理机制，对于以国际经营为企业战略的日本企业来说是提高企业绩效的重要一步。新制度经济学把制度变迁分为强制性变迁和诱致性变迁。虽然法律的演进是以政治、经济的变化为背景对社会需求的反应，但从过程来看，法律的修订由于来自是国家的制度供给，所以法律必然是为国家服务，并且具有公共政策的性质，以"实现适应实施经济振兴政策的要求。从全球竞争的角度考虑，增加日本企业竞争力"[①]为立法目标，日本公司法负有宣传、设计以及支持等多重使命。

第一，国际化规范：重视股东利益改革的宣传册。

只有使国际社会理解日本的公司制度，取得其信任，才能扩大投资份额，也只有使更多的日本企业走向国际市场才能取得更大的经济效益。所以，必须改变国际社会对日本公司不重视股东利益的印象。为此，有必要通过新公司法向国际社会传递日本公司治理正在向重视股东利益方向进行改革的信号。

首先，制定符合国际标准的披露公司财务信息的相关规定，修订引入了时价会计制度、合并会计制度等，以便使日本公司的业绩能与外国企业直接进行比较。其次，采用包括公司治理结构在内的世界通行的公司组织结构，引入委员会等设置公司的单层公司治理结构，建立公司内部控制制度，鼓励公司实施独立董事制度。同时，改革经营者的报酬机制与股东的股利政策，引入了股票期权制度，逐步放弃稳定型股利政策，向国际惯用的业绩联动型股利政策转变等。另外，日本公司还积极利用现代网络通信技术，制作英文公司网页，提供各种面向投资者的公司信息，并为海外投资者建立利用网络投票的平台，以鼓励股东行使表决权。

通过以上改革，日本向世界发出信号：日本公司治理模式不再是"封闭的日本型"，正向"开放的国际化"迈进。

第二，任意性规范：日本公司治理结构改革方案的实用大全。

---

① 王保树主编《最新日本公司法》，于敏、杨东译，法律出版社，2006，第3页。

新公司法不仅是一部规范公司组织和行为的重要法律，更是公司经营管理指南和手册。其任意性规范的特征是从尽可能为经营者提供更广泛的选择空间与更多的可选择规定表现出来的。①

在规制改革、规制放松的背景下，公司法总的改革方向是通过缓和管制，尊重灵活性的经营，放弃了强行法的传统，转而采取任意法的公司法定位。② 新公司法改革继续了2002年商法修订的基本指导思想，不是通过法的改革进行统一的规定，而是以规制放松为指导思想，以"公司章程的自由化"为原则，为企业提供更多的选择，允许企业根据自己的实际情况经过适当的判断进行自由的选择。③ 公司法的修订符合"缓和事前规制＋强化说明责任"这一趋势，通过减少"不能这样做"的事前规制，增加了经营者的选择。同时，要求经营者向利益相关者对"为什么做出这样的选择或为什么不进行这样的选择"进行说明，以强化经营者的说明责任。④

新公司法试图为日本公司治理改革提供多种方案，其中少了"不能这样做"⑤，而多了"可以怎样做"，为从管理型市场向开放的实行市场经济原则⑥的市场转型过程中的企业经营者提供了关于公司治理结构改革的指引。沿着规制缓和的方向，为经营者提供尽量宽泛的选择空间，并尽可能详细地规定可以选择的制度。新公司法不仅为日本公司治理结构的变革进行了制度上的准备并且提供了变革的方案、工具和空间、方向，其实施也必将对日本公司治理机制的演化方向产生重大影响。

第三，防御类规范：强化经营者控制权的工具箱。

股权结构的变化，对日本通过形式化公司治理实现内部人控制产生了可信性威胁。内部人对公司的控制权弱化，意味着经营者的经营决策

---

① 細江守紀「株式会社，会社法，および企業統治」細江守紀編『企業統治と会社法の経済学』勁草書房、2019、7頁。
② 《日本公司法典》，吴建斌、刘惠明、李涛译，中国法制出版社，2006，第12页。
③ 藤原祥二・藤原俊雄「はしがき」藤原祥二・藤原俊雄編『商法大改革とコーポレート・ガバナンスの再構築』法律文化社、2003、ⅰ～ⅱ頁。
④ 武井一浩『会社法を活かす経営』日本経済新聞社、2009、1頁。
⑤ 武井一浩『会社法を活かす経営』日本経済新聞社、2006、1頁。
⑥ 《推动规制缓和三年（1998～2000）计划》（又称"新计划"）。"新计划"明确提出规制改革的目的是实行日本经济社会结构的根本性变革，建立开放的实行市场经济原则的自由公正的经济社会。

将受到来自追求短期利润的股东的影响，从而威胁到企业的长期发展和独立性。为了避免上述情况的发生，立法者通过法律修订来维持、增强日本企业经营者的控制权。

为此，新公司法做了如下修订：①通过公司法对公司机关权限和投票的相关规定，直接强化公司经营者的权力；②通过建立宽泛的公司内部治理结构框架，为公司经营者对内部治理结构进行再构建以实现权力高度集中提供制度空间；③通过为公司经营者提供可以主动分配投票权和调整公司股权结构的制度，使公司经营者在可能的范围内扩大稳定股东的投票比例以稳定控制权；① ④为经营者提供防止敌意收购的措施，在维持企业独立性的同时，强化经营者对企业的控制。日本公司法为企业反收购措施提供法律保障，公司通过预先导入反并购措施可以给收购者以警示，使其知难而退，从而抑制日本控制权市场的发展。并购防御对策是指"防止依据基本方针不适当的人控制决定该股份公司的财务及经营方针的措施"（《公司法施行规则》第127条）。防御对策不仅要依据基本方针，还要求"不能损害股东共同利益"与"不以维持公司管理层地位为目的"。2005年被称为防御措施元年。② 最常被利用的防御措施是利用商法修订、公司法法典化过程中放松规制或新引入的新股预约权制度、种类股制度、公司自己股份取得制度与公司重组相关规定等，如发行附取得条件新股预约权（公司法第236条之1第7项）、新股预约权的无偿分配（公司法第277、278条）、发行部分限制转让种类股（公司法108条之1）和决议权限制种类股（公司法第108条之1第3项）等。

---

① 平力群：《日本公司法修订及其对公司治理制度演化的影响——以种类股制度和股份回购制度为例》，《日本学刊》2010年第5期，第86页。
② 早川勝「企業買収防衛策をめぐる法制度」森淳二朗・上村達男『会社法における主要論点の評価』、中央経済社、2006、259頁。

# 第五章　影响公司治理改革的法修订

制度变迁是指制度的创新、博弈、替代、转换的过程。这一过程就是演化。通过制度变迁改变市场主体行为，能够使市场运行的结果和功能达到预期目标。变迁的主角是那些对根植于制度框架内的对激励做出反应的个人企业家。变迁的源泉则是变化着的相对价格与偏好。变迁的过程一般是渐进的。[①] 而政府则发挥着改变制度框架并为变迁的主角提供激励与实施变迁的制度工具的作用，以影响变迁的速度与方向。从公司治理制度演化的整体过程来看，它起于一个均衡，经历了"公司治理机制与交易结构的契合失衡—制度创新—新的均衡"这一过程，但是一个周期完成后，公司治理制度并没有静止不变。实际上，一段时间后，新的经济社会条件将导致形成新的交易结构，受各种诱致因素的影响，不同的利益相关者之间力量对比会产生或大或小的变化，由此直接使原来潜在的治理问题凸显，成为新的矛盾点，达到均衡的公司治理机制便潜伏着向失衡过渡的趋势，从而公司治理机制变迁进入下一个循环周期。[②] 在金融自由化背景下，日本资本市场及日本公司的金融环境发生了巨大变化，从而推动日本公司治理机制开始了新一轮的契合国际标准的演变。日本对商法的修订、公司法的法典化，本身就是制度创新，因此将影响和制约公司治理机制演变的速度与方向，因为商法、公司法不仅是对现有商业习惯、隐性契约的再制度化，还是公司制度变迁的杠杆，是驱动并规范公司治理的动力模式，旨在通过法律的规定和实施法律手段来调整公司中股东、经营者等利益相关者之间的关系。

基于日本商法、公司法"重视企业的真实原则"与"重视股东的表面原则"，为提升日本企业的国际竞争力，满足投资者对日本公司治理实行国际标准改革的诉求，在经济体制改革、规制缓和的大背景下，在依

---

① 道格拉斯·C.诺斯:《制度、制度变迁与经济绩效》，杭行译，格致出版社、上海三联书店、上海人民出版社，2008，第114页。
② 李维安编《公司治理评论》第1卷第1辑，经济科学出版社，2009，第78页。

照国际标准修订商法、公司法的同时，将权力配置给公司经营者，以平衡不断加强的外部治理，支持内部人控制的维持。本轮日本商法修订与公司法法典化主要包括两大方向的制度供给。一是推动日本公司治理符合国际化标准的制度供给，也可以认为是政策推动型制度供给，主要包括引入委员会设置公司、时价会计、股东代表诉讼的合理化以及股票期权等。二是提升公司经营者控制权的制度供给，也可以认为是需求拉动型制度供给，主要包括公司自己取得本公司股份的自由化，种类股制度，减轻限定董事责任，有利于公司重组的股份交换、转移等多项制度等。因为不仅一项制度具有多项功能，而且制度之间也相互关联、相互影响与相互制约，所以不同制度的配合以及经营者不同的利用方式会对公司治理产生不同的影响。同时，对某项制度的改革方向也不是一成不变的，如股东代表诉讼制度改革就出现了反动。另外，商法、公司法改革提供的制度安排许多是非强制性的。具有经营权的经营者对这些制度的运用具有选择权，这在扩大经营者自由裁量权的同时，也推动了公司治理演化方向的多元化与国际化改革的形式化。

在经济全球化和国际市场竞争的作用下，在世界范围内的确出现了公司治理趋同的倾向，并且在日本公司治理的演化上也有所体现。但本章所强调的是，尽管商法、公司法为支持日本公司治理改革符合国际标准进行了影响公司机关设置、报酬制度、股东代表诉讼等强化监督、制约与激励经营者依据股东意志经营公司的相关法规定的改革，但不能忽视商法、公司法为平衡外部市场治理约束不断强化下股东权利提升所进行的将权力配置给经营者的改革。正是由于商法、公司法修订的内容既包括符合国际标准的加强对股东保护、增加投资魅力的改革，又包括将权力配置给经营者的改革，所以日本公司治理演化呈现出"外部市场约束变化显著，内部监管机制改革滞后"[①]——外部治理和内部治理的非均衡性。"重视股东的表面原则"下的国际标准化改革与"重视企业的真实原则"下的向经营者配置权力的结果是，两者之间的磨合增大了日本公司治理演化形式趋同的确定性与实质性趋同的不确定性。

---

① 莽景石：《日本公司治理结构：对美国模式的偏离与回归？》，《比较管理》2009年第1期，第58页。

## 第一节 股份公司机关法修订：董事会结构多元化

在公司内部治理机制中，董事会发挥着核心的作用。首先应该把董事会看作一种治理结构的保护者，以维护企业与股份资本所有者之间的关系；其次看作维护企业与其经营者之间关系的一种方式。[①] 日本董事会大多是由公司内部人员晋升者构成，构成董事会的董事与经营管理团队的成员高度重叠，造成董事会缺乏相对于管理团队的独立性，进而造成董事会决议的仪式化与对经营管理团队监督的形式化。董事会监督功能的弱化不仅降低了投资者对日本公司的信心，也直接导致日本公司企业价值的损毁。为了符合董事会的国际标准，提升投资者对日本公司的信任，在国际资本市场竞争中获得筹资优势，提高日本企业国际竞争力，提升企业价值，日本商法、公司法在保留监事会设置公司的同时，仿效美国模式引入了委员会设置公司制度。日本商法、公司法对董事会制度规定的修改为日本公司治理的多元化提供了制度空间。

### 一 董事会与公司治理

股东是公司的所有者，在现代股份公司中，董事会是代表股东治理公司的机制。

理论上，董事会作为公司所有者与控制者之间的中间人，平衡和调解集中于公司总部的少数高层管理者与广泛分布于世界各地的众多股东之间的利益冲突。从理论上说，至少法律还规定了董事会对公司负有不容动摇的严格信托责任，要求董事会确保公司的运营符合其所有者（即为公司提供资本的股东）的长远利益。董事会是公司法人结构至关重要的一部分，联结着资本的提供者——股东与资本的价值创造者——经理人。这意味着董事会是那个规模虽小却经营着整个公司的有力群体（经理人）与那个规模虽大但分散且力量相对小的、仅希望公司良好运营的

---

[①] 威廉姆森：《资本主义经济制度：论企业签约与市场签约》，段毅才、王伟译，商务印书馆，2002，第413页。

群体（股东）之间的交叠部分。① 现代公司股东高度分散下的所有权和控制权的分离，引致的集体选择/囚徒困境问题使得股东不太可能花费较少的资金就与其他股东进行沟通，进而使股东不能进行有效监管。② 在现代公司中，股东已变成了纯粹的资本提供者和风险承担者。③ 公司在首次公开募股（IPO）的资料中几乎总是向未来的投资者保证管理层将会竭尽全力以产生最大化的回报，这是一个打算对代理成本的核心问题做出反应的承诺。④ 公司董事通常只会对股东做出他们会对公司忠诚并尽心尽力的承诺，但他们并不会对股东承诺一个具体明确的投资回报率。⑤ 尽管公司董事和股东之间存在信赖关系，法律也通过各种措施来防止公司董事不忠行为的发生，⑥ 但只有为股东提供监督公司事务和在危机时撤换管理层的能力，才能使公司以更好的条件获得股权资金。基于此，董事会主要是股东的治理工具。⑦ 管理层参与董事会能够增加和提升信息数量与质量和更好地决策。但是，管理层的参与不应该影响董事会与公司之间的基本控制关系。⑧

如前所述，在非市场治理机制支持下，日本董事会成员与管理人员高度重合，董事会规模庞大，内部晋升者占据了日本公司董事会的大部分席位，董事会决议仪式化、监督形式化，董事会已演变为员工努力工作的激励机制。一般认为日本董事会没能发挥其应有的治理功能。所以，早在1998年5月26日由日本公司治理论坛提交的《公司治理原则——

---

① 罗伯特·A.G.蒙克斯、尼尔·米诺：《公司治理》，李维安、牛建波等译，中国人民大学出版社，2017，第208页。
② 罗伯特·A.G.蒙克斯、尼尔·米诺：《公司治理》，李维安、牛建波等译，中国人民大学出版社，2017，第176页。
③ 罗伯特·A.G.蒙克斯、尼尔·米诺：《公司治理》，李维安、牛建波等译，中国人民大学出版社，2017，第96页。
④ 罗伯特·A.G.蒙克斯、尼尔·米诺：《公司治理》，李维安、牛建波等译，中国人民大学出版社，2017，第12页。
⑤ 罗伯特·考特、托马斯·尤伦：《法和经济学》，史晋川、董雪兵译，格致出版社、上海三联书店、上海人民出版社，2010，第234页。
⑥ 罗伯特·考特、托马斯·尤伦：《法和经济学》，史晋川、董雪兵译，格致出版社、上海三联书店、上海人民出版社，2010，第234页。
⑦ 奥利弗·E.威廉姆森：《资本主义经济制度：企业、市场和关系合同》，孙经纬译，上海财经大学出版社，2017，第266页。
⑧ 奥利弗·E.威廉姆森：《资本主义经济制度：企业、市场和关系合同》，孙经纬译，上海财经大学出版社，2017，第266页。

新日本型企业治理》就提出，要构筑作为公司治理主体的董事会。①

## 二 设立委员会设置公司（现提名委员会等设置公司）

通过商法、公司法修订增加的委员会设置公司，扩大了董事会组织结构的选择空间。

2002年商法改革为通过增强董事会的独立性强化董事会的监督功能，在商法中引入了委员会等设置公司。2002年商法修订在保留了传统的平行设置公司监事会的公司董事会制度的同时，导入了设置委员会的公司董事会制度，使日本公司可以根据运营的实际情况选择是设置监事会还是设置委员会，为日本股份公司设计不同的董事会结构提供了可能。立法者也希望通过委员会设置公司制度与监事会设置公司制度间的竞争，推动日本公司治理水平的提升。② 2002年商法修订后，没有选用委员会等设置公司制度的大企业，为了提升公司决议的灵活性、提升经营会议在法律层面的地位，采用了设立重要财产委员会制度。如果满足董事会成员10名以上，其中1名以上为独立董事的条件，公司重要财产的处分、转让，大额借贷的决定权限可以委托给由3名以上董事组成的重要财产委员会。重要财产委员会的成员并不要求一定有独立董事。重要财产委员会制度在2005年制定公司法时更名为特别董事制度。③ 委员会等设置公司伴随着2005年公司法法典化，更名为委员会设置公司。下面主要介绍委员会设置公司（在2014年公司法的修订中更名为提名委员会等设置公司）制度。

新公司法增加委员会设置公司的董事会机关设置选择，是为了实现执行与监督的分离，强调监督型的特征，与日本传统的合意型的具有管理型特征的董事会具有显著的不同。④由于该机关设计实现了监督与业务执行的分离，董事可以专心监督执行官的业务执行，所以委员会设置公司（现提名委员会等设置公司）也被认为属于监督型董事会。

---

① 末永敏和『コーポレート・ガバナンスと会社法日本型経営システムの法的変革』中央経済社、2000、19頁。
② 森本滋『企業統治と取締役会』商事法務、2017、33頁。
③ 和田宗久『公開型株式会社にかんするガバナンス制度の変遷と課題』稲葉威雄・尾崎安央編『改正史から読み解く会社法の論点』中央経済社、2009、83頁。
④ 森本滋『企業統治と取締役会』商事法務、2017、32頁。

委员会设置公司（现提名委员会等设置公司）是指股份公司根据公司章程在董事会内设置委员会（提名委员会、审计委员会及报酬委员会（公司法第2条之12）的公司（公司法第326条之2）。根据2002年修订后的公司法，委员会等设置公司将公司的业务执行权赋予了执行官，改变了日本公司的业务执行由代表董事或由董事会选定的业务执行董事来承担的规定。这一规定在新公司法中被沿用（公司法第418条之2）。这样，委员会设置公司与监事会设置公司相比，由于对公司业务的监督和执行实现了制度上的分离，增强了董事会的独立性，不仅强化了董事会的监督功能，还有利于公司经营决策的快速化，是为实现效率化经营而设计的。委员会设置公司也需要设置外聘会计审计员（公司法第327条之5，第2条之11）。①

各委员会由3名以上委员组成；各委员会的委员依董事会决议从董事中选出；各委员会的过半数委员必须为独立董事②；审计委员会委员不得兼任委员会设置公司或其子公司的执行官、业务执行董事或委员会设置公司子公司的外聘会计审计员（外聘会计审计为法人的，为应执行其职务的成员）、经理及其他使用人（公司法第400条）。但董事会的非审计委员会委员可以兼任执行官（公司法第402条之6）。各委员会的委员，可依董事会决议随时被解除职务（公司法第401条之1）。在委员会设置公司中，须设置1名或2名以上执行官。执行官经董事会决议选任（公司法第402条之1、之2）。董事会须从执行官中选定代表执行官。此时，执行官为1人的，选定该人为代表执行官（公司法第420条之1）。委员会设置公司的内部治理结构如图5-1所示。委员会设置与监事会设置公司内部治理结构特征的差异见表5-1。

提名委员会被赋予确定向股东大会提交董事选任和解任人选的权力，负责决定向股东大会提交的董事选任与解任的相关提案的内容。虽然董事选任与解任的权限属于股东大会，但向股东大会提交的议案内容是由超

---

① 江頭憲治郎、門口正人編『会社法大系機関計算等 第3巻』青林書院、2008、129~133頁。
② 该董事不能是曾任或现任的同类公司的业务经营状况的执行董事、执行官、决策人员以及其他的任职人员（公司法第2条第15款）。

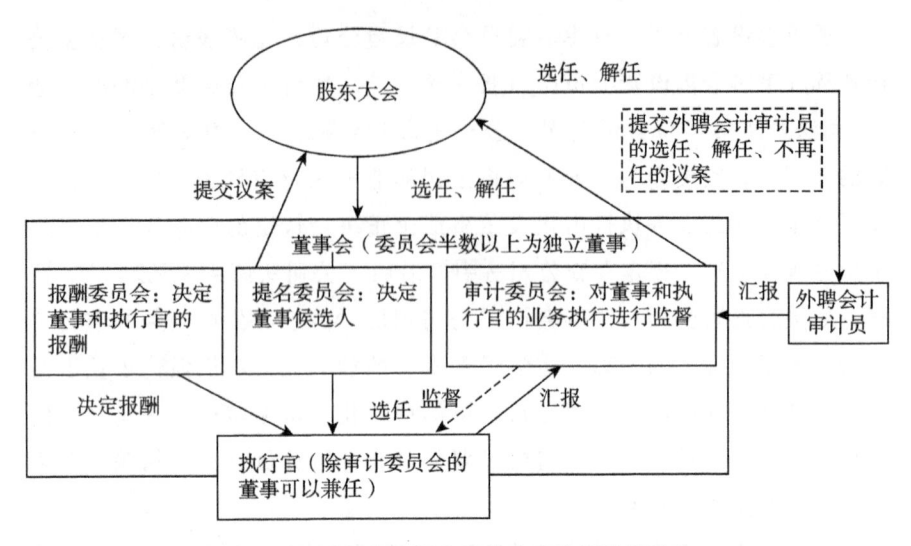

```
                    ┌──────────────┐         选任、解任
                    │   股东大会    │ ◄─────────────────┐
                    └──────────────┘     ┌─────────────────┐
          提交议案 ↑    ↓ 选任、解任       │ 提交外聘会计审计员│
                                         │ 的选任、解任、不再│
                                         │ 任的议案         │
                                         └─────────────────┘
  ┌─────────────────────────────────────────────────────┐
  │        董事会（委员会半数以上为独立董事）              │
  │ ┌──────────┐ ┌──────────┐ ┌──────────────┐  汇报   ┌────────┐
  │ │报酬委员会：│ │提名委员会：│ │审计委员会：对董│ ◄──── │外聘会计│
  │ │决定董事和 │ │决定董事候 │ │事和执行官的业 │        │审计员  │
  │ │执行官的报 │ │选人       │ │务执行进行监督 │        └────────┘
  │ │酬        │ │          │ │              │
  │ └──────────┘ └──────────┘ └──────────────┘
  │    ↓决定报酬     ↓选任    监督┆  ↑汇报
  │              ┌────────────────┐
  │              │执行官（除审计委 │
  │              │员会的董事可以兼 │
  │              │任）            │
  └──────────────└────────────────┘
```

**图 5-1　委员会设置公司的公司内部治理结构**

资料来源：根据日本公司法股份公司编有关规定做成。

**表 5-1　监事会设置公司与委员会设置公司内部治理结构特征的比较——上市大公司**

|  | 监事会设置公司 | 委员会设置公司 |
|---|---|---|
| 治理结构 | 双层 | 单层 |
| 经营执行和监督的分离情况 | 不分离 | 分离 |
| 公司外人员 | 外部监事为监事总数的一半以上 | 独立董事为各委员人数的半数以上的合计 |
| 董事会人数 | 3人以上 | 三个委员会各3人以上 |
| 监事会人数 | 3人以上 | — |
| 监事任期 | 4年 | — |
| 股东代表诉讼对象 | 董事、监事、会计参与、会计审计员、发起人、清算人、募集股份的认购人、行使新股预约权的新股预约权拥有者、在行使股东权利时获得利益者 | 董事、监事、会计参与、会计审计员、发起人、清算人、募集股份的认购人、行使新股预约权的新股预约权拥有者、在行使股东权利时获得利益者 |
| 董事任期 | 2年 | 1年 |
| 董事会需要执行的职务 | 业务执行决定、董事职务执行的监督、代表董事的选任及解任（公司法第362条之2） | 业务执行决定、选定各委员会委员（公司法第400条之2）、选任执行官（公司法第402条之2） |

续表

| | 监事会设置公司 | 委员会设置公司 |
| --- | --- | --- |
| 业务执行 | 代表董事、业务执行董事（必须至少每三个月向董事会报告一次自己的职务执行情况）（公司法第363条） | 执行官 |
| 利润分配决定 | 股东大会 | 董事会 |

过半数的独立董事组成的提名委员会决定的，因此确保了与董事的业务执行机构的独立性。① 根据公司法第2条之12的规定，委员会设置公司须设立审计委员会。审计委员会被赋予监督董事履职与执行官等业务执行情况的监督权。监督执行官等的业务执行情况并完成监察报告，决定审计人的选任与解任及审计人不再继续担任的议案内容，并向股东大会提交。审计委员会虽然与监事（会）比较相似，但其不仅具有监督业务执行的合法、合规性的权限，还具有监督业务执行适当性的权限。② 报酬委员会则被赋予决定各董事和执行官报酬的权力。委员会设置公司的董事不承担董事执行业务。③

委员会设置公司必须设置执行官（公司法第402条之1）。执行官的职务是执行董事会委任的业务（公司法第402条之1）并在受委任业务的范围内对员工、其他执行官（有的情况下）进行监督。因为委员会设置公司的代表机关是代表执行官（公司法第420条之1），所以涉及法律行为的业务由董事会委任给代表执行官来执行。设置委员会的公司因为选定代表执行官作为代表机关，所以不能同时选出代表董事（公司法第349条之1、第416条）。这就是所谓的"经营机关的分化"。④ 业务执行权限属于董事会，公司代表机关在业务执行机关的指挥、命令和监督下参与业务执行。⑤ 为了提高公司的决策效率，委员会设置公司把董事会

---

① 近藤光男『会社法の仕組み』日本経済新聞社、2014、162頁。
② 近藤光男『会社法の仕組み』日本経済新聞社、2014、162頁。
③ 近藤光男『会社法の仕組み』日本経済新聞社、2014、163頁。
④ 山本为三郎：《日本公司法精解》，朱大明、陈宇、王伟杰译，法律出版社，2015，第158页。
⑤ 山本为三郎：《日本公司法精解》，朱大明、陈宇、王伟杰译，法律出版社，2015，第158页。

的决定权大部分赋予了执行官。执行官由董事会决议选任。选任执行官不是提名委员会的职责，而是由董事会决定。对执行官的选任是监督职能之一，是董事会的权限。① 根据公司法第 416 条之 1 第 4 项对委员会设置公司的董事会的规定，完善为确保执行官职务的执行适合法令及章程的体制及其他为确保股份公司的业务适当性所必要的法务省令规定的体制。《公司法施行规则》第 112 条对完善体制做了具体的要求：①辅助审计委员会的职务的董事及使用人的有关事项；②规定的董事及使用人独立于执行官的有关事项；③执行官和使用人向审计委员会汇报的体制及向其他审计委员会汇报的体制；④确保其他审计委员会的监察具有实效性的体制。

### 三 "被冷落"的委员会设置公司制度

尽管委员会设置公司的董事会结构从海外投资家的立场看是一个非常清晰的治理结构，董事的监督与执行官的业务执行得到了分离，通过三个委员会形成了完善的监督体制，独立董事义务化，但现实中很少企业选择这一机关设置。委员会设置公司制度在日本受到冷落。

索尼公司早在商法修订有关公司内部治理结构的相关规定之前就率先开始了公司内部治理改革，即模拟委员会设置对其公司治理结构进行了改革。2002 年商法引入委员会等设置公司制度一出台，索尼、东芝、日立制作所和三菱电机四大电机公司和控股公司野村证券②等几家日本大公司就开始导入委员会制度。2003 年 1 月 28 日，索尼董事会决定，把目前实行的公司治理结构改变为"具有专门委员会的公司治理体制"。在该制度开始实施的 2003 年，有 56 家改制为委员会等设置公司。此后采用委员会等设置公司的公司逐渐减少，甚至还有改回监事会设置公司的，第二年只有 17 家，第三年为 11 家。③ 根据日本东京股票交易所白皮书，2008 年 12 月底东京证券交易所上市的 2378 家公司只有 55 家采用了

---

① 近藤光男『会社法の仕組み』日本経済新聞社、2014、163 頁。
② 株式会社東京証券取引所『東証上場会社コーポレート・ガバナンス白書』、2009、http://www.tse.or.jp/rules/cg/white-paper/white-paper09.pdf。
③ 花崎正晴「コーポレート・ガバナンス論の系譜」神田秀樹・小野傑・石田晋也編『コーポレートガバナンスの展望』中央経済社、2011、122 頁。

委员会设置结构，不到上市公司总数的3%（见表5-2、表5-3）。而且，这些公司还具有两个特点：一是以在美国股票市场上市的居多，如东芝、日立制作所、ORIX等；二是属于一个公司集团的，如隶属于日立集团的就有十几家，且日立集团公司设置委员会的公司治理结构的目的并不是实现公司业务执行和监督的分离，而是要加强对集团的管理。索尼公司之所以在日本国内率先进行公司治理结构改革，主要是由于两个方面的原因，一是外国投资者的压力。在索尼公司国际化经营的过程中，外国持股者数量大幅度增加，1999年索尼公司的非日本投资者持股比例已达到45%。外国投资者持股增加的结果是要求公司提供更加透明的财务报告以及在公司治理方面的改进。二是索尼公司的多元化经营，形成了由多个事业部组成的组织结构。在由这些事业部的经理组成的董事会上，

表5-2 东京证券交易所上市公司的组织形态构成

单位：家，%

| 组织形态 | 市场一部 | | | 市场二部 | | | 母亲市场* | | |
|---|---|---|---|---|---|---|---|---|---|
| | 公司数 | 构成比 | 变化率 | 公司数 | 构成比 | 变化率 | 公司数 | 构成比 | 变化率 |
| 监事会设置公司 | 1670 | 97.3 | 0.2 | 462 | 99.1 | 0.6 | 191 | 97.9 | -0.9 |
| 委员会设置公司 | 47 | 2.7 | -0.2 | 4 | 0.9 | -0.6 | 4 | 2.1 | 0.9 |
| 全体 | 1717 | 100 | 0.0 | 466 | 100 | 0.0 | 195 | 100 | 0.0 |

注：*日本股票市场名称，日文为"マザース"。
资料来源：株式会社東京証券取引所『東証上場会社コーポレート・ガバナンス白書』、2009、http://www.tse.or.jp/rules/cg/white-paper/white-paper09.pdf。

表5-3 委员会设置公司的情况

单位：家

| | 全体 | 日立集团 | 野村集体 |
|---|---|---|---|
| 市场一部上市公司 | 53 | 16 | 1 |
| 市场二部上市公司 | 5 | 1 | 0 |
| 其他上市公司 | 14 | 0 | 0 |
| 非上市公司 | 38 | 2 | 13 |
| 合计 | 110 | 19 | 14 |

注：时间截至2007年12月11日。
资料来源：日本监事协会《委员会制公司名录》，http://www.kansa.or.jp/PDF/iinkai_list.pdf，转引自吉村典九《日本公司治理改革的动向》，《产业经济评论》，2008，第144页。

每个事业部的代表者都站在自己事业部的立场上考虑问题，因此很难做出有利于公司全局发展的经营决策。为了缓和这一矛盾也有必要使决策和执行分开。所以，一般来说，外国人持股比例越高的公司，越是采取多元化战略的公司，就越倾向于采用设置委员会的公司内部治理结构。即使不采用设置委员会的公司治理结构，也倾向于导入执行负责人制度。

根据2009年10月25日东京证券交易所公司治理信息，在市场一部、二部和母亲市场上市的2326家公司中只有59家（其中市场一部50家、二部4家、母亲市场5家）采用了委员会设置这一治理结构。委员会设置公司不被日本公司接受的主要原因有两个，一是委员会设置公司的独立董事要占董事会人数的一半以上，而日本公司非常反对独立董事制度；二是提名委员会、报酬委员会中独立董事人数要超过一半，而日本公司无法接受将选任、解任董事与报酬的决定权交给外部人。[1] 同时，各委员会中，48.9%的公司由总经理担任提名委员会主席，28.9%的公司由独立董事（董事长除外）担任；53.3%的公司由总经理担任报酬委员会主席，35.6%的公司由独立董事（董事长除外）担任；62.2%的公司由独立董事（董事长除外）担任审计委员会主席，33.3%的公司由内部董事（执行官、董事长除外）担任。提名委员会和报酬委员会的独立性明显不强。[2] 可见，设置委员会的公司治理结构在日本并没有被普遍接受，而且即使导入了该制度，其与美国的委员会制度相比也发生了本质性的变化。

## 四 董事会相关法规定修订对公司治理的影响

虽然董事会改革的目的一是把企业经营的执行权和监督权分离以解决日本公司的"内部人控制"问题，二是提高董事会的效率，以应对日益激烈的竞争，但是否能解决内部人控制问题值得怀疑。

1. 引入委员会设置公司的政策目的与影响

公司内部治理结构是一种法定的组织结构，法律体系上的内部治理

---

[1] 友永道子「コーポレート・ガバナンス——会計不正を許さぬ仕組み」神田秀樹・小野傑・石田晋也編『コーポレート・ガバナンスの展望』中央経済社，2011，196頁。
[2] 日本监察协会2004年12月的调查，http：//www.kansa.or.jp，转引自王世权、细沼蒿芳《日本企业内部监督制度变革的动因、现状及启示》，《日本学刊》2008年第4期，第95页。

结构是公司治理的基础和保证。公司机关的制度安排是对主体间权力配置的设计，① 由于公司内部治理结构是一个法律框架，所以各国的公司在建立公司内部治理结构时只能依照本国公司法关于公司机关设置的规定进行构建。根据各国公司法的不同规定公司内部治理结构基本上分为单层结构和双层结构。也就是说，一国基本是采用一种公司内部治理结构的。但日本公司法规定公司内部治理结构既可采用单层结构也可采用双层结构。

委员会设置制度表面上看是日本公司法的美国化，但日本绝不是对美国制度的简单模仿。虽然在商法、公司法中导入了该制度，但从对该制度的非强制性及允许董事与执行官兼任等规定可以发现，日本公司法导入该制度并不是简单地为了实现公司经营决策、监督和执行的分离，更有其他立法目标。

日本商法、公司法导入设置委员会的公司董事会制度，规定公司可以根据自身实际情况自主选择是设置监事会还是设置委员会，不仅打破了日本公司自 1899 年明治商法诞生以来一百多年保持的公司内部治理的双层结构，也是对欧美法系国家采用单层结构、大陆法系国家采用双层结构意识的突破。这一设计不仅是日本立法者折中意识的再次体现，更有其深刻的立法目标，至少发挥了以下几个作用。①向国际社会发出了一个信号——日本公司治理正在进行向美国式公司治理即重视股东利益的公司治理转变的改革，以提升全球投资者对日本公司的信任，避免金融孤立。而增设委员会设置公司的机关设计是促进监督与业务执行分离、加强对业务监督的最好的姿态。②在构造问题上适当让步，以获得国际贸易谈判中的主动权。③在公司法中对委员会设置公司的内部治理结构做了详细的规定，为经营者对公司内部治理结构的改革提供启示，开阔了经营者的改革思路，起到了使用指南和用户手册的作用。④因为是可选择的，而且把该选择权赋予了公司经营者，所以在减少了转型风险的同时有利于通过市场的选择发现并形成适合日本公司的新型公司内部治理结构。可见，虽然在商法、公司法中引进了委员会设置的美国式公司内部治理结构的规定，但绝不能由此得出结论：日本公司法试图弱化"内部人控制"，推动公司治理模式向盎格鲁－撒克逊模式转型，而是将选择

---

① O. 哈特：《企业、合同与财务结构》，费方域译，上海人民出版社，1998，第 1 页。

权交给市场。日本公司法对公司内部治理结构相关规定的修订,在更大程度上是在发挥宣传作用的同时在试错的过程中依赖市场的力量选择出一种既符合国际公司治理规范的,可以被国际投资者接受又有利于提升企业竞争力与可持续发展的公司治理模式。

在社会日益重视公司治理的背景下,日本公司内部治理的核心机关——董事会的构造发生了很大的变化(见表5-4)。商法、公司法改革为公司调整董事会结构提供了法律框架。

表5-4 董事会改革情况

单位:家,人,%

| 年度 | 调查企业 | 构造改革 | | 董事会规模 | | 独立董事 | |
|---|---|---|---|---|---|---|---|
| | | 委员会设置公司 | 执行负责人 | 平均人数 | 缩减30%的公司 | 平均比例 | 增加10个百分点的公司 |
| 1993 | 667 | — | — | 22.00 | — | 9.04 | — |
| 1994 | 677 | — | — | 21.77 | — | 8.45 | — |
| 1995 | 690 | — | — | 21.59 | — | 8.11 | — |
| 1996 | 702 | — | — | 21.47 | — | 7.82 | — |
| 1997 | 695 | — | 1 | 21.41 | 3 | 7.70 | 9 |
| 1998 | 688 | — | 16 | 20.46 | 27 | 7.96 | 22 |
| 1999 | 683 | — | 89 | 18.01 | 125 | 8.32 | 41 |
| 2000 | 671 | — | 158 | 16.69 | 196 | 8.97 | 68 |
| 2001 | 661 | — | 215 | 15.61 | 250 | 9.21 | 80 |
| 2002 | 640 | — | 262 | 14.44 | 303 | 9.61 | 95 |
| 2003 | 622 | 8 | 311 | 13.23 | 355 | 10.85 | 119 |
| 2004 | 613 | 12 | 346 | 12.67 | 386 | 11.44 | 133 |

注:(1)以1996年为基准,董事会人数下降30%;(2)以1996年为基准,独立董事人数比例上升10个百分点。

资料来源:新田敬祐「日本型取締役会の多元的進化」宮島英昭編『企業統治分析のフロンティア』日本評論社、2008、23頁。

依据商法、公司法导入委员会设置公司制度、独立董事制度与执行官制度。根据东京股票交易所(2003年)的问卷调查(上市企业2103家,回答1363件,调查时间2002年11月),为强化董事会的功能,采取的具体措施是削减董事人数(36.8%)、导入执行负责人制度(34.2%)、选任独立董事（28.5%）。① 可见，日本股份公司董事会的内部结构主要发生了三个变化，一是董事会规模缩小，二是执行负责人制度得到普及，三是独立董事比例上升。

2. 董事会规模缩小

减少董事会人数并没有影响到公司高层——实际的控制人对公司的控制权，甚至可以说是对公司的控制权进一步强化，所以缩小董事会规模与经营者的利益是一致的。公司高层可以借助外力来减少董事会人数，以实现进一步的权力集中，因此该项改革比较顺利并取得了很大的成效。以东京证券交易所一部上市公司董事平均人数为例，从1993年的18.5人减少到2004年的10.4人；而10人以下董事会的公司，从1993年的99家（9.1%）增加到2004年的917家（61.5%）。再以东京证券交易所市场一部、市场二部的上市公司为例，20世纪90年代中期董事人数就开始减少，平均达到16人；1997年以后减少的速度加快，到2004年董事会平均人数减少到10人；② 到2006年，董事平均人数已减少到10人以下（见表5-5），现在很难说日本企业董事会臃肿庞大。

表5-5 董事会人数变化（按上市交易所区分）

| 年度 | 市场一部平均董事人数 | 市场二部董事平均人数 | 母亲市场董事平均人数 |
| --- | --- | --- | --- |
| 2006 | 9.66 | 7.91 | 5.51 |
| 2008 | 9.32 | 7.74 | 5.28 |

资料来源：株式会社東京証券取引所「東証上場会社コーポレート・ガバナンス白書」、2009年1月、http://www.tse.or.jp/rules/cg/white-paper/white-paper09.pdf。

3. 引入执行负责人制度

缩小董事会规模的手段之一就是引入执行负责人（员）制度。执行负责人不是委员会设置公司中的"执行官"。执行负责人就业务执行受到董事会的委任和监督，是在规定的范围内履行职务和负有责任的高级员工。③

---

① 青木英負「日本企業の取締役改革——執行役員制度の導入要因と効果の分析——」、2003、http://www.waseda.jp/wnfs/pdf/labo5_2003/WIFS-03-007.pdf。
② 宮島英昭・新田敬祐「日本型取締役会の多元的進化：その決定要因とパフォーマンス効果」神田秀樹・財部省財部綜合政策研究所編『企業統治の多様化と展望』金融財政事業研究所、2007、39頁。
③ 山本为三郎：《日本公司法精解》，朱大明、陈宇、王伟杰译，法律出版社，2015，第163页。

执行负责人制度是模仿美国公司法的中 Officer 制度。执行负责人是由董事会选任的，在大多数场合被任命为特定部门的责任者。执行负责人是在代表董事、业务执行董事的指挥下承担公司部分业务，由其负责部门的运营。执行负责人与公司的关系是雇佣关系或委任关系。虽然在公司实践中已经开始实施执行负责人制度，但由于商法、公司法没有对执行负责人制度做出明文规定，因此执行负责人在不同公司中的地位、权限与人数等是不同的。也由于执行负责人不是公司法中所指的董事、经营者，所以不适用商法、公司法对董事、经营者的规定（公司法第 423 条）以及董事、经营者对第三者的责任（公司法第 429 条）及股东代表诉讼的规定（公司法第 847 条）。① 因此，有些企业通过将原先负责执行个别业务的董事（业务担当董事或员工兼任的董事）变为不是董事的执行负责人，大幅减少董事人数以实现董事会运营的迅速化并规避罚则。

如上所述，在对公司法改革征求意见的时候，因为日本实业界对独立董事制度的抵触心理，才选择了完善监事会制度的 B 方案。而只要采用委员会设置治理结构，导入独立董事就是不可避免的。而选择监事会治理结构也可以通过非法定的执行负责人制度实现公司决策、执行和监督的分离。执行负责人不在代表董事诉讼的人员范围内，可以避免被起诉，从而减轻公司的信用危机。另外，引入执行负责人制度还有利于减少董事人数，以解决无法在人数众多的董事会上对实质问题开展有效讨论的问题，提升董事会活力，所以执行负责人制度得到普及。但执行负责人制度也存在问题（见表 5-6）。

表 5-6 执行负责人制度优劣

| 优点 | 缺点 |
| --- | --- |
| 有利于减少董事会人数 | 容易造成扩大对负责部门的利益、权限的追求 |
| 增强董事会活力 | 不能从公司整体综合考虑 |
| 执行负责人的选任不需要股东大会的同意 | 在日本雇用惯例的前提下，不能明确地追究责任 |
| 执行负责人不在股东代表诉讼的诉讼对象中 | |

资料来源：柴田和史『図でわかる会社法』日本経済新聞出版社、2014、125 頁。

---

① 柴田和史『図でわかる会社法』日本経済新聞出版社、2014、124 頁。

## 第二节　新股预约权法修订：股权激励合法化

公司治理是保障公司进行科学决策和风险防范的"马其诺防线"，是保障公司可持续发展的制度基础。从治理的角度看，管理层的主要问题是侧重于薪酬激励和继任计划。制定管理层薪酬政策面临的最大挑战是要确保薪酬和绩效达到充分的平衡，并在向高管施加压力以及更换不称职高管等方面发挥实质性的作用。[①] 换言之，公司治理的一个主要焦点是经理人员的报酬问题。[②] 是否存在某种激励性的薪酬体系或结构，能够使经理人像股东那样关注公司绩效？[③] 与业绩不挂钩的薪酬是无法确保治理有效性的表现。可见，业绩联动型薪酬体系既是公司治理的重要组成部分，也是反映公司治理有效性的信号。

依据业绩的奖励、与股价联动的报酬或者股份的持有，都有助于提升经营者的努力程度，对促进经营者开展提升股东利益的经营具有激励作用。特别是股价联动型报酬，对促进企业发展、激励经营者对具有风险的项目投资将产生重要影响。为建立股价联动型报酬制度，有必要获得股票期权等制度工具的支持。但日本商法对股票期权与公司取得自己股份的限制，制约了日本公司对业绩联动型报酬制度的设计。因此，日本商法、公司法对妨碍公司制定业绩联动型薪酬计划的相关规定进行了修改，为日本公司推动业绩联动型报酬制度的改革提供了法律层面的支持。但值得注意的是，在经营者缺乏监督的情况下，股票期权的引入有可能提高会计粉饰问题的发生率。

### 一　报酬制度与公司治理

报酬制度是连接管理层与股东利益的激励机制。为了降低签约成本，公司通过选择"激励相容"的制度安排来使重新协商次数最小化，将经

---

[①] 罗伯特·A.G. 蒙克斯、尼尔·米诺：《公司治理》，李维安、牛建波等译，中国人民大学出版社，2017，第1~3页。
[②] 罗伯特·A.G. 蒙克斯、尼尔·米诺：《公司治理》，李维安、牛建波等译，中国人民大学出版社，2017，第190页。
[③] 罗伯特·A.G. 蒙克斯、尼尔·米诺：《公司治理》，李维安、牛建波等译，中国人民大学出版社，2017，第208页。

理人与投资者的命运自动地联系在一起，① 其中就包括建立以较低的代理成本保护股东自身利益的基于业绩联动的薪酬计划。在公司治理机制中，报酬制度的设计与董事会机关的设计同样重要。

对经营者进行激励的目的是希望通过有效激励来降低代理成本。激励的措施主要包括物质利益激励和非物质利益激励。物质利益激励包括以业绩为基础的奖金和工资调整、股票期权、职位消费和养老金计划等。除了物质激励之外，还包括企业的控制权、经营者的事业成就感、个人声誉、职位晋升、政治地位和社会责任意识的精神方面等的激励，也发挥着非常重要的作用。激励机制理论认为，激励的目的是将个体行为的外部性内部化，从而使相应主体的社会成本和社会收益转化为私人成本和私人收益。激励设计应尽可能地将经营者的收益与公司业绩增长保持较高的正相关，从而使经营者可以分享剩余价值的索取权，调动经营者的积极性。

企业行为由经营者决定。所以企业业绩与经营者报酬间具有高度的相关性。经营者报酬激励制度是激励与股东存在利益冲突的经营者按照股东利益采取行动的一种重要的公司治理机制。同时，报酬是否适当也受到高度的关注。为了激励经营者采取提升企业价值的行为，有效的报酬激励机制的设计是非常有效的。激励机制的设计可有效激发经营者的主动性，因此也就成为公司治理的重要组成部分。建立长期激励机制的理论依据之一就是代理理论。该理论认为，在企业的所有权与经营权相分离时，股东与经营者之间的关系就成了委托人与代理人的关系。如果股东拥有关于经营者活动和投资机会的信息，他们就能设计契约，确定和执行在每种情况下应采取的管理活动。然而，股东并不能完全观察到管理活动和投资机会的信息，实际上股东往往不清楚经营者能采取什么行动，或者哪些行动能增加股东的财富。在信息不对称的情况下，代理理论预计，激励机制将激励管理人员去选择和实施可以增加股东财富的活动。激励机制是一种积极的约束，缓和选择投资机会时的信息不对称问题，促使经营者把企业目标作为自己的内在追求，从而达到促使经营

---

① 弗兰克·伊斯特布鲁克、丹尼尔·费希尔：《公司法的经济结构》，罗培新、张建伟译，北京大学出版社，2014，第264页。

者努力工作的目的。监控机制则是被动的约束，能确保经营者照章行事和遵纪守法，但不能促使经营者努力工作，而且监督的尺度也不好把握。如果实施了过度监督，即便股东的严苛控制在事后看来富有效果，但在事前它已构成一种剥削的威胁，这一威胁降低了管理层努力工作并采取价值最大化策略的激励。可见监督不仅需要高额成本，而且所有惩罚的模式都有局限性，无法消除自利行为。因此，存在一个有助于按照经营者和股东利益构造奖励机制的区域。① 也就是通过将经营者的收入与股价挂钩的方式来自动地奖优罚劣。② 股票期权制度是一种以股票期权为手段对企业高级管理人员进行激励的制度和方式。股权激励可以使经营者成为潜在的投资者，从而使经营者与股东和潜在的投资者实现利益一致，所以建立一种有效的报酬激励机制在公司治理中就显得非常重要。

但值得指出的是，如果报酬仅仅依据股价，经营者就会利用各种手段来提升股价。这样，股价就成为焦点，就会出现牺牲企业的长期投资、操作会计信息的危险。③ 所以，要使业绩联动型报酬制度有效地发挥激励作用，必须与有效的监督机制及保障准确信息公开机制相配合。

## 二　业绩联动型报酬机制的法律障碍与法修订

固定报酬是以公司过去业绩为基础形成的，所以缺乏对经营者的激励，引致经营者回避风险，努力不足。而业绩联动型报酬机制由于使经营者与企业业绩发生联动效应，即与股东一起分享利润、分担风险。这样就可以在一定程度上降低委托－代理成本，使经营者与股东利益保持一致。股票期权制度是报酬激励机制的重要组成部分。为消除建立业绩联动型报酬机制的法律障碍，日本对商法相关规定进行了修订，解禁了公司自己股份取得制度、股票期权制度，引入了新股预约权。

日本经营者的报酬与国外相比，虽然基本报酬基本一致，但总报酬大大低于其他国家，并且与当期业绩的关系比较薄弱。如1985年日本公

---

① 舍温·罗森：《契约与经理市场》，科斯、哈特、斯蒂格利茨等著，拉斯·沃因、汉斯·韦坎德编《契约经济学》，李风圣主译，经济科学出版社，2006，第237页。
② 弗兰克·伊斯特布鲁克、丹尼尔·费希尔：《公司法的经济结构》，罗培新、张建伟译，北京大学出版社，2014，第236页。
③ 久保克行『コーポレートガバナンス経営者の交代と報酬はどうあるべきか』日本経済新聞出版社、2010、180頁。

司社长平均报酬为 4400 万日元，是员工平均工资的 13 倍，而美国则是 1 亿 400 万日元，是员工平均工资的 35 倍。① 另外，与日经 225 家公司社长的年平均报酬为 5000 万日元相比，S&P 500 家公司 CEO 的年平均报酬为 14 亿日元。② 日本传统企业制度中的终身雇佣制和年功序列的激励作用弥补了金钱报酬激励的不足。但随着日本雇佣制度的改革，特别是董事会改革，不仅缩小了董事会的规模，还由于引入独立董事，内部晋升的机会大大减少，进入董事会的希望变得渺茫。日本长期奉行的传统激励机制的弱化，在一定程度上滋生了经营者的机会主义行为，使日本各种经营管理问题频出。为解决日本公司制度中激励机能弱化的问题，报酬激励机制的改革越来越成为日本公司治理改革的重要一部分。但商法对发行股票期权及公司取得本公司股份的限制，制约了报酬激励机制的设计与实施。为此，从 1997 年开始，对商法中关于股票期权及公司取得本公司股份的相关规定进行了渐进式修订，这使日本公司报酬激励设计与实施业绩联动型报酬制度成为可能。

1997 年为了支持股票期权制度的实施，商法规定了自己股份取得与新股接受权两种方式。为此，需要对自己股份取得制度与新股接受权制度的相关规定进行修订。对自己股份取得方式相关的商法规定的修订 1997 年 6 月开始实施，对新股接受权的规定从 1997 年 10 月 1 日开始实施。主要是因为上市大公司多在 3 月进行决算，为了赶上 6 月召开的定期股东大会，所以规定自己股份取得的相关规定从 6 月开始实施。自己股份取得方式是上市公司依据定期股东大会的普通决议的授权，从股票市场回购本公司股份。行使股票期权时，将这些股份转让给董事、员工。公司可以在取得自己股份到董事行使股票期权的期间内保有本公司股票。股票期权的权利行使时间最长为 10 年。③

---

① 宮島英昭「企業統治制度改革の20年」宮島英昭編『企業統治と成長戦略』東洋経済新報社、2017、22 頁。
② 宮島英昭・齋藤卓爾・胥鵬・田中亘・小川亮「日本型コーポレート・ガバナンスはどこへ向かうのか?:「日本企業のコーポレート・ガバナンスに関するアンケート」調査から読み解く」、2013、https://www.rieti.go.jp/jp/publications/pdp/13p012.pdf。
③ 久保田安彦「自己株式と平成改正——バブル崩壊とファイナンス理論と規制の整理——」稲葉威雄・尾崎安央編『改正史から読み解く会社法の論点』中央経済社、2009、181 頁。

1. 股票期权制度与业绩联动型报酬机制

股票期权是指一定时间内以特定价格购买一定数量公司股份的权利即买卖双方签订契约，期权的买方有权按约定的价格，在约定的期限交易（买进或卖出）一定数量的某种股票的权利，是一种在股票基础上产生的金融衍生工具。股票期权制度就是企业给予高层经营管理者在一定期限内按照某个固定的价格（执行价格或行权价，它是股票期权合约的约定价格）购买一定数量的本公司股票的权利，并且经营者在一定时期后可将所持股票在市场上出售，获取执行价格和市场价格之间的差价（股票溢价）。股票期权授予是一种在一定时期以一定价格购买公司股票的权利，是将雇员薪酬和动机与股东利益联结在一起的一种方式。股票期权的特点是如果股价提升，被授予股票期权的经营者就能有巨额的收入，而如果股价下跌，也没什么损失，所以股票期权制度对经营者投资风险高的项目具有激励作用。这通常意味着管理者获得在未来十年间以目前的交易价格购买公司股票的权利。假如股票在这个时期上涨，管理者就能够以股票交易价格"兑现"增加的部分。[①] 日本的新股预约权制度是从股票期权激励制度发展演变而来的。[②] 股票期权是建立在业绩联动型报酬机制基础上的一种重要的制度安排。

在西方发达国家，特别在美国，激励性股票期权十分流行，并很成功。美国早在20世纪60年代股票期权就开始流行，八九十年代变得更加普遍。日本企业对经营者实施的期权计划，即用长期报酬对经营者进行激励的制度虽然从20世纪90年代就已开始，但直到1997年在商法修订中对股票期权全面解禁后，公司才开始正式导入股票期权制度。日本在1997年的商法修订中增加了"赋予董事及高级雇员新股认购权"的规定，允许公司对董事及高级雇员提供美国式的股票期权激励制度，即作为其报酬的一部分，赋予董事及高级雇员在一定的期间以一定的价格购买本公司所持有的自己股份，或者以一定的价格从公司购买新股的权利。按照当时的设想，通过赋予股票期权可以将董事及其他公司高级管理人员的部分报酬与公司业绩挂钩。随着公司业绩的提升、股价上升，权利

---

① 罗伯特·A. G. 蒙克斯、尼尔·米诺：《公司治理》，李维安、牛建波等译，中国人民大学出版社，2017，第52页。

② 吴建斌：《最新日本公司法》，中国人民大学出版社，2003，第237页。

人可采取行使期权的方式得到股票差价带来的利益。如果股票价格下滑，权利人可以放弃认购的权利而不会有什么损失。

1997年商法修订后，可以通过公司对自己股份取得、发行新股及新股的优惠发行的方式实施对经理的股票期权计划。该制度解禁后同年6月就有33个公司，8月底又有40家公司导入该制度。但商法对股票期权的发行数量、行使时间、授予范围、授予程序进行了严格的规定，使得日本公司采用的经理期权计划的实质内容非常有限。企业能够授予经理的期权很少，所以并没有得到很好的推广和利用。商法不利于股票期权制度实施的规定主要有以下几点。

第一，股票期权赋予条件上的种种限制，在一定程度上影响了股票期权的推广和利用。这表现在期权的赋予对象仅局限于公司的董事或其他使用人；授予数量不得超过公司已发行股份的10%；股票期权的行使期间被限制在股东大会决议后10年以内；在股东大会表决时必须公开被赋予者的姓名，并规定股票期权不能用于报酬以外的场合；等等。对此，许多企业从自身需要出发，要求取消公开被赋予者姓名的规定，同时希望将赋予对象扩大到子公司的高级职员。

第二，在制度设计上，商法规定了两种股票期权赋予方式——自己股份取得方式和新股认购权方式。自己股份取得方式是指公司将预先取得并持有的本公司股份转让给期权的行权人。在公司基于发放股票期权的目的取得本公司股份时，需要将被赋予者的姓名，赋予的股份种类、数量及转让价格以及权利行使期间及条件等提交定期股东大会审议通过。新股认购权方式是指当期权持有人行权时，公司应向该权利人发行新股的方式。与自己股份取得方式的表决程序不同，新股认购权方式不仅要事先得到公司章程的授权，而且需要经股东大会特别决议表决通过。由于从实际效果看两种方式并不存在本质的区别，赋予条件及程序却存在非常大的区别，因此股票期权制度在不同的授予方式中产生了不均衡。[①]所以，有学者指出，如果引入股票期权，完全没有必要采用两种方式，只需采取新股认购权这一种方式即可。

---

① 蔡元庆：《日本的新股预约权制度及其用途》，《文史博览·理论》2006年第6期，第71页。

## 2. 商法、公司法修订中关于自己股份取得制度的改革

公司取得自己发行的股份（自己股份）因为涉及股东构成的变动，所以属于股东大会的权限范围。如果取得自己股份时限定取得事由或转让方，那么该行为相当于公司的业务执行内容，其权限应该属于董事（会）。① 但因为公司自己股份取得的行为有可能损害资本维持、股东平等取得股份等公司法的基本制度理念，所以商法、公司法对取得自己股份设置了严格的规制。②

日本商法、公司法对公司取得自己股份的规定可以分为三个阶段，分别为原则禁止、严格例外允许阶段（1994年商法修订前），原则禁止、例外允许放宽阶段（1993~2001年）和原则允许并附加条件阶段（2001年至今）。

由于公司回购股份实质上是将公司资金返还股东，所以日本有学者认为这违反了公司资本维持原则。因此，在1994年修订前，商法对自己股份取得进行了严格的规制，原则上禁止公司取得自己股份，严格限定自己股份取得的适用范围，只有在以下四种情况下公司才可以取得自己股份。①为了注销股份；②合并或者接受其他公司进行的全部营业转让；③为了行使公司权利，达成目的；④为了满足股东的买回请求（1994年商法修订前第210条）。并且，这一时期即使是使用可以进行分红的利润也不允许对自己股份的取得，即使作为例外被允许对自己股份取得也要求在一定时间内处分掉，③ 即采用"原则禁止、例外允许"模式，以防止自己股份取得弊害的发生。

从1993年日本法务省民事局公布的《关于自己股份的取得及保有规制的问题》中将公司为避免重大且急迫的损害取得自己股份的目的视为合法开始，以资本维持为原则，并在财源限制的前提下许可公司回购自己股份，然后经过1994年、1997年、1998年连续三次修订商法放松股

---

① 山本为三郎：《日本公司法精解》，朱大明、陈宇、王伟杰译，法律出版社，2015，第109页。
② 山本为三郎：《日本公司法精解》，朱大明、陈宇、王伟杰译，法律出版社，2015，第113页。
③ 江頭憲治郎・門口正人編『会社法大系株式・新株予約権・社債 第2巻』青林書院、2008、152頁。

份回购,加上 2001 年 6 月商法对公司自己股份取得、持有以及库存股① 解禁的修订,以及新公司法对公司取得自己股份制度规定的进一步放宽,现在日本采取的是"原则上允许并附加条件"的模式。但 2001 年 6 月商法修订中废除了公司通过自己股份取得获得股票期权的方式,公司只能通过新股预约权来取得股票期权。

3. 新股预约权制度的导入

公司法对新股预约权进行了定义。新股预约权是一种权利人可以通过对股份公司行使该权利,从而接受该股份公司向其交付公司股份的权利(公司法第 2 条之 21)。新股预约权制度是 2001 年 11 月商法修订时,为统合转换公司债中转换权与附新股接受权公司债的新股接受权以及通过新股接受权方式获得股票期权报酬建立的一种制度。②

股票期权制度与新股预约权的关系应该说是通过赋予新股预约权来实施股票期权制度。虽然新股预约权也被称为日本式的股票期权,但引进新股预约权的目的是期待它可以在完善公司经营者激励机制、实现公司筹资多元化等多个领域发挥作用,因此新股预约权的功能范围远远大于股票期权。新股预约权人通过支付权利行使价格所对应的金钱来行使权利,从而当然的获得股份交付,因此该权利是一种行使权。新股预约权可以作为为调动董事积极性而使用的激励型报酬(股权激励),也可以在公司筹集资金时,以附带新股预约权的方式发行公司债券,即"附带新股预约权公司债"(公司法第 2 条之 22)。另外,企业并购中有时也会出现公司发行新股预约权。这是因为,作为企业反收购的有效措施,发行新股预约权远比发行新股简单和便利。③

具有新股预约权的人向公司行使该权利的时候,公司有向其发行新股,或者把公司所持有的自己股份进行转让的义务。④ 新股预约权指的是行使时根据事先约定好的内容在完成出资后从公司取得股份(公司发行的新股或是保有的自己股份)的权利(公司法第 2 条之 21)。新股预

---

① 库存股(treasure stock)也称金库股,是指公司取得本公司股份后不予削除的自己股份。
② 家田崇「新株予約制度の導入と会社法制の再構築」稲葉威雄・尾崎安央編『改正史から読み解く会社法の論点』中央経済社、2009、231 頁。
③ 近藤光男:《最新日本公司法》,梁爽译,法律出版社,2016,第 143 页。
④ 加美和照『新訂会社法(第九版)』勁草書房、2007、406 頁。

约权指的只是能够取得股份的权利，所以从公司取得新股预约权也可以不缴付对价（公司法第238条之1第2、3项），但是在行使该权利取得股份时需要完成出资（权利行使价格，公司法第236条之1第2、3项）。法律对于其权利行使期间的设定并无制约，所以可以做很灵活的处理。因此，作为该制度的特点，对于新股预约权存在各种各样的利用方法。① 其中就包括股权激励，即股票期权。公司发行新股预约权作为董事、员工等报酬、津贴、奖金的一部分。

基于以上理由，2001年6月商法修订中废除了通过自己股份取得获得股票期权的方式，只能通过新股预约权来取得股票期权。2001年11月商法修订中指出对股票期权制度并不需要其他特别的规定，该制度适用于对新导入的新股预约权制度的规定，即将旧法中赋予股票期权时采取的发行新股和转让自己股份两种方式用新股预约权统一起来。这样新股预约权也被称为日本式的股票期权。同时，废除了数量和期限的限制，并扩大了适用范围，但仍然规定赋予股票期权需要股东大会的特别决议。②

作为一项激励机制，新股预约权与旧法中股票期权的赋予方式相比，有以下几个显著特点。①由于引入了新股预约权制度，所以股票期权报酬就被定位为一种新股预约权有利发行的形态。伴随着这一定位，与以新股接受权的方式取得股票期权报酬的相关条款被删除。这就意味着许多制约被废除，不再需要修订前的公司章程记录及正当的理由。②修订前的股票期权报酬的赋予对象仅限于董事与使用人。修订后的商法对新股预约权的发行对象原则上并没有采取任何限制，只要符合必要的程序，即便对股东以外的人也可以特别有利的条件发行新股预约权。因此，股票期权报酬的赋予对象扩大到向公司经营、事业提供必要知识与技能的所有人员，即除了公司董事和使用人外，员工、律师、公司外的研究者、公司的监事、会计审计员、子公司以及关联公司的董事、使用人及顾问等都可成为股票期权报酬的赋予对象。③废除了数量规制与对权利行使时间的限制。④作为股票期权发行的新股接受权的转让限制也被废除。⑤修订前，新股接受权方式的股票期权必须经过股东大会的特别决议。

---

① 山本为三郎：《日本公司法精解》，朱大明、陈宇、王伟杰译，法律出版社，2015，第162页。

② 加美和照『新訂会社法（第九版）』勁草書房、2007、407頁。

2001年11月商法修订后，由于作为股票期权报酬的新股预约权发行适用于向第三者的有利发行，所以依然必须需要股东大会的特别决议。2001年6月商法修订废除了以自己股份方式的股票期权制度，所以强化了利用新股预约权的股票期权报酬的发行手续。①

伴随着公司法的制定，作为股票期权发行的新股预约权的立场发生了变化。公司法原则上并不把作为股票期权发行的新股预约权认定为有利发行，受到在向高级管理人员支付报酬中的确定部分，且不以金钱方式支付报酬的规制。股票期权全部适用于报酬规制的特点，是公司法的一大特征。由于作为股票期权发行的新股预约权不认为是有利发行，所以公开公司委员会设置公司以外的公司只需董事会决议就可以决定新股预约权的内容、数量等（公司法第249条之1）。② 但与此同时，为了防止对股票期权制度的滥用，2005年12月发表了关于股票期权的会计标准，2006年5月新公司法实施以后在赋予股票期权时要计入费用（股份报酬费用）。③

### 三　日本报酬制度改革

日本公司主要通过建立业绩联动型报酬制度、股价联动型报酬制度改革固定工资和退休慰问金制度并加强披露公司负责人的报酬信息来建立新型经营者报酬激励机制。与企业业绩相关联的经营者报酬被称为"业绩联动型报酬"。业绩联动型报酬分为现金型提供方式与股票型提供方式。现金型提供方式包括绩效奖金（Performance Cash）与股票增值权（Stock Appreciation Rights，SAR）。一段时间后，如果对象股票的市场价格高于事前设定的价格，经理人不须实际购买股票，即可以得到差额部分的现金。股票型提供方式包括绩效股份（Performance Share）与新股预约权股票期权制。绩效股份是依据中长期业绩目标达成的速度对管理者

---

① 家田崇「新株予約制度の導入と会社法制の再構築」稲葉威雄・尾崎安央編『改正史から読み解く会社法の論点』中央経済社、2009、240~241頁。
② 家田崇「新株予約制度の導入と会社法制の再構築」稲葉威雄・尾崎安央編『改正史から読み解く会社法の論点』中央経済社、2009、246頁。
③ 花崎正晴・松下佳菜子「ストック・オプションおよび事業の多角化，分社化——近年の企業経営の変化と効果の実証分析」堀内昭義・花崎正晴・中村純一編『日本経済変革期の金融と企業行動』東京大学出版会、2014、57頁。

提供股票予以激励。新股预约权股票期权制是一定期限后以一定价格购买本公司股票的权利。①

在终身雇佣制下日本经营者的传统型报酬体系主要由年功工资、退职金和奖金构成，报酬随着工作年限的增加递增，奖金在报酬总额中的比重较低。但随着日本雇佣制度的改革、法律对股票期权的解禁、奖金可以计入费用等的修改，业绩联动型报酬制度逐渐取代传统的报酬制度，奖金在报酬总额中的比重得到大幅度提高。

1. 公司法有关董事报酬、奖金规定的改革

为了防止向董事、监事支付过高的报酬而损害股东的利益，所以公司法对董事、监事的报酬做了具体的规定。

商法规定，董事的工资（报酬）可以通过公司章程和股东大会的决议确定（商法第269条）。但实际上董事的工资基本上没有由公司章程决定，基本上是由股东大会来确定。在股东大会上也不是决定每个董事的工资（报酬），只是决定一个总的最高额度，然后由社长来进行分配。实际上，专务和常务的工资（报酬）基本上是一样的。在股东大会上确定的（工资总额）额度往往高于实际支付额很多，所以股东并不知道董事的收入。1997年商法修订后，公司可以向经理授予股票期权。也就是说，公司可以向董事或员工转让股份（商法第210条之2），授予新股购买权（商法第280条之19）。2002年商法修订后可以支付不定额的报酬（商法第269条之1第1项），也可以支付金钱以外的报酬（商法第269条之1第2项），从而使业绩联动型报酬制度成为可能。②

公司法关于董事和监事报酬等的规定的最大变化是对奖金的处理。过去，商法把董事和监事的奖金视为利润的一部分，即只有在公司产生利润时其才作为利润的分配来考虑。而支付给董事和监事的工资则认为是工作的对价，不管公司是否有利润都应该支付。所以，在新公司法生效之前构成管理人员报酬的工资、奖金和退职金三个部分有着严格区分，并在不同会计科目上处理，而且只有工资和退职金可以计入费用。为了

---

① 細江守紀「株式会社，会社法，および企業統治」細江守紀編『企業統治と会社法の経済学』勁草書房、2019、33頁。

② 久保克行「経営者インセンティブと内部労働市場」花崎正晴・寺西十重郎編『コーポレート・ガバナンスの経済分析』東京大学出版社、2003、87頁。

适应日本企业制度特别是人事工资制度的改革，加强物质刺激对管理人员的激励作用，公司法把工资和奖金统一为股份公司对管理人员付出劳动对价的概念，从而彻底改变了工资和奖金在决定、处理上的不同。与之相应，在2006年税法修订之前，管理人员的报酬只包括定时、定期支付的工资和临时支付的退职金，其他不定期的、临时性的支付都属于奖金范畴。报酬原则上是可以计入亏损的，而奖金则不可以。

在新公司法修订之前，对于管理人员的奖金，一般是在定期股东大会上根据利益分配的方案确定的。新公司法把对管理人员的奖金视为作为职务执行的对价而从股份公司获得的财产性的支付，并入了管理人员报酬。[①] 规定董事的工资（报酬）和奖金（奖励）是作为其职务执行的对价从股份公司处获得的财产性利益（以下称为"报酬"等）。关于报酬等的下列规定，如果公司章程没有予以规定，应由股东大会决定。①报酬等的额度；②如果没有确定额度，则确定具体的计算方法；③如果报酬中含有非金钱，则决定具体的内容（公司法第361条）。在公司法改订前，在会计处理上管理人员的奖赏和利润分红一样，都被视为"未处分利润的减少"。由于公司法的修订，企业会计基准委员会于2005年11月29日公布了企业会计基准第4号《关于管理人员的会计标准》，把管理人员的奖赏作为在发生的会计年度的费用处理。2005年，日本公司法对奖金不计入损失金额的规定进行了修订，除委员会设置公司外，其他公司可自主决定将给予经营者的奖金作为损失金处理还是作为获利金额处理。并放松了对股票期权的规制。

在新公司法生效之前，向董事无偿赠予新股预约权时必须通过股东大会的特别决议，并不包括在董事工资决议中。[②] 但由于新公司法统一了工资和奖金的概念，所以就没有把认为股票期权不是劳动对价，把其从工资中分离出去的理由了。这样公司法把支付给董事工资、奖金、股票期权统一为报酬，进行了统一的规定。

---

① 戸島利夫・辻敢・堀越董『税法会社法からみた役員給与』税務研究会出版局、2008、4~5頁。

② 戸島利夫・辻敢・堀越董『税法会社法からみた役員給与』税務研究会出版局、2008、229頁。

## 2. 业绩联动型报酬机制的形成

日本经营者的报酬包括工资、奖金和退职慰问金等金钱报酬和住房、专车等非金钱报酬。过去，工资在损益计算表中作为销售费用和一般管理费处理，而奖金是作为利润的分配处理。工资和退职慰问金与企业业绩的联动性较低。而奖金的多少一般与公司利润有较大的关系。但由于奖金不计入费用，所以奖金在经营者的所得中比例很低。① 2002年商法改革，明确了对经营者可以采取利润联动型报酬制度（2002年修订后商法第269条）。新公司法沿用了这一规定，并且规定可以通过股东大会决定利润联动型报酬的具体计算方法，并且根据这一方法可以向董事支付固定报酬外的奖金（公司法第361条）。而2006年的税制改革也规定在满足一定条件下可以作为亏损处理。在日本，退职慰问金是经营者的主要报酬之一。但由于其带有很强的年功色彩，所以许多企业废止了这一制度，取而代之的是股价联动型的股票期权制度。②

根据《东京证券交易所上市公司公司治理白皮书》（2009）的问卷调查，东京证券交易所上市的公司中，88.1%的公司回答实施了激励政策，与上一次调查的52.5%相比有了大幅度的提高。具体制度包括：33.6%（比上一次调查减少了0.5个百分点）的公司导入了股票期权制度；17.3%（比上一次调查增加了3.2个百分点）的公司导入了业绩联动型报酬制度；45.4%（比上一次调查增加了33个百分点）的公司实施了其他的相关激励办法。③ 随着日本导入业绩联动型报酬制度公司的增加，以股价为基准的报酬在总报酬中的比例将上升。④

资生堂于2005年导入了"作为中期激励的股份报酬型股票期权"制度。这个制度面向25名董事和执行负责人。联结销售额的利润率为8%，如果在2008年3月决算时达到目标值的90%以上，可以根据达成率行使

---

① 須田一幸「契約の経済学とディスクロージャー」柴健次・須田一幸・薄井彰編『現代のディスクロージャー』中央経済社、2008、43~44頁。
② 乙政正田「経営者報酬の決定要因——利益情報の役割を中心として——」柴健次・須田一幸・薄井彰編『現代のディスクロージャー』中央経済社、2008、475頁。
③ 株式会社東京証券取引所「東証上場会社コーポレート・ガバナンス白書」、2009年1月、http://www.tse.or.jp/rules/cg/white-paper/white-paper09.pdf。
④ 乙政正田「経営者報酬の決定要因——利益情報の役割を中心として——」柴健次・須田一幸・薄井彰編『現代のディスクロージャー』中央経済社、2008、475頁。

新股预约权。新股预约权的总数是 408 个，新股预约权的对象是普通股 408000 股，新股预约权的对价是"零"，发行日期为 2005 年 7 月 28 日，预约权行使价格是 1 个 1000 日元（1 股 1 日元），行使期间是 2008 年 7 月 12 日至 2011 年 6 月 30 日。自该制度导入以来，2006 年 3 月决算的利润率为 5.8%，2007 年 3 月为 7.2%，2008 年 3 月为 8.7%。这在一定程度上表明了该制度的有效性。①

以 NEC 公司为例，随着退职慰问金的改革，年收中短期激励的奖金比例上升，形成了业绩联动型报酬体制（见图 5-2），目的是使公司负责人的报酬体系透明化。把月报酬、业绩联动型奖金与股票期权进行整理、合并。对月报酬按照具体的职位进行报酬体系的改革，并对退职慰问金制度进行大幅度调整。扩大短期激励的奖金额，并与全公司的业绩联动。改革前，奖金在社长的年收入中占 25% 左右，改革后达到 40%；副社长由 20% 提高到 30%；专务由 15% 提高到 30%；常务由 10% 提高到 30%。奖金额大幅度增加。NEC 公司的业绩监控指标包括产品出厂增长率、净资产收益率、债务权益比、营业损益、当期损益、现金流等。根据这些指标的综合评价分为 S~F 7 个等级。月工资额则根据级别及任职年限来决定。②

3. 发展缓慢的业绩联动型报酬制度

投资者想要建立基于业绩联动的薪酬计划，以较低的代理成本保护投资者的利益。而经理层则倾向于更具稳定性和确定性的薪酬计划。董事会的职能就是代表股东解决这一冲突。但当管理层控制了董事的选任与解任、董事信息的获得以及董事的报酬时，解决这一问题就将是一个很大的挑战。③ 在公司治理形式化的日本，在管理层与董事高度重合的情况下，管理层收入中固定收入的高比例就很容易理解了。所以，尽管

---

① 須田一幸「契約の経済学とディスクロージャー」柴健次・須田一幸・薄井彰編『現代のディスクロージャー』中央経済社、2008、45 頁。
② 株式会社日本能率協会マネジメントセンター・社団法人日本能率協会役員処遇制度改革研究会「役員処遇改革研究会レポート」『ガバナンス体制と役員報酬改革——先進企業事例と法改正への対応——』、2005、http://www.jmam.co.jp/pdf/yakuin-housyu.pdf。
③ 罗伯特·A.G. 蒙克斯、尼尔·米诺：《公司治理》，李维安、牛建波等译，中国人民大学出版社，2017，第 294 页。

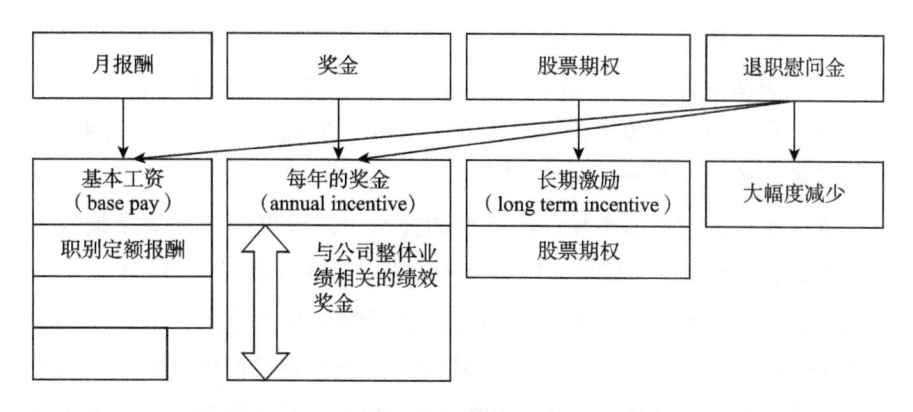

```
┌─────────┐   ┌─────────┐   ┌─────────┐   ┌─────────┐
│  月报酬  │   │  奖金   │   │ 股票期权 │   │退职慰问金│
└────┬────┘   └────┬────┘   └────┬────┘   └────┬────┘
     ↓             ↓             ↓             ↓
┌─────────┐   ┌─────────┐   ┌─────────┐   ┌─────────┐
│基本工资 │   │每年的奖金│   │ 长期激励 │   │大幅度减少│
│(base pay)│  │(annual  │   │(long term│  │         │
│         │   │incentive)│  │incentive)│  │         │
├─────────┤   ├─────────┤   ├─────────┤   └─────────┘
│职别定额 │   │与公司整体│   │ 股票期权 │
│报酬     │   │业绩相关的│   │         │
│         │   │绩效奖金  │   │         │
└─────────┘   └─────────┘   └─────────┘
```

**图5-2 公司负责人报酬体系——以 NEC 公司为例**

资料来源：株式会社日本能率協会マネジメントセンター、社団法人日本能率協会役員処遇制度改革研究会『役員処遇改革研究会レポート』「ガバナンス体制と役員報酬改革——先進企業事例と法改正への対応——』、2005，http://www.jmam.co.jp/pdf/yakuinhousyu.pdf。

进行了法律层面的修订，清除了法律层面的障碍，但总体来说日本报酬制度改革实际上进展缓慢。联动型报酬机制的普及率依旧不高，日本公司的业绩变动并没能在经营者的报酬中得到反映，报酬激励制度有待完善。根据《东京证券交易所上市公司公司治理白皮书》（2009）的问卷调查，东京证券交易所上市公司中，采用业绩联动型报酬制度的公司比例2008年比2006年有所上升，但也仅为17.3%。[1] 业绩联动型报酬比例比较低也从另一个层面反映出日本公司治理的实效性问题。

20世纪80年代，日本企业经营者的报酬水平普遍较低，1997年商法修订后股票期权才成为可能。直到2001年商法放松了对股票期权制度的规制，把股票期权统一为新股预约权后，实施股票期权的公司才逐渐增加。而且，授予的对象也不仅仅限于公司董事，而是被广泛使用。虽然伴随着20世纪90年代后期美国通过快速扩大股票期权平衡股东与经营者的利害，企业效率得到改善认识的普及并对日本产生了影响，但美国安然事件发生后对股票期权制度批评的声音逐渐增多，有些公司甚至取消了该制度。2008年由美国次贷危机引发的世界经济危机，也使美国

---

[1] 株式会社東京証券取引所『東証上場会社コーポレート・ガバナンス白書』、2009年1月、http://www.tse.or.jp/rules/cg/white-paper/white-paper09.pdf。

的公司治理模式遭到质疑。其中，报酬体系特别是股权激励制度成为批评对象。美国经营者以短期股东价值最大化为目标，不重视长期经营。经营者、员工为实现短期价值最大化，过度追求风险，导致了金融机构财务基础的脆弱、金融系统的不稳定。[1]

在东京证券交易所市场一部上市的公司中，1999年实施股票期权的有171家，IT浪潮后的2001年超过450家，占到24%。2002年末在东京证券交易所、大阪证券交易所和名古屋证券交易所市场一部、二部上市的2316家非金融企业中已有621家导入了股票期权制度，而且不仅股票期权授予经营者还授予员工。2006年、2008年股票期权实施情况见表5-7。实施股票期权等包括股份激励的长期激励制度的公司在3500~3600家上市公司中还不到一半。经历了雷曼冲击后2011年开始减少，2012年实施股份报酬的企业只有448家。与欧美企业90%以上实施了长期激励并且同时赋予多个激励计划相比，日本企业还有很大差距。[2] 到2015年，实行业绩联动型报酬的日本大企业仅占到25%，与美国的89%、英国的75%及德国的72%相比较低。[3] 2015年，日本大企业经营者的平均报酬为1.27亿日元，而同规模的美国企业为14.3亿日元，英国企业为7.1亿日元，法国企业为5.1亿日元，德国企业为6.3亿日元。[4] 另外，股票期权价值在总报酬中的比例也不高。依据日经225企业中115名社长的样本，2000年获得股票期权的价值平均每家公司为486万日元，占比稍稍超过社长报酬平均总额（4529万日元）的10%。[5]

日本公司的报酬主要包括业绩联动型报酬、股价联动型报酬、固定工资和退休慰问金。股价联动型报酬主要指股票期权。日本公司法虽然

---

[1] 久保克行『コーポレート・ガバナンス経営者の交代と報酬はどうあるべきか』日本経済新聞社、2010、16頁。
[2] 武井一浩編『企業法制改革論Ⅱコーポレート・ガバナンス編』中央経済社、2013、116頁。
[3] 宮島英昭「企業統治制度改革の20年」宮島英昭編『企業統治と成長戦略』東洋経済新報社、2017、22~23頁。
[4] 宮島英昭「企業統治制度改革の20年」宮島英昭編『企業統治と成長戦略』東洋経済新報社、2017、23頁。
[5] 花崎正晴・松下佳菜子「ストック・オプションおよび事業の多角化、分社化——近年の企業経営の変化と効果の実証分析」堀内昭義・花崎正晴・中村純一編『日本経済変革期の金融と企業行動』東京大学出版会、2014、61頁。

放开了对股票期权的限制,但在日本公司中股票期权并不普遍,而且在经营者报酬中占比也不高。但即使占比不高,股票期权制度使经营者利益直接通过股价的提升得以实现,从而有利于经营者利益与股东利益保持一致。

表 5-7 东京证券交易所上市公司股票期权实施情况

单位:家,%

| 年度 | 2006 | | 2008 | |
| --- | --- | --- | --- | --- |
| 公司总数 | 2356 | | 2378 | |
| 东京证券交易所市场一部 | 1687 | 30.9 | 1717 | 30.8 |
| 东京证券交易所市场二部 | 495 | 34.1 | 466 | 21.9 |
| 母亲市场 | 174 | 79.8 | 195 | 85.6 |

资料来源:株式会社東京証券取引所『東証上場会社コーポレート・ガバナンス白書』、2009 年 1 月、http://www.tse.or.jp/rules/cg/white-paper/white-paper09.pdf、2010 年 3 月 28 日。

## 第三节　股东代表诉讼法修订:平衡与激励

交易成本经济学明确地强调了不同治理结构在不同执行期内管理交易的相对有效性。这后一点就是私人秩序的全部内容。交易成本经济学的基本假设是:把交易(它们在特征上有差异)和治理结构(它们在成本和能力上有差异)以一种交易成本最小化的方式搭配起来,用——甄别的方式使交易和治理结构相一致。[1] 股东对经营者的监督与制约方法主要包括:第一,在股票市场通过转让即"用脚投票"来制约经营者的行为;第二,在股东大会上审议,通过投票来影响经营者的行为;第三,股东直接行使股东权利。在股票市场功能不全、股东大会流于形式的情况下,股东直接行使股东权利的方式得到了重视,其中就包括股东代表诉讼。[2] 日本股东代表诉讼制度改革很好地诠释了交易和治理结构相一

---

[1] Oliver Willianmson:《对经济组织不同研究方法的比较》,埃瑞克·G.菲吕博顿、鲁道夫·瑞切特编《新制度经济学》,孙经纬译,上海财经大学出版社,1998,第132~133 页。

[2] 末永敏和『コーポレート・ガバナンスと会社法日本型経営システムの法的変革』中央経済社、2000、12 頁。

致有利于降低交易成本。

设计不同的股东代表诉讼制度安排,股东与经营者权力的强弱对比就会发生相应的变化。因此,需要根据不同的治理目标、治理结构、社会条件与环境,设计不同的股东代表诉讼制度安排,以实现股东与经营者之间的权力制衡、监督与激励的平衡,从而在发挥股东代表诉讼制度震慑作用的同时,避免挫伤经营者的能动性及滥诉的发生。而股东代表诉讼制度是由商法、公司法具体规定的,因此,根据经济发展阶段、商业环境的变化并配合其他法律的修订,适时修订商法、公司法就显得非常重要。这一观点已被日本股东代表诉讼制度60多年来的演变证实。

为应对外部环境的变化,日本立法者对商法、公司法有关股东代表诉讼的条款进行了多次修订,以有效配合日本公司治理改革,实现对股东代表诉讼制度从抑制到激励再到从限制中取得平衡的制度目标的调整。对股东代表诉讼制度相关法律条款的系统性修订,不仅进一步细化了操作规则,使该制度具有可操作性,而且还使该制度实现了从休眠到活跃再到理性回归的演变,进而实现了鼓励股东为充分、公正地代表公司和其他股东的利益来发起股东代表诉讼与防止因不恰当诉讼影响经营者发挥能动性损害企业利益的不当诉讼的平衡。

## 一 股东代表诉讼与公司治理

股东代表诉讼制度是增强股东权利的制度安排之一。信义义务是治理代理关系的标准格式合同条款。[①] 信义义务包括善管注意义务和忠实义务。公司董事对公司负有信义义务:如果董事违反了信义义务,那么任何诉讼都应由公司提起。但是,因为公司只能通过其代理机关来行事,所以在某些情形下公司法人格就有可能产生不良后果,即当董事会被要求以公司名义提起由董事会自身造成的损害赔偿诉讼时,董事自己起诉自己导致的困境便产生了派生诉讼制度。根据派生诉讼规制,当让董事会中的大多数董事以公司名义提起法律诉讼,并且这些董事具有使他们难以适当地代表公司利益的个人利益冲突时,在极有限的情形下,股东

---

① 弗兰克·伊斯特布鲁克、丹尼尔·费希尔:《公司法的经济结构》,罗培新、张建伟译,北京大学出版社,2014,第277页。

就会被允许替代公司实体的诉讼地位，从而以公司名义并代表公司利益提出法律诉讼。①

股东代表诉讼，又称股东派生诉讼、代位诉讼，是指股东为了使公司的利益不受董事等相关人员（以下统称为"公司经营者"）的侵害而成为原告，提起诉讼，以追究公司经营者责任的一种诉讼形态，是商法、公司法为保护股东权益，鼓励中、小股东积极行使监督权，弥补公司治理中由于经营者之间的同谋而可能不追究责任的缺陷创设的一项制度，是股东制约公司管理层履行信义义务的非常手段。股东代表诉讼制度具有两面性，既有有利于制约经营者的一面，也有不恰当的甚至恶意诉讼给经营者、公司增加负担，且经营者担心被追究责任而经营过于谨慎的不利的一面。② 股东代表诉讼不仅可以追究董事的非法行为，而且还可以追究违反善管注意义务、忠实义务导致的经营失败。③

从控制理论上说，股东代表诉讼制度实质上是外部司法力量对公司内部机制的耦合机制，④ 是通过影响股东与经营者之间的权力配置来发挥以下两种制度职能的：一是恢复公司财产损失的职能；二是抑制损害行为的职能。换言之，股东代表诉讼制度不仅可以通过诉讼这种事后救济方式保护公司全体股东的权益，⑤ 而且可以通过赋予股东监督公司经营的权力震慑经营者，从而在一定程度上抑制与减少经营者通过损害股东与公司利益来谋取私利的隐藏行为。也正是由于股东代表诉讼制度是通过调整股东与经营者之间的权力来发挥公司治理作用的，所以股东代表诉讼制度还是一把双刃剑。虽然该制度通过为少数股东提供诉讼这一

---

① 玛格丽特·M. 布莱尔、林恩·A. 斯托特：《公司法的团体生产理论》，弗兰克·H. 伊斯特布鲁克等：《公司法的逻辑》，黄辉编译，法律出版社，2016，第200页。
② 宫岛英昭·齋藤卓爾·胥鵬·田中亘·小川亮「日本型コーポレート・ガバナンスはどこへ向かうのか？：『日本企業のコーポレート・ガバナンスに関するアンケート』調査から読み解く」、2013年6月、https：//www.rieti.go.jp/jp/publications/pdp/13p012.pdf。
③ 末永敏和『コーポレート・ガバナンスと会社法日本型経営システムの法的変革』中央経済社、2000、26頁。
④ 刘向林：《日本股东代表诉讼制度的历史考察》，《日本问题研究》2005年第3期，第45页。
⑤ 周剑龙：《日本公司法制现代化中的股东代表诉讼制度》，《南京大学学报》（哲学人文社科版）2006年第3期，第44页。

救济渠道与武器①，平衡了股东与公司经营者的权力，保护了股东特别是中小股东的利益，但也会出现逆向激励问题，即由于经营者担心股东代表诉讼的发生，他们在经营决策时就会选择低风险项目，而被滥用的股东代表诉讼制度则会更影响公司的正常运营，造成公司及股东利益的损失，这就完全背离了立法的初衷。所以，如何在发挥股东代表诉讼制度治理功能的同时防止滥诉及充分尊重公司经营者的"商业判断"能力及权限，成为立法者不得不面对的课题。而上述平衡的实现需要依赖于不同的制度安排来影响股东与经营者之间的权力配置。所以，不同的制度安排将直接影响公司的运营效率、股东利益乃至社会总效用。因此，股东代表诉讼制度的制度安排设计对发挥该制度的治理绩效具有决定性的影响。

## 二 1993 年股东代表诉讼制度改革及其问题

1993 年股东代表诉讼制度修订是为了促进股东利用股东代表诉讼权，期待通过股东来监视经营者，抑制经营者的违法行为。

日本泡沫经济破灭后，随着日美经济绩效对比的逆转，盎格鲁-撒克逊模式开始影响日本社会。在这一思潮影响下，日本立法者希望通过进行符合国际标准的公司治理改革，强化股东权利，加强对经营者的监督，解决对经营者的监督缺位问题，减少公司不良事件的发生。为此，1993 年进行了对商法有关股东代表诉讼规定条款的修订，以降低股东代表诉讼制度的诉讼成本，提高诉讼的便利性，从而提高该制度的可执行性预期。关于诉讼费的算定，依据非财产权上诉的规定，不论请求的金额是多少，一律以 95 万日元为标准。这样，修订后降低了股东代表诉讼的受理费，一律定为 8200 日元。而且，如果胜诉的话，还可以要求公司支付因诉讼产生的费用（不仅仅是支付给律师的费用，而且是与诉讼相关的全部费用）。② 从有利于股东搜集信息的观点考虑，放松股东阅览和誊写公司账簿的限制，由持股 10% 下降为 3%，而且不需要持有 6 个月

---

① 王淼、许明月：《美国特拉华州二重代表诉讼的实际及其对我国的启示》，《法学评论》2014 年第 1 期，第 116 页。
② 岸田雅雄「コーポレート・ガバナンスと監査」蟹江章編『会社法におけるコーポレート・ガバナンスと監査』同文館、2008、9 頁。

以上时间规定的要件。进行上述修订是为了加强对公司经营者责任的追究，发挥对经营者的震慑作用。

这一提升股东代表诉讼制度可实施性的法修订很快就对日本公司治理产生了影响，而且被认为是在日本唯一能有效维持公司治理的制度[①]。可是，1993年对股东代表诉讼制度相关规定的修订虽然使股东代表诉讼制度成为股东控制经营者的有效工具，但其活跃程度却大大超出了制度设计者的预期。不当诉讼的发生，不但影响了企业的正常经营，甚至威胁到了企业的健康发展。诉讼费用计算方式的改变与诉讼成本的降低，使日本股东代表诉讼出现了以下两大变化。

1. 巨额赔偿

由于诉讼费与诉讼请求金额无关，股东代表诉讼时倾向于高额赔偿金的要求，因为提高赔偿请求金额不仅不会增加成本，而且损害赔偿的金额越高，越有利于提升股东所持股票的价格，存在间接的经济利益，所以这一制度修订产生了对提高赔偿请求金额的激励。与1993年前要求赔偿超过10亿日元的诉讼只有1件相比，1993年要求赔偿超过1000亿日元的诉讼有16500亿日元的日本航空外汇期货事件、14700亿日元的北海道拓殖银行损失事件、2004亿日元的住友商事铜贸易损失事件等。[②]

2. 频繁诉讼

如果胜诉，公司不仅要支付律师费，还要支付调查费、律师的差旅费、司法书士制成文件的费用等，这就大大减轻了股东代表诉讼者的经济负担，因此增加了诉讼的可能。

在法修订前，平均每年只有0.25件，而法修订后1994年末为145件，1995年末为174件，1996年末为188件，1997年突破200件，达到219件，到1998年已突破240件，虽然其后件数有所减少，但2001年以后每年都在200件左右。[③] 而且，对大公司董事的诉讼增加。原来股东代表诉讼一般发生在个人企业或中小企业的倒闭引起的内部纠纷中，但如

---

[①] 小林秀之「株主代表訴訟をめぐる近時の新動向」小林秀之編『新会社法とコーポレート・ガバナンス——委員会設置会社VS監査役設置会社』中央経済社、2006、219頁。

[②] 高橋均『株主代表訴訟の理論と制度改正の課題』同文館出版株式会社、2008、20頁。

[③] 小林秀之「株主代表訴訟をめぐる近時の新動向」小林秀之編『新会社法とコーポレート・ガバナンス——委員会設置会社VS監査役設置会社』中央経済社、2006、218頁。

今上市公司董事成为被告的诉讼案件不断增加，如对东京电力、三菱重工、日立造船、住友金属工业、石川岛播磨重工、神户制钢、钟纺等的董事提起的诉讼。[①] 以上现象的出现，从某种意义上说，实现了立法者增强股东对公司经营的监督意识、强化董事责任的立法目的。但与此同时，任何股东都可以简单地提起代表诉讼，不仅给公司经营者带来了巨大的威胁，而且也大大增加了滥用代表诉讼制度的可能性。因此，如何防止股东代表诉讼的滥用、维护公司经营的健全稳定发展、完善公司治理结构，成为日本立法界的新课题。[②]

可见，虽然通过降低股东代表的诉讼成本强化了股东的权利，也完成了向国际投资者传递日本正在对公司治理进行以股东权利为中心的市场化取向改革的信息，但股东权利的强化并不一定与公司绩效成正比。股东代表诉讼成本的降低，激励了股东权利的不当行使，反而增加了交易成本，降低了社会价值。而单纯地依赖于降低诉讼成本激励股东进行直接诉讼的公司治理方式由于不符合"制度安排是为了通过交易与治理结构的最优搭配实现交易成本最小化"的评价标准，所以有必要重构日本股东代表诉讼制度。以大和银行代表诉讼案中对被告11名董事的总额约830亿日元的损害赔偿金额的判决为契机，[③] 开始了对股东代表诉讼制度的新一轮改革。

## 三 股东代表诉讼制度的合理化

1993年关于股东代表诉讼的修订与过去公司治理相关的修订一直是强化董事（会）、监事（会）功能不同，是非常独特的修订。因此，这一修订引起了经济界的反对。在经济界激烈的反对下，2001年商法修订减轻了董事等的责任，2005年再次对股东代表诉讼制度进行了反向性修订。[④]

---

① 高橋均『株主代表訴訟の理論と制度改正の課題』同文館出版株式会社、2008、20頁。
② 蔡元庆：《日本董事责任免除制度的新发展》，《政治与法律》2003年第3期，第140页。
③ 受川環大「役員等の株式会社に対する損害賠償責任」稲葉威雄・尾崎安央編『改正史から読み解く会社法の論点』中央経済社、2009、137頁。
④ 和田宗久「公開型株式会社にかんするガバナンス制度の変遷と課題」稲葉威雄・尾崎安央編『改正史から読み解く会社法の論点』中央経済社、2009、72頁。

自民党政务调查会法务部商法小委员会于 1999 年 4 月 15 日发布了《公司治理相关商法等的修改方案纲要》（商事法务 1524 号第 37 页）。该纲要指出的具体的修订内容是否与纲要提出的目标即"为实现股东利益最大化强化公司的监督体制"或"从重视股东的姿态确立公司治理"一致呢？答案是否定的。《公司治理相关商法等的修改方案纲要》虽然在确保监事独立性这一点上是进步了，但更是把功夫下在如何限制股东对董事责任的追究。在商法为追究董事责任所提供的各种制度中，通过 1993 年修改股东代表诉讼才开始发挥作用，而且是唯一发挥作用的制度。然而，《公司治理相关商法等的修改方案纲要》关于股东代表诉讼制度规定的改革完全是逆保护股东的方向。①

商法对股东代表诉讼的相关规定与董事等应承担责任的相关规定具有高度的相关性。所以，股东代表诉讼制度的合理化是从股东代表诉讼制度与董事等应承担的相应责任相关规定的两个方面同时进行修订的。

1. 商法修订目标：守护日本企业竞争优势的源泉

股东代表诉讼件数的大幅度增加及巨大的赔偿金额的要求，虽然对经营的不良行为起到了警示作用，对减少公司董事违法行为颇有成效，却抑制了经营者管理公司的积极性和创造性，影响了经营者的正常经营行为。在经济全球化竞争日趋激烈的形势下，作为重要人力资本的经营者的能力及其贡献，关系到企业的兴衰存亡。因此，需要信任经营者的经营判断能力，赋予其更多的管理权限。优化股东与经营者行为的治理结构，使交易成本实现最小化的政策目标推动了日本股东代表诉讼制度的改革。

2001 年与 2005 年的改革已经不仅仅限于对股东代表提起诉讼的难易程度的改革，而是在通过适当的制度设计来甄别起诉适当性的同时，与强化监事的独立性与监督权相配合，发挥了激励企业经营者主动建立和完善公司内部控制系统，并通过加强与股东的沟通、提高企业经营透明度来降低诉讼案件发生的积极治理作用。②

---

① 末永敏和『コーポレート・ガバナンスと会社法日本型経営システムの法的変革』中央経済社、2000、37 頁。
② 平力群：《交易成本与公司治理——以日本股东代表诉讼制度改革为中心》，《南开日本研究 2012》，世界知识出版社，2013，第 239 页。

在公司相关法律规定中，股东代表诉讼制度在保护股东权益、防止董事违法行为方面发挥着重要作用。但在激烈竞争的商业环境与高度不确定性的经营活动中，经营者果断、迅速的决断左右着企业的生存与发展。所以，如果公司法只为股东提供了在低诉讼成本下方便地行使股东诉讼权利的制度而没有保护被起诉董事的相应制度，就意味着董事随时可能因为决策中的失误被追究巨额的赔偿责任，这可能会严重挫伤董事在经营中甘冒风险、大胆决策的积极性。而且，股东的不当诉讼不仅对被诉讼董事个人造成伤害，甚至会影响公司的健康发展，从而与立法宗旨相左。基于此，日本立法者开始从鼓励股东代表诉讼向合理化股东代表诉讼转变。

### 2. 董事等责任减轻

对于1993年的股东代表诉讼制度改革，经济界认为董事担心有可能要承担巨额的赔偿责任，会造成日本企业经营活力的下降。执政党按照这一意见开始准备修订商法关于股东代表诉讼的相应规定。此后，以大和事件判决被告董事承担巨额损害赔偿为契机，形成了减轻董事等赔偿责任立法的社会舆论。2001年5月，以执政党议员立法的形式向国会提交了以部分免除董事等责任为内容的商法修订法案。该修订法案于2001年12月通过。[1]

董事等的责任减轻制度是依据董事等的轻微过失的任务懈怠责任必须支付的损害赔偿进行了如下规定：代表董事、非代表董事（不包括独立董事）及独立董事的赔偿金额分别超过6年、4年、2年报酬的部分可以予以免除。责任减轻的方法为：原则为股东大会的特别决议，另依据公司章程可以由董事会决定。独立董事依据公司章程的规定，可以事先签订责任限定合同。[2]

### 3. 股东代表诉讼制度的基本框架

针对股东代表诉讼制度改革后出现的诉讼件数的大幅增加、赔偿金额巨大甚至出现滥诉等影响企业正常经营的情况，2001年以议员立法的

---

[1] 和田宗久「公開型株式会社にかんするガバナンス制度の変遷と課題」稲葉威雄・尾崎安央編『改正史から読み解く会社法の論点』中央経済社、2009、77頁。

[2] 和田宗久「公開型株式会社にかんするガバナンス制度の変遷と課題」稲葉威雄・尾崎安央編『改正史から読み解く会社法の論点』中央経済社、2009、77頁。

形式（2001年法律第149号《关于商法和股份公司监察的商法特例法的法律的部分修改》，2001年12月12日公布，2002年5月1日实施），对有关股东代表诉讼制度进行了改革。① 为防止滥诉，虽然保留原来连续6个月以上持有公司股份的股东就有代表诉讼提诉权的规定，但对于其前置程序，即请求公司起诉后监事会的考虑期限，从原来的30日延长到60日，以减轻对董事的压力；诉讼中发生和解时，即使没有全体股东的一致同意，也可以免除董事的责任；经全体监事同意，公司可以协助董事参加股东代表诉讼，从而提高股东代表诉讼的门槛。②

为确保公司良性发展，进一步合理化股东代表诉讼制度，以从2001年开始的对股东代表诉讼制度相关法规定的修订为基础，日本公司法又从以下三个方面对股东代表诉讼制度的规定进行了修订。③ 在这些制度的相互制衡下实现了股东代表诉讼制度对经营者违法行为的震慑与对经营者在瞬息万变的市场环境下果断决策的激励。

首先，为了解决公司因合并重组使股东失去股东代表诉讼资格的问题，日本公司法就股东代表诉讼的原告主体资格进行了新的规定（公司法第851条之1），即为追究公司经营者的责任提起股东代表诉讼的股东，或依据第849条之1的规定作为共同诉讼人参加股东代表诉讼的股东，即使在案件审结之前不再是公司的股东，但若符合下列情况，该原告股东不被认定为失去诉讼资格，可继续进行诉讼。第一种情况是股东通过股份交换或股份转移成为其持有股份公司的全资母公司股东；第二种情况是股东所持有股份的公司因和别的公司合并注销后，其股东成为存续公司股东。④

另外，为了明确责任，使公司对是否进行起诉的判断更加慎重，减少不必要的诉讼，并有利于被提起诉讼的公司经营者安心工作，新创立了不起诉理由通知书制度。不起诉理由通知书制度就是公司在接到股东

---

① 小林秀之「株主代表訴訟をめぐる近時の新動向」小林秀之編『新会社法とコーポレート・ガバナンス——委員会設置会社 VS 監査役設置会社』中央経済社、2006、218~221頁。
② 吴建斌：《最新日本公司法》，中国人民大学出版社，2003，第8页。
③ 日本法务省民事局网站，http://www.moj.go.jp/HOUAN/houan33.html。
④ 周剑龙：《日本公司法制现代化中的股东代表诉讼制度》，《南京大学学报》（哲学人文社科版）2006年第3期，第46页。

以书面等形式的诉讼请求之后，自请求之日起的60日内当判定不通过起诉追究经营者责任时，公司有义务根据该股东的请求尽快以书面形式或法务省令规定的其他形式向提出诉讼请求的股东及相关人员就不追究责任的理由进行说明（公司法第847条之4①，《公司法施行规则》第218条②）。不起诉理由通知书中必须记载以下内容：①股份公司实施调查的方法（包括得出结论的证据资料）；②明确被告是否有责任或义务的结论；③如果被告有责任或义务，说明不起诉的理由。监事必须依据所进行的调查情况给出被告是否有责任或义务的结论。③

最后，公司法就原告股东的资格增加了主观意图的要件规定，即如果提起诉讼追究经营者责任是以追求股东个人或第三人的不正当利益或损害公司利益为目的，则限制股东提起诉讼（公司法第847条之1但书）。④

可见，日本公司法对股东代表诉讼制度的改革已不再是简单地提高和降低股东代表诉讼的门槛，对股东代表诉讼的规定也已不再仅仅限于对发起股东代表诉讼的原告主体资格、诉讼对象适用范围及诉讼费用的相关规定。日本股东代表诉讼制度已不仅仅是指诉讼费用一律为13000日元，即使只持有一个单元股的股东，只要连续持有时间超过6个月，就有行使该制度的权利（公司法第847条）的诉讼制度，而是包括了前置程序、公告、和解、公司对被告董事的辅助参与、董事责任减轻及免除等多项制度（见图5-3）。这些规定主要包含于公司法第七编"杂则"第二章"诉讼"第二节"股份公司追究责任的诉讼"（公司法第847~853条）。⑤

日本立法者试图通过适当的制度设计及适当的制度组合来发挥股东代表诉讼制度的积极治理作用，即使其对经营者发挥震慑作用的同时，

---

① 江頭憲治郎・門口正人編『会社法大系組織再編・会社訴訟・解散・清算 第4巻』青林書院、2009、440頁。
② 小林秀之「コーポレート・ガバナンスのあり方」小林秀之編『新会社法とコーポレート・ガバナンス——委員会設置会社VS監査役設置会社』中央経済社、2006、21頁。
③ 高橋均『株主代表訴訟の理論と制度改正の課題』同文館出版株式会社、2008、88頁。
④ 小林秀之「株主代表訴訟をめぐる近時の新動向」小林秀之『新会社法とコーポレート・ガバナンス——委員会設置会社VS監査役設置会社』中央経済社、2006、168頁。
⑤ 森淳二郎・上村達男『会社法における論点の評価』中央経済社、2006、62頁。

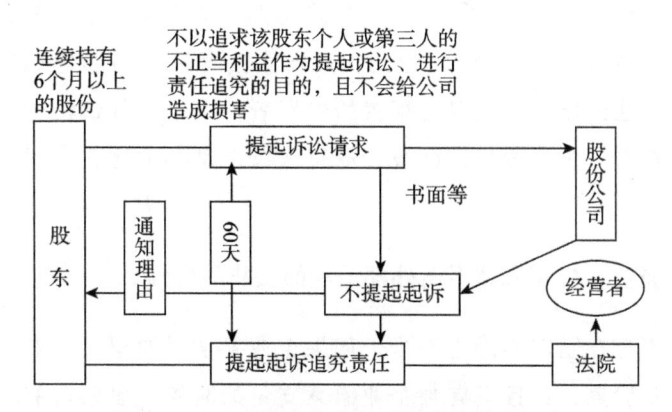

**图 5-3　日本股东代表诉讼制度的基本架构**

资料来源：神田将『図解による会社法・商法のしくみ』自由国民社、2008、237 頁。

甄别起诉的适当性，约束原告股东充分、公正地代表公司和股东利益来发起股东代表诉讼，防止不恰当诉讼的发生，降低经营者因担心股东代表诉讼而采取消极、保守的经营决策造成的经营者无法充分发挥其人力资本潜力的不良影响，激励企业经营者主动建立和完善公司内部控制系统，通过加强与股东的沟通、提高企业经营透明度来降低诉讼案件的发生。①

## 第四节　种类股与自己股份取得法修订：向经营者赋权

在经济全球化、金融自由化、人口老龄化、信息网络化的背景下，资本的全球流动成为推动各国公司治理模式向以英美为代表的"盎格鲁－撒克逊模式"收敛的重要推动力。这一收敛，对日本通过形式化公司治理维持"内部人控制"产生了可信性威胁。内部人控制权的弱化意味着经营者的经营决策将受到来自追求短期利润的股东的制约。导致管理层把精力从关注如何扩大生产规模、提升生产效率，实现企业长期发展转移到提高股价和发放红利方面。而控制权市场的形成将对当今的日

---

① 平力群：《交易成本与公司治理——以日本股东代表诉讼制度改革为中心》，《南开日本研究 2012》，世界知识出版社，2013，第 239 页。

本产业组织结构产成巨大的冲击，并威胁到日本企业的独立性，从而动摇日本国家竞争力的基础。① 为此，日本立法者依据国际化标准通过对商法、公司法的修订，把权力配置给经营者，以平衡外部治理强化下股东权力的提升。种类股与自己股份取得法修订是其中比较有代表性的制度安排。

## 一 商法、公司法等平衡外部治理的法律的修订

股权不存在固定的偿还安排。如果企业要偿付股票持有者，那么支付的就只是股息，并且只有当企业愿意支付的时候，股票持有者才能获得股息。这就潜在地使股票持有者受到企业经营者的支配，他们可以把企业利润用于支付薪水或者用于再投资，而不支付股息。因此，股票持有者需要一些保护。一般来讲，他们是以投票权的形式来获取保护的。② 一般通过两种途径保证股东投票权，一是公司法直接规定，二是先通过公司法对公司内部治理结构进行规定，再通过公司治理机制来保证股东投票权正常行使。而当这两种途径被种类股制度和控股公司制度限制后，那么这些失去了投票权的股东或股份和投票权不再成比例的股东能否获得应得的利益值得怀疑。

日本商法、公司法修订赋予了经营者更大的权力，从而对外部治理强化下公司治理的实质性趋同演化起到了缓冲作用。所有权、投票结构、资本结构及管理者的决策自由度与内部组织力量相互作用，从多方面影响着公司行为。③ 日本商法、公司法通过法规定直接缩小股东投票权限、赋予经营者主动调整股权结构、投票权结构以增大管理者的决策自由度，加强内部人对公司的控制权，抑制代理权争夺、敌意并购等不利于管理层稳定行为的发生。

投票权的分配和股权结构的调整是组织行为的重要决定因素。商法、公司法的修订赋予经营者主动调节投票权分配和股权结构的权力，从而

---

① 平力群：《日本公司法修订及其对公司治理制度演化的影响——以种类股制度和股份回购制度为例》，《日本学刊》2010年第5期，第77页。
② O.哈特：《企业、合同与财务结构》，费方域译，上海人民出版社，1998，第10页。
③ 迈克尔·詹森：《企业理论——治理、剩余索取权和组织形式》，童英译，上海财经大学出版社，2008，第263页。

强化了内部人对公司的控制权，提高了经营者管理决策的自由度。其中种类股制度由于赋予了经营者主动分配投票权的权力，可以直接限制特定股东对相关事项的投票权，因此可以说是最直接影响经营者与股东间权力分配的一种制度。而自己股份取得制度和新股预约权制度由于赋予了经营者主动调整股权结构的权力，因此可以根据公司的实际需要降低非友好股东所持股份的比例，加强经营者对公司的控制。公司法赋予董事会向第三方增资的决定权，也直接影响了公司的支配权。

## 二 种类股制度改革——赋予经营者主动分配投票权的权力

在股东（股份）平等原则下，公司法所允许的权利内容存在差别的股份叫作种类股。种类股中可设定为存在差别的权利内容，涉及剩余金分配、公司剩余财产分配、股东大会的表决权行使等相关事项，通过转让取得股份时是否经公司承认、股份回购请求权、公司的股份取得条款和全部股份取得条款及股东大会或董事会必须通过种类股股东大会决议的事项，以及公开公司以外的公司中该种类股东大会选举董事、监事的相关事项。[①] 种类股是指在接受盈余分配、接受剩余财产分配、股份的购买、股份的处理、表决权等方面具有不同内容的股票，即具有不同获利权和公司控制权的股份。种类股制度的导入直接为经营者提供了向不同投资者主体分配投票权的权力。这一改革强化了公司经营者的控制权，有利于平衡金融自由化过程中由于友好股东所持股份比例降低出现的资本市场对经营者行为约束的加强，可使日本公司的经营决策免于受到资本市场波动的干扰，为日本公司经营者制定有利于公司长远发展的长期规划提供了可能。

### 1. 种类股制度与公司治理

股东大会是通过召集年度会议或者临时会议的方式议事的，原则上采取少数服从多数的多数决原则。不过，多数决的依据不是股东人数，而是具有投票权的股份数量。因此，公司的经济民主，实际上体现的是资本、金钱的民主，股东大会的决议方式被称为"资本多数决原则"。表决权是共益权中的最基本权利。原则上依据股份数量计算，一股一票

---

[①] 山本为三郎：《日本公司法精解》，朱大明、陈宇、王伟杰译，法律出版社，2015，第66页。

表决权（投票权）。但由于种类股制度的导入，这种经济民主也受到了威胁，因为股东的权利是通过投票权（表决权）行使的。不具有投票权股份的发行，降低了股权结构与公司控制权的相关性。

由于种类股的发行会扭曲股份公司"资本多数决原则"下公司控制权的实施，侵害小股东的利益，所以在1990年商法修订之前，日本商法对种类股制度进行了严格的规定。但经过1990年、2001年两次修订，加上新公司法进一步对种类股制度规定的放松，不仅允许发行种类股的种类增加，而且对章程的规定也得到了简化。① 在日本公司法中建立了制度完整、操作简便的种类股制度体系，为公司提供了在灵活筹集资金的同时保持公司独立性的法律制度工具和制度保障。

2. 日本商法、公司法修订中关于种类股制度的改革

早在1899年商法制定之初，日本商法中就有关于种类股制度（优先股）的规定，但直到最近上市公司对种类股的应用还仅限于优先分红及优先分配剩余财产。② 这与商法对种类股的严格规定有关。1990年商法修订前，商法规定计划发行种类股的公司必须在公司章程中明确规定种类股的内容及数量。而在2001年商法修订之前，其对于行使不同表决权的股票（以下简称为"表决权限制股份"）没有规定，但优先股可以没有表决权。而且对于无表决权股，所有的事项都不能行使表决权，不承认只对部分事项行使表决权的股份。如果没有进行优先分红，表决权就自动恢复。只允许发行为实现企业融资方式多样化的优先股和劣后股。2001年，对商法中有关种类股制度的规定做了大幅度的修订。归纳起来，2001年商法修订主要充实了种类股的内容、单独发行具有不同表决权的种类股成为可能。①关于表决权限制股的修订，不管是否优先进行分红，可以单独发行表决权不同的种类股；删除了如果不进行优先分红，表决权就自动恢复的规定；允许发行具有否决权的种类股；表决权限制股的发行额度扩大到了发行股总数的1/2。②解禁了选任种类股。③新设了有关附条件强制转换股的规定。允许发行以公司内部的事业部门、

---

① 谷川寧彦・久保田安彦「会社法における種類株式設計の柔軟化とそのコスト」宮島英昭編『企業統治分析のフロンティア』日本評論社、2008、185~186頁。
② 江頭憲治郎『法（第3版）』有斐閣、2009、133頁。

子公司业绩为基础的追踪股[①]等。商法的这一修订，可以衍生出种类繁多的种类股。[②]

新公司法在上述修订的基础上进一步扩充了种类股的种类，放松了对种类股的限制，建立了种类股体系。新公司法第108条规定了股份公司可就下列事项发行以不同规定为内容的两个以上不同种类的股份，具体包括：剩余利润分红的优先劣后股；剩余财产分配的优先劣后股；表决权受限制的股份；（不是全部，只是一部分公司的）附取得条款的股份；（股东对公司的）附取得请求权的股份；（关于一定事项的）具有否决权的股份（黄金股），是一种安全保障股份；附选任、解任董事的股份（见表5-9）。公司法法典化前对于限制表决权股份的发行数量规定为不能超过已发行股份总数的1/2。而新公司法则放松了这一规定，即在公开公司为已发行股份总数的1/2，超出时须采取必要的更正措施（公司法第115条）。

表5-9  种类股名称及其功能

| | 种类股名称 | 内容 |
|---|---|---|
| 1 | 优先股 | 具有比其他的股份优先分红、分配剩余财产的权利的股份 |
| | 劣后股 | 落后于其他股份享有分红、分配剩余财产的股份 |
| | 追踪股 | 与公司的子公司或公司内部某事业的业绩联动的股份（如可以优先分享与该子公司、该部分事业的价值相当的剩余利润分红、剩余财产的股票） |
| 2 | 表决权受限股 | 在股东大会上具有不同决议内容的股份，对不同事项具有不同的表决权（限制部分表决权的股份、限制全部表决权的股份） |

---

① 追踪股（tracking stock，TS），又称为目标股（targeted stock）或字母股（letter stock）、定向股，是公司发行的专门跟踪公司内部某一些特定部分或某一特定附属子公司的经营业绩的公开发行上市的一种特殊股票。追踪股最初是作为避免企业整体解散（demergers）的一种替代形式出现的，由于具有一些独特的优良属性，现在已经成为一种重要的创新型金融工具，特别是作为一种全新的企业股权重组工具，受到了许多大型公司的青睐。2001年6月，日本索尼公司发行的追踪股在东京股票交易所上市，该追踪股是针对索尼公司的一个下属分支实体——索尼通信网络公司（Sony Communication Network）发行的。这是日本发行的第一只追踪股。此后，其他一些日本公司也纷纷表示将考虑发行追踪股，不少公司已经着手筹划追踪股的发行上市工作。

② 谷川寧彦・久保田安彦「会社法における種類株式設計の柔軟化とそのコスト」宮島英昭編『企業統治分析のフロンティア』日本評論社、2008、188頁。

续表

| | 种类股名称 | 内容 |
|---|---|---|
| 3 | 转让受限股 | 要想转让该种类的股份需要经过公司同意的股份，转让限制的内容相同 |
| 4 | 附取得请求权股 | 股东具有要求公司取得该股份权利的股票 |
| 5 | 附取得条款股 | 当发生某些事由的情况下，公司可以强制从该股东处回购该股份权利的股票 |
| 6 | 附全部取得条款股 | 公司可以取得该种类股的全部股份的股票 |
| 7 | 附否决权股 | 可以否定股东大会、董事会决议的股份，否定的内容可以不同 |
| 8 | 通过种类股股东大会选任董事股 | 由持有该种类股的种类股股东构成的种类股股东大会，可以在该种类股股东大会上选举董事、监事的股票 |

资料来源：佐井吾光「M&Aの有効手段としての種類株式活用の可能性——M&Aの場面における活用方法と種類株式の評価の現状——」、http：//www.dir.co.jp/souken/consulting/report/strategy/cg/08022912strategy.pdf.。

没有投票权的股份减少了在公司中建立控股地位的费用，因为当考虑直接控制管理者时只需考虑有投票权的股份。没有投票权的股份和债券一样，在不冲淡有投票权的股份的情况下提供了一种可以筹集资金的媒介。[1] 这样，通过公司法对种类股制度规定的修订，日本公司经营者可以向友好股东和非友好股东发放具有不同种类的股份，以割裂股东持股数量与投票权的关系，使日本公司在从资本市场获得资金的同时可以继续维持"内部人控制"。

### 三 自己股份取得制度——赋予经营者主动调整股权结构的权力

自己股份取得是指公司取得自己发行在外的股份的法律行为。自己股份取得制度作为公司法中的一项重要制度，不仅关系到公司资本的保持、公司债权人利益的维护，还直接影响到公司的股权结构，对公司正常权益的实现和交易安全的保护及公司经营的决策具有重大影响。因此，各国政府对此给予了高度重视，并随着客观形势的变化通过对公司法的修订对这一制度不断进行调整。日本也不例外。

---

[1] 哈罗德·得姆塞茨：《企业经济学》，梁小民译，中国社会科学出版社，2009，第67~68页。

公司取得自己股份容易产生以下问题。第一，没有效果的资金筹集。股份公司从投资家处筹集资金，然后给投资者股份。而如果公司自己购买本公司股份，不会产生资金筹集的效果，而且与要求公司收回股份一样，会损害公司的财产基础。第二，内部交易。股价的变动反映公司的经营情况。而公司自己最了解自己的情况。公司利用信息优势取得股份，相当于内部交易。内部交易对一般投资家造成损害与不公，损害证券市场的可信赖性，因此金融商品交易法对内部交易进行严格的规制。第三，违反股东平等原则。设想一下公司陷入危机的情况。如果公司购买了一部分股东的股份，那么对于在公司破产前没能卖出股份的股东来说就是不公平的。第四，通过公司资金控制公司。虽然公司法不允许公司持有的本公司股份具有决议权，但公司通过取得自己公司股份就减少了具有决议权的股份数。公司经营者可以通过取得自己公司股份来实现对公司的控制。[①] 正是为了防止伴随公司自己股份取得产生上述危害，公司法对公司自己股份取得进行了严格的限制，并且采取了原则禁止的态度。但实业界特别是经济团体联合会为了使商法能够放松对公司自己股份取得的限制，在从1968年到1992年的20多年间分九次提出了公司自己股份取得的理由，对放松有关公司自己股份取得的限制提出了要求。[②]

依据欧美有关公司自己股份取得和保有的立法动向和日本国内的具体情况及实施的具体操作中的问题，法务省民事局参事官室整理了商法部会的意见，公布了"关于自己股份取得和保有规定的问题点"，并收到了80多条意见。商法部会以"问题点"为基础，参考各界的意见，经过反复讨论，于1994年2月2日的会议上确定了《商法及有限公司法部分修改的法律案纲要》。法务省以此纲要为基础，经过一定修改于1994年4月1日向国会提交了《商法及有限公司法部分修改的法律》，该法律获通过，6月29日公布，10月1日得以实施。1994年6月，《商法及有限公司法部分修改的法律》公布，大大缓和了对持有本公司股份的规制。商法修订前原则是禁止公司回购自己的股份（1994年修订前商法第210条），修订后虽然依然维持了原则禁止的原则，但增加了取得的事由，即

---

① 近藤光男『会社法の仕組み』日本経済新聞社、2014、67~68頁。
② 「（資料）自己株式取得規制の緩和に関する経団連の意見の推移」『商事』1285号、8頁。

增加了在以下三种情况下可以允许公司取得自己股份的规定。①为了向使用人转让股份。公司在有正当理由的情况下，向使用人转让不超过公司已发行股份的3%时，公司可以取得自己的股份。这主要是为了使公司职工持股制度得以顺利进行。②根据定期股东大会的决议，为了消除利润，可以通过股票市场的公开购买实现公司自己股份取得。③封闭公司取得公司股份。

2001年6月商法中关于公司自己股份取得、持有以及库存股解禁的修订，包括以下七个要点：一是废除原来取得目的方面的限制，改为由公司酌情自由决定；二是废除原来取得数量上的限制；三是维持原来受让自己股份的资金来源上的限制，即以公司可分配利润为主，外加部分公积金；四是调整取得程序，可依据股东大会年会决议进行（2003年7月23日又进行局部调整，允许公司章程授权董事会做出有关取得自己股份的决议）；五是区分统一的交易市场购买、公开购买以及协议购买的不同情况，做出不同的规定，基本上采用美国模式；六是废除原来关于公司持有期限的规定，即无须限期注销或者以其他方式从速处分，而是完全可以作为库存股保留在公司；七是公司的自己股份仍有注销与处分的规制，处分程序准用有关新股发行的规则。①

新公司法继承了公司自己股份取得制度从1994开始的多次修订并进一步放宽，现在日本采用的是"原则上允许并附加条件"的模式。

股份回购是与发行新股相反的资本运作方式，虽然对上市公司具有积极的经济价值，但上市公司要对其实现广泛运用，只有在商法放松对股份回购制度规定的前提下为上市公司提供回购股份的法律空间、放宽公司回购事时由才能实现。商法修订了对公司自己股份取得制度的放松规制，管理层可以根据公司具体需要通过对自己股份的购入、注销或持有来调整股权结构。利用自己股份取得制度，不仅可以直接对股权结构产生影响，而且具有影响股票价格的信号作用，且是其他制度如股票期权、分红政策、公司重组有关的合并、分割、交换制度等顺利实施的基础。但是，由于公司对自己股份的取得影响了公司的股权结构，所以必定会对公司的某些股东造成不利的影响。商法中规定了反对股东的股份

---

① 吴建斌：《最新日本公司法》，中国人民大学出版社，2003，"前言"第10页。

买取请求权而取得自己股份。由于决议对公司股东利益影响很大，甚至会实质性地改变、限制乃至取消部分股东的权利或增加股东的义务，因此当公司在性质或内容上发生实质性改变并严重背离其投资初衷时，赋予持反对意见的少数股东请求公司以合理价格买回其所持公司股份的权利。在股东行使上述买取请求权（也称"回购请求权"）时，公司应予以配合，以保障其权利的实现。因此，在这种情况下公司取得自己股份是属于公司为保护少数股东履行的一种法律义务。但也有学者认为股份回购请求权只不过是利用多数决，不顾少数股东的意志通过金钱的支付把该股东"赶出"公司的一种做法。① 股份回购请求权，既保障了少数反对股东的经济利益，也减少了发生代理权争夺、股东代表诉讼等对经营者控制权的潜在威胁，是支持用股东获取利益交换内部人控制得以实现的重要辅助制度之一。

根据控制权市场假说，公司管理层为了维持自己对公司的控制权，防止敌意收购，以股票回购的形式收回一部分股权。商法、公司法中关于对自己股份取得制度的修订，为公司经营者提供了可以主动调整股权结构的法律手段，利用公司股份回购制度可以削弱控制权市场。其具体实施方法如下。①公司回购股份减少有表决权的股份总数，从而相应提高公司现任控制者股份的表决权比例。例如，目标公司股份总数的45%为现任控制者所控制，目标公司在面临收购威胁时，回购公司15%的股份，从而使公司的有表决权股份总数降到85%，则现任控制者通过所持的45%的股份足以对公司进行完全控制。即使此时目标公司回购的股份不超过10%，由于可能转让给收购公司的流通股份减少，也大大增加了回购公司的收购难度。②目标公司回购股份增加了公司股份的需求量，从而造成公司股份供求关系的相对紧张，而且公司的报价通常高于股份的市场价和对方的收购价格，从而抬升了公司股票价格，增加了目标公司取得足够股份的资金需求和收购成本。③目标公司可以从收购公司或其友好股东手中购回其所持股份，从而彻底切断收购方与目标公司的联系。④目标公司回购股份往往消耗公司的大量资金，提高公司的负债比

---

① 笠原武明「少数株主の締出し」森淳二郎・上村達男編『会社法における主要論点の評価』中央経済社、2006、113頁。

率，从而降低公司的财务魅力，减弱收购公司的收购兴趣。⑤当面临敌意收购的时候，可以把金库股卖给友好的股东，从而降低收购企业的股份比例，降低收购成功率。⑥低分红就会造成较低的股价。在企业中却积累了大量的资金。这样的公司非常容易成为目标企业。所以通过自己股份取得，可以减少企业内部留存收益、提高股价，降低成为目标企业的魅力。

通过以上改革，2005年上市公司通过自己股份取得向股东返回了将近5亿日元，而同年现金分红只有5.7亿日元，可见日本公司采用自己股份取得方式与通过现金股利方式向股东进行利益返还已并驾齐驱。2006年自己股份取得的总额更是2005年的1.5倍。企业既可以自己股份取得后进行处理，也可以作为金库股持有。从2006年3月期的股东构成可以发现松下电器产业持有2亿4352万股的金库股，是自己的第一大股东。丰田的第一大股东也是自己，持有已发行股票的10%。像松下、丰田以自己为公司最大股东的公司在2005年9月末已超过100家。①

从日本自己股份取得制度的变迁可以看出，立法者为应对金融自由化带来的日本公司股权结构的变化及作为应对股价低迷的股价对策，不得不放松对债权人利益的保护，允许公司取得自己股份。公司取得自己股份不仅有利于稳定股价，还为管理层提供了更多的手段和更大的空间以使管理层具有主动调整公司股权结构的能力，以维持、提升稳定股东所持股份比例，并将其作为对抗并购威胁的重要手段之一，抵御来自资本市场的压力。可见，虽然公司法的具体规定发生了变化，但其制定和修订公司法的基本原则和本质目标没有改变，即赋权给经营者，以增强企业竞争力，防止金融资本对产业发展产生的不良影响。

---

① 砂川伸幸・川北英隆・杉浦秀徳『日本企業のコーポレートファイナンス』日本経済新聞出版社、2008、288頁。

# 第六章　进攻型公司治理改革

公司发展的历史，就是那些在治理机制上不能适应周围环境的公司在竞争中不断被击败的历史。公司法的发展历史，也就是那些试图将所有的公司统一为单一模式的法律不断被淘汰的历史。公司是一套复杂的明示和默示的合同，公司法赋予参与者在大型经济体的诸多风险和机会的不同组合中，选择最优的安排。不存在一套可以适用于所有情况的最佳方案，于是公司试图寻找允许其结构不断针对环境做出适应性变动的法律。这正是赋权型公司法律存在的原因，也塑造了公司法的"赋权型"结构。赋权型法律仅仅规定公司的控制程序，而对公司的结构并不施加太多的限制，[1]以防止法律规定的强制性条款窒息自然选择和评价的过程。[2]另外，经济过程的路线不再被假定为是在"事物的自然状态"中被预先确定的或者是由某些神圣的造物主设计出来的。制度最好被认为是无数互动的个体行为的无意识的结果。[3]尤其是处于从工业经济向知识经济转型阶段的高度不确定性时期，作为规范企业行为的公司法，任何一条不恰当的规定，都会降低企业的效率，造成社会财富的损失。公司治理机制将为应对科学技术进步、经济发展下金融交易范围的扩大、方式的增加等带来的新问题不断演化。在演化的过程中具有优势的机制模式被市场选择，不合时宜的旧机制将被淘汰。为发挥适应、满足、支持、引导公司治理改革的作用，高度赋权型公司法被认为是目前公司法的最佳选择。赋权型公司法改革越来越被各国接受。

---

[1] 弗兰克·H. 伊斯特布鲁克、丹尼尔·费希尔：《公司法的经济结构》，罗培新、张建伟译，北京大学出版社，2014，第4~14页。
[2] 弗兰克·H. 伊斯特布鲁克、丹尼尔·R. 费希尔：《公司契约论》，弗兰克·H. 伊斯特布鲁克等著，黄辉编译《公司法的逻辑》，法律出版社，2016，第41页。
[3] 杰克·J. 弗罗门：《经济演化——探究新制度经济学的理论基础》，李振明等译，经济科学出版社，2003，第3页。

强化公司治理的目的是提升公司中长期的企业价值，如果只是从形式上完善了公司治理机制，结果就成为提升企业的应对成本。① 所以，强制性的、一刀切式的改革不适用于公司治理改革，公司治理改革的重要性是引导其演化的方向。②

在新的国际大环境下，随着人们价值观的变化，股东主权主义不再占有绝对优势，日本政府提出的公司治理改革的表面目标与真实目标开始趋于一致，将"进攻型"公司治理确定为公司治理改革的目标。日本政府为支持实现企业的可持续发展与提升企业价值，解决公司法法典化后出现的新问题，为公司提供能够依据自身经营战略构建最适合自己的公司治理体制，尽可能排除形式化义务要求的制度环境，采取了修订"硬法（公司法）+软法（《机构投资者责任准则》《公司治理准则》）"的制度改革。2014年公司法修订增设了审计等委员会设置公司制度，进一步扩大了公司机关结构设置的选择空间，放弃了独立董事的义务，采取了"要么遵守，要么解释"（comply or explain）的原则（以下简称为"遵守或解释"原则），为公司治理机制改革的多元化提供了制度支持。在公司法的框架下，《机构投资者职责准则》中规定的机构投资者行动原则与《公司治理准则》中规定的企业行动原则，相辅相成，提出了有利于公司治理的最优行动范式建议，共同致力于构建确保提升公司的中长期价值、公司可持续发展与投资者、股东的中长期投资收益最大化的高质量公司治理机制。《机构投资者责任准则》在一定程度上缓解了资本市场短视行为对公司经营的不良影响，在赋权型公司法结构与《公司治理准则》下，为日本公司提供了依据公司融资结构、经营战略及经营优势构建与之相匹配的公司治理体系的制度环境，推动日本公司治理从"形式化"改革向"实效性"改革转变，公司治理改革也从探索期进入转型期，即从迫于外部压力的进行符合国际化标准的趋同的形式化改革向通过对话谋求投资者理解与接受的个性化的实效性改革转变。

---

① 経済産業省経済産業政策局産業組織課編『コーポレート ガバナンスの実践 〜企業価値向上に向けたインセンティブと改革〜』経済産業調査会、2016、8頁。
② 池田唯一「金融システムとコーポレート・ガバナンスの改革」神田秀樹・小野傑・石田晋也編『コーポレート・ガバナンスの展望』中央経済社、2011、239頁。

## 第一节 国际化公司治理改革的形式化

尽管外部治理持续强化，但在"重视企业的真实原则"和"重视股东的表面原则"下，日本开展的符合国际化标准的"重视股东利益"的公司治理改革趋于形式，缺乏"实效性"改进的公司治理受到国内外投资者的广泛批评。日本公司治理问题主要表现在公司董事会的构成、报酬与业绩缺乏关联度、资本生产性低下，以及企业集团治理问题等。

### 一 外部治理持续强化

公司的筹资方式和所有权结构被视为决定一个国家公司治理机制最主要的决定因素。[1] 战后，银行代替了资本市场成为资金循环的中心，随着主银行成为客户企业的"最后提供贷款者"，主银行制度在日本得到确立。以主银行为中心的间接金融在日本经济赶超阶段发挥了重要作用，但在经济全球化和金融自由化下，日本金融机构经历了20世纪90年代初泡沫经济破灭和1997年亚洲金融危机冲击，暴露出银行大量持有法人企业股份会对整个银行安全系统造成威胁的问题，从而出现以银行为中心的开始减持法人间相互持有股份的动向。而2003年3月决算期赶上的股市低迷，使企业机构重组、减员的努力瞬间就在下落的股价中化为泡影，即所谓的"低股价压迫企业业绩"，更导致银行大幅度减持所持有的企业股份，银行持股比例从1989年的46%逐年下降，到2005年已下降到19.1%。在日本银行发生大规模重组、大幅度减持所持有的法人股份后，在以主银行制度为代表的非市场治理机制的相机治理趋于弱化的同时，市场治理开始抬头。"积极投资者"的出现、控制权市场的启动都反映出日本外部治理正向市场中心型治理结构——"盎格鲁-撒克逊"式公司外部治理结构的趋同。2011年东京证券交易所的调查结果显示，与经营者具有良好关系的大股东，具体包括城市银行、地方银行、生命财产保险及其他金融机构、事业法人等所持股份，加上员工持股会所

---

[1] 吉尔·所罗门、阿瑞斯·所罗门：《公司治理与问责制》，李维安、周建译，东北财经大学出版社，2006，第137~138页。

持股份，占到上市公司总股份的33.2%。另外，非稳定股东的大股东，包括投资信托、公共年金、私人年金、信托银行名义下的其他基金等所持股份，加上外国投资者所持股份，占到总股份的45.2%。而且，公司规模越大，非稳定股东所持股份比例越高。越是大企业，对经营者施加压力的大股东越多。① 在日本股票市场，海外投资家的交易占到百分之六七十，所有比例达到26%。国内投资者包括个人与机构投资者的交易超过30%。②

第一，海外机构投资者影响力进一步增强。

海外机构投资者的持股比例持续增加，从1995年度第一次超过10%，达到10.5%后，2003年度又超过20%，达到21.8%，2014年度快速增加到30.8%。③ 由于海外机构投资者持股比例增加，所以海外机构投资者在股票交易中的比重较高。如东京证券交易所市场一部海外机构投资者的交易比例1997年为30%，2006年超过40%，2012年更是超过55%，另外，海外机构投资者的换手率在2006年超过300%，而事业法人、银行仅为0.2%。可见，海外机构投资者在日本股票市场的价格形成中发挥了重要作用。④ 海外投资机构对公司股份持有增加，有利于提升公司的股价，所以公司为获得海外投资者的投资，会按照海外投资机构者的偏好来调整公司的治理机制。而海外投资机构在热衷于购买规模大、流动性高、业绩良好且知名度高的企业的同时，重视公司是否拥有完善的公司治理机制，其中就包括公司是否拥有符合国际标准的高度独立性的董事会及是否采用了业绩联动型报酬体系。如海外机构投资者持股比例高的公司，采用独立董事的倾向就比较强。特别是2000年以后，按照海外机构投资者的偏好，日本越来越多的公司选任了独立董事。⑤ 这从一个

---

① 武井一浩編『企業法制改革論Ⅱコーポレート・ガバナンス編』中央経済社、2013、12頁。
② 武井一浩編『企業法制改革論Ⅱコーポレート・ガバナンス編』中央経済社、2013、49頁。
③ 佐藤浩介「コーポレートガバナンスとは何か」株式会社日本総合研究所編『葛藤するコーポレートガバナンス改革』金融財政事情研究会、2017、24頁。
④ 宮島英昭・保田隆明・小川亮「海外機関投資家の企業統治における役割とその帰結」宮島英昭編『企業統治と成長戦略』東洋経済新報社、2017、106頁。
⑤ 宮島英昭・保田隆明・小川亮「海外機関投資家の企業統治における役割とその帰結」宮島英昭編『企業統治と成長戦略』東洋経済新報社、2017、113~127頁。

侧面反映了海外机构投资者推动了日本公司治理向国际标准靠近。但也不能忽视其粉饰门面（window dressing）的可能性，甚至有观点认为，选任独立董事并不能提升公司的经营效率。①

第二，积极投资者进一步活跃。

随着老龄化社会的到来，社会保障制度特别是养老基金对投资回报率变得越发敏感。养老金从税收方式向积蓄方式的转变，不仅促进了养老金向投资回报率高的资本市场流入，而且成为加快股票市场流动性的决定性因素。养老基金为了保证资金的安全性，依据资金的最佳收益不断调整资金运用，并且为了分散投资风险，养老基金的投资也不再局限于国内，而是采取国际多元化战略开展世界规模的分散投资。信息技术、金融工学的发展也支持了机构投资者开展国际分散化投资。②

随着资本储蓄的增加、老龄化社会的到来，机构投资者持股比例增加。有一类机构投资者与个人股东不同，为了提升客户的投资回报率，不是"用脚投票"，往往会直接对公司提出自己的想法或对资本政策的意见，并通过在股东大会上行使决议权来影响经营者的行为。因此，要求公司构建能够得到投资家理解的紧密沟通机制与提升经营透明度的公司治理机制。③

积极投资者通过行使表决权制约经营者行为呈不断增强的趋势，2005年对公司提案投否决票的有三件，2006年有十几件，2007年有7件。④ 虽然件数不是很多，但也是股东开始通过决议权来保护自己权益的一个信号，向内部人的控制权提出了挑战。在国外投资者的影响下，日本国内更多的投资机构和投资人成为积极投资者。

第三，公司控制权市场压力进一步增大。

并购的威胁是规范企业经营者行为的最有效果的外部治理机制。

---

① 宫島英昭・保田隆明・小川亮「海外機関投資家の企業統治における役割とその帰結」宫島英昭編『企業統治と成長戦略』東洋経済新報社、2017、127頁。
② 福田順『コーポレートガバナンスの進化と日本経済』京都大学学術出版社、2012、40頁。
③ 佐藤浩介「コーポレートガバナンスとは何か」株式会社日本総合研究所編『葛藤するコーポレートガバナンス改革』金融財政事情研究会、2017、25頁。
④ 久保利英明・中西敏和『新しい株主総会のすべて＜改訂版＞』商事法務、2008、3頁。

在 2005 年公司法修订之前，规定外国公司（按照国外法律设立的公司）并购日本公司时不能采用股份交换的方式。这一做法受到海外的批评。针对这一问题，公司法进行了修订，虽然仍不允许外国公司与日本公司合并时采用直接的股份交换方式，但可以采用"合并等对价的灵活性方式"，即允许通过三角合并的方式实现并购。担心出现外国公司对日本公司的大量并购现象，该制度推迟了一年，2007 年 5 月 1 日才开始实施。[1]

日本对外资的态度是保守的，直到 20 世纪 90 年代中期，日本在巨额的不良资产的压力下才开始接受外资对经营破产公司的救济型并购。如法国雷诺汽车公司对日产汽车的资金参与。对那些因背负大量不良债权而陷入经营困境的日本金融机构和上市公司进行的并购大幅增加，如日本租赁公司、幸福银行、东京相和银行等相继被美国的金融机构收购。虽然并购一直在增加，但外国企业对日本企业的并购在日本的并购中比例很低（见表 6-1）。80% 以上是日本企业间的并购。如 2005 年所占比例仅为 6.6%，2006 年下降至 6.2%。而且外国企业对日本企业进行并购的件数不仅少，而且一半以上为投资公司的投资，非金融企业对日本企业的并购就更少了。

表 6-1 日本企业并购件数及其分类（1985~2006 年）

| 年度 | IN-IN | | IN-OUT | | OUT-IN | | OUT-OUT | | 合计 |
| --- | --- | --- | --- | --- | --- | --- | --- | --- | --- |
| | 件数 | 构成比 | 件数 | 构成比 | 件数 | 构成比 | 件数 | 构成比 | |
| 1985 | 161 | 61.9% | 77 | 29.6% | 21 | 8.1% | 1 | 0.4% | 260 |
| 1986 | 223 | 53.3% | 178 | 42.6% | 14 | 3.3% | 3 | 0.7% | 418 |
| 1987 | 206 | 53.9% | 156 | 40.8% | 18 | 4.7% | 2 | 0.5% | 382 |
| 1988 | 218 | 41.7% | 285 | 54.5% | 14 | 2.7% | 6 | 1.1% | 523 |
| 1989 | 245 | 38.0% | 380 | 58.9% | 12 | 1.9% | 8 | 1.2% | 645 |
| 1990 | 268 | 35.5% | 459 | 60.9% | 19 | 2.5% | 8 | 1.1% | 754 |
| 1991 | 309 | 48.4% | 292 | 45.8% | 19 | 3.0% | 18 | 2.8% | 638 |
| 1992 | 254 | 52.6% | 179 | 37.1% | 29 | 6.0% | 21 | 4.3% | 483 |

---

[1] 神田秀樹「企業の国際的活動と会社法」神田秀樹・財部省財部綜合政策研究所編『企業統治の多様化と展望』金融財政事業研究所、2007、124~125 頁。

续表

| 年度 | IN-IN | | IN-OUT | | OUT-IN | | OUT-OUT | | 合计 |
| --- | --- | --- | --- | --- | --- | --- | --- | --- | --- |
| | 件数 | 构成比 | 件数 | 构成比 | 件数 | 构成比 | 件数 | 构成比 | |
| 1993 | 234 | 58.9% | 108 | 27.2% | 26 | 6.5% | 29 | 7.3% | 397 |
| 1994 | 250 | 49.5% | 187 | 37.0% | 33 | 6.5% | 35 | 6.9% | 505 |
| 1995 | 255 | 48.0% | 208 | 39.2% | 33 | 6.2% | 35 | 6.6% | 531 |
| 1996 | 320 | 51.5% | 227 | 36.6% | 31 | 5.0% | 43 | 6.9% | 621 |
| 1997 | 452 | 60.0% | 215 | 28.6% | 53 | 7.0% | 33 | 4.4% | 753 |
| 1998 | 488 | 58.5% | 213 | 25.5% | 85 | 10.2% | 48 | 5.8% | 834 |
| 1999 | 719 | 61.5% | 247 | 21.1% | 129 | 11.0% | 74 | 6.3% | 1169 |
| 2000 | 1066 | 65.2% | 361 | 22.1% | 175 | 10.7% | 33 | 2.0% | 1635 |
| 2001 | 1189 | 71.9% | 282 | 17.1% | 159 | 9.6% | 23 | 1.4% | 1653 |
| 2002 | 1352 | 77.2% | 258 | 14.7% | 131 | 7.5% | 11 | 0.6% | 1752 |
| 2003 | 1352 | 78.2% | 211 | 12.2% | 158 | 9.1% | 7 | 0.4% | 1728 |
| 2004 | 1681 | 76.0% | 315 | 14.2% | 206 | 9.3% | 9 | 0.4% | 2211 |
| 2005 | 2130 | 78.2% | 399 | 14.6% | 179 | 6.6% | 17 | 0.6% | 2725 |
| 2006 | 2175 | 78.4% | 412 | 14.8% | 171 | 6.2% | 17 | 0.6% | 2775 |

注：(1) IN – IN 表示日本企业间的并购；IN – OUT 表示日本企业对外国企业的并购；OUT – IN 表示外国企业对日本企业的并购；OUT – OUT 表示日本企业海外并购。(2) 不包含集团内合并。

资料来源：平成18年度内閣府调查，直近の对日投资企业の动向に関する调查研究，报告书（平成19年3月），http://www.investment-japan.go.jp/jp/research/files/h18.pdf，2008年6月7日。

2006年日本公开要约并购（Takeover Bid，TOB）金额高达3.6万亿日元，比2005年增长5倍。2007年，日本市场的并购在100起以上，其中还包括几起敌意并购。例如，2006年王子制纸在没有得到北越制纸经营层同意的情况下就直接进行了公开要约并购；2007年，SFCG（旧商工基金）集团所属的KEN-ENTAPRISE投资公司，对以中古车为主业的Solid集团控股公司进行了敌意公开要约并购并取得了成功；等等。[①] 另外，为加强资本市场发挥公司治理功能，并购防御对策受到限制。2007年，东京证券交易所制定了企业行动规范。行动规范包括必须遵守的事项及有

---

① 刘维东：《日本M&A市场的新趋势》，《现代日本经济》2010年第2期，第54页。

义务努力实现的事项。对日本上市公司的公司治理行动产生了巨大的影响。如由于在并购防御对策中对会导致股东处于不利地位的防御对策进行了禁止，所以2006年实施并购防御对策的公司达到最多后开始下降。2010年前后，实施并购防御对策的公司大约为500家，占上市公司的20%左右。①

可见，金融自由化使日本公司的股权结构发生了巨大的变化。在日本公司股权结构中，稳定的法人间相互持股的比例大幅降低，外国投资者比例大幅度提高，从而使日本公司经营者感受到了失去公司控制权的威胁。公司经营者控制权的弱化将给予投资者通过代理权争夺、敌意并购获得利益的预期。成功的代理权争夺和敌意并购也会形成示范效应，从而推动日本公司治理模式向盎格鲁－撒克逊模式演化。

## 二 支持内部人控制的存续的认知与制度

公司治理改革需要公司控制者的合作。占据控制地位的团体既有动力又有能力来阻碍对公司治理的改变。如果公司治理改革会减少公司控制者的私有控制利益，或公司治理改革带来的部分效率不是流向公司控制者而是其他人的话，公司控制者就会利用其所拥有的权力反对公司治理改革，维持现有的公司治理。另外，对新古典股东主权公司治理模式局限性的认识、非市场治理机制的存续及公司法的自治原则与赋权性使"内部人控制"得以维系。

### 1. 对新古典股东主权公司治理模式局限性的认识

在2008年国际经济危机爆发之前，部分学者明确指出各国的公司治理机制正在向着一种模式趋同。一些评论家强调美国模式中"股东价值"系统的重要地位，指出以英美为代表的新古典股东主权公司治理模式正越来越多地为世界各国所采用，并预测这种模式最终将成为全球唯一的公司治理模式。新古典股东主权公司治理模式是"股东主权＋竞争性资本市场"。该模式具有效率的前提是在完全的竞争市场给予上市交易的生产要素竞争性的定价。也就是说，"所有可以上市交易的生产要素都在竞争市场上定价，则只要使支付这些要素之后的剩余被最大化，配置

---

① 静正樹「上場企業に求められるコーポレート・ガバナンスの向上」神田秀樹・小野傑・石田晋也編『コーポレート・ガバナンスの展望』中央経済社、2011、18頁。

效率就能保证。如果剩余索取者与股东是同一的，而股东除了这些剩余外别无其他收益，则他们会专心于使企业的股票价值最大化，企业的股票价值所反映的是预期的未来剩余的折现总和。所以，需要对企业的价值给予竞争性的评价，当其价值低于可达到的水平时对企业的管理进行有效的矫正。服务于这一目的的必要的和充分的制度性框架是由保证股东主权的公司治理结构和竞争性股票市场的结合来提供的"。① 此种治理模式要求具有完善的信息披露制度和股票市场，以确保广泛的公众持股和建立有效的公司控制权市场，它强调股票在证券市场上的流动性。由于其基于理想的市场状态的假说，所以理论与实践就会产生差距。而且传统的英美公司治理体系也不是稳定不变的，近年来这种体系经历了剧烈的变革。在英国和美国，变革的主要方面是所有权结构的改变。全球机构投资者作为公司治理中强大的、占统治地位的力量，已经改变了公司与其股东之间的关系，并且创造了一个与传统公司治理完全不同的公司治理机制。现在，所有权结构不再像在伯利和米恩斯提供的模式中描述的那样广泛、分散，而是集中在少数几个主要的机构投资者手中。②

  安然公司（Enron）、世界通信公司（World. Com）、泰科国际有限公司（TycoInternational）等美国大公司的虚假财务账目和凭空捏造的营业收入的频频曝光、由美国次贷危机引起的世界经济危机，已经使20世纪90年代开始的对美国型公司治理模式的信奉大打折扣。2008年由美国次贷危机引发的世界经济危机的冲击对日本公司治理产生了以下两个重要影响。一是认识到只是一味地加强对经营者的监督是有局限性的。严格制定执行 SOX 法的美国，并没能防止大型投资银行雷曼兄弟的破产。二是美国次贷危机对日本企业产生了巨大的负面影响，从侧面反映了日本企业盈利能力低下导致的企业的脆弱性。③ 同时，也认识到新古典股东主权公司治理模式的局限性。更有学者指出，金融危机实际上就是"趋

---

① 青木昌彦：《对内部人控制的控制：转轨经济中的公司治理的若干问题》，青木昌彦、钱颖一主编《转轨经济中的公司治理结构：内部人控制和银行的作用》，中国经济出版社，1995，第18页。
② 吉尔·所罗门、阿瑞斯·所罗门：《公司治理与问责制》，李维安、周建译，东北财经大学出版社，2006，第5页。
③ 野尻剛「日本における改革への取組み」株式会社日本総合研究所編『葛藤するコーポレート ガバナンス改革』金融財政事情研究会、2017、67頁。

同——崩溃"。① 利益相关者理论盛行，企业社会责任得到普遍重视。

日本学界、企业界人士已经开始重新认识以非市场治理机制为基础的日本公司治理形式化和相机治理共同作用下的内部人控制发挥的对日本企业、产业发展的支持作用。加护野忠男认为日本公司治理的基本思想是长期契约，与所谓的国际标准的盎格鲁-撒克逊模式的基本思想有着本质的区别。这一公司治理模式符合日本的传统和文化，具有克服股份公司制度局限性的优势，是日本企业竞争力的源泉。一味地按照盎格鲁-撒克逊模式进行改革，是不可能提高日本企业竞争力的，所以有必要建立以长期契约为基础的公司治理制度，为此必须关注公司的股权结构。而基于长期契约的日本公司治理也正是在稳定的公司股权结构的支持下形成的，所以有必要维持并强化公司股权结构的稳定性。因此，应通过培育具有长期契约思想的股东来对公司股权结构进行改革。② 日本邮政公社总裁生田正治指出："很难接受日本公司以股东利益最大化为目标，而以公司价值最大化为目标则容易接受。日本和美国的社会背景完全不同，目前日本对美国经营制度的引进是很勉强的，也不可能发挥作用。"③ 美国次贷危机下社会思潮的变化，出现了有利于内部人控制存在的社会舆论和思潮。

现在，日本出现了一批支持加护野忠男观点的群体。盎格鲁-撒克逊公司治理模式将降低日本企业竞争的优势，不利于日本企业的发展和日本国家竞争力形成的思想会影响到日本公司治理机制改革的方向，进而增加日本公司治理机制演化方向的不确定性。

2. 非市场治理机制的路径依赖

青木昌彦指出："所谓制度就是指人们在政治、经济、社会、组织等领域内，从战略性的相互作用中产生的，每个人都认为是理所当然的，可以接受的一种自我约束的规则。而产生稳定的新制度是很困难的……这是因为它不仅意味着关于游戏规则的"共识"的崩溃，也意味着形成

---

① 沈雄风：《金融危机"趋同——崩溃"的一个样本》，《国际市场》2009年第12期，第26页。
② 加護野忠男「企業統治と競争力」伊丹敬之・藤本隆宏・岡崎哲二・伊藤秀史・沼上幹編『リーディングス　日本の企業システム第Ⅱ期　第2巻　企業とガバナンス』有斐閣、2005、301頁。
③ 佐藤孝弘：《日本公司治理与国际化冲突》，《日本研究》2009年第1期，第44页。

新的观念，而且要求这些观念在整合的基础上自然归纳起来。可以说，现在的日本处于这样一种状态：人们确实预感到了变化，但还未真正地看到新的规则，不少人还在希望他们已经熟悉的规则不要改变。"①

公司自主的公司治理改革具有两面性，反映了公司运作的实际需要，有利于提高经营效率。但同时应该注意到公司对公司内部治理结构的自主改革的推动力来自经营者，这就意味着公司治理改革必然与经营者的利益是一致的，因为没有人会主动给自己戴上枷锁。所以公司自主改革的方向是在日本型经营下实现权力向核心管理者的进一步集中，这会使日本公司内部人控制实现自我强化。而商法、公司法改革对这本来就具有自我强化功能制度的支持，更进一步增大了内部人控制存续的可能性。原有利益集团的寻租行为也将影响公司治理的演化方向。

第一，雇佣制度的二元化改革支持了"内部人控制"的存续。

如前所述，内部人控制的重要特征之一就是董事与公司经营管理者高度重叠的经营者大多是由内部员工晋升而来。因此，包含于日本传统企业制度中的终身雇佣制度、年功序列制度和允许董事兼任管理者的公司法是员工进入董事会的基础制度保障。尽管日本雇佣制度的演化受到劳动市场供求关系及其他制度演化的影响而呈多元化趋势，但日本雇佣制度多元化的特征是在企业内部发生的，并在企业内部出现了对核心员工的终身雇用与对边缘劳动力的非正式雇佣的二重雇佣结构。而且，二重雇佣结构将在未来一段时期内长期存在。所以，虽然终身雇佣制被组合雇佣制所代替，但公司对核心员工依然采取终身雇佣制度。再加上日本外部经理人市场还未充分形成，公司管理者将继续来自内部。独立董事制度还未普及。而公司经营者依然掌握着对公司的控制权，所以可以借助这一优势继续维持对公司的控制。内部的寻租行为，导致即使现有的所有权结构不再有效，也仍将持续下去。

结果，对核心员工的终身雇佣制、不成熟的经理人市场与内部晋升、允许董事与管理者兼职的公司法、独立董事制度的非义务化和形式化，使董事会的控制权依然掌握在内部晋升人员手中。

---

① 青木昌彦：《推进日本制度的大转变》（原载于《日经新闻》2002年1月9日），独立行政法人经济产业研究所（RIETI）网站，http://www.rieti.go.jp/users/aoki-masahiko/cn/e020109.htm。

第二，政策性持股屏蔽资本市场对内部经营者的制约。

日本法人间相互持股比例虽然在降低，但随着公司加强反收购防御对策，开展稳定股东工作，包括相互持股在内的被称为政策性持股的一种以非纯投资为目的的持股行为开始出现。

经营者利用公司法如果不是有利发行，在授权股份的范围内由董事会决定是否发行新股的规定，通过向第三方（稳定股东）发行新股，提升稳定股东的持股比例。另外，根据大和总研的调查，在银行减持企业股份的时候，企业却继续持有银行股份。其原因有二：一方面，企业持有的银行股票缺乏购买者；另一方面，企业重视与银行的长期关系，因此继续持有银行股，而且2005年企业间相互减持的高潮已经接近尾声[①]。再加上日本公司间存在一种"不干涉其他公司经营"的习惯，[②] 其结果是公司经营权继续由公司内部晋升的公司管理者兼董事的内部人控制着。

所以，只要内部人占据董事会大部分席位，董事会就很难发挥其保护股东利益的作用。而董事会中有很多内部人，是一种不关心公司治理和蔑视公司治理的信号，[③] 因为内部人只忠于他的老板而不是股东。麦当劳前执行副总裁和首席律师谢尔比·雅斯特罗（Shelby Yastrow）对此做出了精彩的诠释："一个内部人怎么可能冒着被解雇的风险向首席执行官或者主席提出质疑让他们在董事会上难堪，或者私下与其他董事联络，发动一场'政变'呢？如果没有可以安全表达不同意见的方式，他就不会表态，而表达不同意见正是他工作的一部分。"[④]

### 三 国际标准化公司治理改革形式化的公司法因素

支持公司治理国际标准化改革法修订的非强制性和向经营者配置权力的法修订是符合国际标准公司治理改革形式化的重要原因。因此，虽然在第四章的第三节、第四节和第五章已对商法、公司法修订及其对公司治理的影响进行了大篇幅的描述与分析。但为使读者更容易理解为什

---

① 鈴木健「株式相互持合いの「解消」について」『大阪経大論集』第55巻第5号、2004、10頁、http://www.osaka-ue.ac.jp/gakkai/pdf/ronshu/2004/5505_ronko_suzuki.pdf.
② 近藤光男:《最新日本公司法》,梁爽译,法律出版社,2016,第18页。
③ 苏珊·F·舒尔茨:《董事会白皮书》,李梨等译,中国人民大学出版社,2003,第63页。
④ 苏珊·F·舒尔茨:《董事会白皮书》,李梨等译,中国人民大学出版社,2003,第63页。

么在市场治理持续强化的条件下，符合国际标准的公司治理改革反而会以形式化告终，有必要对商法、公司法修订中的非强制性内容和向经营者配置权力的内容进行简要的归纳与总结，以便更清晰地揭示出法律在国际标准化公司治理改革形式化中的作用。

商法、公司法改革提供的制度安排中许多是非强制的和向经营者配置权力的内容。具有控制权的经营者对这些制度的运用，在增加经营者自由裁量权的同时，平衡了持续强化的市场治理，成为造成公司治理国际化改革形式化的幕后推手。

1. 支持公司治理国际标准化改革的法修订的非强制性

商法修订和公司法的法典化，在公司法中引入了在重视股东的国际标准公司治理机制中受到重视的强调"管理与监督"分离的委员会设置公司与业绩联动型报酬制度。这两项制度的引入向国际社会传递了日本公司治理正向重视股东利益方向改革的信号。但这两项制度并不具有强制性，而是将选择权赋予了经营者。

第一，可选择性的董事会类型。

在保持、完善监事会传统公司治理结构的同时，增设美国式的委员会公司治理结构，在做出国际标准化改革姿态的同时，将选择权赋予公司。因为是可选择性的，且公司具有选择权，所以在减少了转型风险的同时，有利于通过市场的选择发现并形成适合日本公司的新型公司内部治理结构。

商法、公司法增加委员会设置公司的董事会机关类型选择，是为了应对投资者对日本公司业务执行与监督不分离的批评，强化监督型的特征，强调与日本传统的合意型的、具有管理型特征的董事会的差别。由于该机关设计实现了监督与业务执行的分离，董事可以专心监督执行官的业务执行，所以委员会设置公司（现提名委员会等设置公司）也被认为属于监督型董事会。但由于将公司董事会类型的选择权交给了公司，并没有强制公司一定要选择委员会设置公司，所以，即使公司法允许董事与执行官的兼任，现实中具有内部控制特征的日本企业依然很少选择这一机关设计。即使选择了委员会设置公司，由于公司法允许董事（不包括审计委员会的委员）与执行官的兼任，结果是出现了缺乏独立性的提名委员会和报酬委员会，如 CEO 兼任提名委员会主席、CEO 兼任报酬委员会主席等。再加上董事会并没有将业务执行的决定权最大限度地委托给执行官,所以董事会依然延续业务执行机关的性格,导致执行与监督并没能实现充分的分离。与美国的委员会制度相比,发生了本质性的变化。

第二,受冷落的股票期权。

公司治理的重要制度安排之一是经理人员的报酬设计。激励性的薪酬体系或结构是激励与股东存在利益冲突的经营者按照股东利益采取行动,使经理人像股东一样关注公司的绩效[1]的一种重要的公司治理机制。与业绩不挂钩的薪酬是无法确保治理有效性的表现。可见,业绩联动型薪酬计划既是公司治理的重要组成部分,也是反映公司治理有效性的信号。但日本商法对股票期权与股份回购的限制,制约了日本公司对业绩联动型报酬计划的设计。因此,商法、公司法对妨碍公司制定业绩联动型薪酬计划的相关条款进行了修订。这些修订为日本公司推动业绩联动型报酬制度的改革提供了法律层面的支持。其中就包括解禁公司取得自己股份、股票期权制度,引入新股预约权制度等。但由于报酬机制设计的决定权掌握在经营者手中,所以业绩联动型报酬计划在日本公司的普及率并不高。日本实施股票期权的公司比例及股票期权在经营者报酬中所占比重都远远低于英美国家。

第三,独立董事制度的非强制性与宽泛的任职要件。

2004年法典化的公司法没有就公司的独立董事制度做出强制性规定。公司法鼓励公司选聘独立董事,并对选聘独立董事持肯定的态度,但尊重公司经营的自主性,并没有对公司选聘独立董事采用强制性规定。

独立董事制度强调的也是最为重要的是其同公司经营者之间保持独立性,但公司法对独立董事的任职要件仅仅排除了雇佣关系,将独立董事的任职要件定位为"公司外人员"。[2] 导致即使选聘独立董事的公司,其独立董事的独立性也遭到质疑,被认为仅仅发挥装饰的作用。

---

[1] 罗伯特·A.G.蒙克斯、尼尔·米诺:《公司治理》,李维安、牛建波等译,中国人民大学出版社,2017,第208页。
[2] 桃尾·松尾·難波法律事務所編『コーポレート・ガバナンスからみる会社法第2版』商事法務、2015、42頁。

## 2. 影响经营者与股东间权力分配的法修订

股权结构的变化，市场治理的持续强化，对日本通过形式化公司治理，维持"内部人控制"产生了可信性威胁。内部人控制权的弱化，意味着经营者的经营决策将受到来自追求短期利润的股东的制约，从而威胁到企业的中长期发展和独立性。为此，立法者通过法修订来维持、强化日本企业经营者的控制权，以平衡不断增强的外部治理。

第一，减少股东大会的决议事项，增加经营者的权力。

修订商法中对公司机关权限和投票的相关规定，直接强化公司经营者的权力。具体包括以下内容。①减少股东大会决议的事项，扩大董事会决议事项。如，关于公司合并、股份交换及公司分立，只有超过公司净资产额20%时才由股东大会决定（修订前是所涉及的资产数额超过公司净资产额5%的由股东大会决定）；将委员会等设置公司的董事、执行官的报酬决定权也从股东大会转到了董事会。②在公司章程规定的前提下缓和了做出特别决议的法定人数。为做出特别决议出席股东大会的人数从"超过已发行股份的半数"减少至"超过具有决议权的三分之一"。①

第二，为经营者提供分配投票权与调整股权结构的工具。

所有权、投票结构、资本结构及管理者的决策自由度与内部组织力量相互作用，从多方面影响着公司行为。② 投票权的分配和股权结构是组织行为的重要决定因素。商法、公司法改革为经营者提供了可以主动调节投票权分配和股权结构的权力，从而强化了内部人对公司的控制权，提高经营者管理决策的自由度。其中种类股制度由于其赋予了经营者主动分配投票权的权力，可以直接限制特定股东对相关事项的投票权，因此可以说是最直接影响经营者与股东间权力分配的一种制度。而公司取得自己股份制度和新股预约权制度由于赋予了经营者主动调整股权结构的权力，因此可以根据公司的实际需要降低非友好股东所持股份的比例，提高经营者对公司的控制权。公司法赋予董事会具有向第三方增资的决定权，也直接影响了公司的支配权。

---

① 藤原祥二·藤原俊雄『商法大改正とコーポレートガバナンスの再構築』法律文化社、2003、96~102頁。

② 迈克尔·詹森：《企业理论——治理、剩余索取权和组织形式》，童英译，上海财经大学出版社，2008，第263页。

第三，为经营者提供实施并购防御对策的工具。

日本公司法为经营者提供反收购措施的法律保障，在维持企业独立性的同时，也强化了经营者对企业的控制。公司通过预先导入并购防御措施可以给收购者以警示，使这些并购者知难而退，从而抑制日本控制权市场的发展。并购防御对策是指，"防止不符合基本方针的人控制决定该股份公司的财务及经营方针的措施（《公司法施行规则》第127条）。"防御对策不仅要依据基本方针，还要求"不能损害股东共同利益"与"不以维持公司管理层地位为目的"。2005年被称为防御措施元年。[1] 最常被利用的防御措施是利用公司法法典化过程中放松规制或新引入的新股预约权制度、种类股制度、自己股份取得制度与公司重组相关规定等，如发行附取得条件新股预约权（公司法第236条之1第7项），新股预约权的无偿分配（公司法第277、278条），发行部分限制转让种类股（公司法第108条之1）和决议权限制种类股（公司法第108条之1第3项）等。

第四，限制股东追究董事责任的同时减轻董事责任。

有学者指出，从20世纪90年代初至公司法法典化过程中涉及的与重视股东相关的公司治理相关条款的修订中，1993年修订的股东代表诉讼制度是唯一发挥作用的修订。也由此引起了经济界的不满与激烈反对。结果，关于股东代表诉讼制度规定的改革完全是逆保护股东的方向。[2] 这也再次证明，基于"重视企业"的真实原则，日本立法者更偏好通过法修订向经营者配置权力。

2001年以议员立法的形式提交了以修订股东代表诉讼制度[3]及部分免除董事等责任为内容的《关于商法和股份公司监察的商法特例法的法律的部分修改》（2001年法律第149号）。不仅对请求公司起诉后监事会的考虑期限，从原来的30日延长到60日，而且增加了在诉讼中发生和解时，即使没有全体股东的一致同意，也可以免除董事的责任；经全体

---

[1] 森淳二朗・上村達男『会社法における主要論点の評価』中央経済社、2006、259頁。
[2] 末永敏和『コーポレート・ガバナンスと会社法日本型経営システムの法的変革』中央経済社、2000、37頁。
[3] 小林秀之『新会社法とコーポレート・ガバナンス——委員会設置会社VS監査役設置会社』中央経済社、2006、218~221頁。

监事的同意，公司可以协助董事参加股东代表诉讼的规定。董事等的责任减轻制度是，依据董事等的轻微过失的任务懈怠责任必须支付的损害赔偿进行了如下规定：代表董事、非代表董事（不包括独立董事）及独立董事的赔偿金额分别超过6年、4年以及2年报酬的部分可以予以免除。责任减轻的方法为，原则为股东大会的特别决议，另外依据公司章程可以由董事会决定。独立董事依据公司章程的规定，可以事先签订责任限定合同。① 2005年的新公司法，在对2001年修订内容给予保留的基础上，完善与股东代表诉讼制度相关的前置程序、公告制度、和解制度、公司对被告董事的辅助参与制度、董事责任减轻与免除制度等多项制度，进一步提高了股东代表诉讼的门槛②。

从提升股东代表诉讼成本的商法、公司法修订也反映出，为维护内部人控制，即使是在极为特殊的情况下才被股东使用的股东对公司经营的"监督纠正的权利"也被抑制。

### 四 国际化公司治理改革形式化的表现

日本重视股东利益的符合国际标准公司治理改革的形式化，维持了"内部人控制"，不仅没能解决由于董事会缺乏独立性而导致的监督功能不足的问题、资本政策问题，而且在规制缓和的大背景下，为提升日本企业竞争力进行的相关企业组织法律的调整还加重了企业集团治理问题。国际化公司治理改革形式化下的公司治理失效，直接反映就是低净资产收益率，而其后果则是企业价值的损毁与日本经济的长期低迷。另外，更为严重的是在外部市场治理日趋强化内部治理得不到保障的不平衡演化下，粉饰会计等公司不良事件频发，成为损毁企业价值的潜在杀手。

1. 公司治理机关的问题

尽管在商法、公司法推动下，经营者对股东大会、董事会、监事会运营进行了一系列改革，股东大会运营得到显著改善，董事会规模缩减，但日本董事会业务执行与监督依然没有实现分离，内部人依然占据董事会席位。具体表现为：①独立董事人数少，独立性弱；②传统型的监事

---

① 稲葉威雄・尾崎安央『改正史から読み解く会社法の論点』中央経済社、2009、77頁。
② 吴建斌：《最新日本公司法》，中国人民大学出版社，2003，第8页。

制度不能发挥监督作用，而采用委员会设置公司制度的公司数量又太少（占东京证券交易所上市公司的2%左右）；③超过一半的公司（占东京证券交易所上市公司的80%）中社长兼任董事会议长。[①]

第一，董事会经营与监督未分离。

首先，很少公司选择委员会设置公司的机关设置。

尽管公司法规定了委员会设置公司制度，但日本公司对独立董事制度的排斥，无法容忍公司外部人来决定公司董事任免及经营者报酬等的固有观念，且公司机关设置的选择权由公司经营者掌握，使得日本公司很少采用委员会设置公司的机关设置，依然保持监事会设置公司的机关设置，所以业务执行与监督一体化的董事会特征依然在日本公司中占据主流，董事会监督功能的弱化问题依然有待解决。

另外，选择委员会设置公司的董事会没有将业务执行权限尽可能地委托给执行官。

即使选择了委员会设置公司的机关设置，如果董事会不将业务执行权最大限度地委托给执行官，公司的业务执行与监督就依旧无法实现分离。为实现业务执行与监督的分离，公司法对委员会设置公司的董事会与执行官的关系是这样规定的：董事会选任、解任业务执行的执行官，并向该执行官大幅度地委托业务执行决定权限。如果董事会真能够向执行官大幅度地委托业务执行决定权限，就能实现业务执行与监督的分离。但董事会并没有将业务执行决定权限委托给执行官，依然是自己保留，所以即使是委员会设置公司的董事会依然带有业务执行机关的性格，并没完全实现业务执行与监督的分离。[②]

第二，独立董事人数较少、独立性弱且公司没能为独立董事提供发挥独立董事作用的工作条件。

首先，独立董事人数少，独立性低。

2009年在东京证券交易所上市的公司，平均每家只有0.81位独立董事，55%的公司没有选任独立董事，而且有些公司的董事大多来自母公

---

[①] 杉浦秀徳「金融・資本市場の発展に向けたガバナンスの役割」神田秀樹、・小野傑、・石田晋也編『コーポレート・ガバナンスの展望』中央経済社、2011、201頁。
[②] 和田宗久「公開型株式会社にかんするガバナンス制度の変遷と課題」稲葉威雄・尾崎安央編『改正史から読み解く会社法の論点』中央経済社、2009、96頁。

司或关联公司。① 2009年12月东京证券交易所要求上市公司确保1名独立董事。这样到2010年7月，东京证券交易所93.6%的上市公司都选任了独立董事，平均1家上市公司有1.94名独立董事。②

另外，独立董事不仅因人数少受到了投资者的批评，其独立性也受到了怀疑。尽管委员会设置公司要求董事会内设置的各委员会中要保持一定比例的独立董事，但由于公司法对独立董事选任的条件比较宽松，所以独立董事缺乏独立性。独立董事的独立性值得怀疑，现实中独立董事多为大股东、母公司、关联公司、企业集团、主要业务单位、金融机构相互派遣的人员，以及有合同关系的律师、会计师等。③ 经营者在法律规定的范围内选择具有友好关系的独立董事，并支付给高额报酬。如奥林巴斯公司尽管选任了三位独立董事，但独立董事由于缺乏独立性等没能充分发挥检查与监督的功能，公司还是发生了财务造假事件。④ 独立董事的原身份及与公司的关系参见表6-2。东京证券交易所67.5%的上市公司的独立董事来自母公司。⑤

表6-2 独立董事、公司外监事的出身（监事会设置公司）

单位：%

|  | 独立董事 | | 公司外监事 | |
| --- | --- | --- | --- | --- |
|  | 全体 | 上市公司 | 全体 | 上市公司 |
| 母公司及其他大股东的员工 | 68.3 | 53.3 | 35.3 | 22.7 |
| 关系银行的员工 | 2.4 | 4.2 | 7.4 | 9.9 |
| 有业务关系企业的员工 | 9.8 | 11.4 | 5.9 | 7.3 |
| 无业务关系企业的员工 | 9.0 | 16.3 | 12.1 | 13.6 |
| 公认会计师或税理士* | 0.9 | 1.7 | 11.1 | 13.9 |

---

① 杉浦秀徳「金融・資本市場の発展に向けたガバナンスの役割」神田秀樹・小野傑・石田晋也編『コーポレート・ガバナンスの展望』中央経済社、2011、201頁。
② 杉浦秀徳「金融・資本市場の発展に向けたガバナンスの役割」神田秀樹・小野傑・石田晋也編『コーポレート・ガバナンスの展望』中央経済社、2011、201頁。
③ 八田進二編『外部監査とコーポレート・ガバナンス』同文館、2007、161頁。
④ 柏木里佳『日本の社外取締役制度——現状と今後——』桜美林大学北東アジア総合研究所、2015年、56頁。
⑤ 加護野忠男・砂川伸幸・吉村典久『コーポレート・ガバナンスの経営学——会社統治の新しいパラダイム』有斐閣、2012、158頁。

续表

|  | 独立董事 | | 公司外监事 | |
| --- | --- | --- | --- | --- |
|  | 全体 | 上市公司 | 全体 | 上市公司 |
| 律师 | 1.6 | 3.5 | 13.2 | 17.4 |
| 大学教授 | 1.8 | 3.8 | 2.1 | 2.6 |
| 官员 | 1.2 | 1.1 | 1.8 | 1.9 |
| 其他 | 5.0 | 4.8 | 7.6 | 8.2 |

注：＊税理士类似于税务会计师。

资料来源：社団法人日本監査役協会・株主総会前後の役員の構成等に関するアンケート集計結果（2006），转引自江頭憲治郎等编『会社法大系：機関・計算 第3卷』青林書院、2009、189頁。

其次，独立董事无法获得发挥监督作用所需要的信息。

董事会会议资料不翔实，缺乏充分的讨论，记录简单。

如上所述，董事会成员仅为内部董事的时代，董事会不过是一种形式。也就是说，在董事会召开之前公司已经完成了实质性的决策，在董事会上一般没有董事会提出异议，结果是全体一致通过。因此，提供给董事会的资料是公司内部协调的产物，只要使公司内部人员明白就可以了。另外，董事会会议记录只需简单地记录通过的大意即可。[1] 但随着独立董事在董事会中的出现，这些资料不足为独立董事提供监督、评价经营者的依据。而且随着反对意见、修改意见的普遍增加，[2] 董事会记录必须对讨论内容进行翔实记载。

第三，公司权力依然掌握在经营者手中，经营者的任免与公司业绩相关度较低。

具有实效的公司治理应该在公司业绩低迷时撤换不合格的经营者，任命能力强的新的经营者。日本公司社长的更换与公司业绩的相关性并不高，最大的原因是不存在对业绩不良公司的社长解聘的机制。日本许多公司存在一个惯例，那就是如果业绩不恶化，一般公司社长的任期为4年（两届），任期满后就会有新社长接任。[3]

---

[1] 中村直人・山田和彦・倉橋雄作『実践取締役会改革』中央経済社、2018、5頁。
[2] 中村直人・山田和彦・倉橋雄作『実践取締役会改革』中央経済社、2018、5頁。
[3] 久保克行『コーポレート・ガバナンス経営者の交代と報酬はどうあるべきか』日本経済新聞出版社、2010、103頁。

首先，公司中社长与董事会议长兼职。

以董事会议长的出身为例，从全体说，社长兼任董事会议长的比例最高。在东京证券交易所上市的公司中79.9%（比上次调查时降低了0.7个百分点）是由社长兼任董事会议长。其次是会长兼任的，占19%（比上次调查时增加了0.5个百分点），也就是说社长和会长兼任董事会议长的合计达到98.9%。① 这意味着董事会依然掌握在经营者手中。

同时，董事任职情况与公司业绩相关度低。

海外投资者认为，当公司业绩欠佳时，董事会应该及时更换经营者。这是董事会的基本工作，也是为了让董事会发挥这一作用股东们才选举董事。

公司业绩变化是否影响管理层的选任与解任？公司利润分配及公司不良事件等情况在一定程度上可以反映公司治理的绩效或公司治理中权力结构的变化。强化公司治理机制不是以强化体制为目的，而是强化公司收益对股东的返还，在经营者没能达成经营目标时明示改善手段，或通过解聘社长来追究经营责任。②

2. 资本政策的问题

投资者基于资本成本的考虑，只有投入资本产生的现金流大于资本成本的公司，才可认为公司的企业价值增加了。所以从投资者立场来看，日本全体上市公司过去10~20年的历史就是损毁企业价值的历史。③ 日本上市公司价值长期受到损毁的原因之一就是公司治理失效。

公司治理失效问题也可以从经营者缺乏对反映股东利益经营指标的重视得到证明。

第一，较低的净资产收益率。

虽然日本企业经营者重视的业绩指标发生了很大变化，从重视销售额向销售利润转变，但依旧缺乏对投资回报率的重视。④ 依据劳动政策研究研修机构的调查，经营者比起反映股东利益的经营指标更加重视反

---

① 株式会社東京証券取引所『東証上場会社コーポレート・ガバナンス白書』、2009、http://www.tse.or.jp/rules/cg/white-paper/white-paper09.pdf。
② 杉浦秀徳「金融・資本市場の発展に向けたガバナンスの役割」神田秀樹・小野傑・石田晋也編『コーポレート・ガバナンスの展望』中央経済社、2011、202頁。
③ 澤口実「投資家との対話」森濱田松本法律事務所編『変わるコーポレートガバナンス』日本経済新聞出版社、2015、308頁。
④ 江川雅子『現代コーポレートガバナンス』日本経済新聞出版社、2018、58頁。

映企业盈利能力的经营指标（见表 6-3）。① 由于日本企业经营者长期不重视反映股东利益的经营指标，所以与欧美国家比较，日本上市公司的净资产收益率处于较低水平。1985~2006 年，日本上市公司的平均净资产收益率只有 5%，而美国企业为 10.5%，德国企业为 7.8%，法国企业为 10.3%，英国企业为 9.5%。② 尽管近 20 年来日本以重视股东利益为中心进行了一系列改革，但净资产收益率依然处于较低的水平（见表 6-4）。这也从一个侧面反映出公司治理改革形式大于实质，股东利益依然被忽视。

表 6-3 公司重视的经营指标

| | 销售额/市场占有率等 | 销售利润/经营利润等 | ROA 等 | ROE 等 | EVA/现金流等 | 顾客满意度 | 其他 | 无回答 |
|---|---|---|---|---|---|---|---|---|
| 2005 年调查（n=450），有效回收率为 17.8% | 7.6 | 65.8 | 7.1 | 11.3 | 4.0 | 1.3 | 1.6 | 1.3 |
| 2007 年调查（n=298），有效回收率为 11.7% | 10.1 | 69.8 | 4.4 | 7.0 | 3.4 | 2.0 | 1.0 | 2.3 |

资料来源：労働政策研究・研修機構編［2009］，转引自加護野忠男・砂川伸幸・吉村典久『コーポレート・ガバナンスの経営学——会社統治の新しいパラダイム』有斐閣、2012、159 頁。

表 6-4 净资产收益率的国际比较（2012 年）

单位：%

| | 日本 | 美国 | 欧洲 |
|---|---|---|---|
| 制造业 | 4.6 | 28.9 | 15.2 |
| 非制造业 | 6.3 | 17.6 | 14.8 |
| 全体 | 5.3 | 22.6 | 15.0 |

资料来源：経済産業省：「持続的成長への競争力とインセンティブ～企業と投資家の望ましい関係構築～」プロジェクト（2014）「最終報告書（伊藤レポート）」、2014-8，https://www.meti.go.jp/policy/economy/keiei_innovation/kigyoukaikei/pdf/itoreport.pdf。

第二，高额的留存收益与巨额的自由现金流。

留存收益是将企业纳税后的利润不是返还给股东而是准备再投资的

---

① 加護野忠男・砂川伸幸・吉村典久『コーポレート・ガバナンスの経営学——会社統治の新しいパラダイム』有斐閣、2012、158 頁。
② 中野誠『戦略的コーポレート・ガバナンス』日本経済新聞出版社、2016、24 頁。

资本，在财务理论上应该属于股东。如果企业没有发现投资利润大于资本成本的可以增加企业价值的投资项目，经营者不应该在企业内部保留这些资金，而是应该返还给股东，以使股东可以向其他企业再投资。而如果经营者认为需要为将来有成长性的项目投资进行留存收益，应向投资者进行说明。在委托－代理关于框架下对于管理层偏好现金持有的一般性解释是管理层对于"自由现金流量"的偏好。对于公司治理有问题的企业，公司保有现金就会对公司治理的评价产生负面影响，被称为"治理折价"（Governance discount）。而对于公司治理良好的企业，公司保有现金会被认为提高投资者将来企业价值的实物期权（real option）。投资者是不允许不能有效利用资本，仅仅为了安全性而增加保有现金的。①

与较低的净资产收益率相对的是日本企业高额的留存收益与巨额的自由现金流并且二者逐渐增加（见表6-5）。自由现金流是指企业的内部现金超过净现值为正向投资项目所需的资金。依据财务省的法人企业调查，上市公司的内部留存收益1988年为100万亿日元，2004年突破200万亿日元。② 2012年超过300万亿日元。许多大企业的高层宣称"我们企业是没有借款的企业"。③

**表6-5 企业的留存收益利润与现金存款**

| 年度 | 2007 | 2008 | 2009 | 2010 | 2011 | 2012 | 2013 | 2014 | 2015 | 2016 |
|---|---|---|---|---|---|---|---|---|---|---|
| 留存收益（万亿日元） | 269.4 | 279.8 | 268.9 | 293.9 | 281.7 | 304.5 | 328.0 | 354.4 | 377.9 | 406.2 |
| 现金存款（万亿日元） | 135.4 | 143.1 | 157.5 | 165.0 | 162.9 | 168.3 | 174.4 | 185.9 | 200.0 | 211.0 |

资料来源：财务省法人企业統計（全産業（金融・保険業除く）より金融庁作成。转引自金融庁「コーポレートガバナンス改革の進捗状況」、未来投資会議 構造改革徹底推進会合「企業関連制度・産業構造改革・イノベーション」会合（第1回）配布資料 2017-10-17，https://www.kantei.go.jp/jp/singi/keizaisaisei/miraitoshikaigi/suishinkaigo2018/corporate/dai1/siryou2.pdf。

---

① 江川雅子『現代コーポレートガバナンス』日本経済新聞出版社、2018、76~77頁。
② 三橋規広・内田茂男・池田吉紀『新・日本経済入門』日本経済新聞出版社、2018、21頁。
③ 三橋規広・内田茂男・池田吉紀『新・日本経済入門』日本経済新聞出版社、2018、21頁。

增加内部留存收益主要是以下三个原因造成的。其一，在不景气的时代，是否值得为了不知是否能卖出的产品冒险增加设备投资及建设新工厂犹豫不决的企业非常多。其二，2008年由美国次贷危机引发的国际经济危机使股票价格大跌，作为抵御外资敌对并购及大股东要求按照大股东意志选任董事、增加分红要求的措施，公司经营者也有增加内部留存收益的动力。① 其三，在初次股权融资时，管理层为获得更有利的融资条款，可能有动机为股东提供治理结构保障机制，但在此之后它可能希望摆脱这种监督压力。一旦不需要增加股权资本，董事会的构成与性质就可能向不利于股东的方向改变。② 尽管一定的内部留存收益具有降低投资风险的作用，但过高的内部留存收益不利于提升公司治理水平，成为滋生代理问题的温床。自由现金流理论认为，经营者为满足自己提高社会地位、声誉或在职消费的私欲，会将现金投向不增加股东收益的一些项目，如建设豪华办公室、向自己偏好的社会项目捐款等，而不是将现金以股利或回购股份的方式返还给股东。

尽管近年来日本企业经营逐渐改善，但增加的利润不但没有返还给股东，也没用于投资或提升员工工资，而是作为企业留存收益保留在了企业内部。企业经营者趋于保守，缺少发展企业、实现高收益的意愿。③ 所以，日本公司出现的高额的留存收益必然受到投资家的诟病。高额的留存收益是在内部人控制下，日本公司经营者为维持内部人持续控制的具有内在激励性行为的结果。日本较低的净资产收益率与企业高额的留存收益中的现金存款正是日本公司治理失效的表现。

第三，政策性持股的问题。

政策性持股受到机构投资者的批评。政策性持股的概念在法令中并没有明确的定义，但有价证券报告书要求对持有股份的目的进行公开。

---

① 三橋規広・内田茂男・池田吉紀『新・日本経済入門』日本経済新聞出版社、2018、21頁。
② 奥利弗·E.威廉姆森：《资本主义经济制度：企业、市场和关系合同》，孙经纬译，上海财经大学出版社，2017，第266页。
③ 佐藤浩介「コーポレートガバナンスとは何か」株式会社日本総合研究所編『葛藤するコーポレートガバナンス改革』金融財政事情研究会、2017、27頁。

政策性持股一般被理解为纯投资目的以外的对股份的持有。① 稳定股东不仅包括金融机构与企业、企业与企业、金融机构与金融机构之间的相互持股，还包括生命保险公司、上市企业母公司的单方持股。与一般股东持有股份是为了获利不同，稳定股东是为避免并购及外部股东对经营团队的压力而持有政策性股份。稳定股东的存在影响了股东民主主义的基础。② 政策性持股与相互持股一样对股东有以下几方面不良影响。

首先，稳定股东没有依据一般股东的共同利益行使决议权。稳定股东的存在影响一般股东通过投票保护自己的利益。政策性持股的股东一般为稳定股东。而且由于其为政策性持股，所以投资获利并不是主要目的，如为维持稳定交易或作为反敌意收购措施。那么，政策性持股的股东就如同法人间相互持股一样，由于利益不一致性，持有政策性股份的股东不会站在普通股东的立场上为保护普通股东利益行使提议权或决议权，成为"沉默的股东"，影响一般股东通过投票或行使决议权保护自己的利益进而使一般股东的投票权形式化。因此，亚洲公司治理协会（Asian Corporate Governance Association，ACGA）在2008年5月发表的《日本公司治理白皮书》中指出，相互持股下以影响投票决议为目的的"投票权交易"（Vote Trade）损害了少数股东的利益。③ 稳定股东屏蔽了一般股东对管理团队正常的要求与交流，在稳定股东的支持下，公司业绩不影响经营者的选任或解任，所以经营团队没有挑战风险与承担责任的压力，造成日本公司偏好投资低风险、低收益的项目，不积极撤销不盈利的部门，从而导致了日本企业的低盈利水平，进而对日本资本市场与日本经济产生了不良影响。

---

① 澤口実「10のキーワードから紐解く、コーポレートガバナンスの潮流」森濱田松本法律事務所編『変わるコーポレートガバナンス』日本経済新聞出版社、2015、43頁。
② スコット・キャロン・吉田憲一郎「日本のコーポレートガバナンス改革の進歩と今後の課題」一橋大学イノベーション研究センター編『一橋ビジネスレビュー』第65巻第3号、2017、49頁。
③ スコット・キャロン・吉田憲一郎「日本のコーポレートガバナンス改革の進歩と今後の課題」一橋大学イノベーション研究センター編『一橋ビジネスレビュー』第65巻第3号、2017、50頁。

其次，由于政策性持股不是为了投资获益，所以持有的股份不具有经济合理性，降低了市场有效配置资源的功能，偏离重视资本效率的经营，降低了投资回报率。

最后，银行持有政策性股份会降低公司的投资收益率。债权银行与股权投资者不仅利益不一致，而且风险偏好也不一致。股权投资者由于可以通过向多家公司投资分散风险，所以一般支持经营者选取高风险、高利润的投资项目，而银行由于关心的是贷款安全与收回贷款利息，所以支持经营者投资低风险、低利润的项目。日本企业的净资产收益率低于国际平均标准，原因之一就是日本银行对公司的影响力大于股东。

3. 企业集团治理的问题

1997年修订《反垄断法》解禁了纯持股公司，加上1999年商法修订创立了股份交换、股份转移制度，并购及成立控股公司更加容易。控股公司的增多使得母子公司的治理问题开始受到重视。企业集团公司治理不充分的问题受到批评。

二战战败前，与军部、政党具有密切关系的财阀，控制着日本经济，被认为是支持军国主义的经济基础。GHQ对财阀实施解体后，为防止日本财阀制度死灰复燃制定了超严格的《反垄断法》。在《反垄断法》的规制下，长期（1947～1997年）以来日本严格禁止成立纯控股公司。依据《反垄断法》，控股公司是指占有子公司总资产超过50%的公司，只持有其他公司股份而不开展任何经营活动的公司称为纯控股公司，在持有其他公司股份的同时自己也开展业务的公司称为事业控股公司。但随着各国对控股公司及控股公司处于组织顶端的康采恩的认可，以及对控股公司在经营战略上作用的认识，再加上日本企业应对全球化的需求，经济界要求解禁控股公司的呼声不断高涨。1997年修订的《反垄断法》第9条，以不出现对事业过度集中的支配为前提，允许成立控股公司（《垄断禁止法》第9条第1项）。随着控股公司的解禁，许多公司在企业集团的层级顶部或中间成立了控股公司，以对集团的全体或特定事业部门进行统一管理。① 控股公司的设立，在为日本提供了新的公司治理

---

① 柴田和史『図でわかる会社法』日本経済新聞出版社、2014、190頁。

结构的同时，也引致了母公司与子公司之间的一些问题（见表 6-6）。

**表 6-6 控股公司的优势与劣势**

| 优势 | 劣势 |
| --- | --- |
| 有利于经营合理化 | 对子公司的经营控股公司的权限与界限不明确 |
| 有利于降低筹资成本 | 控股公司有可能榨取子公司的利益 |
| 一个公司倒闭不影响其他公司 | 子公司发生不良事件、子公司发生损害时，对子公司董事的责任追究比较暧昧 |
| 子公司的董事，一般不会成为股东代表诉讼的对象 | — |

资料来源：柴田和史『図でわかる会社法』日本経済新聞出版社、2014、191 頁。

### 4. 不良事件的频发

内部人控制下实际上是很难保护股东利益的，权力缺乏约束，容易发生道德风险和对股东利益的侵害。在资本市场压力增大、内部治理不足的不平衡中，已暴露出种种问题。

2005 年，发生了嘉娜宝虚假决算、有价证券报告书虚假记载、西武铁道虚假记载（《日本经济新闻》2005 年 3 月 23 日）、森本组粉饰决算（《日本经济新闻》2005 年 5 月 13 日）事件，之后又发生了三洋电机（《日本经济新闻》2007 年 12 月 16 日）、ASCII（《日本经济新闻》2008 年 5 月 22 日）、ACCES（《日本经济新闻》2008 年 5 月 24 日）、NIWS（日本经济新闻 2008 年 11 月 4 日）、URBAN（《日本经济新闻》2008 年 11 月 8 日）等虚假决算事件。① 这些问题涉及董事会、监事会等公司内部机关的权力的重新分配，因此要解决上述问题，需要在公司法层面继续进行改革。

## 第二节 完善进攻型公司治理改革的法制环境

公司治理改革是构建企业成长的环境、吸引海外有实力的企业回归

---

① 岩原紳作「監査役制度の見直し」前田重行・神田秀樹・神作裕之『企業法の変遷』有斐閣、2009、4 頁。

国内的产业基础设施建设。① 2012年末自民党重新执政，安倍内阁将公司治理改革定位为日本成长战略的重要支柱之一。其逻辑为，近年来日本经济停滞的主要原因之一是公司治理制度不完善，即机构投资者的低参与、银行的强参与、员工的强影响力，从而导致日本公司在国际比较中呈现出净资产收益率低、投资低迷、并购及事业重组迟缓、压缩负债与过度持有现金等特征。②为支持以"摆脱通货紧缩""扩大国富"为目标的安倍经济政策的实施，日本公司治理的改革目标从"重视'符合国际化标准'的形式与'加强监督经营者'的'负面的减少'（防守型）"向"促进'企业的可持续发展'与提升'中长期企业价值'的'正面的增加'（进攻型）"转变，以激励企业提升盈利能力、扩大投资。为适应公司治理改革目标的转变，完善支持进攻型公司治理改革转型的法制环境，公司治理改革方式也开始从单路径的"修订硬法（商法、公司法）"转变为双路径的"修订硬法（公司法）+制定、修订软法（《机构投资者责任准则》《公司治理准则》）"。赋权型公司法、《公司治理准则》与《机构投资者责任准则》为日本公司提供了依据公司融资结构、经营战略及经营优势构建与之相匹配的公司治理体系的制度环境，推动日本公司治理从"趋同于国际标准"的形式化改革向"希望得到机构投资者理解的为提升公司盈利能力"的实效性改革转变。赋权型公司法、《公司治理准则》与《机构投资者责任准则》成为支撑进攻型公司治理改革的重要法制度安排。

## 一 日本成长战略与公司治理改革

2012年末自民党重新执政后，为打破泡沫经济破灭后持续20多年的经济低迷，安倍内阁推出了由被称为三支箭的"大胆的金融政策"、"灵活的财政政策"与"唤起民间投资的成长战略"构成的安倍经济政策。自2013年制定《日本再兴战略——日本回归》以来，依据成长战略的实施情况与新的挑战，每年都对上一年制定的成长战略进行修改，并依次

---

① 佐藤浩介「コーポレート ガバナンスとは何か」株式会社日本総合研究所編『葛藤するコーポレート ガバナンス改革』金融財政事情研究会、2017、26頁。
② 宮島英昭「企業統治制度改革の20年」宮島英昭編「企業統治と成長戦略」東洋経済新報社、2017、1~2頁。

推出了《〈日本再兴战略〉改定2014——向未来挑战》、《〈日本再兴战略〉改订2015——向未来投资与生产率革命》、《日本再兴战略2016——迎接第四次产业革命》、《未来投资战略2017——Society 5.0》、《未来投资战略2018——向"Society 5.0""数字驱动型社会"》及《成长战略实施计划》（2011年制定）。为最大限度地释放民间的活力，唤起民间投资，有必要激励经营者，使经营者将企业"沉睡"的巨大资金投向未来可以产生价值的领域，安倍内阁将公司治理改革定位为成长战略的重要支柱。① 这就意味着日本公司治理改革上升为国家战略，公司治理改革随着成长战略的不断推进而得到深化（见表6-7）。

表6-7 日本政府推进日本公司治理改革的过程

| 时间 | 相关文件及事件 | 日本再兴战略、未来投资战略中涉及公司治理改革的相关内容 |
| --- | --- | --- |
| 2013年6月 | 《日本再兴战略——日本回归》 | 讨论整理了有关为发挥受托人责任原则（日本版机构投资者责任准则）机构投资者应通过对话支持企业的中长期发展 |
| 2014年2月 | 制定《机构投资者责任准则》 | |
| 2014年6月 | 《〈日本再兴战略〉改订2014——向未来挑战》 | 制定了规定上市公司公司治理诸原则的《公司治理准则》 |
| 2015年6月 | 《公司治理准则》始实施 | |
| 2015年6月 | 《〈日本再兴战略〉改订2015——向未来投资与生产率革命》 | 投资者与公司双方为促进企业的持续发展有必要积极普及落实发挥双轮驱动作用的两准则 |
| 2015年8月 | 设置"《机构投资者责任准则》与公司治理追踪调查会议" | |
| 2016年6月 | 《日本再兴战略2016——迎接第四次产业革命》 | 公司治理改革继续作为安倍经济的首要议题，今后的最优先课题是推动改革从"形式"向"实质"的转变 |
| 2017年5月 | 发表修订版《机构投资者责任准则》 | |

---

① 「日本再興戦略 - JAPAN is BACK - 」、2013-6-14、http://www.kantei.go.jp/jp/singi/keizaisaisei/pdf/saikou_jpn.pdf。

续表

| 时间 | 相关文件及事件 | 日本再兴战略、未来投资战略中涉及公司治理改革的相关内容 |
| --- | --- | --- |
| 2017年6月 | 《未来投资战略2017——Society 5.0》 | 为了实现公司治理改革从"形式"向"实质"的深化，继续由追踪调查会议讨论促进强化机构投资者与企业开展改革的政策措施 |
| 2017年12月 | 新经济政策方案 | 在制定投资家与企业对话指南的同时，修改《公司治理准则》 |
| 2018年6月 | 发表修订版《公司治理准则》，公布《投资家与企业对话指南》 | |

资料来源：金融厅「参考资料」、未来投资会议 构造改革彻底推进会合「企业关连制度・产业构造改革・イノベーション」会合（第3回）配布资料，2019-1-18，https：//www.kantei.go.jp/jp/singi/keizaisaisei/miraitoshikaigi/suishinkaigo2018/corporate/dai3/sankou2.pdf。

《日本再兴战略——日本回归》为最大限度地激发民间活力，就公司治理改革及公共资金的运用方面主要提出了三项改革计划，第一，修订公司法，促进引入独立董事制度，使独立董事不受公司内部利害关系的束缚，从外部的视角实施监督（下一次国会提出）；第二，讨论、制定为发挥受托者责任——机构投资者通过与企业对话促进企业中长期发展等的原则（日本版《机构投资者责任准则》）（年内制定）；第三，针对公共资金、准公共资金，以各资金的规模、性格为基础，在有识者会议上推动对运用（促进分散投资等）、风险管理体制等的治理、提升股票投资的回报等跨领域问题的讨论，形成建议（该年秋末得出结论）。为推动成长战略的实施，对优先实施的政策进行了严格的甄选，制订了"日本产业再兴计划"、"战略市场创出计划"与"国际发展战略"三大行动计划。在"日本产业再兴计划"中提出了强化公司治理的具体方案。具体包括，第一，积极发挥独立董事的作用，推动进攻型公司经营。为此，要尽快向国会提出《公司法修订草案》。实施促进引入具有高度独立性的独立董事的措施等，强化确保至少有一位以上独立董事的措施。第二，从促进企业持续发展的观点出发，支持广泛的机构投资者与企业开展建设性对话。关于发挥适当的受托者责任原则，以负责日本市场经济体系的经济财政咨询会议的意见为基础，开展讨论，年内制定。第三，为解决收益率低的事业长期搁置的问题，经济产业省等相关省厅应加紧就促进企业经营改善、事业重组的政策措施进行讨论。第四，国内证券交易所在上市基准中应设定独立董事、收益性、经营评价高的股票指数，促进强化公司治理。①

在《〈日本再兴战略〉改订2014——向未来挑战》中明确了公司治理改革在安倍经济政策中的定位，即为了"使日本重新获得创造财富的力量"应进一步推动公司治理改革，并将其作为成长战略中最重要的一项改革措施。因此，《〈日本再兴战略〉改订2014——向未来挑战》进一步将强化公司治理作为修订战略的关键政策，强调通过推进公司治理改革改变企业，提升公司的盈利能力。公司治理有两方面的作用，即"负面的减少"与"正面的增加"。前者是防止企业内部不良事件的发生，后者提升企业的价值。在《〈日本再兴战略〉改订2014——向未来挑战》中，公司治理不仅要发挥抑制公司不良事件发生的作用，还旨在提升企业中长期价值，增加投资回报，支持国民资产的稳定形成，推动日本经济实现良性循环。希望通过强化公司治理来改变经营者的精神状态，将ROE是否能达到国际水平作为评价之一，强化推动有利于在国际竞争中获胜的经营判断机制的形成。特别是对于经过多年终于实现盈利的企业，不应只是将利润保存在企业内部，而是期待企业投资新设备，实施大胆的事业重组与并购等。作为强化公司治理的措施之一，提出为促进自律地开展持续发展的努力，东京证券交易所应制定新的《公司治理准则》，并要求上市公司对没有遵守《公司治理准则》的行为做出解释。②

在《〈日本再兴战略〉改订2015——向未来投资与生产率革命》中，以推进制度改革为前提，将构建具有实效的治理机制作为最优先的课题。③ 为通过向未来投资实现生产率革命，提升企业的盈利能力，将进一步强化进攻型公司治理作为修订战略的关键政策，因为投资最终要依靠企业经营者的大胆决策。2014年的成长战略中，将恢复企业的盈利能

---

① 「日本再興戦略 - JAPAN is BACK - 」、2013 - 6 - 14、http://www.kantei.go.jp/jp/singi/keizaisaisei/pdf/saikou_jpn.pdf。

② 「日本再興戦略改訂2014 - 未来への挑戦 - 」、2014 - 6 - 24、https://www.kantei.go.jp/jp/singi/keizaisaisei/pdf/honbunJP.pdf。

③ 宮島英昭「企業統治制度改革の20年」宮島英昭編「企業統治と成長戦略」東洋経済新報社、2017、8～9頁。

力作为强化公司治理的第一支柱,通过制定《机构投资者责任准则》与《公司治理原则》,发挥了金融、资本市场规律企业经营的作用,引入了推动经营者做出前瞻性判断的机制。①

在日本成长战略的推动下,围绕日本公司治理改革,由金融厅制定的《机构投资者责任准则》于2014年2月开始实施,同年6月国会通过了《公司法修订草案》,并决定于2015年实施,2014年8月公布了《伊藤报告》,2015年6月公布了《公司治理准则》(见图6-1)。基于这些文件、法律的基本思想、原则与条款,对公司治理开展了一系列改革。这也标志着推动日本公司治理改革的方式发生了变化,从修订商法、公司法等"硬法",转变为通过"硬法"与"软法"的有机结合来推动、引导公司治理改革。不仅以法律形式而且还以准则、报告等形式推动公司治理改革主要是基于以下原因。首先,由于标榜了自由主义经济重视企业自主性的原则,所以国家很难制定规制企业行为的新法律。其次,改变法律规定,为保持利益相关者间的适当平衡,就需要进行效果验证、广泛征求国民意见(public comment)等,需要相当长的时间。因此,没有采用强制的"法律",而是采用了比较灵活的"准则",指出了公司治理的改革方向。②

2016年以后出台的日本成长战略,仍然一直将强化公司治理改革作为关键的政策措施,并通过推动《机构投资者责任准则》与《公司治理准则》的完善,强化进攻型公司治理,推动公司治理改革从"形式"向"实效"深化。日本公司治理改革并不是形式化改革,而是要将公司治理改革与提升企业盈利能力、企业竞争力的经营改革联系起来。要通过日本公司治理改革,构建具有可持续创造企业价值的机制,提升企业国际竞争力,增加可以创造国富的企业。③"进攻型治理"是一种比较情绪化的表达。《公司治理准则》对"进攻型治理"进行了解释,即以持续

---

① 「日本再興戦略改訂2015－未来への投資・生産性革命－」、2015-6-30、http://www.kantei.go.jp/jp/singi/keizaisaisei/pdf/dai1jp.pdf.
② 佐藤浩介「コーポレートガバナンスとは何か」株式会社日本総合研究所編「葛藤するコーポレートガバナンス改革」金融財政事情研究会、2017、26頁。
③ 伊藤邦雄・加賀谷哲之・鈴木智大・河内山拓磨「日本におけるガバナンス改革の「実質的」影響をめぐる実証分析」一橋大学イノベーション研究センター編「一橋ビジネスレビュー」2017年WIN.(65巻3号)東洋経済新報社、2017、91頁。

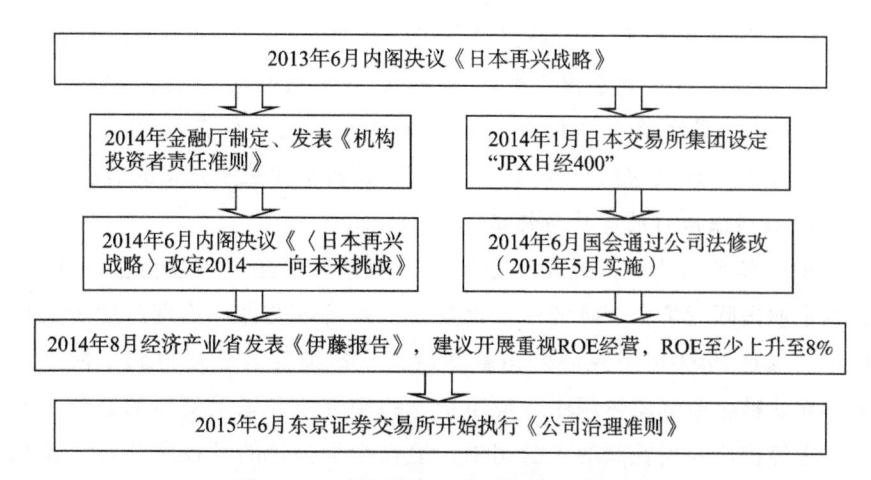

```
┌─────────────────────────────────────────────┐
│      2013年6月内阁决议《日本再兴战略》          │
└─────────────────────────────────────────────┘
         │                      │
         ▼                      ▼
┌──────────────────┐   ┌──────────────────────┐
│2014年金融厅制定、 │   │2014年1月日本交易所集团│
│发表《机构投资者   │   │设定"JPX日经400"       │
│责任准则》         │   │                      │
└──────────────────┘   └──────────────────────┘
         │                      │
         ▼                      ▼
┌──────────────────┐   ┌──────────────────────┐
│2014年6月内阁决议  │   │2014年6月国会通过公司 │
│《〈日本再兴战略〉 │   │法修改（2015年5月实施）│
│改定2014——向未来 │   │                      │
│挑战》             │   │                      │
└──────────────────┘   └──────────────────────┘
         │
         ▼
┌─────────────────────────────────────────────┐
│2014年8月经济产业省发表《伊藤报告》，建议开展  │
│重视ROE经营，ROE至少上升至8%                   │
└─────────────────────────────────────────────┘
         │
         ▼
┌─────────────────────────────────────────────┐
│2015年6月东京证券交易所开始执行《公司治理准则》│
└─────────────────────────────────────────────┘
```

**图6-1　《公司治理准则》引入的背景**

资料来源：野尻剛「日本における改革への取組み」株式会社日本総合研究所編「葛藤するコーポレートガバナンス改革」金融財政事情研究会、2017、68頁。

保证包括进行责任与义务说明责任的公司决策的透明性与公正性为前提，促进公司迅速、果断决策的治理方式。① 以将强化进攻型公司治理作为日本成长战略重要支柱地位的确立为前提，在赋权型公司法、《机构投资者责任准则》、《公司治理准则》及《上市规则》等各种制度合力的推动下，形成了解决长期困扰日本公司治理问题的方案，支持了日本以提升公司盈利能力为目标的公司治理改革。这也标志着日本放弃了从20世纪90年代开始的注重与国际标准形式趋同的公司治理改革摸索期，迈向了以促进企业可持续发展与提升企业价值为公司治理改革目标的转型期。

## 二　修订硬法：2014年公司法修订

公司是一套明确和隐含的复杂契约，并且公司法赋予了参与者在庞大的经济系统中对不同风险和机会组合进行最优安排的能力。但没有一套契约组合对所有人均是最优的，因此出现了以赋予权利为特征的公司法结构。②

---

① 澤口実「10のキーワードから紐解く、コーポレートガバナンスの潮流」森濱田松本法律事務所編「変わるコーポレートガバナンス」、日本経済新聞出版社、2015、28~32頁。
② 罗伯特·A.G.蒙克斯、尼尔·米诺：《公司治理》，李维安、牛建波等译，中国人民大学出版社，2017，第92页。

2014年6月20日对公司法进行了大规模、根本性的修订，同月27日公布。① 2014年公司法修订被认为是新公司法法典化后的第一次正式修订。② 这次公司法修订"放弃强行法的传统，改采任意法的公司法定位"③，增强了成文法的包容性，以适应公司治理实践多元化的需求。

1. 公司法修订的背景与特征

2014年公司法修订是基于以下两大背景。一是日本社会普遍认为，日本企业国际竞争力下降的一个重要原因是日本的公司治理落后于其他国家。二是1997年纯控股公司解禁后，日本纯控股公司得到了快速发展。在这种企业集团体制中，集团企业的经营业务以及实际的经营中心大多在纯控股公司控制的子公司中，但作为母公司的纯控股公司以及其股东对子公司经营的监督管理明显不足，所以有必要完善公司法有关企业集团机制的制度规范。④

2010年2月，日本法务大臣向法制审议会提出了公司法需要修订的建议，这是提出修改要纲的正式请求，即"有关公司法制，结合公司所发挥的社会性以及经济方面的重要作用，从取得围绕公司的广大利益相关者的更高信任的理念出发，有必要修改完善公司治理机制以及有关母子公司的制度规范，为此，请提出相关要纲"。⑤ 接受法务大臣咨询后，公司法制部会开始了公司法修订的讨论。公司法制部会讨论法律修订的基础不是盲目要求企业遵守法律，而是为了提升日本企业的利润与增强日本经济的活力。从一般股东利益的观点出发，有必要监督经营者，其中就包括对经营者业绩的评价。⑥

由于日本政府并没有以将日本公司的公司治理机制改造为某种模式作为政策目标，而是将如何通过完善公司治理机制提升公司盈利能力与竞争力确定为日本公司治理改革的目标，所以赋权型公司法改革依然是本次公司法改革的特征。代表之一就是采用了"遵守或解释"的原则。"遵守或解释"原则的采用具有以下意义。作为率先采用"遵守或解释"

---

① 吴建斌编译《日本公司法附经典判例》，法律出版社，2017，第2页。
② 王作全译《新订日本公司法典》，北京大学出版社，2016，第2页。
③ 吴建斌编译《日本公司法附经典判例》，法律出版社，2017，第2页。
④ 王作全译《新订日本公司法典》，北京大学出版社，2016，第3~4页。
⑤ 王作全译《新订日本公司法典》，北京大学出版社，2016，第3~4页。
⑥ 神田秀樹編『論点詳解平成26年改正会社法』商事法務、2015、11頁。

原则的英国强调指出，在推动各公司采用理想的公司治理机制的同时，各公司应该依据自己的实际情况，在说明理由的基础上给予其不实施的灵活性。正是基于上述理由，日本本次实施的制度改革不是强行法规，而是采用了"遵守或解释"的原则。①

2. 修订的主要内容

《公司法修改法律》（2014年法第90号）2014年6月20日生效，从2015年5月1日开始实施。随着公司法的修订，《公司法施行规则》与公司计算规则也于2015年2月6日进行了修订［《公司法施行规则修订省令》（2015年法务省令第6号）］。这是依据2012年9月7日法制审议会对法务大臣的咨询报告《公司法制的修改要领大纲》，在公司法法典化后第一次对公司法进行实质性修订，而且修订的项目也较多。② 重点之一就对公司治理相关法制度的修订。本次修订强化了对经营者的监督，加强了对股东与债权者利益的保护。③ 本次修订的两大主要内容是完善公司治理与母子公司关系的法律规范。

第一，董事会相关规定的修订。

为寻求一种既符合国际公司治理增强董事会独立性趋势又符合日本公司习惯、保持重视现场的公司竞争优势源泉，日本商法、公司法对董事会改革进行了长期的探索与不断的修订。日本公司法依据日本公司实际情况在引导增强公司董事会独立性及董事会的监督功能方面开展了持续性改进，最终形成了日本公司可以依据公司的实际情况决定是否采用独立董事制度的"遵守或解释"原则及可自由选择董事会组织形态的赋权性方式，为日本公司提升董事会治理效率、降低守法成本、提升国际竞争力提供了法制度支持与引导。

首先，放弃了独立董事的义务化，采取了"遵守或解释"原则。从2000年4月起法制审议会公司法制部会就开始讨论上市公司是否有义务选任独立董事的问题。但基于应依据各公司的特点选择适合的公司治理机制，如果强行规定独立董事的义务化会妨碍公司对公司治理的自由选

---

① 田中亘「企業統治改革の現状と展望」宮島英昭編『企業統治と成長戦略』東洋経済新報社、2017、382頁。
② 神田秀樹編『論点詳解平成26年改正会社法』商事法務、2015、1頁。
③ 神田秀樹編『論点詳解平成26年改正会社法』商事法務、2015、8頁。

择，遭到强烈的反对。① 结果，本次公司法修订并没有选择强制要求上市公司一定要选任独立董事，而是采用了"遵守或解释"的原则。具体而言，就是如果不选任独立董事，公司除在定期股东大会对"不选任独立董事的理由"进行说明外，还必须将说明的理由在股东大会参考文件及事业报告书中进行公开（公司法第 327 条之 2，《公司法施行规则》第 74 条之 2、第 124 条之 2、3）。

其次，强化独立董事的独立性，提高独立董事等的任职条件。独立董事制度强调的也是最为重要的是同其公司经营者之间保持独立性。② 因此，本次修订公司法，为强化独立董事的独立性对独立董事与独立监事的任职条件进行了严格的规定（见表 6-8）。可见，原公司法就独立

表 6-8 公司董事和监事独立性条件的修订

| 2014 年修订前公司法第 2 条之 15 | |
|---|---|
| A | B |
| ①股份公司自身 | 业务执行董事等* + 担任过业务执行董事的 |
| ②子公司 | |
| 2014 年修订后公司法第 2 条之 15 | |
| ①股份公司自身 | 业务执行董事等 + 过去 10 年内担任过业务执行董事的 + 横向关系** |
| ②子公司 | |
| ③母公司等*** | 母公司等，业务执行董事等 |
| ④母公司等的子公司（不包括①②） | 业务执行董事等 |
| ⑤董事、重要使用人、母公司等**** | 亲属（配偶 + 两代内的直系亲属） |

注：A、B 两列规定的是不能担任公司独立董事的条件。
　　* 业务执行董事等 = 业务执行董事、执行员、使用人。
　　** 横向关系规则（公司法第 2 条之 15）的规定。
　　*** 母公司等 = 除了母公司外支配股份公司经营的法务省令规定的公司（公司法第 2 条之 4、《公司法施行规则》第 3 条之 2 第 2 项），包括自然人。
　　**** 母公司等是自然人的情况。
资料来源：田中亘「企業統治改革の現状と展望」宮島英昭編『企業統治と成長戦略』東洋経済新報社、2017、375 頁。

---

① 田中亘「企業統治改革の現状と展望」宮島英昭編『企業統治と成長戦略』東洋経済新報社、2017、373 頁。
② 近藤光男：《最新日本公司法（第 7 版）》，法律出版社，2016 年，第 216 页。

董事的外部性，仅规定现在和过去都不是公司或子公司的业务执行董事、监事、经理或公司雇员。新公司法明确外部性是指不是母公司或者关联公司的业务执行董事、经理或公司雇员；不是公司或母公司的业务执行董事、经理或公司高级雇员两代以内的亲属等。股份公司的母公司的董事、员工不能担任独立董事与独立监事（公司法第2条之15、16）。但也对过去规定的限制要件进行了一定的放松，将限制要件限定在10年。同时，修改了免除董事部分责任的规定，包括最低限度类的标准、是否签订责任限定合同的标准，并不依据是否选任独立董事而是依据是否选任业务执行董事（公司法第425条之1、第427条之1）。①

最后，增设了审计等委员会，实现了公司内部机关配置的多样化。如前所述，传统的公司治理形态是监事会设置公司，由于监事不具有在董事会中行使决议权的权力，所以以外国机构投资者为中心，批评监事会治理无法充分发挥监督作用。另外，虽然2002年设立了监督型委员会等设置公司（公司法法典化后，名称改为"委员会设置公司"），但由于审计委员会、提名委员会与报酬委员会的董事要求超过一半的董事为独立董事，标准比较高，所以采用该董事会形态的公司非常少。根据这一情况，创立了仅仅要求审计委员会的独立董事人数超过一半且审计委员会发挥与监事会同样的功能，审计委员会委员作为董事会成员可以参与董事会决议如代表董事的选任、解任的制度。另外，与监事会设置公司、提名委员会等设置公司（原为"委员会设置公司"）并列，增加审计等委员会设置公司（公司法第399条之2~14），也是为了配合独立董事制度采用"遵守或解释"原则，为公司的机关设置提供了更多的选择。②

2014年公司法修订为公司内部机关设置提供了19种方案（见表6-9）。对股份公司最基本的要求是股东代表大会与1名董事。如果公司发起人、股东等认为有必要请专业人士来协作制作会计报表，可以增加设置会计参与。另外，如果认为有必要设置监督董事执行业务的机关，可以设置监事；如果需要强化监督功能，可以设置监事会；如果需要外部的专业人士监督会计部门，则可以设置会计审计人。另外，如果认为公司的每

---

① 神田秀樹編『論点詳解平成26年改正会社法』商事法務、2015、3頁。
② 神田秀樹編『論点詳解平成26年改正会社法』商事法務、2015、1頁。

一项决定都需要召开股东大会,从而影响公司的决策效率,可以设置董事会;如果重视决策速度,把经营权委托给少数经营者,则可以选择设置三委员会;如果认为比起传统的董事会设置公司,公司设立审计等委员会对公司更为有利,则可以选择设置审计等委员会。①

表 6–9　股份公司的多样化机关构成

| 序号 | 机构构成 |
| --- | --- |
| 1 | 董事会 + 监事会 + 审计人 + 会计参与 |
| 2 | 董事会 + 监事会 + 审计人 |
| 3 | 董事会 + 三委员会 + 审计人 + 会计参与 |
| 4 | 董事会 + 三委员会 + 审计人 |
| 5 | 董事会 + 监事等委员会 + 审计人 + 会计参与 |
| 6 | 董事会 + 监事等委员会 + 审计人 |
| 7 | 董事会 + 监事 + 审计人 + 会计参与 |
| 8 | 董事会 + 监事 + 审计人 |
| 9 | 董事会 + 监事会 + 会计参与 |
| 10 | 董事会 + 监事会 |
| 11 | 董事会 + 会计参与 |
| 12 | 董事会 + 监事 + 会计参与 |
| 13 | 董事会 + 监事 |
| 14 | 董事 + 监事 + 会计审计人 + 会计参与 |
| 15 | 董事 + 监事 + 会计审计人 |
| 16 | 董事 + 监事 + 会计参与 |
| 17 | 董事 + 监事 |
| 18 | 董事 + 会计参与 |
| 19 | 董事 |

资料来源:柴田和史『図でわかる会社法』日本経済新聞出版社、2014、15 頁。

第二,加强母公司子公司关系中的公司治理。

从规范单体公司的角度来说,经过多次修订的现行日本股东代表诉

---

① 柴田和史『図でわかる会社法』日本経済新聞出版社、2014、14 頁。

讼制度已日臻成熟与完善，但随着控股公司的普遍化，由于现行股东代表诉讼制度无法突破母子公司之间的法人格障碍，母公司股东不能代表子公司提起针对损害公司利益的子公司经营者的起诉[1]造成的股东代表诉讼制度治理功能失效问题成为现行股东代表诉讼制度的一大缺漏。为此，2014年公司法修订引入了特定责任追究的诉讼制度。该制度在法务省法制审议会公司法制部会在制定《关于修改公司法制的纲要》阶段被称为"多重代表诉讼"。虽然制度的正式名称为"特定责任追究的诉讼"（公司法第847条之3第1项），但"多重代表诉讼"更形象。所以，本书采用"多重代表诉讼"一词对该制度进行说明。[2] 该制度的特征是母公司的股东可以对没有持有股份的子公司的董事等进行责任追究。[3]

1997年修订《反垄断法》对持股公司的解禁，实际上是对成立纯控股公司的解禁。对纯控股公司的解禁，使原来由母公司承担核心业务、子公司承担非核心业务的模式向母公司负责整个集团的规划，各个子公司承担主营业务的模式转变成为可能（见图6-2）。这一转变，使子公司的运营状况直接决定了母公司的收益率，提升了子公司在集团中的地位与重要性。特别是对于纯控股公司的股东而言，母公司股东的分红全部来源于子公司的分红及对子公司经营管理的费用；[4] 同时，子公司的不良事件也会对包含母公司的企业集团造成恶劣的影响。因此，母公司股东与子公司经营状况具有高度的利益相关性。

另外，为使日本企业集团方便地建立完全母公司和完全子公司关系，1999年对商法进行了修订，创立了股份交换制度和股份转移制度，简化了公司合并重组的手续。2000年的商法修订又规定了公司分割制度，从而在法律层面为企业合并、变更、解散等企业重组行为提供了保障。2005年公司法修订进一步扩充了公司重组的手段，增强了公司重组的灵

---

[1] 王森、许明月：《美国特拉华州二重代表诉讼的实际及其对我国的启示》，《法学评论》2014年第1期，第116页。
[2] 桃尾・松尾・難波法律事務所・鳥養雅夫・大堀德人・山田洋平編『コーポレート・ガバナンスからみる会社法』商事法務、2015、71頁。
[3] 森濱田松本法律事務所編『会社法訴訟——株式代表訴訟・株式価格決定』中央経済社、2017、26頁。
[4] 河合正二『グループ経営の法的研究——構造と課題の考察』法律文化社、2012、177頁。

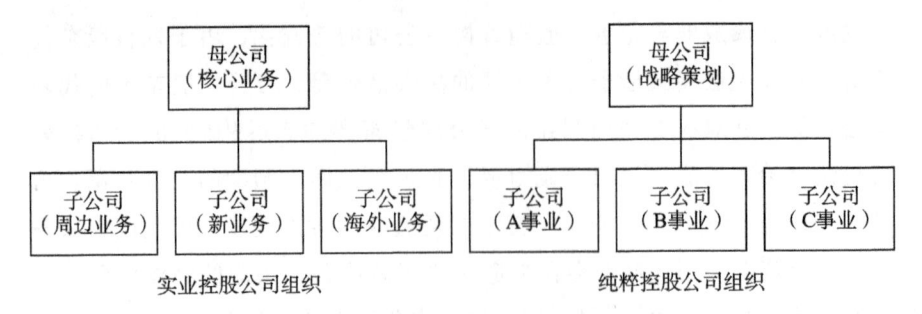

```
           母公司                           母公司
         (核心业务)                       (战略策划)
    ┌───────┼───────┐              ┌───────┼───────┐
  子公司   子公司   子公司          子公司   子公司   子公司
(周边业务)(新业务)(海外业务)      (A事业) (B事业) (C事业)

        实业控股公司组织                   纯粹控股公司组织
```

图6-2 组织形态与母子公司的不同分工

资料来源：発知敏雄・箱田順哉・大谷隼夫「持株会社の実務」東洋経済新報社、2012、70頁。

活性。公司重组的便利化虽然有利于降低企业调整组织结构的交易成本，提高企业的经营效率，有利于新兴产业的形成，但也为公司内部人为规避股东代表诉讼而进行公司组织结构调整提供了可能。

纯控股公司的解禁，股份交换、股份转移制度的创立，在使控股公司数量大幅增加的同时，也使子公司成为企业集团业务的直接实施者。为此，有必要将由多个公司构成的企业集团视为一个经营单位。为了强化联结企业信息公开，在2000年会计大改革中引入了联结会计制度，使子公司的运营对母公司绩效的影响越发显著。2002年又开始了联结税制制度的改革。[①] 于是，控股公司能否对其子公司进行有效治理的问题被提上了议事日程。[②] 虽然，母公司对子公司董事等相关经营者的诉讼可以成为集团治理的有效方法，但公司法第423条、第847条仅规定了在公司没有充分追究因母公司经营者对工作的不负责任给公司造成损害的赔偿责任时，母公司股东可以对经营者提起诉讼。可见，在现行的公司法对股东代表诉讼制度的规定中，股东代表诉讼制度适用范围并不包含子公司的董事及相关人员。因此，母公司的股东无权对子公司的董事等相关人员提起诉讼。如在瑞穗银行向暴力团融资问题中，如果现行公司法规定了多重代表诉讼制度，母公司（控股公司）瑞穗金融集团（FG）

---

① 河合正二『グループ経営の法的研究——構造と課題の考察』法律文化社、2012、4頁。
② 太田達也「会社法制の見直しに関する要綱について——親子会社に関する規律——」『情報センサー』2013（2）、10頁、http://www.shinnihon.or.jp/corporate-accounting/theme/pdf/info-sensor-2013-02-04.pdf。

的股东就可以向瑞穗银行的董事等相关人员提起代表诉讼。①

在当今控股公司普遍化、公司组织结构调整手续简易化、母公司对子公司控制力减弱以及子公司运营对母公司绩效影响越发显著的情况下，仅仅靠母公司对子公司的管理不足以避免子公司的怠慢经营与不良事件的发生，为此，就需要母公司的股东对子公司的经营者进行直接制约。这样，如何弥补现行股东代表诉讼制度在对子公司监督上暴露出的缺陷，加强对子公司的控制，防止公司内部人通过重构公司组织结构规避股东代表诉讼的约束等问题开始引起社会关注。基于此，从法律层面规定母公司股东对子公司董事等相关人员具有代表诉讼权的必要性逐渐得到认可。日本立法者针对上述问题开始了新一轮的对股东代表诉讼制度的调整，而这些调整是以通过修订公司法的相关规定、引入多重代表诉讼制度为中心的。

为了提升母公司股东权利，强化与完善企业集团的治理，约束母公司、子公司董事等相关人员的行为，防止其不合法行为及为谋取私利而损害公司利益的隐藏行为，如何通过修订公司法创立将子公司的董事等相关人员包括到股东代表诉讼范围内的多重代表诉讼制度的讨论进入了立法者的议事日程。2012年8月1日，法务省法制审议会公司法制部会完成了《关于修改公司法制的纲要》。《关于修改公司法制的纲要》的重点之一就是规范母公司、子公司关系的"多重代表诉讼"，其具体内容见表6-10。②

表6-10 多重代表诉讼制度（纲要草案）

| 原告主体资格 | ◇持有最终的全资子公司1%以上的具有决议权或已发行股份<br>◇如果是上市公司，应在6个月以前就连续持有上述规定比例的股份 |
|---|---|
| 诉讼对象<br>适用范围 | ◇满足下面条件的子公司的发起人、设立时的董事、设立时的监事、董事、会计参与、监事、会计审计员、清算人<br>a. 全资子公司（100%子公司）<br>b. 最终母公司拥有子公司股份账面总额超过总资产的1/5 |

---

① 「会社法改正案のポイントは？」『読売新聞』2013年12月2日、http://www.yomiuri.co.jp/atmoney/special/20131202-OYT8T00623.htm。
② 横山淳「会社法制見直しの要綱案」『大和総研』2012年8月22日、http://www.dir.co.jp/souken/research/report/law-research/commercial/12082201commercial.pdf。

续表

| | |
|---|---|
| 诉讼不被认可的情况 | 1 提起诉讼是为了股东或第三者谋取不当利益，或以损害公司或母公司利益为目的<br>2 诉讼责任的事实并没有对最终全资母公司造成损害 |
| 诉讼流程 | ①最终全资母公司的股东，向子公司提出进行责任追究的诉讼请求<br>②子公司在60天内没有提起诉讼，最终全资母公司的股东可以为了子公司提起诉讼以追究责任 |
| 通知手续等 | ◇最终全资母公司的股东提起诉讼后要立刻通知子公司<br>◇子公司在下述情况下应立刻通知最终全资母公司<br>·接受最终全资母公司股东的请求，由子公司提起诉讼<br>·接到最终完全母公司股东的诉讼通知<br>◇接到上述通知的最终全资母公司应就诉讼内容及情况进行公告并通知最终全资母公司的股东 |

资料来源：横山淳「会社法制見直しの要綱案」『大和総研』2012-8-22、http://www.dir.co.jp/souken/research/report/law-research/commercial/12082201commercial.pdf。

多重代表诉讼制度是从法律层面承认在母子公司的架构中，当母公司的利益相关公司的董事等相关人员因违反法令或者公司章程的行为致使母公司遭受损害，子公司又怠于追究相应责任者的责任时，具有资格的母公司的股东可以代位子公司，为追究子公司董事等相关人员的责任提起代表诉讼的制度。具体内容包括：作为股份公司的全资母公司或非全资母公司（只限于股份公司）即持有最终全资母公司的表决权或已发行股份1%以上的股东，可以提起对该股份公司的董事等相关人员的诉讼以追究其责任。[①] 但母公司股东对子公司董事等相关人员提起代表诉讼必须满足下述条件。①能够提起特定责任追究诉讼的仅仅是最终（最上层）完全控股母公司。6个月以上连续持有某公司的最终完全控股母公司的股东总表决权数（完全无表决权股东除外）的1%（如果公司章程做出了更低比例的规定，则按公司章程规定的比例）以上的股东，或者持有最终完全控股母公司等的已发行总股份数（公司自我股份除外）的1%（如果公司章程做出了更低比例的规定，则按公司章程规定的比例）以上的股东，可以对子公司提起责任追求诉讼的先诉请求〔公司法第847条之3第1项〕。②被起诉对象的适用范围：成为诉讼对象的责任

---

[①] 太田達也「会社法制の見直しに関する要綱について——親子会社に関する規律——」『情報センサー』2013（2）、10頁。

仅仅限于对母公司来说重要的子公司的管理者行为。即责任原因事实发生之日，该（子）公司的账面价格为最终完全控股母公司总资产额的1/5（该比例可以由公司章程降低）以上，只有这样的责任才被称为"特定责任"（公司法第847条之3第4项）；不承认诉讼的条件：如果责任追究对象的行为还没有使母公司遭受到损害，代表诉讼将不被许可（公司法第847条之1第2项）。比如，其行为导致母公司获得利益时当然不能追究其责任。[①]

多重代表诉讼制度不仅可以加强母公司股东对公司内部控制人及对子公司经营者的监督，而且可以防止公司内部控制人利用控股公司架构恶意阻断公司股东提起代表诉讼[②]，从而有利于完善公司治理，强化母公司对子公司的控制，加强企业集团治理，提升企业集团的整体实力。但应该注意的是，多重代表诉讼制度的引入也会在一定程度上降低子公司经营者经营的积极性与主动性，在一定程度抵消了母公司通过扩大子公司经营者权力范围调动的子公司经营者的积极性与主动性，影响了企业对市场的反应速度给集团经营带来的优势。因此，在引入多重代表诉讼制度时应进一步明确与区分母公司与子公司经营者的义务与责任，并严格规定原告的主体资格。

### 三 制定软法：《机构投资者责任准则》与《公司治理准则》

作为规范机构投资者的《机构投资者责任准则》与规范企业行为的《公司治理准则》在公司治理改革中发挥着双轮驱动作用，推动日本企业提升中长期企业价值，通过增加投资收益使国民形成稳定的资产，实现日本经济整体的良性循环（见图6-3）。赋权型公司法为公司依据公司战略构建与公司战略相匹配的公司治理机制提供了法律空间，也支持了日本公司治理机制的多元化。依据《机构投资者责任准则》与《公司治理准则》，公司与机构投资者积极开展对话有利于国内外投资者了解各公司构筑具有本公司特色的公司治理，取得投资者的理解与信任，对支持进攻型公司治理改革具有重要意义。

---

[①] 近藤光男：《最新日本公司法》，梁爽译，法律出版社，2016，第325~326页。
[②] 王淼、许明月：《美国特拉华州二重代表诉讼的实际及其对我国的启示》，《法学评论》2014年第1期，第117页。

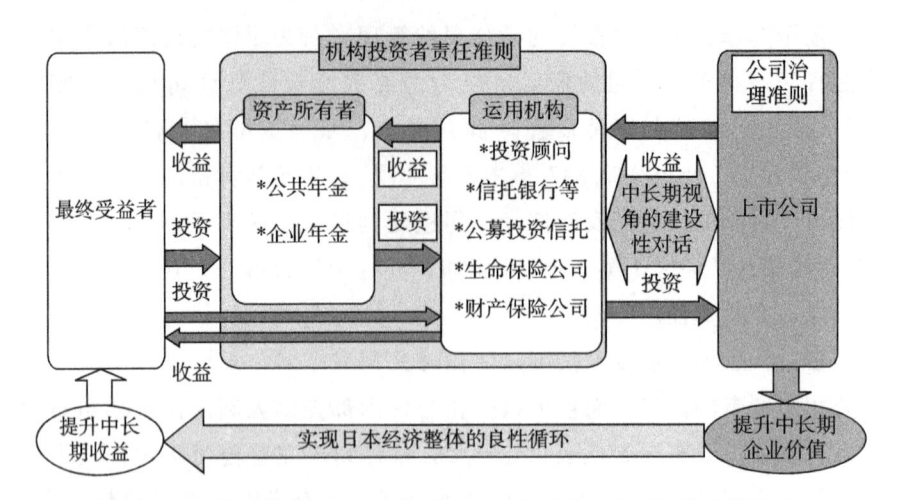

**图 6-3  《机构投资者责任准则》与《公司治理准则》的双轮驱动**

资料来源：金融厅「コーポレートガバナンス改革の進捗状況」、未来投资会议 构造改革徹底推進会合「企業関連制度・産業構造改革・イノベーション」会合（第1回）配布资料 2017-10-17、https://www.kantei.go.jp/jp/singi/keizai-saisei/miraitoshikaigi/suishinkaigo2018/corporate/dai1/siryou2.pdf。

1. 《机构投资者责任准则》

英国《机构投资者责任准则》出台，是对2008年由美国次贷危机引发的世界经济危机暴露的资本短视性的反省。日本《机构投资者责任准则》是参照英国《机构投资者责任准则》制定的。

根据2013年《日本再兴战略——日本回归》的提议，金融厅于2014年2月26日颁布的《机构投资者责任准则》的正式名称是《〈有责任的机构投资者〉的诸项准则》并加了副标题"日本版机构投资者准则"。《机构投资者责任准则》实施三年后，金融厅在2017年5月公布了修订版。机构投资者责任准则是指机构投资者以深刻理解所投资企业和其经营环境为基础，通过开展与企业具有建设性的"有目的对话"等活动，促进企业的价值提升与持续发展，以履行自己的受托者责任，即实现投资人的中长期投资收益最大化。而机构投资者履行职责活动是一个广义的概念，既包括行使表决权，也包括为了促进被投资企业的持续发展了解企业各方面信息的活动，以及以这些信息为依据积极与企业对话等行为。机构投资者履行职责时，需要同时考虑基金的出资人和被投资企业，《机构投资者责任准则》中的诸原则为负责任的机构投资者在履行上述职责时提供了有益的参考。因此,《机构投资者责任准则》属于"软法",不具备法律强制性,采用《机构投资者责任准则》的机构投资者按照"遵守或解释"的原则披露相关信息。①

《机构投资者责任准则》由 7 项原则、30 条方针构成,具有双层结构。原则 1:机构投资者为了履行机构投资者的责任必须制定明确的方针并进行公开;原则 2:机构投资者在履行机构投资者责任的前提下,针对管理利益相反的问题应制定并公开明确的应对方针;原则 3:机构投资者为了履行促进投资企业可持续成长的责任,应该正确把握企业的情况;原则 4:机构投资者应该通过与投资企业建设性的"有目的的对话",与投资企业达成共识,努力改善问题;原则 5:机构投资者在持有对表决权的行使以及行使结果披露的明确方针的同时,对于表决权行使的方针,不能简单地停留在形式上的判断标准,而应该在如何有利于促进企业的持续成长方面下功夫;原则 6:机构投资者对于包括表决权的行使等履行职责的情况,原则上要定期向顾客或受益者汇报;原则 7:机构投资者为了有助于企业的可持续发展,在深刻了解所投资企业和其经营环境的基础上,应该充实为开展与企业的对话和各项履行职责的活动,并有能做出正确判断的实力。② 已有 184 家机构投资者表示接受《机构投资者责任准则》,其中包括 129 家投资信托公司与投资顾问专业运营公司。③

与英国版比较,日本版《机构投资者责任准则》具有以下两大特征:一是强调"促进企业的可持续发展",二是通过支持机构投资者与企业的对话防止资本短视性对企业的不良影响。其政策目标就是使机构投资者接受有利于日本企业竞争优势形成的使日本内部人经营者获得高度自由裁量权的机关设计的多样性,通过与企业开展建设性对话支持经营者向有利于提升中长期企业价值的项目投资,而不仅仅关注股票价格的短期波动。

2.《公司治理准则》

《公司治理准则》是由金融厅与日本证券交易主导实施的。具体来

---

① 付丹丹:《安倍经济学的公司治理软法化研究》,《投资与创业》2018 年第 9 期,第 60 页。
② 太田靖「『責任ある機関投資家』の諸原則「日本版スチュワードシップ・コード」とは」、http://www2.nomura-ir.co.jp/irweb/column/dialogue03.html。
③ 澤口実「投資家との対話」森濱田松本法律事務所編『変わるコーポレート ガバナンス』日本経済新聞出版社、2015、312 頁。

说，就是所有的上市公司都要遵守《公司治理准则》，如果不能遵守要说明理由；各上市公司必须向证券交易所提交遵守《公司治理准则》情况及没有遵守的理由说明的公司治理报告书。

制定《公司治理准则》的目的是通过与机构投资者的建设性对话，提升上市公司的中长期企业价值，促进可持续发展，支持经营者做出积极的经营决策。《公司治理准则》是作为日本再兴战略提升企业盈利能力的重要政策制定的，不同的是其他国家制定准则主要是为了应对公司发生的不良事件，约束经营者开展高风险经营以降低风险的保守型治理，而日本制定《公司治理准则》是为了提高日本企业的盈利能力，增强资本的生产性，属于进攻型治理。

2014 年修订的公司法采取了"遵守或解释"的公司治理原则。该原则迫使董事向股东更明确地解释其策略和行动，从而为受益人的决策提供了更高的透明度。与"统一标准的观念不同"，"遵守或解释"为创新和竞争提供了空间。① 其成果就是东京证券交易所在 2015 年制定、实施的《公司治理准则》。② 《公司治理准则》要求在东京证券交易所市场一部、二部上市的公司对《公司治理准则》规定的各项原则（基本准则、准则、补充准则）"遵守或解释"，即对实施或不实施的理由予以说明。③ 在准则的目的部分，"公司治理准则"被明确定义为"构建站在公司股东、员工与地域社会等立场上，能够实现透明、公正且迅速果断决策的机制"。④

为了构建具有实效的公司治理机制，《公司治理准则》总结了五大基本准则。《公司治理准则》将公司治理的最佳实践作为希望公司实施公司治理的措施整理为各准则而成的，并且得到了许多投资者的赞成。《公司治理准则》与公司法最大的不同之处是，即使公司不依照《公司

---

① 弗兰克·伊斯特布鲁克、丹尼尔·费希尔：《公司法的经济结构》，罗培新、张建伟译，北京大学出版社，2014，第 405~406 页。
② 宮島英昭「企業統治制度改革の20年」宮島英昭編『企業統治と成長戦略』東洋経済新報社、2017、8~9頁。
③ 野尻剛「日本における改革への取組み」株式会社日本総合研究所編『葛藤するコーポレートガバナンス改革』金融財政事情研究会、2017、71頁。
④ 太子堂厚子「2018年コーポレートガバナンス・コード改訂の7つの重要ポイント」、2018-8-20、https://thefinance.jp/law/180820。

治理准则》开展经营，也构不成违法。而投资者可以依据公司是否依照《公司治理准则》的解释，对公司进行评价。投资者依据评价采取行动（卖出股份、行使决议权或进行对话）来影响企业。①

《公司治理准则》在五大基本准则下设定了30项准则与38项补充准则，具有三层结构。五大基本准则为：①确保股东的权利与平等性；②与股东以外的利益相关者进行适当的协商；③确保适当的信息公开与透明度；④董事会等的责任；⑤与股东对话。《公司治理准则》具有以下两大特征：一是"与股东以外的利益相关者进行适当的协议"，反映出公司治理处理的并不仅限于经营者与股东的关系，而且扩展到了经营者与其他利害相关者的关系的这种意识变化。二是其中第四项基本准则——董事会等的责任，强调了进取型公司治理，即促进发挥健全的企业家精神，实现公司持续的发展与中长期企业价值的提升。这也是《公司治理准则》的核心。②

与过去对公司治理的讨论相比，《公司治理准则》具有以下三大不同。一是没有过度强调避免、防止公司的风险，防止不良事件发生的一面，而是将重点放在了促进发挥健全的企业家精神、公司的持续发展与提升中长期企业价值。二是倾听投资者的意见。经营者应将公司的经营方针用容易理解的方式、明确地向股东进行说明并努力取得理解。三是重视资本效率的提升。在日本股份市场低迷、资本效率低的问题意识下强调提升资本效率。③

2018年6月，为了进一步推动公司治理的实效性改革，对《公司治理准则》进行了修订，增加了一项准则与四项补充准则，对五项准则与四项补充准则进行了修改。主要包括：促进削减政策持有股，提升公司高层管理者选任、解任的透明度，通过增加担任董事的女性、外国人的

---

① 澤口実「10のキーワードから紐解く、コーポレートガバナンスの潮流」森濱田松本法律事務所編『変わるコーポレートガバナンス』日本経済新聞出版社、2015、22頁。
② 野尻剛「日本における改革への取組み」株式会社日本総合研究所編『葛藤するコーポレートガバナンス改革』融財政事情研究会、2017、71頁。
③ 澤口実「10のキーワードから紐解く、コーポレートガバナンスの潮流」森濱田松本法律事務所編『変わるコーポレートガバナンス』日本経済新聞出版社、2015、28～32頁。

人数，实现董事会的多样化等。到 2017 年 7 月，完全按照修订前《公司治理准则》实施的公司比例占到东京证券交易所市场一部、二部上市公司总数的 25.9%。由于修订后的《公司治理准则》的要求更加严格，所以实施全原则的公司比例有所下降，一部分公司从"实施"转变为"说明"。到 2018 年 12 月 31 日，完全按照修订后《公司治理准则》实施的公司比例占到在东京证券交易所市场一部、二部上市公司的 15%。其中，在市场一部上市的 2128 家公司中，实施全部原则的公司占到 18.1%，实施 90% 以上原则的公司占到 67.3%；在市场二部上市的 493 家公司中，实施全部原则的公司占到 1.2%，实施 90% 以上原则的公司占到 60.2%。总的来看，市值越高的公司实施原则的越多。[①]

## 第三节 适应进攻型公司治理改革的公司法修订

罗纳德·H. 科斯在解释"社会成本问题"时指出："个人拥有的权利，以及他们的责任和特权，在很大程度上都是由法律决定的。结果就是法律体系将会对经济体系的运行产生深远的影响，并且在某些方面可以说是前者控制后者。将这些权利应该配置给那些能够有效地使用它们的、具有引导他们这样做的动力的人是可取的，发现（且维持）这样的权利分配，应通过法律的明确和减少有关转让的法律要求方面的麻烦，因为转让费用应该很低。"[②]

进攻型公司治理改革是弱化股东对经营的影响，增强经营者决策的自由裁量权，激发经营者的企业家精神。可见进攻型公司治理改革的本质是将公司权力进一步配置给经营者。为支持将权力配置给经营者的"进攻型"公司治理改革，在 2014 年公司法修订中增设了审计等委员会设置公司的董事会种类，采取了"遵守或解释"原则，维持了独立董事

---

① 株式会社東京証券取引所『東証上場会社コーポレート・ガバナンス白書 2019』、2019 - 5 - 15、https://www.jpx.co.jp/news/1020/nlsgeu000003zc0h-att/nlsgeu000003zc32.pdf。
② 罗纳德·H. 科斯：《1991 年诺贝尔奖获得者演讲：生产的制度结构》，奥利弗·E. 威廉姆森，西德尼·温特主编《企业的性质——起源、演变和发展》，姚海鑫、邢源源译，商务印书馆，2007，第 305 页。

制度的非义务化。

## 一 增设审计等委员会设置公司

在2014年公司法修订前，要求上市公司的董事会组织结构或选择委员会设置公司，或选择监事会设置公司。但由于委员会设置公司没能普及，监事会设置公司受到投资者业务执行与监督分离不充分的批评，在2014年公司法修订时增加了审计等委员会设置公司这一新的董事会组织结构。[1]

**1. 审计等委员会设置公司：''监督型''与''管理型''的折中**

尽管董事会首先应该被视为公司与股权资本所有者之间的治理结构保障机制，[2] 但董事会也出现了多种类型，按照董事会的核心职能可分为偏重于保护股东利益的"监督型"、[3] 偏重于制定公司经营战略的"决策型"与既重视监督又重视决策的"混合型"。只要管理层进入董事会不影响董事会对公司的基本控制关系，管理层在董事会中的参与会带来三点好处。首先，它能使董事会观察和评估决策的过程与结果，因此更了解管理层的能力，这有助于避免用人失误或在发生失误时迅速纠正。其次，董事会必须在相互竞争的投资项目之间做出选择。与正规的项目说明相比，管理层的参与能诱生更多、更深入的信息。最后，管理层的参与可以保护管理层与企业之间的雇佣关系，鉴于没有正式投诉程序，这是一个重要的职能。[4]

为满足不同公司对董事会类型的不同需要，2014年公司法修订时新设了审计等委员会设置公司。由于新设立了审计等委员会设置公司，为了与审计等委员会设置公司相区别，将原来的委员会设置公司更名为提名委员会等设置公司。新设置的审计等委员会设置公司对原有的董事会

---

[1] 田中亘「企業統治改革の現状と展望」宮島英昭編『企業統治と成長戦略』東洋経済新報社、2017、376頁。

[2] 奥利弗・E. 威廉姆森：《资本主义经济制度：企业、市场和关系合同》，孙经纬译，上海财经大学出版社，2017，第245页。

[3] 奥利弗・E. 威廉姆森：《资本主义经济制度：企业、市场和关系合同》，孙经纬译，上海财经大学出版社，2017，第259页。

[4] 奥利弗・E. 威廉姆森：《资本主义经济制度：企业、市场和关系合同》，孙经纬译，上海财经大学出版社，2017，第260页。

制度进行了重大改革。审计等委员会设置公司的董事半数以上必须为独立董事，且被赋予了同监事会设置公司的监事类似的权限。① 这使审计等委员会设置公司的董事会具有混合型董事会的特征（见图6-4）。

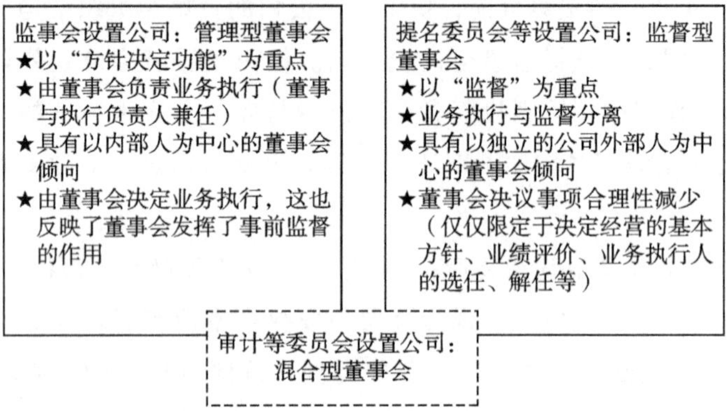

```
┌─────────────────────────────┬─────────────────────────────┐
│ 监事会设置公司：管理型董事会 │ 提名委员会等设置公司：监督型│
│ ★以"方针决定功能"为重点     │ 董事会                      │
│ ★由董事会负责业务执行（董事 │ ★以"监督"为重点             │
│   与执行负责人兼任）        │ ★业务执行与监督分离         │
│ ★具有以内部人为中心的董事会 │ ★具有以独立的公司外部人为中 │
│   倾向                      │   心的董事会倾向            │
│ ★由董事会决定业务执行，这也 │ ★董事会决议事项合理性减少   │
│   反映了董事会发挥了事前监督 │   （仅仅限定于决定经营的基本│
│   的作用                    │   方针、业绩评价、业务执行人│
│                             │   的选任、解任等）          │
└─────────────────────────────┴─────────────────────────────┘
        ┌ ─ ─ ─ ─ ─ ─ ─ ─ ─ ─ ─ ─ ─ ┐
          审计等委员会设置公司：
                混合型董事会
        └ ─ ─ ─ ─ ─ ─ ─ ─ ─ ─ ─ ─ ─ ┘
```

**图6-4 审计等委员会设置公司的董事会特征**

资料来源：澤口実・太子堂厚子「監査等委員会設置会社への移行」森濱田松本法律事務所編『変わるコーポレートガバナンス』日本経済新聞出版社、2015、138頁。

在审计等委员会设置公司中，审计等委员会的董事和审计等委员会以外的董事之间相互区别，在选任以及任期上均有不同的规定。审计委员会的董事的选任、解任需要股东大会的特别决议。审计委员会要由3名以上董事构成，且半数以上应为独立董事（公司法第331条之6）。审计等委员会具有监督董事执行业务的权限（公司法第399条2之3第1项）。另外，有在股东大会上对董事的选任议案、报酬议案提出意见的权限（公司法第342条之2第4项，第361条之6）。审计等委员会还有决定审计人（公司法第340条之1、之5，第399条之2第3项2）、决定审计人报酬的权限（公司法第399条之1、3）。②

审计等委员会设置公司的设置，一方面使日本公司治理符合国际标准，强化了董事会的独立性，促进了上市公司采用独立董事制度，增强了董事会的监督功能，提升了国外投资者对日本公司的信任，促进了外

---

① 近藤光男：《最新日本公司法》，梁爽译，法律出版社，2016，第212页。
② 田中亘「企業統治改革の現状と展望」宮島英昭編『企業統治と成長戦略』東洋経済新報社、2017、378頁。

国投资家的投资；另一方面承认日本公司的商业习惯，发挥了日本企业的竞争优势，把重要的业务执行委托给业务执行董事以提升经营效率。审计等委员会设置公司的机关结构可以说是对监事会设置公司与提名委员会等设置公司的折中。① 审计等委员会设置公司既降低了公司的守法成本又强化了董事会的监督功能。

公司法修订，实现了股份公司机关设置的弹性化与灵活化。机关设计规定的多元化，满足了不同公司对董事会类型的不同需要。这样，日本公司就可以依据公司的实际情况来决定是选择以决定业务执行事项为重点的管理型董事会，如传统的设置监事会公司，还是选择以监督业务执行为重点的监督型董事会，如提名委员会等设置公司，抑或是选择既重视决定业务执行事项又重视监督的中间型董事会，如审计等委员会设置公司。不同类型的董事会的组织形态、董事的人数、独立董事的比例及业务执行董事的人数都会有很大的不同。②

### 2. 审计等委员会设置公司的优势

审计等委员会设置公司的增设在一定程度上缓解了监事会设置公司监督与经营不分离、监事在董事会中没有决议权造成的董事会、监事会监督功能弱化，公司外监事与独立董事重复设置增加公司合规成本的问题，解决了提名委员会等设置公司独立董事人数要求的高门槛、人事权与报酬权旁落，以及一部分高级管理人员无法进入董事会等与日本传统企业文化、习惯的冲突。但由于完善的公司治理离不开监督、人事与报酬制度的相互支撑，所以审计等委员会设置公司的公司治理效果还有待评价。

第一，相对于监事会设置公司的优势。

选择监事会设置公司的管理型董事会，被投资者批评管理与监督分离不充分、监事会形式化、内部人控制问题严重。

虽然在1993年的商法修订中导入了监事会制度并不断进行提高与增强监事在公司中的地位和独立性的改革，但其本质依然是完善监事制度，是日本1974年开始试图通过完善监事制度加强对经营者监督政策的延续，所以并没有对日本公司内部双层治理结构产生根本性的影响。因此，

---

① 森本滋『企業統治と取締役会』商事法務、2017、24頁。
② 中村直人・山田和彦・倉橋雄作『実践取締役会改革』中央経済社、2018、144頁。

一般把设置监事会的公司称为日本传统型公司。但即使被称为传统型公司，实际上其经营者根据实际需要，为应对企业外部环境的变化，作为经营改革的一部分，一直在商法、公司法框架内不断地对公司内部治理结构进行改革。从这一点也可以看出日本商法、公司法对公司治理结构规定的宽泛性和灵活性。

公司法关于监事会设置公司的规定基本上沿袭了 2005 年以前修订商法的框架，把完善内部控制系统作为董事会的专门决议事项。另外，要求业务执行董事最少每 3 个月要向董事会汇报一次职务执行情况。监事会设置公司的董事会不能把重要业务执行的决定委托给董事执行（公司法第 362 条之 4）。董事会决定重要业务的执行，并把决定的重要业务委托给业务执行董事执行。董事会监督业务执行董事是否按照董事会的意志适当、有效地执行了业务。这样，业务执行的决定机关与执行机关合作，以确保董事会对业务执行董事的业务执行监督的实效性。这种类型的董事会可以称为管理型董事会。董事会通过决定更确切地说是同意业务执行董事对重要业务执行事项的提案及其事后评价，监督重要业务执行事项的合法性与适当性（效率性）。[1]

董事会与管理层高度重叠的日本公司偏好选择具有管理型特征的监事会设置公司。但由于董事会人员与管理层人员高度重合，内部人控制问题严重，公司权力掌握在社长、会长、专务董事等少数管理者手中，所以尽管日本长期以来为提升监事权力与独立性做了一系列制度改革，但监事对经营者的治理实效一直受到怀疑。而且由于监事在董事会中并不具有决议权，监事无法参与董事会的投票，所以监事的权力被限制，因此被指出监督经营团队具有一定的困难。监事会设置公司的治理模式无法得到投资者的信赖。同时，由于现行法并没有对独立董事具有独立的调查公司业务与财产状况的权限进行明文规定，所以被怀疑对于承担监督责任的独立董事来说信息是不足的。而作为审计委员会委员的独立董事，具有对公司业务、财务状况的调查权，被期待利用这些权力获得监督所需的信息。[2]

---

[1] 森本滋『企業統治と取締役会』商事法務、2017、18 頁。
[2] 澤口実·太子堂厚子「監査等委員会設置会社への移行」森濱田松本法律事務所編『変わるコーポレートガバナンス』日本経済新聞出版社、2015、123～124 頁。

另外，监事会设置公司必须设置 3 名以上的监事来监督董事的业务执行，而且一半以上必须为公司外监事（公司法第 335 条之 3）。按照这一规定，监事会设置公司在选任独立董事的同时，还要另外选任 2 名独立监事，从而增加了企业的负担。

第二，相对于提名委员会等设置公司的优势。

虽然提名委员会等设置公司解决了业务执行与监督分离的问题，其董事会属于监督型董事会，但日本公司采取该机关设置的公司非常少。这主要是基于以下三个原因。一是委员会设置公司（现提名委员会等设置公司）必须设置三个委员会，而且这三个委员会中的独立董事都要超过委员会人数的一半，这不仅增加了公司的负担，而且对于不接受独立董事制度的公司这一规定也是很难达到的。二是委员会设置公司（现提名委员会等设置公司）要将董事的选任、解任权及报酬的决定权交给独立董事人数超过一半的提名委员会与报酬委员会，这也是具有"内部人控制"特征的日本公司所不能接受的。① 三是尽管公司法规定委员会设置公司（现提名委员会等设置公司）的董事不能兼任该公司的经理或其他使用人（公司法第 331 条之 3），但董事可以兼任执行官（公司法第 402 条之 6），这与日本公司的董事会是由内部晋升的管理人员构成，并具有负责公司某部门业务的习惯发生了冲突。因此，很少有公司采用委员会设置公司董事会组织结构，上市公司多选择监事会设置公司董事会组织结构，所以该制度并没能在日本得到普及。2014 年，上市公司中只有 60 家公司采用了委员会设置公司制度。② 可见，相对于提名委员会设置公司，审计等委员会设置公司里有减少独立董事人数，维持经营者对公司董事选任、解任权与报酬决定权以及业务执行权的掌控。

另外，审计等委员会设置公司业务执行的机动性更强。

在审计等委员会设置公司，由于独立董事并不很了解公司内部的问题，为了应对选任独立董事就很难灵活地召开临时董事会的问题，董事会半数以上为独立董事或依据公司章程的规定，基本上与提名委员会等设置公司同等范围，可以将董事会的决议事项作为重要的业务执行决定

---

① 森本滋『企業統治と取締役会』商事法務、2017、23 頁。
② 森本滋『企業統治と取締役会』商事法務、2017、23 頁。

委托给业务执行董事（公司法第399条13第5、6项），这样就可以实现灵活机动的业务执行。①

第三，强化了独立董事的监督权。

独立董事作为审计等委员会的委员，其独立性得到了保护。在股东大会投票时，作为审计等委员会委员的独立董事与其他董事是分别选任的。审计等委员会对审计等委员会委员的选任方案有同意权与提案权。审计等委员会发挥着监督经营者（代表董事、业务执行董事等）的核心作用，为此拥有调查权、纠正权、停止请求权、报告权等。②

另外，还可以排除利益相反的任务懈怠责任推定。如果事先得到审计等委员会的认可，就不再适用于任务懈怠责任的推定。③

## 二　独立董事制度的非强制性："遵守或解释"原则

股东在股东大会上选举董事，被选举的董事构成董事会，董事会具有代表股东监督经营者经营行为的使命。但当友好股东超过有选举权股东总数一半的时候，实际就成了经营者决定董事会人选，股东大会只不过是走形式。这样产生的董事就很难对股东尽忠实义务，对经营者进行很好的监督。可见董事会的人员构成对股东利益具有重大的影响。所以，独立董事制度的引入，将直接影响公司治理水平。但对于重视管理功能由内部人把持的日本公司董事会，引入独立董事制度并不是一件容易的事。

### 1. 日本公司对独立董事制度的排斥与引入契机

对于管理型董事会，通过引入外部人来加强董事会的监督功能，会引起内部对立的观点持续了很长一段时间。因此，即使进入平成时期，在《日美构造协议》的压力下，虽然独立董事制度得到了关注，但实业界对独立董事制度的采用一直采取消极的态度。④ 日本商法也一直试图通过对监事会制度的改革来替代独立董事制度的作用，解决对经营者的监督问题。

---

① 桃尾・松尾・難波法律事務所編『コーポレート・ガバナンスからみる会社法 第2版』商事法務、2015、38頁。
② 日本取締役協会編『独立取締役の教科書』中央経済社、2015、23~24頁。
③ 桃尾・松尾・難波法律事務所編『コーポレート・ガバナンスからみる会社法 第2版』商事法務、2015、38頁。
④ 森本滋『企業統治と取締役会』商事法務、2017、16~17頁。

泡沫经济破灭后，日本董事会改革的主要目标之一是提升董事会的监督功能。为实现这一目标，作为董事会成员的独立董事显得越来越重要。日本公司引入独立董事是以2002年《商法特例法》修改引入委员会等设置公司制度为契机开始的。但由于公司法没有强制规定设立监事会公司必须引入独立董事制度，且采用委员会设置公司形态的公司很少，所以独立董事制度在日本并没有很好地普及。另外，独立董事的资格条件比较宽松，母公司、主要客户有关系的人员都可以出任独立董事。从2007年3月开始，东京证券交易所每年都发布《公司治理白皮书》。依据《公司治理白皮书》，2000年前后只有20%左右的上市公司引入了独立董事制度。由于2009年东京证券交易所规定上市公司要确保选任1名以上独立董事，所以选任独立董事的公司开始增加。到2010年前后，接近一半的上市公司引入了独立董事制度。

2. 独立董事功能的丧失

尽管引入独立董事的公司在增加，但遗憾的是这些独立董事大约一半来自母公司，所以他们是否能真正代表股东的利益很难说。总公司的人，为总公司的利益操控董事会；主银行的人，如果发现公司有倒闭的迹象，会立刻把信息传递给所属的银行，首先让银行收回贷款。[①] 许多公司引入独立董事，追求的更多的还是对投资者的一种广告效果。

另外，还有观点认为，独立董事不过是内部派系争斗的工具。如东芝虽然较早地引入了独立董事，但2015年却被曝出持续多年财务造假，涉及前后三任社长。伊藤忠商事前会长丹羽宇一郎对《日本新闻》感叹道："感觉日本的公司治理只是建立了制度，没有注入灵魂。"[②] 而从公司导入独立董事的动机也可以看出，导入独立董事是希望听到公司外部的声音，获得内部人不具有的经验，得到新的建议，提高公司的形象和信誉度（见表6-11）。只是独立董事没能发挥"监督"作用这一导入该制度的初衷。虽然日本董事会引入了独立董事，但独立董事与其说是发挥监督作用，不如说是从外部人的立场为经营者提供建议与信息。独立

---

[①] 静正樹「上場企業に求められるコーポレート・ガバナンスの向上」神田秀樹・小野傑・石田晋也編『コーポレート・ガバナンスの展望』中央経済社、2011、17頁。

[②] 徐瑾：《推荐序二知识经济时代的公司概念》，岩井克人：《未来的公司》，张永亮等译，东方出版社，2018，第24页。

董事的功能在日本已发生变异。①

表 6-11　对独立董事的期待（截至至 2002 年 12 月的回答，可以选择两项）

单位：家，%

| | 公司数 | 比例 |
| --- | --- | --- |
| 希望听到公司外部的意见，以增加董事会的活力 | 268 | 84.5 |
| 容易获得外部咨询 | 133 | 42.0 |
| 一种提高经营透明度的宣传 | 99 | 31.2 |
| 其他 | 13 | 4.1 |
| 回答公司数 | 317 | 100.0 |

资料来源：财务综合政策研究所（2003）。

### 3. 放弃对独立董事制度的强制性规定，采用"遵守或解释"的原则

内部晋升者占大多数的董事会中，具有监督职能的董事与被监督的执行董事之间一般是"前辈"与"后辈"的关系，内部人监督内部人的结构并没有改变，于是试图通过引入外部人监督来提升监督客观性。海外许多研究证明独立董事在董事会成员中的比例越高，董事会的监督功能越强。但也有观点认为，通过引入独立董事提升董事会监督功能具有局限性。第一，外部人对所获得的公司内部信息是否能很好地理解？外部人特别是不具有会计专业知识的外部人，在短时间内对公司为其准备的资料进行确认，是很难发现问题的。第二，由被监督的人选任监督者的结构问题。由被监督者选任其好友作为其监督者，是很难实现监督的。因此，独立董事仅仅是装饰门面，不过是董事会改革的象征。第三，选任独立董事应考虑企业的实际情况。②

为了尊重公司依据自身经营战略选择公司治理机制的自主性，修订公司法放弃对独立董事制度的强制性规定，选择"遵守或解释"原则。而要解决上市公司所有权与经营权分离产生的代理问题，独立董事制度是不可缺少的。所以尽管公司法没有强制规定公司一定要选任独立董事，

---

① スコット・キャロン・吉田憲一郎「日本のコーポレートガバナンス改革の進歩と今後の課題」一橋大学イノベーション研究センター編『一橋ビジネスレビュー』第 65 巻第 3 号、2017、50 頁。

② 青木英孝「企業統治と会計不正」宮島英昭編『企業統治と成長戦略』東洋経済新報社、2017、340～341 頁。

但要求进行没有设置独立董事的合理性说明。加上采用原则主义的《公司治理准则》对独立董事作用、职责的规定，这不仅支持了更多的上市公司选任独立董事，而且允许各公司依据各公司董事会的特征来发挥独立董事在公司治理中的作用。

2018年7月，在东京证券交易所上市的公司中选任1名以上独立董事公司的比例达到97.7%。[1] 日本独立董事比例虽然显著增加，但经营者采用独立董事制度的主要理由并不是监督经营者，而是希望从独立董事方面获得建议。[2] 独立董事在日本上市公司中主要发挥的是对内部晋升者的顾问作用，以弥补公司内晋升董事的知识局限性，听到公司外部的声音，获得内部人不具有的经验，得到新的建议。同时，选聘独立董事还有利于提升公司的形象和信誉度。也就是说，不管是立法者还是经营者引入独立董事制度的目的都不是削弱"内部人控制"。随着选任独立董事的日本公司逐渐增加，日本立法机构认为即使在公司法中增加对公司选任独立董事的强制性规定，也不会对公司实践造成冲击，所以开始讨论通过修订公司法实现选任独立董事的义务化。终于在2019年11月公布、12月4日成立的《公司法部分修订法律》（2019年法律第79号）中增加了对独立董事义务化的规定。[3]

日本用半个多世纪的时间来消化、适应、接受独立董事制度。从此也反映出了公司法要符合日本公司治理政策范式的"重视企业的真实原则"，即其立法目标是支持企业追求效率，降低交易成本，为公司选择最适宜公司实际情况的公司治理机制提供法律支持，而不是将所谓最优的公司治理机制强加于公司。正如交易成本经济学的基本假设提出的，判断制度的适当性应以该制度是否能"把交易（它们在特征上有差异）和治理结构（它们在成本和能力上有差异）以一种交易成本最小化的方式

---

[1] 法務省「会社法制（企業統治等関係）の見直しに関する法制審議会における検討状況」、2019-1-18、https://www.kantei.go.jp/jp/singi/keizaisaisei/miraitoshikaigi/suishinkaigo2018/corporate/dai3/siryou3.pdf。

[2] 宮島英昭・齋藤卓爾・胥鵬・田中亘・小川亮「日本型コーポレート・ガバナンスはどこへ向かうのか？：『日本企業のコーポレート・ガバナンスに関するアンケート』調査から読み解く」、2013-6、https://www.rieti.go.jp/jp/publications/pdp/13p012.pdf。

[3] 法務省民事局「会社法の一部を改正する法律について」、2019-12-11、http://www.moj.go.jp/MINJI/minji07_00001.html。

搭配起来"① 为标准。

## 第四节　公司治理的演化趋势

以促进企业的可持续发展与提升企业中长期价值，增加企业的盈利能力为进攻型公司治理改革目标，在以"软法"与"硬法"相互结合构建的有利于开展进攻型公司治理改革的法制环境下，日本公司经营者开展了四个方面的公司治理改革，推动了公司治理的多元化演化。公司治理的多元化演化为形成日本型经营体制优势相契合的公司治理机制提供了可能。

### 一　开展 ROE 经营

在资本跨国移动的趋势下，构建对海外投资家具有吸引力的日本证券市场与企业，是支持日本经济稳定发展的关键。股份公司是通过从众多的股东那里聚集资金开展经营的，所以股份公司必须创造能满足股东投资回报的利润。ROE 是企业盈利性的评价标准之一，也是投资者的投资决策指标。ROE 高的企业具有更大的投资魅力。为此，在中期计划中将 ROE 设为经营目标的企业数量快速增加。将 ROE 设为经营目标，也是公司向投资者传递公司努力提升公司治理质量的一个信号。

1. 开展 ROE 经营的动因

第一，进攻型公司法改革的目标。进攻型公司治理改革的主要目标就是恢复日本企业的盈利能力。提升企业盈利能力的必要条件是建立与企业经营相契合的公司治理机制。开展进攻型公司治理提升企业盈利能力的内在逻辑就是通过开展"进攻型"公司治理改革，将权力进一步向经营者配置，为经营者构建符合公司经营特点的治理机制提供制度支持。同时，也只有净资产收益率得到提升，多元化公司治理才能被投资者接受。所以开展 ROE 经营既是"进攻型"公司治理改革对公司实践的要求，也是公司治理实践开展"进攻型"公司治理改革的目标。

---

① Oliver Willianmson：《对经济组织不同研究方法的比较》，埃瑞克·G. 菲吕博顿、鲁道夫·瑞切特编《新制度经济学》，孙经纬译，上海财经大学出版社，1998，第 132 页。

投资家是以企业的资本效率为评价标准决定是否对企业实施投资的。在美国机构投资家中具有巨大影响力的 ISS，在 2015 年版日本决议权行使建议标准中明确指出，对资本效率低的企业具体就是过去五期平均净资产收益率低于 5% 的企业的最高经营者投反对票。这一建议对 2015 年 3 月股东大会的决议权行使结果产生了很大影响。对某大企业的最高经营者，2014 年股东大会上反对票比例仅为 3%，2015 年上升到 17%。[①]

总返还率反映出了日本企业与美国企业的差距。2014～2016 年，虽然日本企业的平均分红率为 28%～33%，美国企业为 38%～47%，相差不大，但包括企业购买本公司股份在内的总返回率日本企业平均为 45%～53%，美国企业则为 95%～112%，美国企业几乎是日本企业的两倍。按照平均 ROE、总返还率推算出的股东资本总返还率（现金分红与企业购买本公司股份的总额占股东总资本的比例，可以用 ROE 与总返还率的乘积表示）日本企业为 3.8%（ROE 为 8%，总返还率为 47.9%），美国企业则为 14%（ROE 为 13.6%，总返还率为 102.8%）。ROE 的数值高且总返还率数值大的企业具有更高的投资魅力。[②] 日本公司的投资回报率受到投资者的诟病，降低了日本公司对投资者的吸引力。为此，要让投资者接受日本公司治理的多元化，必须通过开展 ROE 经营来保障投资者的收益。

第二，《伊藤报告》的建议。《伊藤报告》是一桥大学大学院教授伊藤邦雄为负责人于 2014 年 8 月对经济产业省项目（"支持持续发展的竞争力与激励——构筑企业与投资者希望的关系"）提交的最终报告。该报告以日本企业 ROE 低下为背景，提出重视 ROE 经营的建议，并将 ROE 设定为 8%。《伊藤报告》指出，企业的持续成长是具有长期视野的投资家与经营者共同努力的成果，评价这一成果的重要指标是 ROE 等资本收益率指标。为推动国际化经营，有必要将国际上广泛认知的 ROE 等经营指标纳为经营的核心目标。该项目对国际机构投资家对日本企业的期

---

① 澤口実「10のキーワードから紐解く、コーポレート ガバナンスの潮流」森濱田松本法律事務所編『変わるコーポレート ガバナンス』日本経済新聞出版社、2015、50頁。

② スコット・キャロン・吉田憲一郎「日本のコーポレート ガバナンス改革の進歩と今後の課題」一橋大学イノベーション研究センター編『一橋ビジネスレビュー』第65巻第3号、2017、47～49頁。

待资本成本的调查结果是超过7%。依据这一结果，如果 ROE 超过8%，将超过90%的国际投资对资本成本的预期。各企业的资本成本虽然不同，但要与国际投资者对话，各企业的 ROE 至少要超过8%。① 这是在政府项目中第一次具体提出日本企业的 ROE 目标。

第三，《公司治理准则》的要求。在《公司治理准则》中也明确了提升资本效率的意图。在基本准则4中强调了董事会责任与义务是改善资本效率。上市公司的董事会，为践行对股东的受托者责任、说明责任，促进公司的持续发展与提升中长期的企业价值，改善盈利能力、资本效率，要对以下三点为代表的事项发挥作用，承担责任与义务。①指明企业战略等大的方向；②为经营管理团队人员营造勇于冒适当风险的环境；③从独立、客观的立场，监督经营团队（包括执行官及执行负责人等）、董事等是否发挥了适当的作用、承担责任与义务。《公司治理准则》5-2明确规定：在制定、公布经营战略、经营计划，公示收益计划、资本政策的基本方针的同时，明确与盈利能力、资本效率有关的目标。并且，为了实现目标，对于如何分配经营资源的等具体的实施计划，要用容易理解的语言、理论向股东进行明确的说明。《公司治理准则》为了防止公司陷入资本萎缩的恶性循环，要求同时明确记录资本效率与盈利能力。改善资本效率既是董事会的责任与义务，也是股东特别关心的事项，所以要在经营计划中作为明确的目标提出，要在与股东对话中让股东知道公司正在为改善资本效率而努力。②

2. 实施效果

2015年以后，ROE 上升了两个百分点（见表6-12）。现在虽然许多企业将净资产收益率设定为8%，但不同企业有不同的资本成本，只有净资产收益率大于资本成本，才意味着企业创造价值。所以，即使 ROE 超过了8%，但低于本企业的资本成本，也意味着对企业价值的破坏。③

---

① 経済産業省「持続的成長への競争力とインセンティブ ～企業と投資家の望ましい関係構築～」プロジェクト（2014）「最終報告書（伊藤レポート）」、2014，https：//www.meti.go.jp/policy/economy/keiei_innovation/kigyoukaikei/pdf/itoreport.pdf.
② 澤口実「10のキーワードから紐解く、コーポレートガバナンスの潮流」森濱田松本法律事務所編『変わるコーポレートガバナンス』日本経済新聞出版社、2015、57～58頁。
③ 江川雅子『現代コーポレートガバナンス』日本経済新聞出版社、2018、66頁。

表 6-12 日、美、欧企业净资产收益率比较

|  | 2009~2014 年 | | | 2015~2017 年 | | |
| --- | --- | --- | --- | --- | --- | --- |
|  | 日本 | 美国 | 欧洲 | 日本 | 美国 | 欧洲 |
| 净资产收益率（%） | 6.107 | 14.786 | 14.339 | 8.790 | 17.817 | 14.536 |
| 利润率（ROS）（%） | 3.090 | 9.092 | 7.352 | 4.950 | 9.136 | 8.307 |
| 资金周转率（T/O） | 0.884 | 0.671 | 0.726 | 0.848 | 0.726 | 0.696 |
| 负债比（FL） | 2.146 | 2.400 | 2.713 | 1.994 | 2.638 | 2.641 |

注：表中分别由 S&P500（JP）、S&P500（US）、S&P Europe350（EU）组成的日本企业（JP）、美国企业（US）、欧洲企业（EU）的数据是从 S&P 提供的 Capital IQ 数据库中导出的。

资料来源：伊藤邦雄・加贺谷哲之・鈴木智大・河内山拓磨「日本におけるガバナンス改革の「実質的」影響をめぐる実証分析」一橋大学イノベーション研究センター編『一橋ビジネスレビュー』第 65 巻第 3 号、2017、78 頁。

## 二 增聘独立董事与独立董事作用的多元化

### 1. 增聘独立董事的原因

在公司法的约束下，在机构投资者的压力下，为迎合投资者的偏好，符合《公司治理准则》的要求，向投资者展现努力提升公司治理水平的姿态，日本公司开始增加选任独立董事人数。

第一，公司法的规定。2014 年修订后的公司法要求审计等委员会设置公司，审计委员会由 3 名以上董事构成，且半数以上为独立董事；提名委员会等设置公司，必须设置三个委员会，而且这三个委员会中的独立董事都要超过委员会人数的一半；设置监事会的上市大公司如果不聘任独立董事，要说明不聘任的理由，并在股东大会上进行说明，并计入事业报告。[①]

第二，《公司治理准则》的要求。《公司治理准则》规定了独立董事的作用、责任与义务（准则 4-7），期待上市公司的独立董事发挥以下作用，承担以下责任与义务，并得到有效应用。(1) 改善经营方针与经营，以自己的知识经验为基础，为促进公司的持续发展，提升企业价值提出建议。(2) 通过影响经营管理团队人员的选任、解任及其他董事会的

---

① 細江守紀「取締役会，社外取締役，及び最適ガバナンス機構」細江守紀編『企業統治と会社法の経済学』勁草書房、2019、48 頁。

重要决定监督经营。(3) 监督公司与经营团队、控股股东之间的利益相反行为。(4) 从独立于经营团队、控股股东的立场出发，向董事会反映代表少数股东等利益相关者的意见。①独立董事影响力的源泉包括社会地位、专业知识、经验以及其与董事及外部的关系等。期待独立董事通过说服（persuasion）、合作（coalition）、主张（assertiveness）、施压（pressure）等方式发挥影响力。合作不仅包括董事间的合作，也包括与外部人的合作。② 在增聘独立独事的同时，要使独立董事对董事会产生实质性影响，在选任独立董事时要从多方面进行综合考虑。

第三，机构投资者的压力。投资者特别是外国投资者把将外部人引入日本由内部人构成的董事会，作为日本公司提升公司治理水平的重要信号。机构投资者对日本公司选任多名独立董事产生了压力。选任多名独立董事，被认为有利于业务执行与监督的分离，从而强化董事会的监督作用。机构股东服务公司（Institutional Shareholder Services，ISS）的决议权行使建议方针计划从 2016 年 2 月开始变更，对董事会构成标准进一步严格化。如果公司没有选任超过 1 名的独立董事，建议反对公司高层。③

2. 增聘独立董事的情况

2012～2018 年，日本独立董事设置公司占公司总数比例如表 6 - 13 所示。2012 年 10 月设置独立董事的上市公司占东京证券交易所上市公司的比例为 54.7%（占市场一部上市公司的比例为 55.4%），到 2015 年 2 月 3 日，这一比例上升到 66.7%（占市场一部上市公司比例为 76%）。规模越大的公司设置独立董事的比例越高（见表 6 - 14）。④ 截至 2018 年 12 月 31 日，选任独立董事的公司占到东京证券交易所上市公司的 93.6%，比 2016 年 12 月 31 日的 88.8% 有所上升。选任两名独立董事公司的比例为 71.8%，比上一次调查时的 60.4% 亦有所上升。选任 3 名独立董事公司的比例上次调查时为 26.7%，本次上升到 35.9%。究其原因，一是确保董事会成员的

---

① 東京証券取引所「コーポレートガバナンス・コード ～会社の持続的な成長と中長期的な企業価値の向上のために～」、2018 - 6 - 1、https：//www.jpx.co.jp/news/1020/nls-geu000000xbfx-att/20180601.pdf。

② 江川雅子『現代コーポレートガバナンス』日本経済新聞出版社、2018、50 頁。

③ 澤口実・太子堂厚子「監査等委員会設置会社への移行」森濱田松本法律事務所編『変わるコーポレートガバナンス』日本経済新聞出版社、2015、107～108 頁。

④ 神田秀樹編『論点詳解平成 26 年改正会社法』商事法務、2015、19 頁。

多样化，二是机构投资者要求独立董事人数超过董事会人数的 1/3。[①]

表 6-13　选任独立董事公司占公司总数的比例（按照选任人数区分）

单位：%

| 年度 | 没有 | 1 名 | 2 名 | 3 名 | 4 名 | 5 名及以上 |
|---|---|---|---|---|---|---|
| 2012 | 65.6 | 21.5 | 7.9 | 2.6 | 0.9 | 1.4 |
| 2014 | 53.3 | 33.7 | 8.6 | 2.6 | 1.1 | 0.7 |
| 2016 | 11.1 | 28.5 | 43.2 | 12.1 | 3.2 | 1.9 |
| 2018 | 6.4 | 21.8 | 45.8 | 18.1 | 5.1 | 2.8 |

资料来源：株式会社東京証券取引所：「東証上場会社　コーポレート・ガバナンス白書 2019」、2019-5-15，https：∥www.jpx.co.jp/news/1020/nlsgeu000003zc0h-att/nlsgeu000003zc32.pdf。

表 6-14　东京证券交易所上市公司设置（选任）独立董事情况

单位：家，%

| | 选任独立董事的公司数/上市公司总数 | 选任独立董事公司比例 |
|---|---|---|
| 东京证券交易所 | 2299/3447 | 66.7 |
| 市场一部 | 1415/1861 | 76.0 |
| 市场二部 | 315/546 | 57.7 |
| 母亲市场 | 143/196 | 73.0 |
| JASDAQ | 426/844 | 50.5 |

资料来源：東京証券取引所・コーポレート・ガバナンス情報サービス，http：∥www.tse.or.jp/listing/corpgov/index.html）（平成 27 年 2 月 3 日検索），转引自神田秀樹編『論点詳解平成 26 年改正会社法』商事法務、2015、19 頁。

日本公司独立董事比例虽然显著增加，但独立董事制度在日本已发生了变异，原因主要是作为被监督者的经营者掌握着决定权。因此，在这一情况下，经营者采用独立董事制度并不是要监督经营者，而是希望从独立董事方面获得建议。[②] 如今许多上市公司非常重视独立董事的建

---

[①] 株式会社東京証券取引所『東証上場会社コーポレート・ガバナンス白書 2019』、2019，https：∥www.jpx.co.jp/news/1020/nlsgeu000003zc0h-att/nlsgeu000003zc32.pdf。

[②] 宮島英昭・齋藤卓爾・胥鵬・田中亘・小川亮「日本型コーポレート・ガバナンスはどこへ向かうのか？「日本企業のコーポレート・ガバナンスに関するアンケート」調査から読み解く」、2013-6、https：∥www.rieti.go.jp/jp/publications/pdp/13p012.pdf。

议。独立董事的箴言功能被广泛认可。但要真正发挥监督功能并不是一件容易的事，因为日本企业对独立董事的认识与欧美企业具有逻辑上的不同。欧美是抑制经营者过分冒险的公司治理，而日本则正相反，是支持经营者勇于冒险的成长战略，提升企业价值的公司治理。① 所以，在日本公司引入独立董事的过程中，最希望独立董事发挥的监督作用下降了，而其作为外部人的建议作用被重视。可以说，独立董事制度在公司治理中的监督功能被形式化了。但随着股权结构的改变、稳定股东的减少、市场治理的加强，普通股东不可能亲自监督经营者，那么要求公司增加具有独立性的独立董事的要求就会加强。随着独立董事人数的增加及对独立董事监督作用认识的加强与普及，独立董事的作用也会呈多元化趋势。有些公司的独立董事发挥着经营顾问的作用，有些公司的独立董事发挥着重要的作用。当然，也会存在仅仅充充门面的独立董事。

### 三 公司机关设置的多元化

尽管审计等委员会设置公司快速增加，但监事会设置公司依然是主流，提名委员会等设置公司数量最少。②

修订后的公司法规定，审计等委员会设置公司中，如果独立董事占到了董事会人数的一半以上，经过董事会决议或由公司章程规定，董事会就可以将业务执行的决定权委托给董事（公司法第399条之13第5、6项）。③ 这不仅符合日本公司董事会具有业务执行特点的习惯，也有利于加强内部经营者的控制权。选择审计等委员会设置公司结构的理由还包括充实公司治理体制、强化监督功能、④ 实现决策的迅速化、经营的透明化，以及提升海外投资家的支持率等。⑤ 同时，受公司需要选任多名

---

① 伊藤邦雄「コーポレートガバナンス改革のＰＤＣＡ」一橋大学イノベーション研究センター編『一橋ビジネスレビュー』第 65 巻第 3 号、2017、17 頁。
② 株式会社東京証券取引所『東証上場会社コーポレート・ガバナンス白書 2019』、2019 - 5 - 15，https://www.jpx.co.jp/news/1020/nlsgeu000003zc0h-att/nlsgeu000003zc32.pdf。
③ 澤口実・太子堂厚子「監査等委員会設置会社への移行」森濱田松本法律事務所編『変わるコーポレートガバナンス』日本経済新聞出版社、2015、135 頁。
④ 桃尾・松尾・難波法律事務所・鳥養雅夫・大堀徳人・山田洋平編『コーポレート・ガバナンスからみる会社法 第 2 版』商事法務、2015、41 頁。
⑤ 株式会社東京証券取引所『東証上場会社コーポレート・ガバナンス白書 2019』、2019 - 5 - 15，https://www.jpx.co.jp/news/1020/nlsgeu000003zc0h-att/nlsgeu000003zc32.pdf。

独立董事的影响，监事会设置公司不仅要选任独立董事，还要选任独立监事，这样就加重了监事会设置公司的负担。而且由于监事会设置公司与国际化董事会设置制度相差较远，不容易被海外投资者接受，所以纷纷改制为审计等委员会设置公司。截至2016年8月15日，在东京证券交易所上市的3501家公司中，有648家（18.5%）为审计等委员会设置公司，① 截至2018年12月31日增加到888家，占到东京证券交易所上市公司的24.7%。② 另外，有些公司还将董事会作为咨询机关，在董事会中设置提名委员会、报酬委员会等委员会。③

在2635家监事会设置公司中，为了提高经营决策速度，在董事会以外设置"经营会议"的有1268家（48.1%），设置"常务会"的有176家（6.7%）。许多公司设置了先于董事会进行审议的机关。关于监督与执行分离的问题，有1375家（52.5%）公司导入了"执行负责人"制度。888家审计等委员会设置公司中设置"经营会议"的有414家（46.6%），设置"常务会"的有53家（6%），设置"执行负责人"的有421家（47.4%）。71家提名委员会等设置公司中，设置"经营会议"的有31家（43.7%），但没有设置"常务会"的。另外，除了法定的"执行官"，有16家（22.5%）设置了"执行负责任人"。④ 董事会制度是公司治理的核心制度之一，董事会机关形态的多元化推动了日本公司治理演化的多元化趋势。

### 四　开展与投资者积极对话，增加投资者对日本多元化公司治理的理解

日本企业一直避免直接与股东接触，但最近出现了通过与投资者进行恰当的对话维持关系的思潮。⑤ 开展建设性对话，有利于投资者理解

---

① 田中亘「企業統治改革の現状と展望」宮島英昭編『企業統治と成長戦略』東洋経済新報社、2017、378頁。
② 株式会社東京証券取引所『東証上場会社コーポレート・ガバナンス白書2019』、2019 - 5 - 15、https://www.jpx.co.jp/news/1020/nlsgeu000003zc0h-att/nlsgeu000003zc32.pdf。
③ 桃尾・松尾・難波法律事務所・鳥養雅夫・大堀徳人・山田洋平編『コーポレート・ガバナンスからみる会社法 第2版』商事法務、2015、41頁。
④ 株式会社東京証券取引所『東証上場会社コーポレート・ガバナンス白書2019』、2019 - 5 - 15、https://www.jpx.co.jp/news/1020/nlsgeu000003zc0h-att/nlsgeu000003zc32.pdf。
⑤ 中村直人・山田和彦・倉橋雄作『実践取締役会改革』中央経済社、2018、91頁。

本公司的公司治理机制。为实现建设性对话，提升信息公开的质量，须充实经营战略、风险信息的记录，实现事业报告与有价证券报告书的信息一致及充实会计审计相关信息的公开。①

《公司治理准则》第 5 个基本准则明确指出："上市公司为了实现持续发展与中长期企业价值的提升，不仅利用股东大会，在股东大会之外，也要与股东建立具有建设性的对话机制。"《机构投资者责任准则》将投资者与公司的"有目的的对话"称为机构投资者履行职责的活动。不同的公司有不同的公司战略。构筑与公司战略相匹配的公司治理机制，必然出现公司治理机制的多元化。各公司为了能让国内外投资者了解自己构建的具有自身特色的公司治理，并取得投资者的理解与信任，就有必要积极开展与机构投资者的对话。虽然创设审计等委员会设置公司，为公司设计机关设置提供了更大选择空间，并克服了监事会设置公司与提名委员会等设置公司在实践中的一些问题，但也出现了批评的声音，包括公司机关设置选项的增加，也导致制度的复杂化，不易被投资者理解，与引入委员会设置公司改革相比半途而废，而且招致自己监督自己的怀疑等。② 为取得投资者的理解与信任，积极的对话是不可缺少的。

公司为实现与投资者的对话，有必要理解投资者的思考与投资原理。不同类型的机构投资者对公司有不同的关注点。中长期持有股份的投资者，关心的是企业能否长期稳定经营，如是否有关系企业未来发展的投资，下一代经营者的培养与继承计划等。整体上说，面对这一类型的机构投资者，在重视"对话"与"约定"的同时，应提升对后任者继承决定的透明度。对于短期持有股份的机构投资者，由于受一年后以业绩、成果等短期数据为依据评价的影响，非常关心每期用什么方式提升业绩。做短线的投资家（day trader）则依据企业每天的情况决定买入还是卖出。为此，企业有必要以季报为基础适时地公开信息以满足做短线的投

---

① 「成長戦略フォローアップ」、2019-6-21、https://www.kantei.go.jp/jp/singi/keizaisai-sei/pdf/fu2019.pdf.
② 澤口実・太子堂厚子「監査等委員会設置会社への移行」森濱田松本法律事務所編『変わるコーポレートガバナンス』日本経済新聞出版社、2015、158頁。

资家的需求。①

针对股东与经营者之间的沟通问题，为提升沟通质量，2014年9月经济产业省成立了"为实现企业的持续发展与投资家对话促进研究会"（以下简称"对话促进研究会"）。对话促进研究会由产业界、机构投资家、年金基金等资产持有者、注册会计师、律师、研究者以及经济产业省事务局、金融厅、法务省、东京证券交易所的相关人员构成。通过多次讨论，2015年4月发布了报告《为实现对话先进国的企业信息公开与股东大会程序》，② 要求企业为了实现整体优化有必要从可持续发展的综合视角与投资家开展对话。③ 交流应由"直接对话"（verbal communication）与"信息公开"（disclosure communication）两部分构成。信息公开得越丰富，沟通得越深入，越是能达到通过直接对话提升信息反馈水平的相乘效果。④ 行动计划提出了以下建议。第一，关于信息公开。日本的企业信息公开制度是公司法、金融商品交易法与决算短信三部分并存，这对企业造成了负担，所以应进行精简，删除重复部分，将三大公开系列合并为一个新系统，将节约的时间用于对话上，实现"先进的对话国"。第二，将股东大会改革为一个对话的场所。⑤

以服务业某公司为例，该公司为了实现与股东的有效对话制定了促进对话方针，并采取了多项具体措施。该公司为了实现可持续发展及提升中长期企业价值，认为与股东、投资家的对话是非常重要的。希望通过对话能加深股东、投资家对公司的经营方针、经营计划及经营战略的理解，并且通过对话在增强经营透明度、促进活性化的同时，通过及时、公平、正确、持续地提供财务信息，消除信息不对称性，获得对公司可信赖与适当的评价。为此，该公司采取了如下措施。①指定统一的管理

---

① 佐藤浩介「コーポレートガバナンスとは何か」株式会社日本総合研究所編『葛藤するコーポレートガバナンス改革』金融財政事情研究会、2017、26頁。
② 伊藤邦雄「コーポレートガバナンス改革のＰＤＣＡ」一橋大学イノベーション研究センター編『一橋ビジネスレビュー』第65巻第3号、2017、24頁。
③ 中村直人・山田和彦・倉橋雄作『実践取締役会改革』中央経済社、2018、92頁。
④ 伊藤邦雄「コーポレートガバナンス改革のＰＤＣＡ」一橋大学イノベーション研究センター編『一橋ビジネスレビュー』第65巻第3号、2017、24頁。
⑤ 伊藤邦雄「コーポレートガバナンス改革のPDCA」一橋大学イノベーション研究センター編『一橋ビジネスレビュー』第65巻3号、2017、25頁。

经营团队。指定财务负责人为投资者关系统一管理负责人。②实现有效合作的措施。为了实现财务负责人与投资者关系负责人直接具有建设性的对话，加强公司内各部门间的合作。③创造个别面谈以外的对话手段。除了召开中期与期末两次决算说明会外，定期召开由代表董事、社长、CEO、财务负责人出席的小型会议，努力实现相互的理解。④及时反馈股东意见、感到疑惑的问题。财务负责人、投资者关系（IR）负责人通过对话了解股东的意见，依据需要向管理层与董事会进行反馈，达成对问题的共识。⑤对话时内部消息的管理对策。为了防止财务负责人、投资者关系负责人在对话过程中泄露内部消息，要与信息管理负责人合作实现彻底的信息管理。①

随着积极投资者的增加，通过与这些积极投资者进行对话探讨如何提升企业的中长期价值变得越发重要。

将权力配置给公司经营者的进攻型公司治理改革进一步推动了日本公司治理演化的多元化趋势。公司法的赋权型改革为经营者提供了依据公司经营构建与之相契合的公司治理的法律空间、依据与保障。为此，通过开展建设性对话，使投资者理解经营者为提升公司价值构建与公司经营相匹配的公司治理的必要性与适当性，通过提升净资产收益率，让投资者接受日本公司为构建与企业经营相匹配的公司治理的多样化，显得越发重要，构建建设性对话机制，是投资者理解并接受日本公司治理多元化的重要的制度安排。

---

① 株式会社東京証券取引所『東証上場会社コーポレート・ガバナンス白書2019』、2019 – 5 – 15，https：∥www.jpx.co.jp/news/1020/nlsgeu000003zc0h-att/nlsgeu000003zc32.pdf。

# 参考文献

## 一　日文文献

［1］青木昌彦・奥野（藤原）正寛・岡崎哲二編市場の役割国家の役割』東洋経済新報社、2000。

［2］青木昌彦『現代の企業』岩波書店、1984。

［3］青木昌彦『経済システムの進化と多元性——比較制度分析序説』東洋経済新報社、1995。

［4］青木昌彦・ロナルド・ドーア（Ronale. P. Dore）編、.TTデータ通信システム科学研究所訳『システムとしての日本企業』NTT出版株式会社、2003。

［5］青木昌彦・滝沢弘和著、谷口和弘訳『比較制度分析に向けて（新装版）』NTT出版株式会社、2003。

［6］青木昌彦（MASAHIKO AOKI）・ヒュー・パトリック（HUGH PATRICK）編、白鳥正喜監訳、当銀リサーチインターナショナル一訳『日本のメインバンク・システム』東洋経済新報社、1997。

［7］青木昌彦・奥野正寛編著『経済システムの比較制度分析』東京大学出版社、1996。

［8］青木昌彦・小池和男・中谷厳『日本企業の経済学』株式会社ティビューエス・ブリタニカ、1986。

［9］岡崎哲二・奥野正寛編『現代日本経済システムの源流』日本経済新聞社、1995。

［10］宮島英昭『産業政策と企業統治の経済史——日本経済発展のミクロ分析——』有斐閣、2004。

［11］新保博彦『日米コーポレート・ガバナンスの歴史の展開』中央経済社、2008。

［12］小林秀之編『新会社法とコーポレート・ガバナンス——委

員会設置会社 VS 監査役設置会社』中央経済社、2006。

　　［13］東京大学社会科学研究所編『現代日本社会 第4巻 歴史的前提』東京大学出版社、1994。

　　［14］石井寛治・原朗・武田晴人編『日本経済史1 幕末維新期』東京大学出版社、2000。

　　［15］橋本寿郎・大杉由香『近代日本経済史』岩波書店、2000。

　　［16］橋本寿朗『現代日本経済史』岩波書店、2000。

　　［17］田村義則・六川浩明・小泉大輔・吉良佳子『コーポレート・ガバナンス報告書分析と実務』中央経済社、2007。

　　［18］前田重行・神田秀樹・神作裕之編『企業法の変遷』有斐閣、2009。

　　［19］奥島孝康編『企業の統治と社会的責任』金融財政事情研究会、2007。

　　［20］加美和照『新訂会社法（第九版）』勁草書房、2007。

　　［21］寺西重郎『日本の経済システム』岩波書店、2003。

　　［22］同志社大学日本会社法研究センター編『日本会社法制への提言』商事法務、2008。

　　［23］佐久間信夫『企業統治構造の国際比較』ミネルヴァ書房、2003。

　　［24］高橋英治『ドイツと日本における株式会社法の改革』商事法務、2007。

　　［25］高橋英治『日本とドイツにおける株式会社法の発展』中央経済社、2018。

　　［26］香西泰・寺西重郎編『戦後日本の経済改革——市場と政府——』東京大学出版会、1997。

　　［27］間宏「長期安定雇用』文真堂、1998。

　　［28］正村公宏『日本経済——衰退は避けられるのか』筑摩書房、1998。

　　［29］松下圭一『政策型思考と政治』東京大学出版社、1995。

　　［30］植竹晃久・仲田正機『現代企業の所有・支配・管理—コーポレート・ガバナンスと企業管理システム—』ミネルヴァ書房、1999。

［31］奥村宏『日本の六大企業集団』朝日新聞社、1996。

［32］江頭憲治郎・神作裕之・藤田友静・武井一浩編『改正会社セミナー』有斐閣、2006。

［33］今井賢一・小宮隆太郎編『日本の企業』東京大学出版社、1995。

［34］日本公正交易委員会『日本の产业集中』大藏省印刷局、1971。

［35］小宮隆太郎・奥野正宽・铃村兴太郎編『日本の产业政策』东京大学出版会、1984。

［36］花崎正晴・寺西十重郎編『コーポレート・ガバナンスの経済分析』東京大学出版社、2003。

［37］渡辺治編『変貌する＜企業会社＞日本』旬報社、2004。

［38］西村吉正『日本の金融制度改革』東洋経済新報社、2003。

［39］弥永真生『リーガルマインド 会社法第 11 版』有斐閣、2007。

［40］亀川雅人・高岡美佳編『CSRと企業経営』学文社、2007。

［41］金森久雄・香西泰・大守隆編『日本経済読本（第 16 版）』東洋経済新報社、2004。

［42］藤原祥二・藤原俊雄編『商法大改革とコーポレート・ガバナンスの再構築』法律文化社、2003。

［43］岸田雅雄『コーポレート ガバナンスとIT化株式新制度』中央経済社、2002。

［44］鳥飼重和・青戸理成『内部統制時代の役員責任』商事法務、2008。

［45］武井一浩『会社法を活かす経営』日本経済新聞社、2006。

［46］海道ノブチカ・風間信隆編『コーポレート・ガバナンスと経営学』、ミネルヴァ書房、2009。

［47］阿部武司、中村尚史編『産業革命と企業経営―― 1882 ～ 1914 ――』、ミネルヴァ書房、2010。

［48］江頭憲治郎・門口正人編『会社法大系機関・計算等　第 3 巻』青林書院、2008。

［49］江頭憲治郎・門口正人編『会社法大系会社法制・会社概論・設立　第 1 巻』青林書院、2008。

［50］高橋均『株主代表訴訟の理論と制度改正の課題』同文館出版

株式会社、2008。

［51］八田進二編『外部監査とコーポレート・ガバナンス』同文館、2007。

［52］戸島利夫・辻敢・堀越董『税法会社法からみた役員給与』税務研究会出版局、2008。

［53］柴健次・須田一幸・薄井彰編『現代のディスクロージャー』中央経済社、2008。

［54］丹宗曉信・小田中聰樹編『構造改革批判と法の視点——規制緩和司法改革独占禁止法』花伝社、2004。

［55］寺西重郎『日本経済発展と金融』岩波書店、2004。

［56］久保利英明・中西敏和『新しい株主総会のすべて＜改訂版＞』商事法務、2008。

［57］十川廣国『CSRの本質』中央経済社、2005。

［58］宮島英昭編『日本のM&A』東洋経済新聞社、2007。

［59］宮島英昭編『企業統治分析のフロンティア』日本評論社、2008。

［60］新井富雄・日本経済研究センター編『検証日本の敵対的買収』日本経済新聞出版社、2007。

［61］安岡重明『財閥経営の歴史的研究—所有と経営の国際比較—』岩波書店、1998。

［62］岡崎哲二『持株会社の歴史—財閥と企業統治—』株式会社筑摩書房、1999。

［63］中垣昇『日本企業と経営者の役割』税務経理協会、2003。

［64］河合篤男『企業革新のマネジメント 破壊的決定は強い企業文化を変えられるか』中央経済社、2006。

［65］深尾京司・天野倫文『対日直接投資と日本経済』日本経済新聞社、2004。

［66］小山明宏『コーポレート・ガバナンスの日独比較』白桃書房、2008。

［67］前田卓三『新日本型経営モデル』PHP研究所、2007。

［68］長谷川俊秋『グループ経営の内部統制』中央経済社、2007。

［69］伊丹敬之・加護野忠男・伊藤元重編『日本の企業システム

—第1巻』有斐閣、1993。

　［70］伊丹敬之・藤本隆宏・岡崎哲二・伊藤秀史・沼上幹編『リーディングス日本の企業システム第Ⅱ期第2巻企業とガバナンス』有斐閣、2005。

　［71］伊丹敬之・藤本隆宏・岡崎哲二・伊藤秀史・沼上幹編『リーディングス日本の企業システム第Ⅱ期第1巻組織とコーディネーション』有斐閣、2006。

　［72］伊丹敬之・藤本隆宏・岡崎哲二・伊藤秀史・沼上幹編『リーディングス日本の企業システム第Ⅱ期第4巻組織能力・知識・人材』有斐閣、2006。

　［73］伊丹敬之・藤本隆宏・岡崎哲二・伊藤秀史・沼上幹編『リーディングス日本の企業システム第Ⅱ期第3巻戦略とイノベーション』有斐閣、2006。

　［74］岡部光明『日本企業とM＆A』東洋経済新報社、2007。

　［75］藤井光南・丸山惠也『現代日本经营史――日本型经营和企业社会』ミネルウ房、1991。

　［76］日本監査役協会『監査役会監査委員会の実態――日本企業の企業統治の現状――』商事法務、2008。

　［77］森田章『上場会社法入門』有斐閣、2008。

　［78］江頭憲治郎『株式会社法』有斐閣、2009。

　［79］伊藤史郎『日本経済と金融』昂洋書房、1997。

　［80］貝塚啓明・財務省財務綜合政策研究所編『再訪日本型経済システム』有斐閣、2002。

　［81］佐久間信夫『企業支配と企業統治』白桃書房、2003。

　［82］村松岐夫・奥野正寛編『平成バブルの研究（上）』東洋経済新報社、2002。

　［83］蟹江章編『会社法におけるコーポレート・ガバナンスと監査』同文館出版株式会社、2008。

　［84］宮崎勇『証言戦後日本経済』岩波書店、2006。

　［85］加藤健太・大石直樹『ケースに学ぶ日本の企業――ビジネスヒストリーへの招待』有斐閣、2013。

［86］宮本光晴『日本の企業統治と雇用制度のゆくえハイブリッド組織の可能性』株式会社ナカニシヤ、2014。

［87］野口悠紀雄『戦後経済史』東洋経済新報社、2015。

［88］橘川武郎『財団と企業グループ』日本経営史研究所、2016。

［89］中谷巌『日本経済の歴史的転換』東洋経済新報社、1996。

［90］森川英正『日本財閥史』教育社、1993。

［91］神田秀樹・財部省財部綜合政策研究所編『企業統治の多様化と展望』金融財政事業研究所、2007。

［92］神田秀樹編『論点詳解平成26年改正会社法』、商事法務、2015。

［93］末永敏和『コーポレート・ガバナンスと会社法日本型経営システムの法的変革』中央経済社、2000。

［94］武井一浩編『企業法制改革論Ⅱコーポレート・ガバナンス編』中央経済社、2013。

［95］久保克行『コーポレートガバナンス経営者の交代と報酬はどうあるべきか』日本経済新聞出版社、2010。

［96］高橋英治『日本とドイツにおける株式会社法の発展』中央経済社、2018。

［97］柴田和史『図でわかる会社法』日本経済新聞出版社、2014。

［98］近藤光男『会社法の仕組み』日本経済新聞社、2014。

［99］宮島英昭編『企業統治と成長戦略』東洋経済新報社、2017。

［100］中村直人・山田和彦・倉橋雄作『実践取締役会改革』中央経済社、2018。

［101］森本滋『企業統治と取締役会』商事法務、2017。

［102］三和良一『日本占領の経済政策史的研究』日本経済評論社、2002。

［103］青地正史『戦前日本の企業統治』日本経済評論社、2014。

［104］野田信夫『日本の経営100年』ダイヤモンド社、1978。

［105］寺西重郎『日本の経済発展と金融』岩波書店、2004。

［106］岡崎哲二『工業化の軌跡——経済大国前史』読売新聞社、1997。

［107］岡崎哲二『生産組織の経済史』東京大学出版会、2005。

［108］稲葉威雄・尾崎安央編『改正史から読み解く会社法の論点』中央経済社、2009。

［109］宮本又郎・阿部武司・宇田川勝・沢井実・橘川武郎『日本経営史［新版］』有斐閣、2017。

［110］橘川武郎『ぜろからわかる日本経営史』日本経済新聞出版社、2018。

［111］神田秀樹・小野傑・石田晋也編『コーポレート・ガバナンスの展望』中央経済社、2011。

［112］一橋大学イノベーション研究センター編『一橋ビジネスレビュー』2017年WIN.（65巻3号）東洋経済新報社、2017。

［113］株式会社日本総合研究所編『葛藤するコーポレートガバナンス改革』金融財政事情研究会、2017。

［114］加護野忠男・砂川伸幸・吉村典久『コーポレートガバナンスの経営学——会社統治の新しいパラダイム』有斐閣、2012。

［115］福田順『コーポレートガバナンスの進化と日本経済』京都大学学術出版社、2012。

［116］田中亘・中林真幸『企業統治の法と経済比較制度分析の視点で見るガバナンス』有斐閣、2015。

［117］森濱田松本法律事務所編『変わるコーポレートガバナンス』日本経済新聞出版社、2015。

［118］日本取締役協会編『独立取締役の教科書』中央経済社、2015。

［119］宮川壽夫著『配当政策とコーポレート・ガバナンス』中央経済社、2013。

［120］森濱田松本法律事務所編『会社法訴訟——株式代表訴訟・株式価格決定』中央経済社、2017。

［121］中野誠『戦略的コーポレート・ガバナンス』日本経済新聞出版社、2016。

［122］藤原俊雄『コーポレート・ガバナンス—課題と展望—』成文堂、2013。

［123］伊丹敬之『平成の経営』日本経済新聞出版社、2019。

［124］三橋規広・内田茂男・池田吉紀『新・日本経済入門』日本経済新聞出版社、2018。

［125］岡崎哲二『経済史から考える発展と停滞の論理』日本経済新聞出版社、2018。

［126］我妻栄編『旧法令集』有斐閣、2000。

［127］高橋俊夫『企業戦略論の系譜と展開』中央経済社、2009。

［128］野口悠記雄『1940年体制（増補版）』東洋経済新報社、2010。

［129］中村隆英『日本経済——その成長と構造［第3版］』東京大学出版社、1993。

［130］武田晴人『日本経済史』有斐閣、2019。

［131］江川雅子『現代コーポレートガバナンス』日本経済新聞出版社、2018。

［132］堀内昭義・花崎正晴・中村純一編『日本経済変革期の金融と企業行動』東京大学出版会、2014。

［133］細江守紀編『企業統治と会社法の経済学』勁草書房、2019。

［134］桃尾・松尾・難波法律事務所編『コーポレート・ガバナンスからみる会社法第2版』、商事法務、2015。

［134］田中慎一・保田隆明『コーポレートファイナンス戦略と実践』ダイヤモンド社、2019。

［135］財閥研究会『三菱・三井・住友「三大財閥」がわかる本』三笠書房、2016。

［136］宮本又郎・加護野忠男・杉原薫・猪木武徳・服部民夫・竹内洋・近藤光男『日本型資本主義』、2004。

［137］柏木里佳『日本の社外取締役制度——現状と今後——』桜美林大学北東アジア総合研究所、2015。

［138］浅古弘・伊藤孝夫・植田信廣・神保文夫「日本法制史」青林書院、2017。

［139］福原紀彦『企業組織法』文真堂、2017。

［140］弥永真生監修・ジェリスト編集室編『会社法新旧対照条文』有斐閣、2005。

## 二 中文文献

[1] O. 哈特：《企业、合同与财务结构》，费方域译，上海人民出版社，1998。

[2] 迈克尔·詹森：《企业理论——治理、剩余索取权和组织形式》，童英译，上海财经大学出版社，2008。

[3] 玛丽·奥沙利文：《公司治理百年——美国和德国公司治理演变》，黄一义等译，人民邮电出版社，2007。

[4] 阿道夫·A. 伯利、加德纳·C. 米恩斯：《现代公司与私人财产》，甘华鸣、罗锐韧、蔡如海译，商务印书馆，2005。

[5] 威廉姆森：《资本主义经济制度：论企业签约与市场签约》，段毅才、王伟译，商务印书馆，2002。

[6] 奥利弗·E. 威廉姆森：《资本主义经济制度：企业、市场和关系合同》，孙经纬译，上海财经大学出版社，2017。

[7] 保罗·海恩、彼得·勃特克、大卫·普雷契特科：《经济学的思维方式》，马昕、陈宇译，世界图书出版公司，2008。

[8] 甘培忠、楼建波编《公司治理专论》，北京大学出版社，2009。

[9] 王文钦：《公司治理结构之研究》，中国人民大学出版社，2005。

[10] 宁向东：《公司治理理论》，中国发展出版社，2006。

[11] 高程德：《现代公司理论》，北京大学出版社，2000。

[12] 孙丽：《公司治理结构的国际比较：日本启示》，社会科学文献出版社，2008。

[13] 科斯、诺思、威廉姆森等著，克劳德·梅纳尔编《制度、契约与组织——从新制度经济学的透视》，刘刚、冯健、杨其静、胡琴等译，经济科学出版社，2003。

[14] 小艾尔弗里德·D. 钱德勒：《看得见的手——美国企业的管理革命》，重武译，商务印书馆，1987。

[15] 奥利弗·E. 威廉姆森，西德尼·温特主编《企业的性质——起源、演变和发展》，姚海鑫、邢源源译，商务印书馆，2007。

[16] 何勤华、方乐华、李秀清、关建强：《日本法律发达史》，上海人民出版社，1999。

［17］张天阳：《基于股权结构的中国民营上市公司治理研究》，济南大学出版社，2008。

［18］诺姆·乔姆斯基：《新自由主义的全球秩序》，徐海铭、季海宏译，江苏人民出版社，2001。

［19］刘毅：《日本股份制变革研究》，辽宁大学出版社，2002。

［20］白雪洁：《日本产业组织研究》，天津人民出版社，2001。

［21］科斯、哈特、斯蒂格利茨等著，〔瑞典〕拉斯·沃因、汉斯·韦坎德编《契约经济学》，李风圣主译，经济科学出版社，2000。

［22］徐梅：《日本的规制改革》，中国经济出版社，2003。

［23］杨栋梁：《日本后发型资本主义经济政策研究》，中华书局，2007。

［24］丸山惠也：《日本式经营的整体构造》，刘永鸽译，山西经济出版社，1993。

［25］马克·罗伊：《公司治理的政治维度：政治环境与公司影响》，陈宇峰、张蕾、陈国营、陈业玮译，中国人民大学出版社，2008。

［26］六本佳平：《日本法与日本社会》，刘银良译，中国政法大学出版社，2006。

［27］吴家骏：《日本的股份公司与中国的企业改革》，经济管理出版社，1994。

［28］吴建斌：《最新日本公司法》，中国人民大学出版社，2003。

［29］安杰拉·文特、得斯·古尔德、卡莱娜·雷卡尔丁：《公司董事会的工作和责任》，何昌邑译，中国市场出版社，2008。

［30］高柏：《日本经济的悖论》，商务印书馆，2004。

［31］思拉恩·埃格特森：《新制度经济学》，吴经邦、李耀、朱寒松、王志宏译，商务印书馆，1996。

［32］包小忠：《日本企业融资结构与治理结构效率》，中国社会科学出版社，2006。

［33］约瑟夫·克拉林格：《兼并与收购：交易管理》，陆猛、兰光、周旭东译，中国人民大学出版社，2000。

［34］青木昌彦、钱颖一主编《转轨经济中的公司治理结构：内部人控制和银行的作用》，中国经济出版社，1995。

［35］青木昌彦、金滢基、奥野-藤原正宽主编《政府在东亚经济

发展中的作用——比较制度分析》,中国经济出版社,1998。

[36] 罗伯特·考特、托马斯·尤伦:《法和经济学》,史晋川、董雪兵译,格致出版社、上海三联书店、上海人民出版社、2010。

[37] 弗兰克·伊斯特布鲁克、丹尼尔·费希尔:《公司法的经济结构》,罗培新、张建伟译,北京大学出版社,2014。

[38] 李公绰:《战后日本的经济起飞》,湖南人民出版社,1988。

[39] 奥村宏:《法人资本主义》,李建国等译,生活·读书·新知三联书店,1990。

[40] 冯玮:《日本经济体制的历史变迁——理论和政策的互动》,上海人民出版社,2009。

[41] 原正行:《全球化时代的日本经济——企业国际化视角的考察》,朴松爱、何为译,东北财经大学出版社,2003。

[42] 赵瑾:《全球化与经济摩擦——日美经济摩擦的理论与实证研究》,商务印书馆,2002。

[43] 保罗·米尔格罗姆、约翰·罗伯茨:《经济学、组织与管理》,费方域主译,经济科学出版社,2004。

[44] 约翰·N·德勒巴克、约翰·V·C·奈编《新制度经济学前沿》,张宇燕等译,经济科学出版社,2003。

[45] 许军:《巨大的反差——20世纪末的美国经济与日本经济》,商务印书馆,2003。

[46] 乔迪·S.克劳斯、史蒂文·D.沃特编《公司法和商法的法理基础》,金海军译,北京大学出版社,2005。

[47] 王小龙:《经济转型与激励机制——政府治理与私人交易中的契约设计》,经济科学出版社,2005。

[48] 大木雅夫:《东西方的法观念比较》,华夏、战宪斌译,北京大学出版社,2005。

[49] 奥村宏:《股份制向何处去——法人资本主义的命运》,张承耀译,中国计划出版社,1996。

[50] 孙光焰:《公司治理模式趋同化研究》,中国社会科学出版社,2007。

[51] 李维安编《公司治理评论》第1卷第1辑,经济科学出版

社，2009。

[52] J. 弗雷德·威斯通、马克·L. 米切尔、J. 哈罗德·马尔赫林：《接管、重组与公司治理》，张秋生、张海珊、陈扬译，北京大学出版社，2006。

[53] 帕特里克·A. 高根：《兼并、收购与公司重组》，朱宝宪、吴亚君译，机械工业出版社，2007。

[54] 杰克·J. 弗罗门：《经济演化——探究新制度经济学的理论基础》，李振明等译，经济科学出版社，2003。

[55] 彼德·德鲁克：《公司的概念》，慕凤丽译，机械工业出版社，2006。

[56] 李赶顺：《现代日本型市场经济体制及其经济政策——历史的合理性与局限性》，中国审计出版社，2001。

[57] 苏珊·F. 舒尔茨：《董事会白皮书》，李梨等译，中国人民大学出版社，2003。

[58] 道格拉斯·C. 诺思：《理解经济变迁过程》，钟正生、邢华译，中国人民大学出版社，2013。

[59] 道格拉斯·C. 诺思：《制度、制度变迁与经济绩效》，杭行译，格致出版社、上海三联书店、上海人民出版社，2008。

[60] 高柏：《经济意识形态与日本产业政策——1931-1965年的发展主义》，安佳译，上海人民出版社，2008。

[61] 蒂莫·J. 海迈莱伊宁、里斯托·海斯卡拉编《社会创新、制度变迁与经济绩效——产业、区域和社会的结构调整过程探索》，清华大学启迪创新研究院组织编译，知识产权出版社，2011。

[62] 弗朗西斯·福山：《国家构建》，郭华译，上海学林出版社，2017。

[63] 约瑟夫·E. 斯蒂格利茨、卡尔·E. 沃尔什：《经济学》，谭崇台译，中国人民大学出版社，2005。

[64] 野口悠纪雄：《战后日本经济史》，张玲译，民主与建设出版社，2018。

[65] 罗伯特·A.G. 蒙克斯、尼尔·米诺：《公司治理》，李维安、牛建波等译，中国人民大学出版社，2017。

[66] 岩井克人：《未来的公司》，张永亮、陶小军译，东方出版

社，2018。

［67］近藤光男：《最新日本公司法》，梁爽译，法律出版社，2016。

［68］山本为三郎：《日本公司法精解》，朱大明、陈宇、王伟杰译，法律出版社，2015。

［69］王保树主编《日本公司法现代化的发展动向》，于敏译，社会科学文献出版社，2004。

［70］王保树主编《最新日本公司法》，于敏、杨东译，法律出版社，2006。

［71］吴建斌、刘惠明、李涛译《日本公司法典》，中国法制出版社出版，2006。

［72］吴建斌编译《日本公司法附经典判例》，法律出版社，2017。

［73］王作全译《新订日本公司法典》，北京大学出版社，2016。

［74］马里乌斯·B. 詹森主编《剑桥日本史（第5卷）：19世纪》，浙江大学出版社，王翔译，2014。

［75］阿尔伯特·克雷格：《哈佛日本文明简史》，李虎等译，世界图书出版公司，2014。

［76］安德鲁·戈登：《现代日本史：从德川时代到21世纪》，李潮津译，中信出版集团，2017。

［77］滨野洁、井奥成彦、中村宗悦、岸田真、永江雅和、牛岛利明：《日本经济史1600－2000》，彭曦等译，南京大学出版社，2010。

［78］马连福：《公司内部治理机制研究——中国的实践与日本的经验》，高等教育出版社，2005。

［79］李维安、郝晨编《公司治理手册》，清华大学出版社，2015。

［80］吉尔·所罗门、阿瑞斯·所罗门：《公司治理与问责制》，李维安、周建译，东北财经大学出版社，2006。

［81］彼得·德鲁克：《创新与企业家精神》，蔡文燕译，机械工业出版社，2019。

［82］马克斯·韦伯：《论经济与社会中的法律》，〔英〕爱德华·西尔斯、马克斯·莱因斯坦英译，张乃根译，中国大百科全书出版社，2003。

［83］大卫·D. 弗里德曼：《经济学与法律的对话》，徐源丰译，广西师范大学出版社，2019。

[84] 弗兰克·H. 伊斯特布鲁克等：《公司法的逻辑》，黄辉编译，法律出版社，2016。

[85] 亚历山大·格申克龙：《经济落后的历史透视》，张凤林译，商务印书馆，2009。

[86] 罗宾·保罗·麦乐怡：《法与经济学》，孙潮译，浙江人民出版社，1999。

[87] 查默斯·约翰逊：《通产省与日本奇迹——产业政策的成长（1925—1975）》，金毅、许鸿艳、唐吉洪译，吉林出版集团有限责任公司，2010。

[88] 理查德·A. 波斯纳：《法律的经济分析》，蒋兆康译，中国大百科全书出版社，1997。

[89] 杨栋梁：《日本近现代经济政策史论》，江苏人民出版社，2019 年。

[90] 戴维·拉克尔、布莱恩·泰安：《公司治理：组织视角》，严若森、钱晶晶、陈静译，中国人民大学出版社，2018。

[91] 张维迎：《理解公司：产权、激励与治理》，上海人民出版社，2014。

[92] 罗纳德·道尔：《企业为谁而在：献给日本型资本主义的悼词》，宋磊译，北京大学出版社，2009，第 30 页。

# 索 引

## A

盎格鲁－撒克逊模式 269，292，299，316，318

## B

标准合同文本 32，36
并购防御对策 257，315，316，324

## C

产业资本 48，60
产业政策 47
财产所有权 75，78，79，115，123，133，217
财务结构 39，123，124，127，151，269
财阀解体 98，110，111，113，125，134，139，140，161，197
纯控股公司 74，112，233，237，334，342，347，348

## D

董事会 10，23，24，33，35，44，67，89，92，99，118～124，133，134，137～139，142，155，157～159，162～164，166～169，172～182，185，187，191，193，194，200，202，204，207～211，221，224，228，229，231，234，239，242～245，250～254，260～272，274，276，282，286，290，296，301，304，306，311，312，319～323，325～329，332，335，343，345，346，355～365，368～373，376
董事会中心主义 99，120，124，175
独立董事 68，103，200，211，229，233，234，242～244，254，255，262～266，268，270～272，276，296，310，312，313，319，322，325～328，338，339，343～345，356，358～365，369～373
敌意收购 70，155，156，162，227，241，252，257，307，308，333

## F

法人间相互持股 8，98，131，132，141，142，151，154～166，169，178，180，185，188～191，202，217，218，220，221，225，229，233，316，320，333
分红政策 142，164，166，206，306
发展主义 2，3，5，8，98，99，124，142，143，181，182

## G

公司控制权市场 25，123，142，162，163，207，212，224，230，313，317
公司治理机制 1，4～6，12，26，30～37，55，57，78，94，123，126，155，191，192，202，203，207，208，211，212，217，224，228，232，237，245，246，254～256，258，274，300，309～313，316～318，321，322，329，342，

343，351，354，364～366，374
公司自己股份取得　235，257，275，279，280，305，306
股东大会中心主义　57，61，67，99，120，121，139，175，191，200
股东代表诉讼制度　58，134～136，180，210，211，232，234，235，240，242，252，259，289～299，324，325，347～349
股票期权　180，228，232，235～237，241，255，259，273～278，280～289，306，322
股份公司　1，3，6，10，12～16，18，19，22，23，25，27～31，36，39，40，42～44，46，49～51，54～68，70～79，81～89，92，93，100，103，105，107，115，119，121，139，146，154，162，168，196，200，204～206，211，212，231，232，237，243，244，247，250～254，257，260，262～264，266，271，280，284，297，298，302，303，305，318，324，344～346，350，359，366
股权结构　64，65，70，71，92，111，115～117，124，128，130～132，134，155，158，160～163，180，188，203，211，212，217，218，220，222，226，228～230，241，256，257，300～302，304，306～308，316，318，323，372
股权激励　273，275，280，281，288
GHQ　8，74，98，99，109～119，123～130，132～135，137～139，142，143，183，318

## H

合本主义　62

合名公司　51，54～56，74～90，93，250
合资公司　54～56，74～84，91～93，250
护送船队　130，143，146～149，153，215
后发展性约束　99
海外机构投资者　212，220，221，224，312，313

## J

经营权　1，4，16，24～26，29，31，33，36，47，53，55，60，61，64，67，84，85，87，91，94，99，102，103，105，106，119，123，126，127，132，133，138，141，152，162，176，212，231，251，259，274，320，346，364
经营者选拔机制　141，196
经理人市场　25，123，142，162，186，196，319
间接金融　8，95，100，104，105，127，141～146，149，178，197，202，216，230，311
监事会　142，166，178，204，211，234，235，242～244，251，260，262～267，269，272，297，321，324～327，335，345，346，357～363，369，372～374
监事会设置公司　260，262～267，326，327，345，357～361，372～374
家族控制　6，88，115，196
激励相容　192，273
净资产收益率　206，224，286，325，329～332，334，336，366～369，376
建设性对话　338，353，354，373，374，376
积极投资者　221，222，311，313，376

索　引

业绩联动型报酬制度　228，275，277，285，286

**K**

可置信承诺　32
康采恩　6，74~76，83~85，88，89，91，93，112，115，334
科斯定理　35

**L**

利益相关者　9，23，24，26，27，30，31，67，141，167，192，193，203，204，208~210，232，256，258，318，340，342，355，370
利息规制　146，153
罗赛勒草案　52，53，55，57，247
留存收益　72，216，308，330~332

**M**

贸易立国　4，147，183，188，199
明治维新　3，41，46，55，77

**N**

内部人控制　8，94，99，104，109，112，115~119，125，132，134，135，137，141，142，145，149，152，162，163，166，169，173，177，179，180，182~189，191，196，198~202，204，216，229，230，232，245，256，259，268，269，299，304，307，316~320，323，325，332，335，359~361，365
内部晋升　67，68，103，105，138，142，164，172，175，177，180，184，187，195，196，202，231，261，276，319，320，361，364，365
内部控制系统　250，253，254，295，299，360
年功序列　141，142，172，173，180，192，195，197，200，202，276，319

**Q**

企业家精神　10，355，356
企业制度　5，7，8，41，75，94，96~99，103，104，109，110，113~115，118，124，125，130，134，146，151，166，173，185，186，192，195，198，200，202，233，246，276，284，319
企业内工会　98，114，197
权益投资　20，27，142

**R**

融资结构　10，127，212，213，228，310，336
人合公司　78
人质效应　152，164

**S**

上市大公司　264，276，369
市场治理　4，6~8，64，70，94，104，115，141，184，185，192，198，202，204，212，227，230，245，259，261，311，316，318，321，323，325，372
商法　1，2，4~10，13，14，16，18，38~40，42，50~61，66，67，69~71，73~81，83~85，88，91，93，99，100，103，105~109，119~124，126，132~139，141，142，155，157~159，161，162，164，166~169，171，172，175，176，178~184，187，188，191，199~206，210，211，222，223，225，227~251，253，256~260，262，

266，269，270，272，273，275～283，
285，287，290～292，294～297，299，
300，302，303，305～307，319～325，
334，336，340，343，347，359，360，
362，363

剩余索取权　25，27，28，30

剩余控制权　32

审计等委员会设置公司　310，345，356～
359，361，369，372～374

首席执行官　26，253，320

## T

投资收益　1，30，31，189，206，222，
310，334，351，352

统制经济　7，8，96～101，103，104，
106，107，109，115，124，128，129，
133，146，164

## W

委托－代理　1，25，26，30，32，34～36，
57，66，71，94，133，166，185，186，
193，199，203，224，275，318，331

外部监事　211，242，264

外部治理机制　313

稳定股东　9，64，68，70，130～132，
134，139，155，157～162，195，202，
219，220，225，257，308，312，320，
333，372

委员会设置公司　253，259，260，262～
271，282，284，310，321，326，327，
345，356～359，361，363，372～374

## X

信息披露　35，59，233，250，254，317

信义义务　30，31，290，291

相机治理　98，151，152，311，318

新股预约权　10，223，240，241，257，
264，273，275，277，278，280～284，
286，287，301，322～324

新古典股东主权公司治理模式　316，317

## Y

有限责任　14，17～20，23，25，28，
34，41～45，49～51，54，59，62，
78，80，81，83～85，88，91，154，
167，247，250

有利发行　157，281，282，320

员工持股　126，132，143，311

《伊藤报告》　340，367

## Z

资本市场　4～6，9，39，61，65，67，
69，70，72，74，76，82，92，99，
104，111，127，128，130，134～136，
141～146，155，161～163，166，167，
184，185，197，202，203，207，209，
213，214，216，217，226，228，258，
260，301，304，308，310，311，313，
315，316，320，333，335，340

准公共公司　23，24，61，65

政策性持股　212，320，332～334

自由裁量权　10，29，36，134，230，
259，321，353，356

自由现金流　330～332

执行负责人　268，270～272，285，368，
373

治理不景气　203

总有制　75，76，81，83，85，86

主银行　8，9，96，98，100，104，127，
130，141～149，151～154，169，175，

178, 180, 185, 187, 192, 193, 197, 199, 202, 216, 219, 220, 230, 311, 363

终身雇佣 141, 142, 148, 172, 173, 178, 186, 188, 192, 195, 197, 200, 202, 276, 283, 319

种类股 10, 240, 241, 245, 257, 259, 299~304, 323, 324

遵守或解释 310, 342~345, 353, 354, 356, 362, 364

# 后　记

　　本书是在我博士学位论文与天津社会科学院重点课题（2016）的基础上修改完成的，并得到国家社会科学基金后期资助项目"日本公司法制度变迁与公司治理演化研究"（17FGJ008）的支持。本书源于观察到的"日本公司治理实践的权力主体与日本商法规定的权力主体的不一致性"。为了回答这个问题，研究断断续续地进行了十多年。随着我对日本公司法与公司治理思考的不断深入，对日本公司法修改与公司治理改革背后的逻辑关系及日本政府、市场与企业关系的进一步认识与理解，本书的轮廓也逐渐清晰。本书可以说是我对上述问题的一个回答。对一个问题的思考能持续十余年，也算是人生之幸、研究之幸了。

　　从博士学位论文选题，到得到国家社会科学基金支持出版成书，对在这一过程中关心、鼓励、指导、理解和帮助我的老师、同事、朋友、家人，我在此表示衷心的感谢。

　　衷心感谢导师莽景石教授，不仅在我写作博士论文的过程中给予了从选题、结构安排到研究思路的悉心指导，而且在本书的写作过程中还提出了许多关键性的修改建议。恩师治学严谨、学识渊博、造诣精深。恩师的教诲与鼓励，提升了我的研究能力，开拓了我的研究视野，增强了我的研究信心，在无涯的学海中能获得恩师的指导，真是无比的幸运。

　　衷心感谢冈正生教授。我在日本攻读硕士学位期间师从冈正生教授，恩师的温文儒雅、待人宽厚、治学严谨，以及对中国的友好和喜爱让人难以忘记。我能顺利完成在日期间的学习并走上日本研究之路离不开先生的宽容与悉心指导。

　　衷心感谢天津社会科学院原院长张健研究员以及日本研究所全体同事对我在职攻读博士学位的大力支持。在博士学位论文答辩期间，吉林大学李玉潭教授、南开大学薛敬孝教授和杨栋梁教授提出了宝贵的指导意见。在院重点课题结项期间，中国社会科学院的张季风研究员、徐梅研究员，天津社会科学院的张健研究员、程永明研究员，南开大学刘轩教授对书稿提出了中肯的修改意见，在此表示衷心的感谢。

还要感谢为我赴日本调研提供大力帮助的日本神户大学金子由芳教授。美丽、敬业、忙碌的金子教授，美丽、开放的神户大学与神户市都成为我完成本书过程中的美好记忆。

在本书撰写过程中，日本国际交流基金会"渡边健基金"为写作提供了大量书籍，在此致以谢意。

社会科学文献出版社的王晓卿女士为本书的出版付出了辛勤的劳动，借此机会表示衷心的感谢。

本书跨越历史与不同学科，加之我学识和能力所限，书中的判断和观点也难免偏颇和疏漏，恳请读者批评指正。

平力群

2020年12月于天津

图书在版编目(CIP)数据

日本公司法与公司治理 / 平力群著. -- 北京：社会科学文献出版社，2021.10（2024.11 重印）
国家社科基金后期资助项目
ISBN 978 - 7 - 5201 - 8730 - 5

Ⅰ.①日… Ⅱ.①平… Ⅲ.①公司法 - 研究 - 日本②公司 - 企业管理 - 研究 - 日本 Ⅳ.①D931.322.9 ②F279.313.3

中国版本图书馆 CIP 数据核字（2021）第 146563 号

国家社科基金后期资助项目
## 日本公司法与公司治理

著　　者 / 平力群

出 版 人 / 冀祥德
责任编辑 / 王晓卿
文稿编辑 / 肖世伟
责任印制 / 王京美

出　　版 / 社会科学文献出版社·文化传媒分社（010）59367004
　　　　　　地址：北京市北三环中路甲 29 号院华龙大厦　邮编：100029
　　　　　　网址：www.ssap.com.cn
发　　行 / 社会科学文献出版社（010）59367028
印　　装 / 河北虎彩印刷有限公司

规　　格 / 开　本：787mm × 1092mm　1/16
　　　　　　印　张：25.25　字　数：400 千字
版　　次 / 2021 年 10 月第 1 版　2024 年 11 月第 3 次印刷
书　　号 / ISBN 978 - 7 - 5201 - 8730 - 5
定　　价 / 118.00 元

读者服务电话：4008918866

版权所有 翻印必究